독자의 1초를
아껴주는 정성을
만나보세요!

세상이 아무리 바쁘게 돌아가더라도
책까지 아무렇게나 빨리 만들 수는 없습니다.

길벗은 땀 흘리며 일하는 당신을 위해
한권 한권 마음을 다해 만들겠습니다.

마지막 페이지에서 만날 새로운 당신을 위해
더 나은 길을 준비하겠습니다.

시나공 AI 능력시험
AICE Associate편
AI Certificate for Everyone-Associate

초판 1쇄 발행 • 2023년 7월 5일
초판 3쇄 발행 • 2024년 7월 25일

지은이 • KT 서길원, 김운호, 허상훈, 박재상, 박경규, 김종욱, 오윤우, 유지영
감수 • KT NexR Data Science팀
발행인 • 이종원
발행처 • (주)도서출판 길벗
출판사 등록일 • 1990년 12월 24일
주소 • 서울시 마포구 월드컵로 10길 56(서교동)
대표 전화 • 02)332-0931 | **팩스** • 02)323-0586
홈페이지 • www.gilbut.co.kr | **이메일** • gilbut@gilbut.co.kr

기획 및 책임 편집 • 정미정(jmj@gilbut.co.kr) | **표지 디자인** • 강은경 | **제작** • 이준호, 손일순, 이진혁
마케팅 • 조승모, 유영은 | **영업관리** • 김명자 | **독자지원** • 윤정아

교정 교열 • 추지영 | **전산 편집** • 김희정 | **일러스트** • S² JEGOB DESIGN.lab
CTP 출력 및 인쇄 • 금강인쇄 | **제본** • 금강제본

ISBN 979-11-407-0497-2 13000
(길벗 도서번호 030929)

가격 35,000원

독자의 1초를 아껴주는 정성 길벗출판사

(주)도서출판 길벗 | 교육서, IT단행본, 경제경영서, 어학&실용서, 인문교양서, 자녀교육서 www.gilbut.co.kr
길벗스쿨 | 국어학습, 수학학습, 어린이교양, 주니어 어학학습, 학습단행본 www.gilbutschool.co.kr

페이스북 | www.facebook.com/gilbutzigy
네이버 포스트 | post.naver.com/gilbutzigy

시나공

AI 능력시험
AICE

ASSOCIATE 편

KT 서길원, 김운호, 허상훈, 박재상, 박경규,
김종욱, 오윤우, 유지영 지음

KT NexR Data Science팀 감수

길벗

대한민국 No.1 AI 능력시험

AICE(AI Certificate for Everyone)는 AI 활용 능력시험이자 자격증입니다. 원래 KT 임직원용 사내 AI 자격시험이었는데, 국내 인공지능의 저변 확대에 도움되고자 일반에 공개했습니다. 모두가 공부하고 실습을 통해 AI를 이해하고 다룰 수 있는 역량을 갖출 수 있도록 AICE를 만들었습니다.

IT/SW 분야는 발전하는 속도도 빠른 데다 하루가 멀다 하고 신기술이 출현합니다. 그 속에서 유행과 대세를 구분하기가 쉽지 않습니다. 알파고의 열기가 가라앉자 인공지능 기술에 대한 전망이 엇갈리곤 했습니다. 미래를 100% 예측할 수는 없지만, 인공지능은 한때의 유행이 아니라 분명 우리 사회, 경제, 산업을 바꿀 혁신 기술입니다. 알파고, 그리고 최근의 챗GPT까지 그동안 우리가 전혀 상상하지 못했던 일들을 해내고 있습니다. 이 기술을 어디에, 어떻게 활용하느냐가 관건입니다.

혁신 기술이란 우리의 생산성을 혁신적으로 높이는 것입니다. 먼 옛날 증기기관부터 최근의 인터넷, 스마트폰 등이 대표적인 사례입니다. 이 기술들을 통해 우리는 이전보다 적은 자원(시간, 돈, 인력 등)을 투입해서 더 많은 아웃풋을 낼 수 있었습니다. 인공지능도 마찬가지일 것입니다.

인공지능을 활용해서 개인의 생산성을 높일 수 있습니다. 챗GPT를 잘 활용하면 보고서 작성이나 문서 정리도 더 빨리 하고 외국어 번역도 더 신속하고 정확하게 할 수 있습니다. 더 나아가 내가 속한 조직, 사회, 세상의 생산성을 높일 수 있습니다. 챗GPT를 접목한 새로운 서비스를 만들 수도 있고, 챗GPT의 경쟁 서비스를 기획하고 개발할 수도 있습니다. 완전히 새로운 개념의 인공지능 모델을 세상에 선보일 수도 있습니다.

하고 있는 업무의 생산성만 높이는 데는 프롬프트를 잘 다루는 역량이 가장 중요합니다. 그러나 인공지능 기술을 좀 더 깊이 활용하여 개인의 업무뿐 아니라 조직과 사회, 세상을 생산적으로 발전시키려면 인공지능의 핵심 원리와 실무 적용 프로세스를 이해해야 합니다.

AICE Associate는 실무에서 가장 많이 쓰이는 Tabular 데이터를 코딩(Python)을 기반으로 분석/처리/모델링하는 것을 통해 비즈니스 혁신 역량을 검정합니다. 본 책은 이러한 AICE Associate의 취지에 맞게 실제 AI를 활용하는 데 필요한 핵심 역량을 중심으로 전반적인 AI 개발 흐름을 이해하고 실무에 적용하는 프로세스 전반을 경험하고 익힐 수 있도록 구성했습니다.

어떤 분야이든 원리에 대한 이해와 기본기가 가장 중요합니다. 인공지능 기술을 보다 생산적으로 활용하고자 하는 분들께 《AI 능력시험 AICE Associate편》이 기본기를 탄탄하게 다지는 데 도움이 되기를 희망합니다.

Team AICE

많은 기업들이 디지털 트랜스포메이션을 위해 노력하고 있습니다. AICE는 AI의 기본 원리를 습득하고 활용하는 데 필요한 내용으로 실습 사례를 포함하여 간결하게 AI에 관한 기본기를 익히는 데 도움이 됩니다. 특히 실제 KT에 상용화된 프로젝트를 간접경험 할 수 있어 AI를 내 업무에 어떻게 적용할지 답을 찾을 수 있습니다. AI 기본 이론 및 활용에 대한 테스트를 통해 자신의 AI 역량을 객관적으로 평가할 수 있을 것입니다.

성균관대학교 인공지능학과 학과장 이지형 교수

대형 언어 모델, 생성형 AI가 놀라운 능력을 보여주는 가운데 이를 활용하여 지식 정보 처리 및 개인의 생산성을 높이는 시도가 눈에 띄게 늘고 있습니다. AI를 활용하는 데 가장 중요한 것은 내 업무에 적용할 수 있는 AI의 원리를 이해하고, 실제 문제에 적용하는 프로세스 전체를 경험하여, 실무에 활용하는 역량을 키우는 것입니다. AICE Associate는 이런 니즈를 충실히 반영하여 AI 능력 함양에 초점을 맞췄습니다. AI를 실무에서 활용하고자 하는 직장인들, 기업에 꼭 필요한 인재가 되고자 하는 학생들, AI를 활용해 자신의 생산성을 극대화하고자 하는 모든 분들께 도움이 될 것입니다.

상명대학교 휴먼지능정보공학전공 이지항 교수

이세돌과 알파고의 대결, 자율주행 자동차, 챗GPT 등으로 전 세계의 이목이 AI에 집중되고 있습니다. 과거 글로벌 시대를 대비하고자 영어 학습에 매진했듯이, 앞으로는 모든 직종에서 AI를 활용할 수 있는 역량이 개인과 조직의 미래에 큰 영향을 미칠 것입니다. 비전공자부터 소수의 전문가 영역까지 AI에 대한 이해를 높이고 저변을 확대하는 데 AICE가 큰 역할을 할 것으로 기대합니다. 학습뿐 아니라 실습과 평가, 그리고 인증시험까지 구성되어 AI에 관한 자신의 역량을 가늠해 볼 수 있는 AICE 과정을 기업에 꼭 필요한 인재가 되고자 하는 학생들, AI를 활용하여 개인의 생산성을 높이고자 하는 직장인들께 추천합니다.

(주)웅진씽크빅 Udemy 사업단 박민규 단장

이 책은 AI 활용을 위한 '탐색적 데이터 분석, 전처리, 모델링, 성능 평가, 그리고 실제 사례를 통한 심화 학습'까지, AICE Associate 시험을 완벽하게 준비할 수 있도록 도와드립니다.

뿐만 아니라 실제 업무에서 다루는 사례를 중심으로 설명하고 있어 실무에도 충분히 활용할 수 있습니다.

기본 학습 · AI 핵심 이론 및 활용

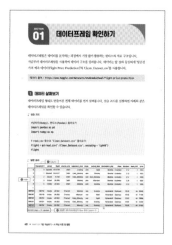

AI 실습을 위한 '작업 환경' 준비부터 AI 활용을 위한 '데이터 분석, 전처리, 머신러닝/딥러닝, 모델 성능 평가'까지 AICE Associate 시험을 준비하기 위한 AI 핵심 이론과 활용법을 알려줍니다.

- 기본 학습 : AI를 활용하여 현실의 문제를 해결할 수 있도록 실사례를 기반으로 이해하기 쉽게 설명했습니다.
- 실습 코드와 주석 : 프로그래밍 코드와 함께 이해를 돕기 위한 주석을 달았습니다.
- 실행 결과 : 코드 실행 화면입니다. 직접 실습한 결과가 맞는지 바로 확인할 수 있습니다.

심화 학습 · AI 사례 실습

실전에 대비할 수 있도록 사례를 기반으로 구성했습니다. 직접 따라 하면서 활용 능력을 키워봅니다.

- 심화 학습 : 쉽게 따라 하며 기능을 익힐 수 있도록 구성하여 실습에 대한 이해를 도와줍니다.
- 잠깐만요 : 추가로 알아두면 좋은 팁과 주의할 점을 정리했습니다.
- 실무 활용 : 실무 능력 향상에 도움되는 활용 팁을 담았습니다.

이 책에 나오는 실습 코드는 모두 파이썬(Python)으로 작성되어 있으며, 본문은 주피터 파일 (*.ipynb)로 실습합니다. AICE Associate는 파이썬을 활용해 실제 사례를 기반으로 100% 실기 문제로 출제되었으니 반드시 실습해 보기를 추천합니다.

실행 환경 확인하기

이 책은 윈도우10에서 실행한 기준으로 설명합니다. 맥(mac OS)의 환경에서도 동일하게 실습할 수 있습니다. 다만, AICE 홈페이지(http:aice.study)에서 제공하는 AI 실습 툴인 AIDU를 사용하기 위해서는 반드시 크롬 (Chrome)으로 접속해야 합니다. 크롬 웹브라우저가 설치되어 있지 않다면 아래 설명에 따라 설치 후 진행 합니다.

❶ Google 접속하기(google.com)
❷ 검색창에 'Chrome' 검색
❸ Chrome 다운로드 후 실행

이 책의 실습에 사용된 주요 언어와 소프트웨어 버전은 다음과 같습니다.

> 파이썬 : 3.9, 텐서플로 : 2.11.0, 케라스 : 2.11.0, 판다스 : 1.4.4, 넘파이 : 1.21.5

※ 아나콘다(Anaconda), 코랩(Colab), AICE 홈페이지의 AIDU 등 실행 환경과 소프트웨어 버전에 따라 예제 소스의 실행 결괏값이 일부 다르게 표현될 수 있습니다.

실습 코드 다운로드

이 책에 사용된 실습 코드(*.ipynb)와 실습에 필요한 데이터 파일(*.csv)은 AICE 홈페이지 또는 길벗출판사 홈 페이지에서 다운로드할 수 있습니다.

◆ **AICE 홈페이지**(https://aice.study/board/notice/list)
 [커뮤니티] 〉 [공지사항] 메뉴에서 'AI 능력시험 AICE Associate' 교재 실습 파일 다운로드

◆ **길벗출판사 홈페이지**(www.guilbut.co.kr)
 홈페이지 검색창에 'AICE Associate'를 입력하고 해당 도서 페이지의 [자료실]을 클릭하여 다운로드
 ※ 회원 가입하지 않아도 누구나 부록을 다운로드할 수 있습니다.

단, 해당 실습 코드와 데이터는 KT의 자산이므로 일부 또는 복사, 복제, 판매, 재판매 공개, 공유 등을 할 수 없 습니다. 이를 위반할 경우 지식재산권 침해에 대한 책임을 부담할 수 있습니다.

1. AICE 개요

AICE(AI Certificate for Everyone)는 인공지능 활용 능력을 평가하는 AI 능력시험입니다(AI 자격증). KT가 개발하고, 한국경제신문이 함께 주관하는 AICE는 인공지능 기술을 제대로 다룰 수 있는지를 검증합니다.

해석	인공지능의 재료인 빅데이터를 해석하고 다룰 수 있는가?	→	**데이터에 기반한 문항** 기업 데이터, 공공데이터, Tabular/Image/Text 데이터 등
활용	인공지능 기술을 상황에 맞게 활용할 수 있는가?	→	**실질적인 AI 활용 능력 평가** 데이터 탐색 〉 데이터 분석 〉 AI 모델링 〉 AI 모델 평가
해결	현실의 문제를 인공지능으로 해결할 수 있는가?	→	**실제 사례 기반 문제 해결 역량 평가** 예시) (교통) 내비게이션 목적지 도착 시간 예측, (제조) 선박 수주 여부 예측 등

2. AICE 종류

AICE는 초등학생부터 성인까지, 비전공자부터 전문 개발자까지 생애주기별 필요한 AI 역량에 따라 5개의 레벨로 구성되어 있습니다.

PROFESSIONAL
이미지 등 다양한 종류의 데이터 기반 AI 서비스 모델 개발 역량

PROFESSIONAL
AI Certificate for Everyone
AICE

AI/SW 개발자, 전공자

문제 해결을 위한 다양한 데이터를 분석/처리 후 최적의 알고리즘을 적용하여 AI 모델링을 할 수 있는 능력을 평가

ASSOCIATE
데이터 분석/처리 및 AI 모델링을 통한 비즈니스 혁신 역량

기획/분석, 준 전공자

실무에서 가장 많이 쓰는 Tabular 데이터에 대해 코딩(파이썬) 기반으로 데이터 분석/처리/모델링

BASIC
AI 원리, 업무 활용 이해 및 결과 해석 역량

직책자, 비전공자, 코딩 없음

실무에서 가장 많이 쓰는 Tabular 데이터에 대해 코딩 없이 Auto ML 기반으로 데이터 분석/모델링

JUNIOR
AI 개념, 용어, 프로세스 등 AI 문해력

중고등학생, 중고등학교 교사, 코딩 없음

생활 속 AI 적용 사례와 데이터를 가지고 코딩 없이 Auto ML 기반으로 데이터 분석/모델링

FUTURE 3급, 2급, 1급
AI 구현 원리 및 컴퓨팅 사고력

초등학생, 초등학교 교사, 블록코딩

누구나 쉽고 재미있게 블록코딩 기반으로 AI 핵심 작동 원리 이해 및 구현

---

3. 취득 혜택

- KT 그룹 및 주요 기업 채용 우대(상세 도입 기업은 홈페이지 참고)
- 청년 AI/DX 인재 양성 프로그램 'KT AIVLE School' 선발 우대
- AICE 자격증/디지털 배지 발급 및 AICE Network 등록

1 주요 내용

[AICE Associate 파헤치기]

현실의 문제를 인공지능으로 잘 해결할 수 있는지 검정하기 위해 실제 사례를 기반으로 문제가 출제됩니다. AI 모델링을 위한 데이터 분석, 전처리, 머신러닝/딥러닝, 모델 성능 평가 프로세스 전 과정에 대해 100% 실기로 진행됩니다.

2 AICE 문항 수와 출제 범위

AICE Associate는 총 14문항으로 구성되어 있으며, 아래 출제 범위에 따라 코딩(파이썬)을 기반으로 해석, 활용, 해결의 과정에서 인공지능 기술을 제대로 다룰 수 있는지를 검증합니다.

탐색적 데이터 분석	필요한 라이브러리 설치, Tabular 데이터 로딩, 데이터의 구성 확인, 상관 분석, 데이터 시각화
데이터 전처리	데이터 결측치 처리, 라벨 인코딩, 원핫 인코딩, x, y 데이터 분리, 데이터 정규 분포화, 표준화
머신러닝/딥러닝 모델링	사이킷런(scikit-learn), 텐서플로(TensorFlow) 등을 활용하여 문제에 제시된 예측, 분류를 위해 머신러닝, 딥러닝 모델링
모델 성능 평가	모델 성능 평가 및 그래프 출력

3 접수 및 응시 방법

AICE 홈페이지(https://aice.study)에서 온라인으로 시험을 접수 및 응시할 수 있습니다. 응시는 실제 개발 환경과 동일한 Jupyter Lab 환경에서 진행합니다.

4 응시료

응시료는 80,000원입니다.

5 응시 시간

시험은 총 90분 동안 진행되며, 시험 시작 30분 전부터 온라인 감독을 위한 사전 환경 세팅이 가능합니다.

6 합격 기준

100점 만점으로 80점 이상이면 AICE 자격증과 인증서가 발급됩니다.

Q1 AICE는 공신력 있는 자격인가요?

⤷ 네, AICE는 KT의 AI 기술력과 인재 양성 노하우를 중심으로 개발한 민간 자격시험입니다. 기업, 학교, 공공기관 등에서 AICE를 도입, 활용하고 있습니다.

Q2 AICE는 어떻게 개발된 것인가요?

⤷ 2020년에 KT 사내 AI 자격증으로 처음 개발되었습니다. 이후 AIFB라는 파일럿 브랜드로 일반에 공개 했고, 계속 업그레이드하여 AICE로 오픈하게 되었습니다.

Q3 AICE 응시는 온라인으로만 하나요?

⤷ 온라인 응시를 원칙으로 합니다. 노트북만 있으면 어디서나 응시 가능하며, 시험 감독도 온라인으로 이 뤄집니다.

Q4 개인이 시험에 응시하려면 어떻게 해야 하나요? 교육도 제공되나요?

⤷ 정기시험을 통해 응시할 수 있습니다. 2023년부터 분기별로 시행 예정이며, 자세한 일정은 AICE 홈페 이지(https://aice.study)의 공지사항에 별도 공지하고 있으니 참고하세요.

Q5 우리 회사 또는 학교 일정에 맞게 교육과 시험 응시가 가능할까요?

⤷ 단체고객은 협의하에 별도 교육 및 시험이 가능합니다. AICE 홈페이지(https://aice.study)의 단체고 객 문의 또는 help@aice.study로 문의하여 주시기 바랍니다.

Q6 책 외에도 AICE 준비를 위한 학습 콘텐츠가 있을까요?

⤷ AICE 홈페이지(https://aice.study)에 방문하시면 다양한 AI 학습 콘텐츠가 마련되어 있습니다. 특히 AICE Ready 과정은 AICE 시험 준비에 꼭 필요한 핵심 내용만 담겨 있으며, 실제 AI를 활용하는 데 필요한 핵심 역량을 중심으로 전반적인 AI 개발 Flow를 이해하고 적용할 수 있게 구성되어 있습니다.

Part 01 기본 학습하기 - AI 핵심 이론 및 활용

Part 02 심화 학습하기 - AI 사례 실습

Part 01

기본 학습하기
AI 핵심 이론 및 활용

AI는 직접 해보는 것이 중요합니다. 영어 단어는 17만 개이지만 주요 단어만 알아도 의사소통이 가능하듯이 AI도 핵심만 이해하면 얼마든지 활용할 수 있습니다.

이번 파트에서는 실제 AI를 활용하는 데 가장 핵심적인 역량을 기반으로 AI에 대한 전체적인 흐름을 이해하고 실습을 통해 적용해 볼 수 있습니다.

CHAPTER
01

AI 작업 환경 만들기

본격적인 인공지능 실습을 위한 작업 환경을 구성해 보겠습니다.
다양한 실습 환경이 있겠지만, 일반적으로 많이 사용하는 아나콘다
(Anaconda)와 코랩(Colab), AICE 홈페이지(http://aice.study)
의 AIDU를 이용합니다.

01 기본 환경 구성하기

기본 환경 구성하기

인공지능을 경험하기 위해서는 데이터 분석을 위한 패키지(라이브러리)들이 필요합니다. 데이터 분석을 위한 실습 환경을 구성하는 데는 아나콘다와 코랩을 많이 사용합니다. 먼저 아나콘다는 파이썬(Python)을 기반으로 다양한 데이터를 처리하고 분석, 예측할 수 있는 패키지들을 모두 포함하여 인공지능을 개발하는 데 가장 많이 사용되며, 윈도우 환경에서 설치하여 실행할 수 있습니다. 코랩은 구글(Google)에서 제공하는 인공지능 개발 환경으로 PC의 사양에 관계 없이 웹브라우저를 통해 파이썬을 기반으로 코드(code)를 작성하고 실행할 수 있습니다.

실제 데이터를 분석할 때 다양한 인원이 프로젝트를 수행하다 보면 여러 가지 라이브러리와 패키지를 사용하게 됩니다. 이런 경우 각각의 라이브러리들이 충돌을 일으키거나, 버전 간의 호환성이 문제가 되어 코드가 동작하지 않을 수 있습니다. 이를 방지하기 위해 아나콘다의 가상 환경을 구성하여 독립적인 작업 환경을 사용하기도 합니다.

1 아나콘다 활용하기

1) 아나콘다 설치하기

아나콘다를 설치하기 위해 아래 링크에 접속하여 아나콘다를 다운로드합니다.

설치 링크 : https://www.anaconda.com/products/distribution

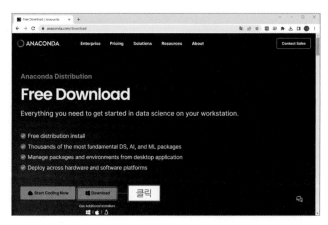

▲ 아나콘다 다운로드 페이지

* 2023년 6월 8일 기준 아나콘다 버전은 3.9입니다. 해당 버전은 업데이트될 수 있습니다.

프로그램은 대부분 기본(default) 설정값으로 지정하여 설치합니다.

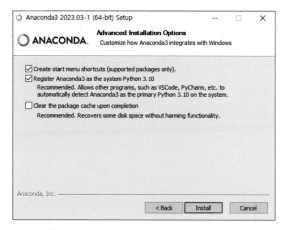

▲ 아나콘다 설치 시 가상 환경 설정 옵션

설치가 끝나면 다음 화면을 확인할 수 있습니다. 해당 화면에서 옵션값을 선택하지 않아도 됩니다.

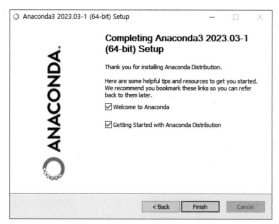

▲ 아나콘다 설치 화면

설치가 완료되면 아나콘다에서 제공하는 패키지를 PC에서 확인할 수 있습니다.

▲ 아나콘다가 설치된 모습

아나콘다의 내비게이터(Navigator)를 실행하면 여러 패키지들을 확인할 수 있습니다. 이 중 주피터 랩(Jupyter Lab)은 실무에서 많이 사용하는 대표적인 툴로 대화형 구조로 되어 있어 결과를 바로 확인할 수 있습니다.

데이터 분석을 하는 데 필요한 대부분의 주요 패키지는 아나콘다 설치 시 자동으로 설치됩니다. 하지만 아나콘다에 없는 패키지는 직접 설치해야 합니다.

패키지 설치는 아나콘다 프롬프트(Anaconda Prompt)에서 수행합니다.

▲ 아나콘다 프롬프트 화면

프롬프트 화면에서 아래 명령어로 패키지를 설치합니다.

패키지 설치 : pip install 패키지명

```
Anaconda Prompt

(base) C:\Users\gilbut>pip install pydataset
Collecting pydataset
  Downloading pydataset-0.2.0.tar.gz (15.9 MB)
                                        15.9/15.9 MB 18.8 MB/s eta 0:00:00
  Preparing metadata (setup.py) ... done
Requirement already satisfied: pandas in c:\users\gilbut\anaconda3\lib\site-packages (from pydataset) (1.5.3)
Requirement already satisfied: python-dateutil>=2.8.1 in c:\users\gilbut\anaconda3\lib\site-packages (from pandas->pydataset) (2.8.2)
Requirement already satisfied: numpy>=1.21.0 in c:\users\gilbut\anaconda3\lib\site-packages (from pandas->pydataset) (1.23.5)
Requirement already satisfied: pytz>=2020.1 in c:\users\gilbut\anaconda3\lib\site-packages (from pandas->pydataset) (2022.7)
Requirement already satisfied: six>=1.5 in c:\users\gilbut\anaconda3\lib\site-packages (from python-dateutil>=2.8.1->pandas->pydataset) (1.16.0)
Building wheels for collected packages: pydataset
  Building wheel for pydataset (setup.py) ... done
  Created wheel for pydataset: filename=pydataset-0.2.0-py3-none-any.whl size=15939425 sha256=4eb0f3913b25e06d51bffa1222512e12f540677449cfa2eac47f957e946eb2ba
  Stored in directory: c:\users\gilbut\appdata\local\pip\cache\wheels\af\26\f6\f2b0f6bbcccc53e742b778415e25002df5cabf05f4537d80ded
Successfully built pydataset
Installing collected packages: pydataset
Successfully installed pydataset-0.2.0

(base) C:\Users\gilbut>
```

▲ pip install을 이용하여 설치 완료된 화면

2) 주피터 랩 실행하기

아나콘다에서는 대화형 문서에 코드와 의견, 멀티미디어, 시각화 자료 등을 결합하여 공유하고 작업할 수 있도록 주피터 랩을 제공합니다. 주피터 랩을 실행하여 주요 기능들을 실습해 봅니다.

처음 실행 화면인 아나콘다 내비게이터에서 'Jupyter Lab Launch'를 눌러 실행합니다.

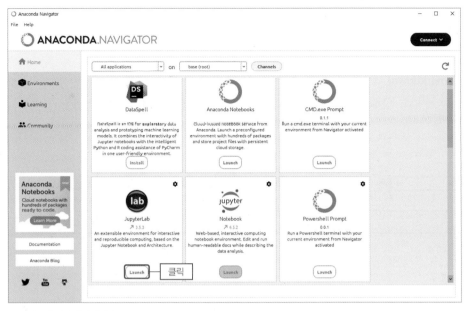

▲ 아나콘다 내비게이터 화면

실행 후 'Python 3'을 선택하여 실행합니다.

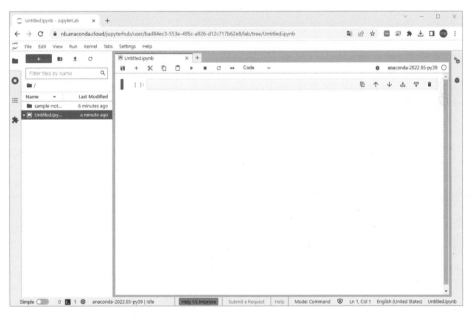

▲ 주피터 랩 실행 화면

주피터 랩을 실행하면 확장자가 '*.ipynb'인 파일이 생성됩니다.

AI 작업 환경

데이터 획득

데이터 구조

기초 데이터

데이터 이해

데이터 전처리

AI 모델링 개념

지도학습

비지도학습

모델 성능 향상

AI 사례 실습

파일 내에서 코드를 입력하여 실행하거나, 마크다운(markdown) 문서를 편집, 작성할 수 있는 영역을 확인할 수 있습니다. 해당 영역을 셀(cell)이라고 부릅니다.

마크다운(markdown)

텍스트만으로 서식 있는 문서들을 작성할 수 있고, 문법을 사용하기 가벼운 특성으로 웹사이트, readme 파일, 기술문서 등에 주로 사용됩니다.

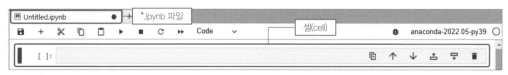

▲ *.Ipynb 파일과 셀

에디트(Edit) 모드에서 코드를 입력, 실행하고 마크다운 문서를 편집할 수 있습니다.

▲ 셀의 에디트 모드

셀의 커멘드 모드에서 해당 셀을 복사, 삭제할 수 있습니다.

▲ 셀의 커멘드 모드

셀에서 코드를 입력한 후 Shift + Enter 를 누르면 실행할 수 있습니다.

셀이 실행 완료되면 아래 화면처럼 왼편에 [ ] 안이 숫자로 표기됩니다. 아직 해당 셀이 수행 중일 경우 [*] 표시됩니다.

```
[1]:  # 넘파이(Numpy) 불러오기
      import numpy as np

      # 넘파이(Numpy) 데이터 만들기
      a = np.array([1,2,3,4,5])
      b = np.array(['대한민국', '포르투칼', '가나', '우르과이'])
      c = np.array([1,2,'대한민국', '포르투칼'])

      #출력하기
      print (a)
      print (b)
      print (c)

      [1 2 3 4 5]
      ['대한민국' '포르투칼' '가나' '우르과이']
      ['1' '2' '대한민국' '포르투칼']
```

◀ 셀이 실행된 모습

각 셀에서 문법에 커서를 두고 Shift + Tab 을 누르면 함수에 대한 설명을 확인할 수 있습니다.

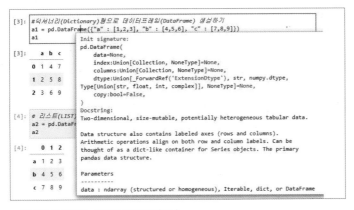

▲ 각 셀에서 사용하는 문법의 설명 화면(예시)

뒤에서 학습하게 될 데이터프레임(DataFrame)에 대해 셀 안의 'DataFrame' 위에 커서를 두고, Shift + Tab 을 눌러 설명을 확인한 모습입니다.

주피터 랩의 상위 메뉴에서 [Edit]-[Clear Output]을 실행하여 각 셀의 단독 실행 결과를 지우거나, [Edit]-[Clear All Output]을 실행하여 해당 주피터 랩에서 실행한 모든 실행 결과를 지울 수 있습니다.

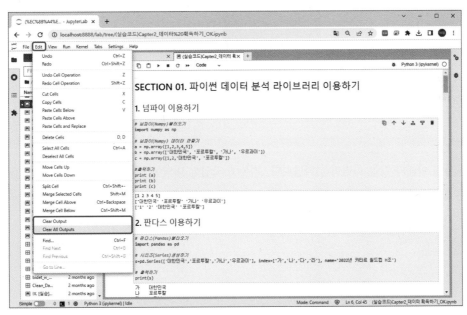

▲ 셀의 실행 결과를 지우는 방법

※ 본 도서에서는 아나콘다의 주피터 랩을 기준으로 실습을 진행하였으나, 아나콘다에서는 주피터 노트북도 함께 제공합니다.

2 구글 코랩 사용하기

코랩(Colab)은 'Colaboratory'의 약자로 구글에서 제공하는 클라우드 기반의 개발 환경입니다. 구글이 클라우드로 제공하는 CPU, GPU 등을 이용하여 주피터 랩 개발 환경을 제공합니다.

코랩을 이용하기 위해서는 구글 계정이 필요하고, 구글 드라이브를 이용해 구글 서버에 학습 내용이 저장됩니다. 아나콘다는 개인 컴퓨터 기반이고, 코랩은 웹용 서비스입니다. 코랩을 실행하여 주요 기능들을 실습해 봅니다.

1) 코랩 실행하기

아래 링크에 접속하여 코랩을 실행한 후 오른쪽 상단의 [로그인]을 클릭합니다.

접속 링크 : https://Colab.research.google.com/?hl=ko

◀ 코랩 접속 화면

로그인을 하면 아래와 같은 화면이 나타납니다. 기존에 작업한 내역이 있다면 저장한 작업 내역을 불러올 수 있고, 새 노트를 생성할 수도 있습니다.

◀ 코랩의 노트 생성 화면(예시)

해당 화면이 아닌 곳에서 새 노트를 만들어 봅니다.

Google 드라이브 > + 새로 만들기 > 더보기 > Google Colaboratory를 누르면 새로운 노트가 생성됩니다.

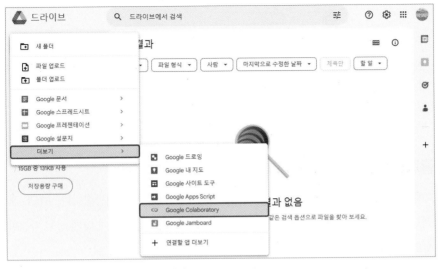

▲ 구글 드라이브에서 코랩 내 새 노트 생성 화면

새로운 노트가 생성되면 주피터 형식과 유사한 노트북 파일이 하나 생성되며 해당 노트에서 AI 모델링이 가능합니다.

코랩은 앞서 웹 기반으로 주피터 노트북 환경을 제공한다고 설명했습니다. 코랩에서 새 노트를 생성하면 파일의 확장자가 주피터 랩과 동일하게 '*.ipynb'인 것을 확인할 수 있습니다.

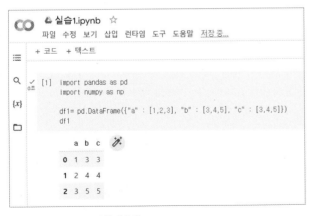

▲ 코랩의 주피터 노트북 환경(예시)

실습 파일을 저장하면 로그인한 계정의 구글 드라이브에 생성됩니다.

▲ 구글 드라이브에 저장된 코랩의 주피터 노트북 파일

3 AICE 홈페이지의 AIDU 사용하기

AICE 홈페이지에서는 교육, 실습, 그리고 시험까지 AICE의 모든 서비스를 제공합니다. AICE 홈 페이지에 접속하면 설치가 필요 없는 웹 기반의 AI 모델링 환경과 용도 및 역량에 맞게 선택 가능한 AI 실습 툴인 AIDU를 제공합니다

1) AICE 홈페이지 접속하기

접속 링크 : https://aice.study(chrome으로 접속)

기존 회원은 가입한 이메일 계정과 비밀번호로 로그인하고, 신규 회원은 회원 가입을 먼저 진행하 고 로그인합니다. 회원 정책에 따라 사용할 수 있는 권한이 다를 수 있습니다.

▲ AICE 홈페이지(https://aice.study)

2) 'AICE 실습 > 나의 프로젝트' 접속하기

로그인한 후 'AICE 실습 > 나의 프로젝트'를 클릭합니다.

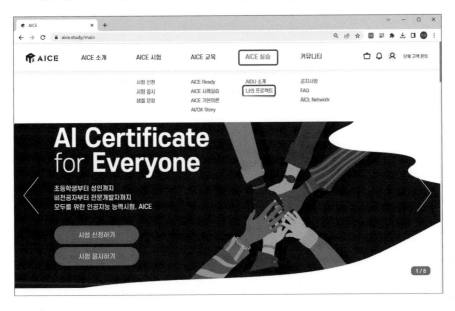

실제 개발 환경과 동일한 Jupyter(주피터) 환경에서 실습을 진행할 수 있습니다.

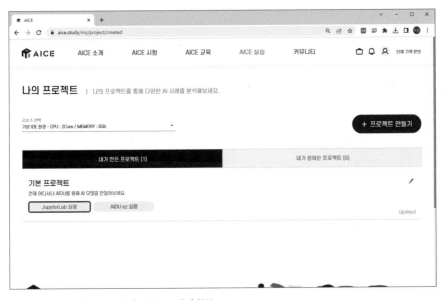

▲ 'AICE 홈페이지 > AICE 실습 > 나의 프로젝트' 화면

직접 만든 프로젝트 또는 참여한 프로젝트 탭(Tap)을 클릭하고 해당 프로젝트의 '주피터 랩 (Jupyter Lab)'을 실행하면 새로운 브라우저에서 *.ipynb 파일이 생성, 실행됩니다.

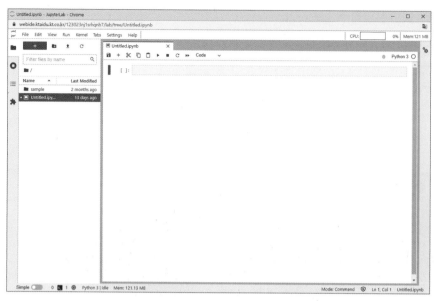

▲ 'AICE 실습 〉 나의 프로젝트 〉 주피터 랩' 실행 화면(예시)

주피터 랩 실행 후 drag&drop을 통해 확장자가 *.ipynb로 되어 있는 소스 코드 파일과 확장자가 *.csv로 되어 있는 데이터 파일을 불러오기하여 실습을 진행할 수 있습니다.

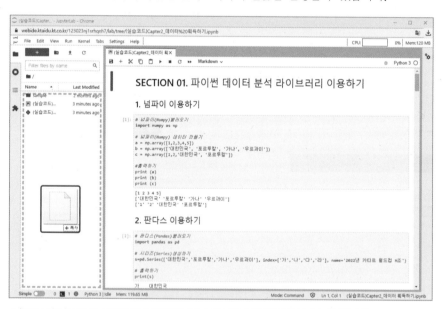

▲ 'AICE 실습 〉 나의 프로젝트 〉 주피터 랩'에서 소스 코드 파일과 데이터 파일 불러오기 화면(예시)

🔍 확인 문제

01 구글이 제공하는 클라우드 기반의 주피터 노트북 환경은 무엇인가요?

① 파이썬(Python)

② 코랩(Colab)

③ 아나콘다(Anaconda)

④ 깃허브(Github)

02 일반 텍스트 기반의 경량 마크업 언어로, HTML과 리치 텍스트(RTF) 등 서식 문서로 쉽게 변환되기 때문에 응용 소프트웨어와 함께 배포되는 readme 파일이나 온라인 게시물 등에 많이 사용되는 언어는 무엇인가요?

① 마크다운(Markdown)

② CSS(Cascading Style Sheet)

③ 텍스트(Text)

④ 자바(Java)

정답 및 해설

01 / ② 코랩(Colab)
파이썬은 AI를 구현하기 위한 언어이며, 아나콘다는 개인 컴퓨터에 설치하여 인공지능을 개발할 수 있는 환경을 제공합니다. 깃허브는 마이크로소프트에서 제공하는 웹서브로 소스코드를 공유하고 협업을 지원합니다.

02 / ① 마크다운(Markdown)
CSS는 웹페이지에 레이아웃과 디자인 요소를 구현하는 데 사용하는 기본 프로그래밍 요소입니다. 텍스트는 말 그대로 문자를 의미합니다. 자바는 객체 지향의 프로그래밍 언어입니다.

📄 개념 정리

✅ AI 학습은 개인 컴퓨터에 아나콘다를 설치하여 이용할 수도 있고, 구글이 제공하는 코랩으로 웹을 이용할 수도 있습니다.

✅ 코랩의 기본적인 실습 파일은 로그인한 계정의 구글 드라이브에 저장됩니다.

✅ AICE 홈페이지는 웹 기반으로 별도의 설치 없이 사용자에게 편리한 AI 실습 환경인 AIDU와 교육을 제공하며, AICE 시험도 응시할 수 있습니다.

CHAPTER
02

데이터 획득하기

실제 업무에 활용하기 위해 여러 가지 유형의 데이터를 읽어 들이
는 방법부터 데이터 분석에 필요한 라이브러리에 대해 알아봅니다.

- **실습 코드** : Chapter2_데이터 획득하기.ipynb
- **데이터** : Clean_Dataset.csv

파이썬 데이터 분석 라이브러리 활용하기

파이썬에서 사용하는 대표적인 데이터 분석 라이브러리는 넘파이(Numpy)와 판다스(Pandas)가 있습니다. 넘파이와 판다스에 대해 알아보고 실습을 통해 활용 방법을 살펴봅니다.

넘파이는 수치 데이터를 다루는 데 활용하는 파이썬 라이브러리입니다. 데이터 분석을 할 때 n차원 행렬 자료 구조인 np.array를 사용하여 배열이나 행렬 계산 등을 간편하고 빠르게 실행할 수 있습니다.

np는 넘파이의 별칭입니다. 넘파이 라이브러리를 가져올 때 np로 선언합니다. ndarray는 넘파이를 통해 생성되는 n차원 배열(array) 객체입니다. 정리하면 np.array는 넘파이의 배열 유형을 생성하는 것입니다.

아래 링크는 넘파이를 사용할 때 참고할 수 있는 도큐먼트 사이트입니다.

참고 : https://numpy.org/doc/stable/reference/index.html

판다스는 데이터 배열이나 테이블 형태의 데이터(tabular data) 등의 자료 구조를 처리하기 위한 라이브러리입니다.

아래 링크는 판다스를 사용할 때 참고할 수 있는 도큐먼트 사이트입니다.

참고 : http://pandas.pydata.org/pandas-docs/stable/

판다스에서 많이 사용하는 자료 구조는 시리즈(Series)와 데이터프레임(DataFrame)입니다. 시리즈는 1차원으로 구성된 데이터 배열이며, 데이터프레임은 행(Row)과 열(Column)로 구성된 2차원 데이터 테이블입니다. 둘 중 데이터프레임이 가장 많이 사용되며, 이 책에서 진행하는 실습의 대부분은 데이터프레임을 이용하여 데이터를 가공하고 분석하는 것입니다.

1 넘파이 이용하기

넘파이를 사용하기 위해서는 넘파이 라이브러리를 가져와야 하는데 보통 np라고 하는 별칭으로 불러오기(import)를 합니다.

```
import numpy as np
```

앞에서 넘파이는 n차원 행렬 자료 구조인 ndarray를 사용한다고 하였습니다. np.array는 파이썬에서 제공하는 리스트(List) 자료형과 비슷한 구조로 되어 있습니다.

아래 예시를 활용하여 넘파이를 실습해 봅니다.

실습 코드

```
# 넘파이(Numpy) 불러오기
import numpy as np

# 넘파이(Numpy) 데이터 만들기
a = np.array([1,2,3,4,5])
b = np.array(['대한민국', '포르투갈', '가나', '우루과이'])
c = np.array([1,2,'대한민국', '포르투갈'])

# 출력하기
print (a)
print (b)
print (c)
```

실행 결과

```
[1 2 3 4 5]
['대한민국' '포르투갈' '가나' '우루과이']
['1' '2' '대한민국' '포르투갈']
```

실행 결과가 리스트 형태로 출력되는 것을 볼 수 있습니다. 숫자형 데이터 [1,2,3,4,5]로 구성된 ndarray는 숫자로만 표기되고, 문자형 데이터로 구성된 ndarray[' 대한민국', '포르투갈', '가나', '우루과이']는 문자열 형태로 보여줍니다. 숫자와 문자열을 혼합 사용하여 ndarray를 만들 경우 모든 내용을 문자열[' ']로 인식하여 출력합니다.

2 판다스 이용하기

판다스를 사용하기 위해서는 판다스 라이브러리를 가져와야 하는데, 보통 pd라는 별칭으로 선언합니다.

```
import pandas as pd
```

판다스에서 대표적으로 사용하는 자료 구조인 시리즈와 데이터프레임의 사용 예시를 살펴봅니다.

AI 작업 환경
데이터 획득
데이터 구조
기초 데이터
데이터 이해
데이터 전처리
AI 모델링 개념
지도학습
비지도학습
모델 성능 향상
AI 사례 실습

먼저 시리즈를 생성하는 방법은 아래와 같습니다.

```
변수명 = pd.Series(data, index=index, name=name)
```

┌ 실습 코드

```python
# 판다스(Pandas) 불러오기
import pandas as pd

# 시리즈(Series) 생성하기
s=pd.Series(['대한민국', '포르투갈', '가나', '우루과이'], index=['가','나', '다', '라'], name
= "2022 카타르월드컵 H조")

# 출력하기
print(s)
```

┌ 실행 결과

```
가    대한민국
나    포르투갈
다     가나
라    우루과이
Name: 2022 카타르월드컵 H조, dtype: object
```

데이터프레임은 시리즈가 여러 개 합쳐진 자료형이라고 생각하면 됩니다. 먼저 데이터프레임을 딕셔너리(Dictionary)형과 리스트(List)형으로 각각 생성해 봅니다.

┌ 실습 코드

```python
# 딕셔너리(Dictionary) 형으로 데이터프레임(DataFrame) 생성하기
a1 = pd.DataFrame({"a" : [1,2,3], "b" : [4,5,6], "c" : [7,8,9]})
a1
```

┌ 실행 결과

```
    a    b    c
0   1    4    7
1   2    5    8
2   3    6    9
```

인덱스(Index)와 열(Column) 방식으로 생성된 것을 확인할 수 있습니다.

AI 작업 환경

데이터 획득

데이터 구조

기초 데이터

데이터 이해

데이터 전처리

AI 모델링 개념

지도학습

비지도학습

모델 성능 향상

AI 사례 실습

⌐ 실습 코드

```
# 리스트(List)형으로 데이터프레임(DataFrame) 생성하기
a2 = pd.DataFrame([[1,2,3], [4,5,6], [7,8,9]], ["a","b","c"])
a2
```

⌐ 실행 결과

```
     0   1   2
a    1   2   3
b    4   5   6
c    7   8   9
```

실행 결괏값은 행(Row) 단위로 생성되고, a, b, c 값이 인덱스로 설정된 것을 볼 수 있습니다.

시리즈와 데이터프레임 생성 시 주의할 점은 반드시 대/소문자를 구분하여 시리즈는 'Series', 데이터프레임은 'DataFrame'으로 만들어야 합니다. 대/소문자를 구별하지 않을 경우 아래와 같이 '판다스에서 없는 속성'이라는 에러 메시지가 나타납니다.

```
---------------------------------------------------------------------
AttributeError                          Traceback (most recent call last)
<ipython-input-5-7102f56b1a30> in <module>
      1 # 대/소문자 미 구분시 에러(error)메세지
----> 2 s=pd.series(['대한민국','포르투칼','가나','우르과이'], index=['가','나','다','라'], name='2022년 카타르 월드컵 H조')
      3 print(s)

AttributeError: module 'pandas' has no attribute 'series'
```

```
---------------------------------------------------------------------
AttributeError                          Traceback (most recent call last)
<ipython-input-6-8686a355a639> in <module>
      1 # 대/소문자를 구별하지 않는 경우 error 메세지
----> 2 a1 = pd.dataframe({"a" : [1,2,3], "b" : [4,5,6], "c" : [7,8,9]})
      3 a1

AttributeError: module 'pandas' has no attribute 'dataframe'
```

▲ 대/소문자 구분하지 않을 경우 에러 메시지

※ 에러 메시지는 실습 환경(아나콘다, 코랩, AIDU)에 따라 다르게 표현될 수 있습니다.

🔘 **Check Point**

파이썬(Python) 자료형

파이썬에서 많이 사용하는 자료형입니다. 자료형은 프로그래밍할 때 쓰이는 숫자, 문자열 등 모든 형태의 자료를 의미합니다.

- **리스트(List) 자료형**
  - 순서대로 정리된 항목들을 담는 구조입니다.
  - 리스트는 [ ]으로 감싸고, 각 요소는 ',' 로 구분합니다.
- **튜플(Tuple) 자료형**
  - 리스트와 거의 유사하고 사용법도 동일합니다.
  - 리스트는 [ ]으로 감싸지만, 튜플은 ( )으로 감싸는 점과, 리스트와 달리 요소들의 수정, 추가, 삭제가 불가능하다는 차이가 있습니다.

- **딕셔너리(Dictionary) 자료형**
  - 사전이 단어와 뜻으로 구성되듯이 키(key)와 값(value)을 쌍으로 갖는 자료형입니다.
  - 딕셔너리명 = {key1:value1, key2:value2, key3:value3, …}으로 딕셔너리의 key 값을 튜플은 사용할 수 있지만 리스트는 사용할 수 없습니다.

데이터 불러오기

지금부터 실제로 사용하는 데이터를 불러와서 데이터프레임을 만들어 봅니다.

판다스에서는 다양한 형태의 데이터를 불러오기 위해 'read_XXX' 함수를 주로 사용합니다. 이러한 함수로 read_csv, read_html, read_json 등이 있습니다. 대부분의 분석 과정이 분석 대상 데이터를 불러들이는 것부터 시작합니다. 이 책에서는 csv 파일을 읽어 들여 데이터프레임을 만들어 봅니다.

```
변수 = pd.read_csv(filepath, encoding, ….)
 *변수는 불러오고자 하는 파일을 저장할 이름입니다.
```

실제 read_csv 함수는 다양한 매개변수를 설정할 수 있지만, 위 함수 설명에는 보편적으로 많이 사용하는 매개변수만 적어두었습니다. read_csv 함수의 다양한 파라미터 값과 정의는 아래 url을 참고합니다.

참고 : https://pandas.pydata.org/pandas-docs/stable/reference/api/pandas.read_csv.html

지금부터 캐글(kaggle)의 '항공권 가격 예측 데이터(Flight Price Prediction)'의 'Clean_Dataset.csv'를 사용하여 실습을 진행합니다.

데이터 출처 : https://www.kaggle.com/datasets/shubhambathwal/flight-price-prediction

■ 데이터 설명

칼럼명	설명	칼럼명	설명
Airline	항공사 이름	Destination City	도착 도시
Flight	항공편명	Class	좌석 등급
Source City	출발 도시	Duration	비행시간
Departure Time	출발 시간	Days Left	출발까지 남은 일자
Stops	환승장 수	Price	항공권 가격
Arrival Time	도착 시간		

AI 작업 환경

데이터 획득

데이터 구조

기초 데이터

데이터 이해

데이터 전처리

AI 모델링 개념

지도학습

비지도학습

모델 성능 향상

AI 사례 실습

실습 코드

```python
# 넘파이(Numpy), 판다스(Pandas) 불러오기
import pandas as pd
import numpy as np


# read_csv 함수 사용하여 데이터 불러오기
flight = pd.read_csv('./Clean_Dataset.csv', encoding = "cp949")
flight
```

실행 결과

	Unnamed: 0	airline	flight	source_city	departure_time	stops	arrival_time	destination_city	class	duration	days_left	price
0	0	SpiceJet	SG-8709	Delhi	Evening	zero	Night	Mumbai	Economy	2.17	1	5953
1	1	SpiceJet	SG-8157	Delhi	Early_Morning	zero	Morning	Mumbai	Economy	2.33	1	5953
2	2	AirAsia	I5-764	Delhi	Early_Morning	zero	Early_Morning	Mumbai	Economy	2.17	1	5956
3	3	Vistara	UK-995	Delhi	Morning	zero	Afternoon	Mumbai	Economy	2.25	1	5955
4	4	Vistara	UK-963	Delhi	Morning	zero	Morning	Mumbai	Economy	2.33	1	5955
...	...	...	...	...	...	...	...	...	...	...	...	...
300148	300148	Vistara	UK-822	Chennai	Morning	one	Evening	Hyderabad	Business	10.08	49	69265
300149	300149	Vistara	UK-826	Chennai	Afternoon	one	Night	Hyderabad	Business	10.42	49	77105
300150	300150	Vistara	UK-832	Chennai	Early_Morning	one	Night	Hyderabad	Business	13.83	49	79099
300151	300151	Vistara	UK-828	Chennai	Early_Morning	one	Evening	Hyderabad	Business	10.00	49	81585
300152	300152	Vistara	UK-822	Chennai	Morning	one	Evening	Hyderabad	Business	10.08	49	81585

300153 rows × 12 columns

해당 문법을 풀어보면 판다스의 read_csv 함수를 사용하여 Clean_Dataset.csv 파일을 읽어 flight라고 하는 변수에 저장한다는 의미입니다.

데이터 저장하기

데이터 분석을 진행하다 보면 원래의 데이터를 가공하고 해당 데이터(만들어진 데이터)를 저장해야 하는 경우가 생깁니다. 데이터 가공 후에 데이터를 저장하는 방법을 알아봅니다.

판다스에서 데이터를 저장할 때는 'to_csv' 함수를 사용합니다.

다음은 앞에서 만든 a2 데이터프레임입니다.

실습 코드

```
# a2 데이터프레임 만들기
a2 = pd.DataFrame([[1,2,3], [4,5,6], [7,8,9]], ['a','b','c'])
a2
```

실행 결과

	0	1	2
a	1	2	3
b	4	5	6
c	7	8	9

result_a2.csv 파일로 저장합니다.

실습 코드

```
# to_csv 함수 활용하여 저장하기
a2.to_csv('./result_a2.csv')
```

resulta2.csv 파일을 읽어오면 기존과 동일한 데이터프레임이 생성된 것을 볼 수 있습니다.

실습 코드

```
# result_a2.csv를 불러오기
result=pd.read_csv('./result_a2.csv', encoding = "cp949")
result
```

Unnamed: 0	0	1	2
0	a	1	2	3
1	b	4	5	6
2	c	7	8	9

read_csv 함수가 가지는 다양한 파라미터를 이용하여 원하는 칼럼만 가지고 데이터프레임을 구성할 수도 있습니다.

실습 코드

```
# read_csv 함수의 파라미터를 활용하여 원하는 칼럼만 가지고 데이터프레임 만들기
flight2 = pd.read_csv('./Clean_Dataset.csv', index_col='stops', usecols=['stops',
'departure_time', 'arrival_time','destination_city'])
flight2
```

실행 결과

	departure_time	arrival_time	destination_city
stops			
zero	Evening	Night	Mumbai
zero	Early_Morning	Morning	Mumbai
zero	Early_Morning	Early_Morning	Mumbai
zero	Morning	Afternoon	Mumbai
zero	Morning	Morning	Mumbai
...	...	...	...
one	Morning	Evening	Hyderabad
one	Afternoon	Night	Hyderabad
one	Early_Morning	Night	Hyderabad
one	Early_Morning	Evening	Hyderabad
one	Morning	Evening	Hyderabad

위의 예시는 인덱스로 설정할 칼럼을 정하고, 원하는 칼럼만 가지고 와서 flight2라는 데이터프레임을 구성한 것입니다.

index_col은 인덱스로 설정할 칼럼을 정의합니다. usecols는 실제로 데이터프레임에 불러올 칼럼들만 정의할 수 있습니다. 이때 주의할 점은 usecols는 반드시 index_col로 설정한 칼럼명을 포함해야 합니다. crosstab은 판다스 라이브러리에서 범주형 데이터 2개를 비교 분석할 때 사용합니다.

⌐ **실습 코드**

```
# crosstab 확인하기
pd.crosstab(index=flight.source_city, columns=flight.arrival_time)
```

⌐ **실행 결과**

arrival_time source_city	Afternoon	Early_Morning	Evening	Late_Night	Morning	Night
Bangalore	6992	3154	14493	2673	10411	14338
Chennai	5152	1606	10830	1999	7106	12007
Delhi	8007	5262	14630	2143	13007	18294
Hyderabad	4816	1581	10539	2092	8854	12924
Kolkata	5941	2156	11304	2414	9595	14937
Mumbai	7231	1658	16527	2680	13762	19038

위의 예시는 범주형 데이터인 'source_city' 칼럼을 인덱스로 하여 도착 시간별 비행편이 얼마나 있는지 알려줍니다.

AI 작업 환경

데이터 획득

데이터 구조

기초 데이터

데이터 이해

데이터 전처리

AI 모델링 개념

지도학습

비지도학습

모델 성능 향상

AI 사례 실습

확인 문제

01 다음 문법에서 오류가 있는 내용은 무엇인가요?

```
new_df = pd.dataframe([[1,2,3], [2,3,4], [3,4,5]], ["row1","row2","row3"])
new_df
```

02 판다스에서 사용되는 자료 구조 중 2차원 형태로 데이터 분석에 가장 많이 사용되는 것은 무엇인가요?

① 시리즈(Series)

② 파이썬(Python)

③ 넘파이(Numpy)

④ 데이터프레임(DataFrame)

정답 및 해설

01 / dataframe

데이터프레임을 생성하고자 하는 경우 dataframe이 아닌 DataFrame으로 대/소문자를 구별해야 합니다.

02 / ④ 데이터프레임(DataFrame)

시리즈는 1차원의 자료 구조입니다. 파이썬은 AI를 구현하기 위한 언어이며, 넘파이는 수치 데이터를 다루는 데 활용하는 파이썬 라이브러리입니다.

개념 정리

☑ 파이썬에서 제공하는 데이터 분석 라이브러리로는 판다스와 넘파이가 있습니다.

☑ 넘파이는 배열 구조이며, 주로 수치 데이터를 처리하는 데 유용합니다.

☑ 판다스는 1차원 구조의 시리즈와 2차원 구조의 데이터프레임이 있습니다.

☑ 판다스에서는 resd_csv 메소드를 이용하여 분석하고자 하는 csv 데이터를 읽어올 수 있습니다.

데이터 구조 확인하기

판다스에서 가장 많이 활용하는 데이터프레임을 사용하여 여러 가
지 함수로 데이터의 구조와 형태를 확인하는 방법을 알아봅니다.
AI 학습을 위해서는 다량의 데이터가 필요하며 이를 학습하기 쉽게
가공해야 합니다. 이때 데이터의 구조와 형태를 알면 가공이 필요
한 내용을 쉽게 파악할 수 있습니다.

01 데이터프레임 확인하기

- **실습 코드** : Chapter3_데이터 구조 확인하기.ipynb
- **데이터** : Clean_Dataset.csv

데이터프레임 확인하기

데이터프레임은 데이터를 분석하는 과정에서 가장 많이 활용하는 판다스의 자료 구조입니다.
지금부터 데이터프레임을 사용하여 데이터 구조를 살펴봅니다. 데이터는 앞 장과 동일하게 '항공권
가격 예측 데이터(Flight Price Prediction)'의 'Clean_Dataset.csv'를 사용합니다.

데이터 출처 : https://www.kaggle.com/datasets/shubhambathwal/flight-price-prediction

1 데이터 살펴보기

데이터프레임 형태로 만들어진 전체 데이터를 먼저 살펴봅니다. 실습 코드를 실행하면 아래와 같은
데이터프레임을 확인할 수 있습니다.

⌐ 실습 코드

```
#넘파이(Numpy), 판다스(Pandas) 불러오기
import pandas as pd
import numpy as np

# read_csv 함수로 "Clean_Dataset.csv" 불러오기
flight = pd.read_csv('./Clean_Dataset.csv', encoding = "cp949")
flight
```

⌐ 실행 결과

❶ Column

❷ Index

	Unnamed: 0	airline	flight	source_city	departure_time	stops	arrival_time	destination_city	class	duration	days_left	price
0	0	SpiceJet	SG-8709	Delhi	Evening	zero	Night	Mumbai	Economy	2.17	1	5953
1	1	SpiceJet	SG-8157	Delhi	Early_Morning	zero	Morning	Mumbai	Economy	2.33	1	5953
2	2	AirAsia	I5-764	Delhi	Early_Morning	zero	Early_Morning	Mumbai	Economy	2.17	1	5956
3	3	Vistara	UK-995	Delhi	Morning	zero	Afternoon	Mumbai	Economy	2.25	1	5955
4	4	Vistara	UK-963	Delhi	Morning	zero	Morning	Mumbai	Economy	2.33	1	5955
...	...	...	...	...	...	...	...	...	...	...	...	...
300148	300148	Vistara	UK-822	Chennai	Morning	one	Evening	Hyderabad	Business	10.08	49	69265
300149	300149	Vistara	UK-826	Chennai	Afternoon	one	Night	Hyderabad	Business	10.42	49	77105
300150	300150	Vistara	UK-832	Chennai	Early_Morning	one	Night	Hyderabad	Business	13.83	49	79099
300151	300151	Vistara	UK-828	Chennai	Early_Morning	one	Evening	Hyderabad	Business	10.00	49	81585
300152	300152	Vistara	UK-822	Chennai	Morning	one	Evening	Hyderabad	Business	10.08	49	81585

300153 rows × 12 columns   ❸ 생성한 데이터프레임의 Row 수와 Column 수

각 항목이 의미하는 내용은 다음과 같습니다.

❶ 칼럼(Column) : 열 레이블에 대한 정보를 보유합니다.

❷ 인덱스(Index) : 행(Row) 인덱스에 대한 정보를 보유합니다.

❸ 생성된 데이터프레임의 행과 열의 수를 표시합니다.

데이터프레임 이름만 실행할 경우 전체 데이터가 출력되지만, head, tail 메소드를 활용하면 데이터 일부를 확인할 수도 있습니다. head는 데이터프레임 내의 처음 n줄의 데이터를, tail은 마지막 n줄의 데이터를 출력합니다.

┌ 실습 코드

```
# head 확인하기
flight.head()
```

┌ 실행 결과

	Unnamed: 0	airline	flight	source_city	departure_time	stops	arrival_time	destination_city	class	duration	days_left	price
0	0	SpiceJet	SG-8709	Delhi	Evening	zero	Night	Mumbai	Economy	2.17	1	5953
1	1	SpiceJet	SG-8157	Delhi	Early_Morning	zero	Morning	Mumbai	Economy	2.33	1	5953
2	2	AirAsia	I5-764	Delhi	Early_Morning	zero	Early_Morning	Mumbai	Economy	2.17	1	5956
3	3	Vistara	UK-995	Delhi	Morning	zero	Afternoon	Mumbai	Economy	2.25	1	5955
4	4	Vistara	UK-963	Delhi	Morning	zero	Morning	Mumbai	Economy	2.33	1	5955

┌ 실습 코드

```
# tail 확인하기
flight.tail()
```

┌ 실행 결과

	Unnamed: 0	airline	flight	source_city	departure_time	stops	arrival_time	destination_city	class	duration	days_left	price
300148	300148	Vistara	UK-822	Chennai	Morning	one	Evening	Hyderabad	Business	10.08	49	69265
300149	300149	Vistara	UK-826	Chennai	Afternoon	one	Night	Hyderabad	Business	10.42	49	77105
300150	300150	Vistara	UK-832	Chennai	Early_Morning	one	Night	Hyderabad	Business	13.83	49	79099
300151	300151	Vistara	UK-828	Chennai	Early_Morning	one	Evening	Hyderabad	Business	10.00	49	81585
300152	300152	Vistara	UK-822	Chennai	Morning	one	Evening	Hyderabad	Business	10.08	49	81585

head와 tail 값을 별도로 지정하지 않으면 5줄을 보여주고, 값을 지정하면 지정한 행의 수만큼 보여줍니다.

┌ 실습 코드

```
# head로 상위 10개의 데이터 확인하기
flight.head(n=10)
```

AI 작업 환경

데이터 획득

데이터 구조

기초 데이터

데이터 이해

데이터 전처리

AI 모델링 개념

지도학습

비지도학습

모델 성능 향상

AI 사례 실습

Unnamed: 0		airline	flight	source_city	departure_time	stops	arrival_time	destination_city	class	duration	days_left	price
0	0	SpiceJet	SG-8709	Delhi	Evening	zero	Night	Mumbai	Economy	2.17	1	5953
1	1	SpiceJet	SG-8157	Delhi	Early_Morning	zero	Morning	Mumbai	Economy	2.33	1	5953
2	2	AirAsia	I5-764	Delhi	Early_Morning	zero	Early_Morning	Mumbai	Economy	2.17	1	5956
3	3	Vistara	UK-995	Delhi	Morning	zero	Afternoon	Mumbai	Economy	2.25	1	5955
4	4	Vistara	UK-963	Delhi	Morning	zero	Morning	Mumbai	Economy	2.33	1	5955
5	5	Vistara	UK-945	Delhi	Morning	zero	Afternoon	Mumbai	Economy	2.33	1	5955
6	6	Vistara	UK-927	Delhi	Morning	zero	Morning	Mumbai	Economy	2.08	1	6060
7	7	Vistara	UK-951	Delhi	Afternoon	zero	Evening	Mumbai	Economy	2.17	1	6060
8	8	GO_FIRST	G8-334	Delhi	Early_Morning	zero	Morning	Mumbai	Economy	2.17	1	5954
9	9	GO_FIRST	G8-336	Delhi	Afternoon	zero	Evening	Mumbai	Economy	2.25	1	5954

실습 코드

```
# tail로 하위 3개의 데이터 확인하기
flight.tail(n=3)
```

실행 결과

	Unnamed: 0	airline	flight	source_city	departure_time	stops	arrival_time	destination_city	class	duration	days_left	price
300150	300150	Vistara	UK-832	Chennai	Early_Morning	one	Night	Hyderabad	Business	13.83	49	79099
300151	300151	Vistara	UK-828	Chennai	Early_Morning	one	Evening	Hyderabad	Business	10.00	49	81585
300152	300152	Vistara	UK-822	Chennai	Morning	one	Evening	Hyderabad	Business	10.08	49	81585

2 데이터프레임의 기본 정보 확인하기

판다스는 데이터 분석을 위한 라이브러리로 기본적인 통계 정보를 제공합니다. 판다스에서 제공하는 데이터프레임의 기본적인 메소드와 속성(attribute)을 활용하여 간단한 통계 정보를 확인해 봅니다.

'shape'의 속성 변환값은 튜플로 존재하며, 행(row)과 열(column)의 개수를 튜플 형태로 변환해 줍니다.

실습 코드

```
# shape 확인하기
flight.shape
```

실행 결과

```
(300153, 12)
```

'columns'는 데이터프레임을 구성하는 칼럼명을 확인할 때 사용합니다.

┌ 실습 코드

```
# columns 확인하기
flight.columns
```

┌ 실행 결과

```
Index(['Unnamed: 0', 'airline', 'flight', 'source_city', 'departure_time',
       'stops', 'arrival_time', 'destination_city', 'class', 'duration',
       'days_left', 'price'], dtype='object')
```

'info'는 데이터 유형, 각 칼럼의 데이터 수 등을 한 번에 볼 수 있어 데이터의 구성이나 결측치 유무를 확인할 수 있습니다.

┌ 실습 코드

```
# info 확인하기
flight.info()
```

┌ 실행 결과

```
<class 'pandas.core.frame.DataFrame'>
RangeIndex: 300153 entries, 0 to 300152
Data columns (total 12 columns):
 #  Column            Non-Null Count   Dtype
---  ------            --------------   -----
 0  Unnamed: 0        300153 non-null  int64
 1  airline           300153 non-null  object
 2  flight            300153 non-null  object
 3  source_city       300153 non-null  object
 4  departure_time    300153 non-null  object
 5  stops             300153 non-null  object
 6  arrival_time      300153 non-null  object
 7  destination_city  300153 non-null  object
 8  class             300153 non-null  object
 9  duration          300153 non-null  float64
10  days_left         300153 non-null  int64
11  price             300153 non-null  int64
dtypes: float64(1), int64(3), object(8)
memory usage: 27.5+ MB
```

AI 작업 환경

데이터 획득

데이터 구조

기초 데이터

데이터 이해

데이터 전처리

AI 모델링 개념

지도학습

비지도학습

모델 성능 향상

AI 사례 실습

'describe'는 데이터 칼럼별 요약 통계량을 나타냅니다. float나 int처럼 숫자형 데이터의 통계치를 확인하는 데 유용합니다(count : 데이터 개수, mean : 평균값, std : 표준편차, min : 최솟값, max : 최댓값, 4분위값). 범주형 데이터의 경우 데이터 개수, 최빈값, 최빈값 개수를 제공합니다.

⌐ 실습 코드

```
# describe 확인하기
flight.describe()
```

⌐ 실행 결과

	Unnamed: 0	duration	days_left	price
count	300153.000000	300153.000000	300153.000000	300153.000000
mean	150076.000000	12.221021	26.004751	20889.660523
std	86646.852011	7.191997	13.561004	22697.767366
min	0.000000	0.830000	1.000000	1105.000000
25%	75038.000000	6.830000	15.000000	4783.000000
50%	150076.000000	11.250000	26.000000	7425.000000
75%	225114.000000	16.170000	38.000000	42521.000000
max	300152.000000	49.830000	49.000000	123071.000000

'info' 함수에서 확인한 데이터 유형 중 float와 int형인 4개의 칼럼만 describe에서 값이 나온 것을 확인할 수 있습니다. 범주형 데이터 정보를 확인하려면 'all'로 지정합니다.

예시) flight.describe(include='all')

'dtypes'는 데이터프레임이 가지는 데이터 형태의 종류를 나타냅니다.

⌐ 실습 코드

```
# dtypes 확인하기
flight.dtypes
```

⌐ 실행 결과

```
Unnamed: 0          int64
airline            object
flight             object
source_city        object
departure_time     object
```

```
stops                object
arrival_time         object
destination_city     object
class                object
duration             float64
days_left            int64
price                int64
dtype: object
```

'value_counts'는 지정된 칼럼의 값(value)에 대한 발생 횟수를 나타냅니다.

┌ 실습 코드

```
# value_counts 확인하기
flight['source_city'].value_counts()
```

┌ 실행 결과

```
Delhi       61343
Mumbai      60896
Bangalore   52061
Kolkata     46347
Hyderabad   40806
Chennai     38700
Name: source_city, dtype: int64
```

AI 작업 환경

데이터 확득

데이터 구조

기초 데이터

데이터 이해

데이터 전처리

AI 모델링 개념

지도학습

비지도학습

모델 성능 향상

AI 사례 실습

확인 문제

01 데이터프레임에서 칼럼의 수와 데이터 유형, 결측치 등을 한 번에 확인할 수 있는 기본 함수는 무엇인가요?

① info   ② dtype

③ shape   ④ describe

02 다음 문법은 데이터를 불러온 후 상위 5줄의 데이터를 확인하는 코드입니다. 다음 문법에서 빈 칸에 들어갈 내용은 무엇인가요?

```
[ ㉠ ] pandas as pd
DF_test1 = pd.[  ㉡  ]('./dataset.csv', [ ㉢ ]="cp949")
DF_test1.[ ㉣ ]()
```

① ㉠ : export / ㉡ : read.csv / ㉢ : encoding / ㉣ : head
② ㉠ : export / ㉡ : read_csv / ㉢ : encoding / ㉣ : tail
③ ㉠ : import / ㉡ : read_csv / ㉢ : encoding / ㉣ : head
④ ㉠ : import / ㉡ : read_csv / ㉢ : decoding / ㉣ : tail

03 데이터프레임에서 데이터 타입(형태)을 확인하는 기본 함수는 무엇인가요?

① tuple   ② shape

③ columns   ④ dtypes

정답 및 해설

01 / ⑤ info
데이터프레임이 가지는 데이터 형태의 종류를 나타냅니다. shape로 행(row)과 열(column)의 개수를 튜플(tuple) 형태로 변환하여 속성을 확인합니다. describe는 데이터 칼럼별 요약 통계량을 나타냅니다.

02 / ③ ㉠ : import / ㉡ : read_csv / ㉢ : encoding / ㉣ : head
위의 명령어를 순서대로 실행할 때 자료를 처리하기 위한 라이브러리인 판다스를 실행하고 데이터를 불러온 후 상위 다섯 줄의 데이터를 확인할 수 있습니다.

03 / ④ dtypes
dtypes를 통해 데이터프레임이 가진 데이터 타입을 확인할 수 있습니다.

AI 작업 환경

데이터 확득

데이터 구조

기초 데이터

데이터 이해

데이터 전처리

AI 모델링 개념

지도학습

비지도학습

모델 성능 향상

AI 사례 실습

📑 개념 정리

☑ 방대한 양의 데이터를 확인할 때는 head/tail 함수를 이용하여 데이터의 일부만 먼저 확인할 수 있습니다.

☑ 데이터프레임을 살펴볼 수 있는 기본 함수들은 shape, columns, info, describe, dtypes, value_counts가 있습니다.

☑ describe()로 보여주는 통계값에서 25~75% 값은 각각 제1~3사분위수 값을 의미하여 하위 25%, 50%, 75% 지정에 위치한 값을 나타냅니다.

기초 데이터 다루기

데이터프레임을 선택하고, 추출하고, 병합하고, 변경하는 등 기초 데이터를 가공하는 방법을 알아봅니다. 원하는 데이터 형식으로 변경하여 데이터의 가독성을 높이고, 원하는 분석을 위해 데이터를 변형하여 모델 학습을 효율적으로 할 수 있습니다.

01 필요 데이터 선택하기
02 필요 데이터 변경하기
03 데이터프레임 변형하기
04 데이터프레임 병합하기

- **실습 코드** : Chapter4_기초 데이터 다루기.ipynb
- **데이터** : Clean_Dataset.csv

필요 데이터 선택하기

데이터프레임에서 데이터를 조회하고 수정하는 과정을 알아봅니다.

데이터는 앞 장과 동일하게 '항공권 가격 예측 데이터(Flight Price Prediction)'의 'Clean_Dataset.csv'를 사용합니다. 데이터를 불러오는 방법은 앞서 학습한 'Chapter2_데이터 획득하기'의 데이터 불러오기(p.38) 실습 코드를 참고하세요.

1 칼럼명으로 데이터 선택하기

데이터의 칼럼이 많은 경우, 특정 칼럼을 기준으로 데이터프레임의 데이터를 추출할 수 있습니다. 먼저 하나의 칼럼만 지정하여 추출하는 방법을 알아봅니다.

⌐ 실습 코드

```
# 하나의 칼럼만 선택하기
flight[['departure_time']]
```

⌐ 실행 결과

	departure_time
0	Evening
1	Early_Morning
2	Early_Morning
3	Morning
4	Morning
...	...
300148	Morning
300149	Afternoon
300150	Early_Morning
300151	Early_Morning
300152	Morning

여러 개의 칼럼명을 리스트 형식으로 나열하여 다수의 칼럼을 선택할 수도 있습니다.

```
# 여러 개의 칼럼 선택하기
flight[['airline','departure_time','source_city']]
```

┌ 실행 결과

	airline	departure_time	source_city
0	SpiceJet	Evening	Delhi
1	SpiceJet	Early_Morning	Delhi
2	AirAsia	Early_Morning	Delhi
3	Vistara	Morning	Delhi
4	Vistara	Morning	Delhi
...	...	...	...
300148	Vistara	Morning	Chennai
300149	Vistara	Afternoon	Chennai
300150	Vistara	Early_Morning	Chennai
300151	Vistara	Early_Morning	Chennai
300152	Vistara	Morning	Chennai

> **Ⓒ Check Point**
>
> **팬시 인덱싱(Fancy Indexing)**
> 특정 인덱스 위치를 지정하는 형태의 리스트를 인덱싱 조건으로 적용하는 것을 팬시 인덱싱이라고 합니다. 펜시 인덱싱을 활용하여 연속적이지 않고, 비연속적인 여러 개의 값을 가지고 올 수 있습니다. 인덱싱 집합을 리스트 또는 넘파이 ndarray 형태로 지정하여 해당 위치에 있는 값을 가지고 올 수 있습니다.

② 행 범위를 지정하여 데이터 선택하기

데이터프레임에서 슬라이싱(Slicing)을 이용하여 행(row) 범위의 데이터를 선택할 수 있습니다. 예를 들어 10부터 20행까지 데이터를 가지고 오고 싶다면 다음과 같이 설정합니다.

> **⊙ 잠깐만요!**
>
> **슬라이싱(Slicing)**
> 단어의 뜻처럼 필요한 데이터만 추출할 때 사용합니다. 연속된 데이터를 확인하는 데 유용하며 [시작 : 끝]의 문법으로 사용합니다. 이때 '끝' 범위는 포함하지 않습니다.

```
# 슬라이싱을 이용하여 10행부터 20행까지 데이터 가져오기
flight[10:21]
```

실행 결과

	Unnamed: 0	airline	flight	source_city	departure_time	stops	arrival_time	destination_city	class	duration	days_left	price
10	10	GO_FIRST	G8-392	Delhi	Afternoon	zero	Evening	Mumbai	Economy	2.25	1	5954
11	11	GO_FIRST	G8-338	Delhi	Morning	zero	Afternoon	Mumbai	Economy	2.33	1	5954
12	12	Indigo	6E-5001	Delhi	Early_Morning	zero	Morning	Mumbai	Economy	2.17	1	5955
13	13	Indigo	6E-6202	Delhi	Morning	zero	Afternoon	Mumbai	Economy	2.17	1	5955
14	14	Indigo	6E-549	Delhi	Afternoon	zero	Evening	Mumbai	Economy	2.25	1	5955
15	15	Indigo	6E-6278	Delhi	Morning	zero	Morning	Mumbai	Economy	2.33	1	5955
16	16	Air_India	AI-887	Delhi	Early_Morning	zero	Morning	Mumbai	Economy	2.08	1	5955
17	17	Air_India	AI-665	Delhi	Early_Morning	zero	Morning	Mumbai	Economy	2.17	1	5955
18	18	AirAsia	I5-747	Delhi	Evening	one	Early_Morning	Mumbai	Economy	12.25	1	5949
19	19	AirAsia	I5-747	Delhi	Evening	one	Morning	Mumbai	Economy	16.33	1	5949
20	20	GO_FIRST	G8-266	Delhi	Early_Morning	one	Evening	Mumbai	Economy	11.75	1	5954

3 특정 행, 열의 범위를 선택하여 데이터를 선택하기

데이터프레임에서 특정 행과 열의 범위를 지정하여 데이터를 선택하는 방법으로 loc과 iloc이 있습니다.

loc(location)	iloc(integer location)
데이터프레임의 행이나 열에 레이블로 접근	데이터프레임의 행이나 열에 인덱스 값으로 접근
인덱스 및 칼럼명을 통해 지정하는 방법	인덱스를 활용해 지정하는 방법
설정한 인덱스를 그대로 사용	0 based index로 사용

loc과 iloc은 실제 데이터를 선택하는 데 많이 사용되므로 아래 실습을 이용하여 차이점을 명확하게 알아두는 것이 좋습니다.

먼저 넘파이의 arange 함수를 이용하여 flight 데이터프레임에 인덱스를 설정합니다.

실습 코드

```
# 인덱스 새롭게 지정하기
flight.index = np.arange(100,300253)
flight
```

실행 결과

	Unnamed: 0	airline	flight	source_city	departure_time	stops	arrival_time	destination_city	class	duration	days_left	price
100	0	SpiceJet	SG-8709	Delhi	Evening	zero	Night	Mumbai	Economy	2.17	1	5953
101	1	SpiceJet	SG-8157	Delhi	Early_Morning	zero	Morning	Mumbai	Economy	2.33	1	5953
102	2	AirAsia	I5-764	Delhi	Early_Morning	zero	Early_Morning	Mumbai	Economy	2.17	1	5956
103	3	Vistara	UK-995	Delhi	Morning	zero	Afternoon	Mumbai	Economy	2.25	1	5955
104	4	Vistara	UK-963	Delhi	Morning	zero	Morning	Mumbai	Economy	2.33	1	5955
...	...	...	...	...	...	...	...	...	...	...	...	...
300248	300148	Vistara	UK-822	Chennai	Morning	one	Evening	Hyderabad	Business	10.08	49	69265
300249	300149	Vistara	UK-826	Chennai	Afternoon	one	Night	Hyderabad	Business	10.42	49	77105
300250	300150	Vistara	UK-832	Chennai	Early_Morning	one	Night	Hyderabad	Business	13.83	49	79099
300251	300151	Vistara	UK-828	Chennai	Early_Morning	one	Evening	Hyderabad	Business	10.00	49	81585
300252	300152	Vistara	UK-822	Chennai	Morning	one	Evening	Hyderabad	Business	10.08	49	81585

기존 파일의 0부터 시작된 인덱스가 100부터 생성된 것을 확인할 수 있습니다.

새롭게 생성된 102, 202, 302번 데이터를 loc을 이용하여 선택하려면 설정한 인덱스 그대로 확인하면 됩니다.

실습 코드

```
# loc 사용하기
flight.loc[[102, 202, 302]]
```

실행 결과

	Unnamed: 0	airline	flight	source_city	departure_time	stops	arrival_time	destination_city	class	duration	days_left	price
102	2	AirAsia	I5-764	Delhi	Early_Morning	zero	Early_Morning	Mumbai	Economy	2.17	1	5956
202	102	Vistara	UK-819	Delhi	Afternoon	one	Night	Mumbai	Economy	6.00	1	18923
302	202	Vistara	UK-879	Delhi	Evening	one	Night	Mumbai	Economy	5.33	2	13673

하지만 같은 데이터를 iloc을 사용하여 선택하고자 한다면 기존 0 based index로 설정해야 합니다. 해당 데이터는 첫 번째 행부터 0, 1, 2, 3……과 같은 0 based index로 볼 때 2, 102, 202 순서에 있는 데이터입니다. 따라서 iloc를 사용하여 아래와 같이 데이터를 추출할 수 있습니다.

실습 코드

```
# iloc 사용하기
flight.iloc[[2, 102, 202]]
```

실행 결과

	Unnamed: 0	airline	flight	source_city	departure_time	stops	arrival_time	destination_city	class	duration	days_left	price
102	2	AirAsia	I5-764	Delhi	Early_Morning	zero	Early_Morning	Mumbai	Economy	2.17	1	5956
202	102	Vistara	UK-819	Delhi	Afternoon	one	Night	Mumbai	Economy	6.00	1	18923
302	202	Vistara	UK-879	Delhi	Evening	one	Night	Mumbai	Economy	5.33	2	13673

행과 열을 동시에 선택하는 경우에도 loc와 iloc을 사용하는 데 차이가 있습니다. flight 데이터프레임에서 102, 202, 302 행과 'airline', 'flight', 'source_city', 'price' 칼럼만 loc와 iloc을 이용하여 선택하려면 다음과 같이 구분해야 합니다.

먼저 loc를 사용하여 데이터를 선택합니다.

└ 실습 코드

```
# loc를 사용하여 행과 열의 범위 지정하기
flight.loc[[102, 202, 302], ['airline', 'flight', 'source_city', 'price']]
```

└ 실행 결과

	airline	flight	source_city	price
102	AirAsia	I5-764	Delhi	5956
202	Vistara	UK-819	Delhi	18923
302	Vistara	UK-879	Delhi	13673

다음으로 iloc를 사용하여 동일한 데이터를 선택합니다.

└ 실습 코드

```
# iloc를 사용하여 행과 열의 범위 지정하기
flight.iloc[[2, 102, 202], [1, 2, 3, 11]]
```

└ 실행 결과

	airline	flight	source_city	price
102	AirAsia	I5-764	Delhi	5956
202	Vistara	UK-819	Delhi	18923
302	Vistara	UK-879	Delhi	13673

iloc를 사용하는 경우 loc와 같이 칼럼명을 그대로 사용하면 에러가 발생합니다.

└ 실습 코드

```
# iloc를 사용했을 때 칼럼 값을 그대로 사용하면 에러 발생
flight.iloc[[2, 102, 202], ['airline', 'flight', 'source_city', 'price']]
```

AI 작업 환경

데이터 획득

데이터 구조

기초 데이터

데이터 이해

데이터 전처리

AI 모델링 개념

지도학습

비지도학습

모델 성능 향상

AI 사례 실습

┌ **실행 결과**

```
~\anaconda3\lib\site-packages\pandas\core\indexing.py in __getitem__(self, key)
    959            if self._is_scalar_access(key):
    960                return self.obj._get_value(*key, takeable=self._takeable)
--> 961            return self._getitem_tuple(key)
    962        else:
    963            # we by definition only have the 0th axis

~\anaconda3\lib\site-packages\pandas\core\indexing.py in _getitem_tuple(self, tup)
   1459    def _getitem_tuple(self, tup: tuple):
   1460
-> 1461        tup = self._validate_tuple_indexer(tup)
   1462        with suppress(IndexingError):
   1463            return self._getitem_lowerdim(tup)

~\anaconda3\lib\site-packages\pandas\core\indexing.py in _validate_tuple_indexer(self, key)
    767        for i, k in enumerate(key):
    768            try:
--> 769                self._validate_key(k, i)
    770            except ValueError as err:
    771                raise ValueError(

~\anaconda3\lib\site-packages\pandas\core\indexing.py in _validate_key(self, key, axis)
   1373            # check that the key has a numeric dtype
   1374            if not is_numeric_dtype(arr.dtype):
-> 1375                raise IndexError(f".iloc requires numeric indexers, got {arr}")
   1376
   1377            # check that the key does not exceed the maximum size of the index

IndexError: .iloc requires numeric indexers, got ['airline' 'flight' 'source_city' 'price']
```

※ 에러 메시지는 실습 환경(아나콘다, 코랩, AIDU)에 따라 다르게 표현될 수 있습니다.

4 조건으로 데이터 선택하기

Boolean 연산을 통해 원하는 데이터만 추출할 수도 있습니다. Boolean 연산을 통해 조건을 입력하여 원하는 데이터만 추출하고 별도의 데이터프레임을 구성해 봅니다.

┌─ ➕ **참고**

앞서 진행한 실습을 이어서 진행할 수는 있으나, 실습 코드가 반영되어 결괏값에 차이가 있을 수 있습니다. 실습 데이터를 다시 불러온 후 데이터프레임을 만들어 실습을 진행합니다.

```
# flight DataFrame 만들기
flight = pd.read_csv('./Clean_Dataset.csv', encoding = "cp949")
flight
```

조건 : price가 12000 초과이고, airline이 Air_india인 항목만 추출

┌ **실습 코드**

```
# boolean 연산으로 조건을 만족하는 데이터만 추출하기
flight_extract = flight[(flight['price']>12000) & (flight['airline']=='Air_India')]
flight_extract.head()
```

	Unnamed: 0	airline	flight	source_city	departure_time	stops	arrival_time	destination_city	class	duration	days_left	price
40	40	Air_India	AI-504	Delhi	Night	one	Morning	Mumbai	Economy	11.00	1	12150
41	41	Air_India	AI-502	Delhi	Afternoon	one	Morning	Mumbai	Economy	19.08	1	12150
42	42	Air_India	AI-506	Delhi	Morning	one	Morning	Mumbai	Economy	22.83	1	12150
43	43	Air_India	AI-803	Delhi	Early_Morning	one	Morning	Mumbai	Economy	26.42	1	12150
44	44	Air_India	AI-479	Delhi	Night	one	Afternoon	Mumbai	Economy	17.75	1	12215

해당 문법은 조건을 전부 넣어서 활용할 수도 있지만, 조건을 자주 변경해야 하거나 조건이 너무 많으면 복잡해질 수 있으므로 조건을 변수로 저장하여 사용할 수도 있습니다.

```
## 조건1 : price가 12000 초과
## 조건2 : airline이 Air_india
```

┌ 실습 코드

```
# 조건을 별도로 지정하여 데이터 추출하기
# 가격 : 12000 초과
price_Tag = flight['price']>12000

# 항공사 이름 : Air_India
airline_tag = flight['airline']=='Air_India'
flight_extract2=flight[price_Tag & airline_tag].head()
flight_extract2
```

┌ 실행 결과

	Unnamed: 0	airline	flight	source_city	departure_time	stops	arrival_time	destination_city	class	duration	days_left	price
40	40	Air_India	AI-504	Delhi	Night	one	Morning	Mumbai	Economy	11.00	1	12150
41	41	Air_India	AI-502	Delhi	Afternoon	one	Morning	Mumbai	Economy	19.08	1	12150
42	42	Air_India	AI-506	Delhi	Morning	one	Morning	Mumbai	Economy	22.83	1	12150
43	43	Air_India	AI-803	Delhi	Early_Morning	one	Morning	Mumbai	Economy	26.42	1	12150
44	44	Air_India	AI-479	Delhi	Night	one	Afternoon	Mumbai	Economy	17.75	1	12215

해당 예시는 동일한 결과를 가져오지만, 'price 〉 12000'인 조건을 'price_Tag' 변수로 저장하고, 'airline'이 'Air_India'인 조건을 'airline_tag'로 별도 저장하여 추출한 내역을 보여줍니다.

AI 작업 환경

데이터 불러오기

데이터 구조

기초 데이터

데이터 이해

데이터 전처리

AI 모델링 개념

지도학습

비지도학습

모델 성능 향상

AI 사례 실습

SECTION 02 필요 데이터 변경하기

데이터프레임에서 데이터를 조회하고 수정하는 과정에서는 칼럼을 추가하거나 삭제하는 등 필요에 따라 데이터를 변경하는 일이 자주 발생합니다. 지금부터 데이터를 변경하는 방법을 알아봅니다.

1 데이터 추가하기

기존 데이터프레임의 칼럼을 이용하여 새로운 칼럼을 추가할 수 있습니다. 우선 price를 2배로 하는 새로운 칼럼을 만들어 봅니다.

실습 코드

```
# 새로운 칼럼 만들기
flight['price2'] = flight['price'] * 2
flight.head()
```

실행 결과

	Unnamed: 0	airline	flight	source_city	departure_time	stops	arrival_time	destination_city	class	duration	days_left	price	price2
0	0	SpiceJet	SG-8709	Delhi	Evening	zero	Night	Mumbai	Economy	2.17	1	5953	11906
1	1	SpiceJet	SG-8157	Delhi	Early_Morning	zero	Morning	Mumbai	Economy	2.33	1	5953	11906
2	2	AirAsia	I5-764	Delhi	Early_Morning	zero	Early_Morning	Mumbai	Economy	2.17	1	5956	11912
3	3	Vistara	UK-995	Delhi	Morning	zero	Afternoon	Mumbai	Economy	2.25	1	5955	11910
4	4	Vistara	UK-963	Delhi	Morning	zero	Morning	Mumbai	Economy	2.33	1	5955	11910

코드 수행의 결과를 보면 price2라는 새로운 칼럼을 정의하고 기존 칼럼인 price를 2배로 한 값을 저장한 것을 볼 수 있습니다.

기존 칼럼의 연산을 통해 새로운 데이터를 생성할 수도 있습니다. 방금 생성한 price와 price2를 더해서 price3으로 만들어 봅니다.

실습 코드

```
# 기존 칼럼 연산으로 새로운 칼럼 만들기
flight['price3'] = flight['price'] + flight['price2']
flight.head()
```

	Unnamed: 0	airline	flight	source_city	departure_time	stops	arrival_time	destination_city	class	duration	days_left	price	price2	price3
0	0	SpiceJet	SG-8709	Delhi	Evening	zero	Night	Mumbai	Economy	2.17	1	5953	11906	17859
1	1	SpiceJet	SG-8157	Delhi	Early_Morning	zero	Morning	Mumbai	Economy	2.33	1	5953	11906	17859
2	2	AirAsia	I5-764	Delhi	Early_Morning	zero	Early_Morning	Mumbai	Economy	2.17	1	5956	11912	17868
3	3	Vistara	UK-995	Delhi	Morning	zero	Afternoon	Mumbai	Economy	2.25	1	5955	11910	17865
4	4	Vistara	UK-963	Delhi	Morning	zero	Morning	Mumbai	Economy	2.33	1	5955	11910	17865

칼럼과 칼럼의 연산은 각 행의 값들이 각각 연산되어 나타납니다. 데이터프레임도 결국 2차원 행렬이라고 생각하면 학창 시절에 배운 행렬의 덧셈 연산은 같은 행의 값들을 더해 계산한 것과 같습니다.

지금까지 'price2'와 'price3'이라는 칼럼을 새롭게 만들었는데 새로운 칼럼은 항상 마지막에 생성되었습니다. insert 함수를 사용하여 원하는 위치에 칼럼을 생성할 수 있습니다.

insert 함수 사용법은 다음과 같습니다.

```
df.insert(loc, column, value, allow_duplicates=False)

-loc : 삽입될 열의 위치
-column : 삽입될 열의 이름
-value : 삽입될 열의 값
-allow_duplicates : {True or False} 기본값은 False로 True일 경우 중복 열의 삽입을 허용
```

이번에는 duration 칼럼의 값을 10배로 하여 새로운 칼럼을 만들고, 해당 칼럼을 기존 duration 칼럼 옆에 넣어봅니다.

┌ 실습 코드

```
# 새로운 칼럼 원하는 위치에 넣기
flight.insert(10, 'duration2', flight['duration'] *10)

# 처음 0부터 시작하여 10번 칼럼으로 insert
flight.head()
```

┌ 실행 결과

	Unnamed: 0	airline	flight	source_city	departure_time	stops	arrival_time	destination_city	class	duration	duration2	days_left	price	price2	price3
0	0	SpiceJet	SG-8709	Delhi	Evening	zero	Night	Mumbai	Economy	2.17	21.7	1	5953	11906	17859
1	1	SpiceJet	SG-8157	Delhi	Early_Morning	zero	Morning	Mumbai	Economy	2.33	23.3	1	5953	11906	17859
2	2	AirAsia	I5-764	Delhi	Early_Morning	zero	Early_Morning	Mumbai	Economy	2.17	21.7	1	5956	11912	17868
3	3	Vistara	UK-995	Delhi	Morning	zero	Afternoon	Mumbai	Economy	2.25	22.5	1	5955	11910	17865
4	4	Vistara	UK-963	Delhi	Morning	zero	Morning	Mumbai	Economy	2.33	23.3	1	5955	11910	17865

칼럼의 수는 0부터 시작하므로 표에 표시된 것처럼 10번의 위치에 신규로 정의한 'duration2' 칼럼이 생성된 것을 확인할 수 있습니다.

2 데이터 삭제하기

데이터프레임에서 필요 없는 칼럼은 삭제할 수 있습니다. 기본적인 삭제는 drop 메소드를 활용합니다. drop 메소드의 axis 파라미터를 이용하여 행을 기준으로 삭제할 것인지 칼럼을 기준으로 삭제할 것인지 정의할 수 있습니다.

- axis=1 : 열 레벨로 데이터를 삭제합니다.
- axis=0 : 행 레벨로 데이터를 삭제합니다.

앞서 생성한 'price3' 칼럼을 삭제해 봅니다.

┌ 실습 코드

```
# drop 메소드 사용하여 데이터 삭제하기
flight.drop('price3', axis=1).head()
```

┌ 실행 결과

	Unnamed: 0	airline	flight	source_city	departure_time	stops	arrival_time	destination_city	class	duration	duration2	days_left	price	price2
0	0	SpiceJet	SG-8709	Delhi	Evening	zero	Night	Mumbai	Economy	2.17	21.7	1	5953	11906
1	1	SpiceJet	SG-8157	Delhi	Early_Morning	zero	Morning	Mumbai	Economy	2.33	23.3	1	5953	11906
2	2	AirAsia	I5-764	Delhi	Early_Morning	zero	Early_Morning	Mumbai	Economy	2.17	21.7	1	5956	11912
3	3	Vistara	UK-995	Delhi	Morning	zero	Afternoon	Mumbai	Economy	2.25	22.5	1	5955	11910
4	4	Vistara	UK-963	Delhi	Morning	zero	Morning	Mumbai	Economy	2.33	23.3	1	5955	11910

axis=0을 수행하면 행 레벨로 첫 번째 행이 삭제됩니다.

┌ 실습 코드

```
# axis 속성 이해하기
flight.drop(index=0, axis=0).head()
```

┌ 실행 결과

	Unnamed: 0	airline	flight	source_city	departure_time	stops	arrival_time	destination_city	class	duration	duration2	days_left	price	price2	price3
1	1	SpiceJet	SG-8157	Delhi	Early_Morning	zero	Morning	Mumbai	Economy	2.33	23.3	1	5953	11906	17859
2	2	AirAsia	I5-764	Delhi	Early_Morning	zero	Early_Morning	Mumbai	Economy	2.17	21.7	1	5956	11912	17868
3	3	Vistara	UK-995	Delhi	Morning	zero	Afternoon	Mumbai	Economy	2.25	22.5	1	5955	11910	17865
4	4	Vistara	UK-963	Delhi	Morning	zero	Morning	Mumbai	Economy	2.33	23.3	1	5955	11910	17865
5	5	Vistara	UK-945	Delhi	Morning	zero	Afternoon	Mumbai	Economy	2.33	23.3	1	5955	11910	17865

AI 직업의 환경

데이터 확득

데이터 구조

기초 데이터

데이터 이해

데이터 전처리

AI 모델링 개념

지도학습

비지도학습

모델 성능의 향상

AI 사례 실습

데이터를 확인해 보면 첫 번째 행의 데이터가 지워져 'flight'가 SG–8709에서 SG–8157로 변경된 것을 확인할 수 있습니다. 하지만 원본 데이터프레임을 확인해 보면 첫 번째 행과 'price3' 칼럼이 삭제되지 않았습니다.

실습 코드

```
# 첫 번째 행 데이터 지워진 것 확인하기
flight.head()
```

실행 결과

	Unnamed: 0	airline	flight	source_city	departure_time	stops	arrival_time	destination_city	class	duration	duration2	days_left	price	price2	price3
0	0	SpiceJet	SG-8709	Delhi	Evening	zero	Night	Mumbai	Economy	2.17	21.7	1	5953	11906	17859
1	1	SpiceJet	SG-8157	Delhi	Early_Morning	zero	Morning	Mumbai	Economy	2.33	23.3	1	5953	11906	17859
2	2	AirAsia	I5-764	Delhi	Early_Morning	zero	Early_Morning	Mumbai	Economy	2.17	21.7	1	5956	11912	17868
3	3	Vistara	UK-995	Delhi	Morning	zero	Afternoon	Mumbai	Economy	2.25	22.5	1	5955	11910	17865
4	4	Vistara	UK-963	Delhi	Morning	zero	Morning	Mumbai	Economy	2.33	23.3	1	5955	11910	17865

원본 데이터프레임에서 삭제하는 방법은 2가지가 있습니다.

첫 번째 방법은 drop 메소드를 활용하여 데이터를 지운 후 다른 데이터프레임에 저장하는 것입니다.

실습 코드

```
# 데이터 삭제 후 새로운 데이터프레임에 저장하기
flight1=flight.drop('price3', axis=1)
flight1.head()
```

실행 결과

	Unnamed: 0	airline	flight	source_city	departure_time	stops	arrival_time	destination_city	class	duration	duration2	days_left	price	price2
0	0	SpiceJet	SG-8709	Delhi	Evening	zero	Night	Mumbai	Economy	2.17	21.7	1	5953	11906
1	1	SpiceJet	SG-8157	Delhi	Early_Morning	zero	Morning	Mumbai	Economy	2.33	23.3	1	5953	11906
2	2	AirAsia	I5-764	Delhi	Early_Morning	zero	Early_Morning	Mumbai	Economy	2.17	21.7	1	5956	11912
3	3	Vistara	UK-995	Delhi	Morning	zero	Afternoon	Mumbai	Economy	2.25	22.5	1	5955	11910
4	4	Vistara	UK-963	Delhi	Morning	zero	Morning	Mumbai	Economy	2.33	23.3	1	5955	11910

기존 flight 데이터프레임에 존재하는 'price3'를 삭제한 후 이를 flight1이라는 변수명으로 다시 데이터프레임을 생성한 것입니다.

두 번째 방법은 drop 메소드의 inplace 파라미터를 이용하여 원본 데이터에서 지우는 것입니다. inplace 파라미터를 True로 하면 원본 데이터에서 지울 수 있습니다.

┌ 실습 코드

```
# drop 메소드의 inplace 속성 확인하기
flight.drop('price3', axis=1, inplace=True)
flight.head()
```

↓ 실행 결과

	Unnamed: 0	airline	flight	source_city	departure_time	stops	arrival_time	destination_city	class	duration	duration2	days_left	price	price2
0	0	SpiceJet	SG-8709	Delhi	Evening	zero	Night	Mumbai	Economy	2.17	21.7	1	5953	11906
1	1	SpiceJet	SG-8157	Delhi	Early_Morning	zero	Morning	Mumbai	Economy	2.33	23.3	1	5953	11906
2	2	AirAsia	I5-764	Delhi	Early_Morning	zero	Early_Morning	Mumbai	Economy	2.17	21.7	1	5956	11912
3	3	Vistara	UK-995	Delhi	Morning	zero	Afternoon	Mumbai	Economy	2.25	22.5	1	5955	11910
4	4	Vistara	UK-963	Delhi	Morning	zero	Morning	Mumbai	Economy	2.33	23.3	1	5955	11910

첫 번째 방법과 두 번째 방법 모두 결과적으로는 필요 없는 칼럼을 영구적으로 삭제합니다. 하지만 새로운 데이터프레임을 이용하여 저장하는지, 원본 데이터 자체에 저장하는지에 차이가 있습니다.

3 칼럼명 변경하기

데이터 분석을 위한 데이터 전처리 과정은 프로젝트를 수행하는 다양한 팀이 참석하여 진행할 수 있으므로 원본 데이터의 칼럼명보다 단순하거나 직관적이어야 합니다. 이때 rename 메소드를 활용하면 데이터 칼럼명을 변경할 수 있습니다.

기존 airline 칼럼명과 source_city 칼럼명을 각각 airline_name, departure_city로 변경해 봅니다.

┌ 실습 코드

```
# rename 사용하여 칼럼명 변경하기
flight=flight.rename(columns = {"airline" : 'airline_name', "source_city" : 'departure_city'})
flight.head()
```

↓ 실행 결과

	Unnamed: 0	airline_name	flight	departure_city	departure_time	stops	arrival_time	destination_city	class	duration	duration2	days_left	price	price2
0	0	SpiceJet	SG-8709	Delhi	Evening	zero	Night	Mumbai	Economy	2.17	21.7	1	5953	11906
1	1	SpiceJet	SG-8157	Delhi	Early_Morning	zero	Morning	Mumbai	Economy	2.33	23.3	1	5953	11906
2	2	AirAsia	I5-764	Delhi	Early_Morning	zero	Early_Morning	Mumbai	Economy	2.17	21.7	1	5956	11912
3	3	Vistara	UK-995	Delhi	Morning	zero	Afternoon	Mumbai	Economy	2.25	22.5	1	5955	11910
4	4	Vistara	UK-963	Delhi	Morning	zero	Morning	Mumbai	Economy	2.33	23.3	1	5955	11910

4 데이터프레임 정렬하기

데이터를 분석할 때 원하는 칼럼을 기준으로 데이터프레임을 정렬하여 조회할 때가 있습니다. sort_values 메소드를 활용하면 데이터 프레임을 정렬할 수 있습니다. 데이터 정렬을 한눈에 확인하기 위해 맨 앞의 칼럼인 Unnamed:0을 기준으로 역순으로 정렬해 봅니다. 역순으로 정렬하기 위해서는 ascending 파라미터를 False로 지정합니다.

▼ 실습 코드

```
# sort_values 메소드와 ascending 매개변수 지정하여 데이터프레임 역순으로 정렬하기
flight=flight.sort_values(by ='Unnamed: 0', ascending=False)
flight.head()
```

▼ 실행 결과

	Unnamed: 0	airline_name	flight	departure_city	departure_time	stops	arrival_time	destination_city	class	duration	duration2	days_left	price	price2
300152	300152	Vistara	UK-822	Chennai	Morning	one	Evening	Hyderabad	Business	10.08	100.8	49	81585	163170
300151	300151	Vistara	UK-828	Chennai	Early_Morning	one	Evening	Hyderabad	Business	10.00	100.0	49	81585	163170
300150	300150	Vistara	UK-832	Chennai	Early_Morning	one	Night	Hyderabad	Business	13.83	138.3	49	79099	158198
300149	300149	Vistara	UK-826	Chennai	Afternoon	one	Night	Hyderabad	Business	10.42	104.2	49	77105	154210
300148	300148	Vistara	UK-822	Chennai	Morning	one	Evening	Hyderabad	Business	10.08	100.8	49	69265	138530

'Unnamed:0'을 보면 칼럼이 가장 큰 수부터 내림차순으로 정렬된 것을 확인할 수 있습니다. ascending=True로 지정하여 다시 오름차순으로 정렬해 봅니다.

▼ 실습 코드

```
# sort_values 메소드와 ascending 매개변수 지정하여 데이터프레임 역순으로 정렬하기
flight=flight.sort_values(by ='Unnamed: 0', ascending=True)
flight.head()
```

▼ 실행 결과

	Unnamed: 0	airline_name	flight	departure_city	departure_time	stops	arrival_time	destination_city	class	duration	duration2	days_left	price	price2
0	0	SpiceJet	SG-8709	Delhi	Evening	zero	Night	Mumbai	Economy	2.17	21.7	1	5953	11906
1	1	SpiceJet	SG-8157	Delhi	Early_Morning	zero	Morning	Mumbai	Economy	2.33	23.3	1	5953	11906
2	2	AirAsia	I5-764	Delhi	Early_Morning	zero	Early_Morning	Mumbai	Economy	2.17	21.7	1	5956	11912
3	3	Vistara	UK-995	Delhi	Morning	zero	Afternoon	Mumbai	Economy	2.25	22.5	1	5955	11910
4	4	Vistara	UK-963	Delhi	Morning	zero	Morning	Mumbai	Economy	2.33	23.3	1	5955	11910

AI 작업 환경

데이터 획득

데이터 구조

기초 데이터

데이터 이해

데이터 전처리

AI 모델링 개념

지도학습

비지도학습

모델 성능 향상

AI 사례 실습

SECTION 03 데이터프레임 변형하기

데이터프레임 자체를 변형하여 원하는 데이터를 만들 수 있습니다.

> **📑 참고**
>
> 앞서 진행한 실습을 이어서 진행할 수 있으나, 실습 코드가 반영되어 결괏값의 차이가 있을 수 있습니다. 실습 데이터를 다시 불러온 후 데이터프레임을 만들어 실습을 진행합니다.
>
> ```
> # flight DataFrame 만들기
> flight = pd.read_csv('./Clean_Dataset.csv', encoding = "cp949")
> flight
> ```

1 그룹화하기

1) groupby 활용하기

groupby 메소드는 데이터프레임의 같은 값을 하나로 묶어서 통계나 집계 결과를 확인하기 위해 사용합니다. 예를 들어 기상 데이터를 날짜별, 도시별로 값을 묶어서 통계나 집계 결과를 확인할 수 있습니다. 아래 과정을 거쳐서 그룹화합니다.

- Split : 그룹별로 데이터를 나눕니다.
- Apply : 각 그룹별로 집계 함수를 적용합니다.
- Combine : 그룹별 집계 결과를 하나로 합치는 과정입니다.

지금부터 그룹화 실습을 해봅니다. 동일한 'Clean_Dataset.csv' 데이터로 groupby를 활용합니다. 먼저 'airline' 칼럼을 기준으로 그룹화합니다.

⌐ 실습 코드

```
# airline 칼럼 기준으로 그룹화하기
airline_group = flight.groupby('airline')
airline_group
```

```
<pandas.core.groupby.generic.DataFrameGroupBy object at 0x7fd67c1427f0>
```

그룹화를 수행하면 airline 기준으로 데이터들이 모일 것이라고 생각하지만, 수행한 결과는 데이터 프레임으로 그룹까지 생성한 것입니다. 그룹화된 결과를 확인하려면 'groups' 속성을 이용합니다.

실습 코드

```
# 수행 결과 확인하기
airline_group.groups
```

실행 결과

```
{'AirAsia': [2, 18, 19, 27, 48, 141, 147, 148, 157, 265, 290, 325, 435, 450, 608, 609, 623,
706, 746, 782, 783, 784, 814, 978, 993, 1085, 1088, 1133, 1210, 1248, 1261, 1284, 1323,
1341, 1343, 1461, 1466, 1483, 1526, 1583, 1685, 1693, 1694, 1695, 1696, 1697, 1698, 1699,
1700, 1701, 1728, 1759, 1760, 1761, 1762, 1866, 1911, 1912, 1913, 1914, 1915, 1916, 1917,
1947, 1972, 1974, 1976, 1977, 1991, 1992, 2083, 2127, 2128, 2129, 2130, 2131, 2132, 2133,
2134, 2135, 2167, 2194, 2196, 2264, 2265, 2292, 2305, 2350, 2351, 2352, 2353, 2354, 2355,
2397, 2422, 2423, 2443, 2444, 2465, 2484, ...], 'Air_India': [16, 17, 23, 37, 40, 41, 42,
43, 44, 49, 50, 51, 52, 53, 60, 71, 74, 75, 82, 86, 87, 96, 98, 107, 108, 110, 113, 114, 115,
117, 142, 143, 144, 145, 146, 151, 152, 162, 163, 164, 166, 168, 173, 182, 189, 191, 193,
195, 196, 197, 198, 199, 207, 211, 223, 225, 229, 236, 237, 241, 242, 243, 247, 250, 266,
267, 268, 269, 272, 280, 291, 295, 303, 309, 314, 315, 316, 319, 321, 329, 333, 343, 352,
357, 361, 362, 363, 372, 376, 379, 380, 381, 385, 387, 388, 390, 391, 392, 393, 394, ...],
'GO_FIRST': [8, 9, 10, 11, 20, 21, 22, 30, 68, 72, 101, 112, 126, 127, 128, 129, 130, 131,
149, 150, 200, 201, 208, 212, 213, 222, 232, 235, 244, 245, 257, 258, 259, 260, 270, 271,
277, 278, 281, 296, 312, 313, 317, 327, 328, 342, 366, 368, 371, 384, 389, 413, 414, 415,
416, 417, 418, 436, 437, 438, 439, 440, 441, 442, 455, 465, 469, 490, 491, 496, 497, 535,
552, 586, 587, 588, 589, 590, 591, 610, 611, 612, 613, 614, 615, 616, 617, 627, 639, 640,
646, 668, 669, 672, 673, 675, 691, 762, 763, 764, ...], 'Indigo': [12, 13, 14, 15, 24, 26,
29, 31, 54, 55, 56, 57, 58, 67, 79, 81, 132, 133, 134, 135, 136, 137, 139, 140, 158, 159,
167, 170, 171, 172, 174, 175, 180, 181, 190, 224, 226, 228, 261, 262, 263, 264, 282, 283,
284, 285, 286, 287, 292, 297, 301, 302, 307, 308, 310, 323, 324, 332, 337, 348, 353, 354,
358, 359, 360, 419, 420, 421, 422, 424, 425, 426, 427, 428, 445, 446, 447, 451, 454, 456,
457, 458, 459, 466, 479, 488, 489, 522, 524, 592, 593, 594, 595, 596, 597, 598, 599, 600,
601, 625, ...], 'SpiceJet': [0, 1, 28, 38, 39, 45, 80, 118, 119, 138, 160, 161, 194, 227,
251, 252, 253, 274, 275, 294, 306, 311, 331, 398, 399, 400, 401, 402, 403, 423, 444, 448,
```

449, 452, 520, 540, 563, 564, 565, 566, 567, 568, 569, 570, 619, 620, 621, 622, 624, 665, 738, 739, 740, 741, 742, 743, 744, 745, 799, 800, 802, 844, 877, 898, 919, 920, 921, 922, 923, 924, 925, 971, 974, 975, 1049, 1092, 1104, 1105, 1106, 1107, 1108, 1109, 1110, 1111, 1150, 1155, 1200, 1243, 1281, 1286, 1287, 1288, 1289, 1290, 1291, 1331, 1332, 1368, 1369, 1412, ...], 'Vistara': [3, 4, 5, 6, 7, 25, 32, 33, 34, 35, 36, 46, 47, 59, 61, 62, 63, 64, 65, 66, 69, 70, 73, 76, 77, 78, 83, 84, 85, 88, 89, 90, 91, 92, 93, 94, 95, 97, 99, 100, 102, 103, 104, 105, 106, 109, 111, 116, 120, 121, 122, 123, 124, 125, 153, 154, 155, 156, 165, 169, 176, 177, 178, 179, 183, 184, 185, 186, 187, 188, 192, 202, 203, 204, 205, 206, 209, 210, 214, 215, 216, 217, 218, 219, 220, 221, 230, 231, 233, 234, 238, 239, 240, 246, 248, 249, 254, 255, 256, 273, ...]}

데이터는 그룹화된 것을 확인할 수 있지만 가독성은 좋지 않습니다. groupby 내부 메소드를 활용하여 데이터를 확인할 수 있습니다.

groupby 내부 메소드는 다음과 같은 정보를 제공합니다.

- count : 데이터 개수
- size : 집단별 크기
- sum : 데이터의 합
- mean, std, var : 평균, 표준편차, 분산
- min, max : 최솟값, 최댓값

샘플 예시로 몇 가지 정보를 확인해 봅니다. 먼저 airline별 데이터의 수를 확인합니다.

┌ 실습 코드

```
# 데이터 수 확인하기
airline_group.count()
```

┌ 실행 결과

airline	Unnamed: 0	flight	source_city	departure_time	stops	arrival_time	destination_city	class	duration	days_left	price
AirAsia	16098	16098	16098	16098	16098	16098	16098	16098	16098	16098	16098
Air_India	80892	80892	80892	80892	80892	80892	80892	80892	80892	80892	80892
GO_FIRST	23173	23173	23173	23173	23173	23173	23173	23173	23173	23173	23173
Indigo	43120	43120	43120	43120	43120	43120	43120	43120	43120	43120	43120
SpiceJet	9011	9011	9011	9011	9011	9011	9011	9011	9011	9011	9011
Vistara	127859	127859	127859	127859	127859	127859	127859	127859	127859	127859	127859

airline별로 데이터의 최솟값(min)을 확인합니다.

┌ 실습 코드

```
# 최솟값 확인하기
airline_group.min()
```

┌ 실행 결과

airline	Unnamed: 0	flight	source_city	departure_time	stops	arrival_time	destination_city	class	duration	days_left	price
AirAsia	2	I5-1228	Bangalore	Afternoon	one	Afternoon	Bangalore	Economy	0.92	1	1105
Air_India	16	AI-401	Bangalore	Afternoon	one	Afternoon	Bangalore	Business	1.00	1	1526
GO_FIRST	8	G8-101	Bangalore	Afternoon	one	Afternoon	Bangalore	Economy	1.00	1	1105
Indigo	12	6E-102	Bangalore	Afternoon	one	Afternoon	Bangalore	Economy	0.83	1	1105
SpiceJet	0	SG-1031	Bangalore	Afternoon	one	Afternoon	Bangalore	Economy	1.00	1	1106
Vistara	3	UK-613	Bangalore	Afternoon	one	Afternoon	Bangalore	Business	1.00	1	1714

airline별로 수치형 데이터의 평균값(mean)을 확인합니다.

┌ 실습 코드

```
# 평균값 확인하기
airline_group.mean()
```

┌ 실행 결과

airline	Unnamed: 0	duration	days_left	price
AirAsia	95102.971922	8.941714	27.735184	4091.072742
Air_India	162945.107007	15.504235	25.497466	23507.019112
GO_FIRST	87630.797005	8.755380	27.430415	5652.007595
Indigo	110102.972658	5.795197	26.264309	5324.216303
SpiceJet	91878.408834	12.579767	24.122850	6179.278881
Vistara	177755.288310	13.326634	25.894532	30396.536302

칼럼명을 설정해 주면 특정 칼럼만 확인할 수 있습니다.

┌ 실습 코드

```
# 특정 칼럼 값만 확인하기
airline_group.mean()[['price']]
```

AI 작업 환경

데이터 획득

데이터 구조

기초 데이터

데이터 이해

데이터 전처리

AI 모델링 개념

지도학습

비지도학습

모델 성능 향상

AI 사례 실습

┌ 실행 결과

	price
airline	
AirAsia	4091.072742
Air_India	23507.019112
GO_FIRST	5652.007595
Indigo	5324.216303
SpiceJet	6179.278881
Vistara	30396.536302

데이터프레임의 복수 개의 칼럼을 기준으로 groupby를 활용하면 다중 인덱싱(multi-indexing)을 설정할 수 있습니다.

┌ 실습 코드

```
# groupby를 활용하여 다중 인덱싱(multi-indexing) 설정하기
flight.groupby(['airline', 'arrival_time']).mean()
```

┌ 실행 결과

airline	arrival_time	Unnamed: 0	duration	days_left	price
AirAsia	Afternoon	88816.983918	7.496335	26.980507	4206.467836
	Early_Morning	99485.108742	9.454591	27.088842	3632.676617
	Evening	80346.891383	8.628675	27.119117	4539.570963
	Late_Night	105201.948725	9.205835	29.071899	3828.437410
	Morning	107012.537642	9.934108	27.857339	3846.900653
	Night	88657.478861	8.740391	27.487202	4320.171700
Air_India	Afternoon	162295.572046	15.954563	25.827142	23426.571700
	Early_Morning	138717.490455	17.037971	27.539501	18805.551542
	Evening	166211.387508	15.878056	24.942981	24459.593397
	Late_Night	166665.450239	13.214077	24.301435	28014.163158
	Morning	162496.968910	16.411557	25.655767	22792.180401
	Night	164175.090257	14.230348	25.451735	23683.386323
GO_FIRST	Afternoon	90534.220872	7.510892	27.706789	5511.206937
	Early_Morning	85682.954898	10.148961	27.533457	5537.433272
	Evening	86610.596935	8.284801	27.474795	6022.345547
	Late_Night	90382.433765	7.957369	29.245500	5306.723182
	Morning	84289.646143	9.633676	26.265846	5281.059399
	Night	87864.810293	9.087003	26.971360	5808.054728
	...				

데이터프레임에서 groupby로 여러 개의 칼럼을 지정하여 집계할 수도 있고, 아래처럼 여러 개의 칼럼을 groupby로 새로운 데이터프레임을 생성하는 것도 가능합니다.

⌐ 실습 코드

```
# 여러 개의 칼럼을 groupby하여 새로운 데이터프레임 생성하기
mul_airline_group=flight.groupby(['airline', 'arrival_time'])
mul_airline_group.mean()
```

⌐ 실행 결과

airline	arrival_time	Unnamed: 0	duration	days_left	price
AirAsia	Afternoon	88816.983918	7.496335	26.980507	4206.467836
	Early_Morning	99485.108742	9.454591	27.088842	3632.676617
	Evening	80346.891383	8.628675	27.119117	4539.570963
	Late_Night	105201.948725	9.205835	29.071899	3828.437410
	Morning	107012.537642	9.934108	27.857339	3846.900653
	Night	88657.478861	8.740391	27.487202	4320.171700
Air_India	Afternoon	162295.572046	15.954563	25.827142	23426.571700
	Early_Morning	138717.490455	17.037971	27.539501	18805.551542
	Evening	166211.387508	15.878056	24.942981	24459.593397
	Late_Night	166665.450239	13.214077	24.301435	28014.163158
	Morning	162496.968910	16.411557	25.655767	22792.180401
	Night	164175.090257	14.230348	25.451735	23683.386323
GO_FIRST	Afternoon	90534.220872	7.510892	27.706789	5511.206937
	Early_Morning	85682.954898	10.148961	27.533457	5537.433272
	Evening	86610.596935	8.284801	27.474795	6022.345547
	Late_Night	90382.433765	7.957369	29.245500	5306.723182
	Morning	84289.646143	9.633676	26.265846	5281.059399
	Night	87864.810293	9.087003	26.971360	5808.054728
	...				

여러 개의 칼럼을 기준으로 groupby한 경우 loc을 이용하여 원하는 인덱스의 데이터만 가져올 수 있습니다.

AirAsia의 Evening 정보만 확인해 봅니다.

⌐ 실습 코드

```
# groupby 후 원하는 데이터만 가져오기
flight.groupby(['airline', 'arrival_time']).mean().loc[[('AirAsia','Evening')]]
```

AI 작업 환경

데이터 획득

데이터 구조

기초 데이터

데이터 이해

데이터 전처리

AI 모델링 개념

지도학습

비지도학습

모델 성능과 향상

AI 사례 실습

실행 결과

		Unnamed: 0	duration	days_left	price
airline	arrival_time				
AirAsia	Evening	80346.891383	8.628675	27.119117	4539.570963

2) 인덱스로 그룹화하기

인덱스를 설정하여 그룹화할 때도 마찬가지로 groupby 메소드에 레벨(level) 설정이 가능합니다. 인덱스 설정을 위해 활용되는 메소드는 다음과 같습니다.

- set_index : 칼럼을 인덱스로 변경하는 경우에 사용

  기존의 인덱스를 제거하고 칼럼 중 하나를 인덱스로 설정
- reset_index : 인덱스를 초기화

set_index를 사용하여 기존 칼럼을 인덱스로 설정해 봅니다.

실습 코드

```
# set_index로 인덱스 설정하기
flight.set_index(['airline','arrival_time'])
```

실행 결과

airline	arrival_time	Unnamed: 0	flight	source_city	departure_time	stops	destination_city	class	duration	days_left	price
SpiceJet	Night	0	SG-8709	Delhi	Evening	zero	Mumbai	Economy	2.17	1	5953
	Morning	1	SG-8157	Delhi	Early_Morning	zero	Mumbai	Economy	2.33	1	5953
AirAsia	Early_Morning	2	I5-764	Delhi	Early_Morning	zero	Mumbai	Economy	2.17	1	5956
	Afternoon	3	UK-995	Delhi	Morning	zero	Mumbai	Economy	2.25	1	5955
	Morning	4	UK-963	Delhi	Morning	zero	Mumbai	Economy	2.33	1	5955
...	...	...	...	...	...	...	...	...	...	...	...
Vistara	Evening	300148	UK-822	Chennai	Morning	one	Hyderabad	Business	10.08	49	69265
	Night	300149	UK-826	Chennai	Afternoon	one	Hyderabad	Business	10.42	49	77105
	Night	300150	UK-832	Chennai	Early_Morning	one	Hyderabad	Business	13.83	49	79099
	Evening	300151	UK-828	Chennai	Early_Morning	one	Hyderabad	Business	10.00	49	81585
	Evening	300152	UK-822	Chennai	Morning	one	Hyderabad	Business	10.08	49	81585

300153 rows × 10 columns

데이터 행의 수를 보면 300153인 것을 확인할 수 있습니다. 실행 결과를 보면 인덱스를 설정할 뿐 그룹화를 수행한 결과가 아닙니다.

set_index로 인덱스를 설정한 후 인덱스 중 하나를 기준으로 그룹화해 봅니다.

```
# 다중 인덱스(multi-index) 세팅 후 해당 인덱스 기준으로 groupby 하기
flight.set_index(['airline','arrival_time']).groupby(level=[0]).mean()
```

실행 결과

airline	Unnamed: 0	duration	days_left	price
AirAsia	95102.971922	8.941714	27.735184	4091.072742
Air_India	162945.107007	15.504235	25.497466	23507.019112
GO_FIRST	87630.797005	8.755380	27.430415	5652.007595
Indigo	110102.972658	5.795197	26.264309	5324.216303
SpiceJet	91878.408834	12.579767	24.122850	6179.278881
Vistara	177755.288310	13.326634	25.894532	30396.536302

앞에서 수행한 'airline_group.mean()'과 비교해 보면 동일한 데이터를 설정했고 레벨(depth)을 0으로 설정한 인덱스 중 airline을 기준으로 그룹화한 것을 확인할 수 있습니다.

이번에는 모든 인덱스를 기준으로 레벨을 설정하여 그룹화해 봅니다.

실습 코드

```
# 인덱스로 모두 선택하여 groupby 하기
flight.set_index(['airline','arrival_time']).groupby(level=[0,1]).mean()
```

실행 결과

airline	arrival_time	Unnamed: 0	duration	days_left	price
AirAsia	Afternoon	88816.983918	7.496335	26.980507	4206.467836
	Early_Morning	99485.108742	9.454591	27.088842	3632.676617
	Evening	80346.891383	8.628675	27.119117	4539.570963
	Late_Night	105201.948725	9.205835	29.071899	3828.437410
	Morning	107012.537642	9.934108	27.857339	3846.900653
	Night	88657.478861	8.740391	27.487202	4320.171700
Air_India	Afternoon	162295.572046	15.954563	25.827142	23426.571700
	Early_Morning	138717.490455	17.037971	27.539501	18805.551542
	Evening	166211.387508	15.878056	24.942981	24459.593397
	Late_Night	166665.450239	13.214077	24.301435	28014.163158
	Morning	162496.968910	16.411557	25.655767	22792.180401
	Night	164175.090257	14.230348	25.451735	23683.386323

GO_FIRST	Afternoon	90534.220872	7.510892	27.706789	5511.206937
	Early_Morning	85682.954898	10.148961	27.533457	5537.433272
	Evening	86610.596935	8.284801	27.474795	6022.345547
	Late_Night	90382.433765	7.957369	29.245500	5306.723182
	Morning	84289.646143	9.633676	26.265846	5281.059399
	Night	87864.810293	9.087003	26.971360	5808.054728

해당 결과를 보면 groupby를 활용하여 다중 인덱싱을 한 것을 확인할 수 있습니다.

3) Aggregate로 집계하기

aggregate 메소드를 이용하여 그룹화 결과를 확인해 봅니다. aggregate를 활용하면 데이터프레임의 값을 다양하게 집계하여 한 번에 볼 수 있습니다.

실습 코드

```
# aggregate 메소드 이용하여 groupby 후 평균값과 최댓값 확인하기
flight.set_index(['airline','arrival_time']).groupby(level=[0,1]).aggregate([np.mean,
np.max])
```

실행 결과

airline	arrival_time	Unnamed: 0 mean	Unnamed: 0 amax	duration mean	duration amax	days_left mean	days_left amax	price mean	price amax
AirAsia	Afternoon	88816.983918	202598	7.496335	18.33	26.980507	49	4206.467836	31917
	Early_Morning	99485.108742	193744	9.454591	15.50	27.088842	49	3632.676617	29501
	Evening	80346.891383	205846	8.628675	14.58	27.119117	49	4539.570963	31799
	Late_Night	105201.948725	202571	9.205835	17.33	29.071899	49	3828.437410	31707
	Morning	107012.537642	206617	9.934108	19.58	27.857339	49	3846.900653	26360
	Night	88657.478861	202569	8.740391	18.00	27.487202	49	4320.171700	30211
Air_India	Afternoon	162295.572046	299989	15.954563	44.50	25.827142	49	23426.571700	86491
	Early_Morning	138717.490455	300114	17.037971	40.75	27.539501	49	18805.551542	80762
	Evening	166211.387508	299935	15.878056	49.83	24.942981	49	24459.593397	84374
	Late_Night	166665.450239	295659	13.214077	41.58	24.301435	49	28014.163158	89257
	Morning	162496.968910	300146	16.411557	45.83	25.655767	49	22792.180401	86491
	Night	164175.090257	300147	14.230348	41.83	25.451735	49	23683.386323	90970
GO_FIRST	Afternoon	90534.220872	206589	7.510892	17.92	27.706789	49	5511.206937	31773
	Early_Morning	85682.954898	202069	10.148961	22.50	27.533457	49	5537.433272	25462
	Evening	86610.596935	206183	8.284801	15.50	27.474795	49	6022.345547	28174
	Late_Night	90382.433765	197767	7.957369	16.08	29.245500	49	5306.723182	16120
	Morning	84289.646143	187519	9.633676	20.67	26.265846	49	5281.059399	27620
	Night	87864.810293	206320	9.087003	17.00	26.971360	49	5808.054728	32803

...

AI 작업 환경
데이터 획득
데이터 구조
기초 데이터
데이터 이해
데이터 전처리
AI 모델링 개념
지도학습
비지도학습
모델 성능 향상
AI 사례 실습

2 피벗테이블 생성하기

'(축을 중심으로) 회전한다'는 사전적 의미처럼 pivot과 pivot_table 메소드는 행 데이터를 열 데이터로 회전할 수 있습니다. pivot과 pivot_table 메소드를 사용하여 데이터프레임을 만들고 결과를 확인해 봅니다.

▼ 실습 코드

```
# pivot/pivot_table을 위한 데이터프레임 만들기
import numpy as np
import pandas as pd
pivot_data = pd.DataFrame({'cust_id': ['cust_1', 'cust_1', 'cust_1', 'cust_2', 'cust_2',
'cust_2', 'cust_3', 'cust_3', 'cust_3'],
            'prod_cd': ['p1', 'p2', 'p3', 'p1', 'p2', 'p3', 'p1', 'p2', 'p3'],
            'grade' : ['A', 'A', 'A', 'A', 'A', 'A', 'B', 'B', 'B'],
            'purch_amt': [30, 10, 0, 40, 15, 30, 0, 0, 10]})
pivot_data
```

▼ 실행 결과

	cust_id	prod_cd	grade	purch_amt
0	cust_1	p1	A	30
1	cust_1	p2	A	10
2	cust_1	p3	A	0
3	cust_2	p1	A	40
4	cust_2	p2	A	15
5	cust_2	p3	A	30
6	cust_3	p1	B	0
7	cust_3	p2	B	0
8	cust_3	p3	B	10

pivot을 사용하여 해당 데이터프레임을 변경해 봅니다. pivot은 기본적으로 index, columns, values를 지정하여 구성할 수 있습니다.

▼ 실습 코드

```
# pivot 활용하기
pivot_data.pivot(index = 'cust_id', columns ='prod_cd', values ='purch_amt')
```

AI 작업 환경

데이터 획득

데이터 구조

기초 데이터

데이터 이해

데이터 전처리

AI 모델링 개념

지도학습

비지도학습

모델 성능 향상

AI 사례 실습

┌ **실행 결과**

```
prod_cd    p1    p2    p3
cust_id
cust_1     30    10    0
cust_2     40    15    30
cust_3     0     0     10
```

index, columns, values를 지정할 수도 있지만, 지정하지 않을 경우 차례대로 index, columns, values로 인식합니다. 해당 pivot 데이터는 아래와 같이 코드를 작성할 수도 있습니다.

┌ **실습 코드**

```
pivot_data('cust_id', 'prod_cd', 'pch_amt')
```

pivot과 pivot_table의 기능은 동일하지만, pivot_table은 pivot과 다르게 aggfunc를 지정할 수 있습니다. aggfunc을 지정할 때 중복값이 존재하는 경우 pivot은 사용할 수 없고 pivot_table만 사용할 수 있습니다.

┌ **실습 코드**

```
# 중복값이 존재하는 경우 에러 메시지
pivot_data.pivot(index='grade', columns='prod_cd', values='purch_amt')
```

┌ **실행 결과**

```
~\anaconda3\lib\site-packages\pandas\core\reshape\reshape.py in unstack(obj, level, fill_value)
    489         if is_1d_only_ea_dtype(obj.dtype):
    490             return _unstack_extension_series(obj, level, fill_value)
--> 491         unstacker = _Unstacker(
    492             obj.index, level=level, constructor=obj._constructor_expanddim
    493         )

~\anaconda3\lib\site-packages\pandas\core\reshape\reshape.py in __init__(self, index, level, constructor)
    138             )
    139
--> 140         self._make_selectors()
    141
    142     @cache_readonly

~\anaconda3\lib\site-packages\pandas\core\reshape\reshape.py in _make_selectors(self)
    190
    191         if mask.sum() < len(self.index):
--> 192             raise ValueError("Index contains duplicate entries, cannot reshape")
    193
    194         self.group_index = comp_index

ValueError: Index contains duplicate entries, cannot reshape
```

pivot을 수행하면 위와 같이 인덱스에 중복이 있어 변경할 수 없다는 에러 메시지가 나타납니다. 실제 인덱스로 쓰인 grade는 중복값을 가지고 있습니다. 하지만 pivot_table을 동일하게 수행할 경우 평균값이 결과로 보여집니다.

```
# pivot_table 활용하기
pivot_data.pivot_table(index='grade', columns='prod_cd', values='purch_amt')
```

실행 결과

```
prod_cd    p1     p2     p3
  grade
      A   35.0   12.5   15.0
      B    0.0    0.0   10.0
```

실제 'grade A'에서 p1의 purch_amt는 40과 30이고 평균 35로 결과가 나왔습니다. pivot_table에서 aggfunc의 기본은 평균값이고, 따로 지정할 수도 있습니다.

아래는 aggfunc을 합계로 지정한 예시입니다.

실습 코드

```
# pivot_table의 aggfunc 지정하기
pivot_data.pivot_table(index='grade', columns='prod_cd', values='purch_amt',
aggfunc=np.sum)
```

실행 결과

```
prod_cd   p1   p2   p3
  grade
      A   70   25   30
      B    0    0   10
```

3 인덱스 및 칼럼 레벨 변경하기

데이터프레임을 변형하는 또 다른 방법으로 stack/unstack 메소드를 알아봅니다. '쌓다'라는 의미로 stack은 칼럼 레벨에서 인덱스 레벨로 데이터프레임을 변경합니다. 데이터를 행의 레벨로 쌓아올리는 개념으로 이해하면 됩니다. 반대로 unstack은 인덱스 레벨에서 칼럼 레벨로 위치를 변경하여 데이터를 쌓아 올립니다.

stack과 unstack도 변화를 바로 확인할 수 있도록 새로운 데이터프레임을 생성한 후 살펴봅니다.

실습 코드

```
# stack/unstack을 위한 데이터프레임 만들기
import numpy as np
import pandas as pd
stack_data = pd.DataFrame({
    'Location': ['Seoul', 'Seoul', 'Seoul', 'kyounggi', 'kyounggi', 'Busan', 'Seoul',
    'Seoul', 'Busan', 'kyounggi', 'kyounggi', 'kyounggi'],
    'Day': ['Mon', 'Tue', 'Wed', 'Mon', 'Tue', 'Mon', 'Thu', 'Fri', 'Tue', 'Wed', 'Thu', 'Fri'],
    'Ranfall': [100, 80, 1000, 200, 200, 100, 50, 100, 200, 100, 50, 100],
    'Rainfall_precipitation': [80, 70, 90, 10, 20, 30, 50, 90, 20, 80, 50, 10],
    'Temp' : [32, 27, 32, 31, 30, 28, 27, 25, 26, 33, 34, 31]})

stack_data
```

실행 결과

	Location	Day	Ranfall	Rainfall_precipitation	Temp
0	Seoul	Mon	100	80	32
1	Seoul	Tue	80	70	27
2	Seoul	Wed	1000	90	32
3	kyounggi	Mon	200	10	31
4	kyounggi	Tue	200	20	30
5	Busan	Mon	100	30	28
6	Seoul	Thu	50	50	27
7	Seoul	Fri	100	90	25
8	Busan	Tue	200	20	26
9	kyounggi	Wed	100	80	33
10	kyounggi	Thu	50	50	34
11	kyounggi	Fri	100	10	31

Location과 Day를 인덱스로 설정하고 새로운 데이터프레임을 만듭니다.

실습 코드

```
# 인덱스 설정하기
new_stack_data = stack_data.set_index(['Location','Day'])
new_stack_data
```

		Ranfall	Rainfall_precipitation	Temp
Location	Day			
Seoul	Mon	100	80	32
	Tue	80	70	27
	Wed	1000	90	32
kyounggi	Mon	200	10	31
	Tue	200	20	30
Busan	Mon	100	30	28
Seoul	Thu	50	50	27
	Fri	100	90	25
Busan	Tue	200	20	26
kyounggi	Wed	100	80	33
	Thu	50	50	34
	Fri	100	10	31

unstack은 인덱스 레벨에서 칼럼 레벨로 위치를 변경하여 데이터를 쌓아 올리는 것입니다. 해당 데이터프레임에서 unstack(0)을 수행해 봅니다.

실습 코드

```
# unstack 확인하기
new_stack_data.unstack(0)
```

실행 결과

	Ranfall			Rainfall_precipitation			Temp		
Location	Busan	Seoul	kyounggi	Busan	Seoul	kyounggi	Busan	Seoul	kyounggi
Day									
Fri	NaN	100.0	100.0	NaN	90.0	10.0	NaN	25.0	31.0
Mon	100.0	100.0	200.0	30.0	80.0	10.0	28.0	32.0	31.0
Thu	NaN	50.0	50.0	NaN	50.0	50.0	NaN	27.0	34.0
Tue	200.0	80.0	200.0	20.0	70.0	20.0	26.0	27.0	30.0
Wed	NaN	1000.0	100.0	NaN	90.0	80.0	NaN	32.0	33.0

첫 번째 인덱스 Location이 칼럼 레벨로 올라간 것을 확인할 수 있습니다. 기존 칼럼인 'Ranfall', 'Rainfall_precipitation', 'Temp' 밑에 Location이 있으며 Location별로 데이터를 확인할 수 있습니다. 인덱스에도 레벨(depth)이 있어서 unstack(1)을 수행해 보면 두 번째 인덱스였던 요일이 칼럼 레벨로 올라가 있습니다.

⌐ 실습 코드

```
new_stack_data.unstack(1)
```

⌐ 실행 결과

Location	Day	Ranfall Fri	Ranfall Mon	Ranfall Thu	Ranfall Tue	Ranfall Wed	Rainfall_precipitation Fri	Rainfall_precipitation Mon	Rainfall_precipitation Thu	Rainfall_precipitation Tue	Rainfall_precipitation Wed	Temp Fri	Temp Mon	Temp Thu	Temp Tue	Temp Wed
Busan		NaN	100.0	NaN	200.0	NaN	NaN	30.0	NaN	20.0	NaN	NaN	28.0	NaN	26.0	NaN
Seoul		100.0	100.0	50.0	80.0	1000.0	90.0	80.0	50.0	70.0	90.0	25.0	32.0	27.0	27.0	32.0
kyounggi		100.0	200.0	50.0	200.0	100.0	10.0	10.0	50.0	20.0	80.0	31.0	31.0	34.0	30.0	33.0

stack은 칼럼 레벨에서 인덱스 레벨로 데이터프레임을 변경하는 것입니다. 위의 unstack한 데이터를 저장하고, stack을 적용하면 두 번째 칼럼 레벨에 있던 day가 다시 인덱스 레벨로 변경됩니다.

⌐ 실습 코드

```
new_stack_data2 = new_stack_data.unstack(1)
new_stack_data2.stack(1)
```

⌐ 실행 결과

Location	Day	Ranfall	Rainfall_precipitation	Temp
Busan	Mon	100.0	30.0	28.0
	Tue	200.0	20.0	26.0
Seoul	Fri	100.0	90.0	25.0
	Mon	100.0	80.0	32.0
	Thu	50.0	50.0	27.0
	Tue	80.0	70.0	27.0
	Wed	1000.0	90.0	32.0
kyounggi	Fri	100.0	10.0	31.0
	Mon	200.0	10.0	31.0
	Thu	50.0	50.0	34.0
	Tue	200.0	20.0	30.0
	Wed	100.0	80.0	33.0

데이터프레임 병합하기

데이터를 전처리하는 과정에서 데이터 병합이 필요한 상황도 많이 발생합니다. 2개 이상의 데이터 프레임을 병합하는 방법을 알아봅니다.

1 concat 활용하여 병합하기

판다스의 concat 함수는 2개 이상의 데이터프레임을 병합할 때 사용합니다. concat은 'concatenate(사슬같이 잇다)'의 약자이며 데이터의 속성이 동일한 데이터프레임을 합치는 경우에 주로 사용합니다. 데이터프레임을 만들어 concat 함수를 살펴봅니다.

1) 칼럼명이 같은 경우

칼럼명이 같은 데이터프레임을 생성하여 concat 함수의 파라미터 중 ignore_index와 axis 값을 비교해 봅니다.

⌐ **실습 코드**

```
# concat 실행을 위한 데이터프레임 만들기
import pandas as pd
import numpy as np
df1 = pd.DataFrame({'col1' : ['사과','배','감','수박','메론'], 'col2' : [500, 1000, 2500,
5000,3000]}, index=[0,1,2,3,4])
df2 = pd.DataFrame({'col1' : ['수박','멜론','딸기','키위','오렌지'], 'col2' :
[5000,3000,1000,600,700]}, index=[3,4,5,6,7])
```

⌐ **실행 결과**

df1		
	col1	col2
0	사과	500
1	배	1000
2	감	2500
3	수박	5000
4	멜론	3000

AI 직업 환경

데이터 획득

데이터 구조

기초 데이터

데이터 이해

데이터 전처리

AI 모델링 개념

지도학습

비지도학습

모델 성능 향상

AI 사례 실습

df2

	col1	col2
3	수박	5000
4	멜론	3000
5	딸기	1000
6	키위	600
7	오렌지	700

- ignore_index : 기존 인덱스를 유지하거나 무시
  - False(default) : 기존 인덱스 유지
  - True : 기존 인덱스 무시(인덱스 재배열)

ignore_index 파라미터를 False로 지정할 경우, 2개의 데이터프레임이 합쳐지면서 기존의 인덱스가 유지됩니다.

실습 코드

```
# ignore_index 확인하기
pd.concat([df1, df2], ignore_index=False)
```

실행 결과

	col1	col2
0	사과	500
1	배	1000
2	감	2500
3	수박	5000
4	멜론	3000
3	수박	5000
4	멜론	3000
5	딸기	1000
6	키위	600
7	오렌지	700

ignore_index 파라미터를 True로 지정할 경우, 2개의 데이터프레임이 합쳐지면서 신규 인덱스가 새롭게 부여됩니다.

```
pd.concat([df1, df2], ignore_index=True)
```

┌ 실행 결과

	col1	col2
0	사과	500
1	배	1000
2	감	2500
3	수박	5000
4	멜론	3000
5	수박	5000
6	멜론	3000
7	딸기	1000
8	키위	600
9	오렌지	700

- axis : 데이터프레임을 행 레벨로 병합할 것인지, 칼럼 레벨로 병합할 것인지 정의
- axis=0 : 행 레벨로 병합(위+아래(세로)로 합치기), 기본(default)
- axis=1 : 칼럼 레벨로 병합(왼쪽+오른쪽(가로)으로 합치기)

axis가 0인 경우는 default 값으로 파라미터를 지정하지 않은 위의 사례와 동일하게 병합되므로 axis=1인 경우를 확인해 봅니다.

┌ 실습 코드

```
# concat axis 이해하기
pd.concat([df1, df2], axis = 1)
```

┌ 실행 결과

	col1	col2	col1	col2
0	사과	500.0	NaN	NaN
1	배	1000.0	NaN	NaN
2	감	2500.0	NaN	NaN
3	수박	5000.0	수박	5000.0
4	멜론	3000.0	멜론	3000.0
5	NaN	NaN	딸기	1000.0
6	NaN	NaN	키위	600.0
7	NaN	NaN	오렌지	700.0

df1과 df2가 칼럼명은 동일하지만, 나란히 칼럼명들이 각각 쓰여 있고, 동일한 인덱스의 경우 나란히 합쳐지고 서로 다른 인덱스의 경우 NaN과 함께 각각 출력됩니다.

2) 칼럼명이 다른 경우

칼럼명이 다른 데이터프레임을 생성하여 concat 함수의 파라미터 중 join에 대해 확인해 봅니다. 먼저 실습을 위한 데이터프레임을 생성합니다.

실습 코드

```
df3 = pd.DataFrame({'item':['item0','item1','item2', 'item3'], count':['count0',
                    'count1','count2','count3'], 'price':['price0','price1','price2',
                    'price3']}, index = [0,1,2,3])
df4 = pd.DataFrame({'item':['item2','item3','item4','item5'],'count':['count2','count3',
                    'count4','count5'], 'price':['price2','price3','price4','price5'],
                    'var':['var2','var3','var4','var5']}, index = [2,3,4,5])
```

실행 결과

df3

	item	count	price
0	item0	count0	price0
1	item1	count1	price1
2	item2	count2	price2
3	item3	count3	price3

df4

	item	count	price	var
2	item2	count2	price2	var2
3	item3	count3	price3	var3
4	item4	count4	price4	var4
5	item5	count5	price5	var5

join 파라미터를 지정할 때 outer는 합집합 방식이고, inner는 교집합 방식입니다.

실습 코드

```
# join의 outer 방식
pd.concat([df3, df4], join='outer')
```

	item	count	price	var
0	item0	count0	price0	NaN
1	item1	count1	price1	NaN
2	item2	count2	price2	NaN
3	item3	count3	price3	NaN
2	item2	count2	price2	var2
3	item3	count3	price3	var3
4	item4	count4	price4	var4
5	item5	count5	price5	var5

실습 코드

```
# join의 inner 방식
pd.concat([df3, df4], join='inner')
```

실행 결과

	item	count	price
0	item0	count0	price0
1	item1	count1	price1
2	item2	count2	price2
3	item3	count3	price3
2	item2	count2	price2
3	item3	count3	price3
4	item4	count4	price4
5	item5	count5	price5

outer 방식은 df3에 없는 'var' 칼럼의 값까지 병합하고, inner 방식은 공통으로 존재하는 칼럼만 병합합니다.

3) 인덱스가 중복인 경우

인덱스가 중복이 있는 데이터프레임을 병합하는 경우 concat 함수의 파라미터 중에서 verify_integrity 속성을 사용합니다. verify_integrity 속성은 데이터프레임에서 인덱스의 중복 여부를 점검하는 파라미터이며, Default는 False 값이므로 인덱스 중복으로 인한 에러가 발생하지 않습니다.

```
df5 = pd.DataFrame({'A':['A0','A1','A2'], 'B':['B0','B1','B2'], 'C':['C0','C1','C2'],
                    'D':['D0','D1','D2']}, index=['I0','I1','I2'])
```

실행 결과

df5				
	A	B	C	D
I0	A0	B0	C0	D0
I1	A1	B1	C1	D1
I2	A2	B2	C2	D2

실습 코드

```
df6 = pd.DataFrame({'A':['AA2','A3','A4'], 'B':['BB2','B3','B4'], 'C':['CC2','C3','C4'],
                    'D':['DD2','D3','D4']},index=['I2','I3','I4'])
```

실행 결과

df6				
	A	B	C	D
I2	AA2	BB2	CC2	DD2
I3	A3	B3	C3	D3
I4	A4	B4	C4	D4

해당(verify_integrity) 파라미터 값을 True로 변경하는 경우, 두 데이터프레임의 인덱스가 중복임을 알리는 에러 메시지가 출력됩니다.

실습 코드

```
# verify_integrity 확인하기(에러 메시지)
pd.concat([df5, df6], verify_integrity=True)
```

```
~\anaconda3\lib\site-packages\pandas\core\reshape\concat.py in <listcomp>(.0)
    611        ndim = self._get_result_dim()
    612        return [
--> 613            self._get_concat_axis if i == self.bm_axis else self._get_comb_axis(i)
    614            for i in range(ndim)
    615        ]

~\anaconda3\lib\site-packages\pandas\_libs\properties.pyx in pandas._libs.properties.CachedProperty.__get__()

~\anaconda3\lib\site-packages\pandas\core\reshape\concat.py in _get_concat_axis(self)
    672            )
    673
--> 674        self._maybe_check_integrity(concat_axis)
    675
    676        return concat_axis

~\anaconda3\lib\site-packages\pandas\core\reshape\concat.py in _maybe_check_integrity(self, concat_index)
    680            if not concat_index.is_unique:
    681                overlap = concat_index[concat_index.duplicated()].unique()
--> 682                raise ValueError(f"Indexes have overlapping values: {overlap}")
    683
    684

ValueError: Indexes have overlapping values: Index(['I2'], dtype='object')
```

2 merge/join 활용하여 병합하기

merge와 join 함수를 이용하면 특정한 key를 기준으로 데이터프레임을 병합할 수 있습니다. 먼저 실습을 위한 데이터프레임을 생성합니다.

실습 코드

```python
# merge/join 실행을 위한 데이터프레임 만들기
import pandas as pd
import numpy as np
customer = pd.DataFrame({'customer_id' : np.arange(6),
                         'name' : ['James', 'Elly', 'Tom', 'Givert', 'Aiden', 'Brody'],
                         '나이' : [40, 20, 21, 30, 31, 18]})
orders = pd.DataFrame({'customer_id' : [1, 1, 2, 2, 2, 3, 3, 1, 4, 9],
                       'item' : ['마우스', '충전기', '이어폰', '헤드셋', '전자펜', '키보드',
                       '전자펜', '마우스', '키보드', '케이스'],
                       'quantity' : [1, 2, 1, 1, 3, 2, 2, 3, 2, 1]})
```

실행 결과

customer			
	customer_id	name	나이
0	0	James	40
1	1	Elly	20
2	2	Tom	21

AI 작업 환경

데이터 획득

데이터 구조

기초 데이터

데이터 이해

데이터 전처리

AI 모델링 개념

지도학습

비지도학습

모델 성능 향상

AI 사례 실습

3	3	Givert	30
4	4	Aiden	31
5	5	Brody	18

orders

	customer_id	item	quantity
0	1	마우스	1
1	1	충전기	2
2	2	이어폰	1
3	2	헤드셋	1
4	2	전자펜	3
5	3	키보드	2
6	3	전자펜	2
7	1	마우스	3
8	4	키보드	2
9	9	케이스	1

merge 함수는 서로 다른 형태와 값의 데이터프레임을 병합할 때 사용하며, Database의 table들을 merge/join하는 것과 유사합니다.

merge 함수의 on 파라미터를 통해 어떤 칼럼을 이용하여 merge할 것인지 정의하고, how 파라미터를 이용하여 merge 방식을 정의할 수 있습니다.

how 파라미터로 정의할 수 있는 방법은 총 4가지입니다.

- (default) inner : 일치하는 값이 있는 경우에만 데이터를 가져옵니다.
- left : 왼쪽 데이터프레임을 기준으로 오른쪽 데이터프레임을 병합합니다.(오른쪽 데이터프레임에 값이 없는 경우는 NaN)
- right : 오른쪽 데이터프레임을 기준으로 왼쪽 데이터프레임을 병합합니다.
- outer : left와 right를 합한 데이터프레임을 병합합니다.

customer_id 칼럼을 기준으로 두 데이터프레임을 병합합니다.

┌ 실습 코드

```
# merge 함수의 on 속성 이해하기
pd.merge(customer, orders, on='customer_id')
```

실행 결과

	customer_id	name	나이	item	quantity
0	1	Elly	20	마우스	1
1	1	Elly	20	충전기	2
2	1	Elly	20	마우스	3
3	2	Tom	21	이어폰	1
4	2	Tom	21	헤드셋	1
5	2	Tom	21	전자펜	3
6	3	Givert	30	키보드	2
7	3	Givert	30	전자펜	2
8	4	Aiden	31	키보드	2

앞의 예시에 how 파라미터를 'inner'로 지정하여 두 데이터프레임을 병합합니다.

실습 코드

```
# merge 함수의 how 속성 이해하기
pd.merge(customer, orders, on='customer_id', how='inner')
```

실행 결과

	customer_id	name	나이	item	quantity
0	1	Elly	20	마우스	1
1	1	Elly	20	충전기	2
2	1	Elly	20	마우스	3
3	2	Tom	21	이어폰	1
4	2	Tom	21	헤드셋	1
5	2	Tom	21	전자펜	3
6	3	Givert	30	키보드	2
7	3	Givert	30	전자펜	2
8	4	Aiden	31	키보드	2

how 파라미터의 default 값은 'inner' 방식이기 때문에 두 결과는 같으며, customer_id가 두 데이터프레임에 모두 존재하는 데이터만 가져옵니다. customer 데이터프레임의 customer_id가 0인 name 'James'의 정보와 orders 데이터프레임의 customer_id가 9인 item '케이스'의 정보는 포함되지 않았습니다.

실습 코드

```
pd.merge(customer, orders, on='customer_id', how='left')
```

AI 직업 환경

데이터 획득

데이터 구조

기초 데이터

데이터 이해

데이터 전처리

AI 모델링 개념

지도학습

비지도학습

모델 성능 향상

AI 사례 실습

실행 결과

	customer_id	name	나이	item	quantity
0	0	James	40	NaN	NaN
1	1	Elly	20	마우스	1.0
2	1	Elly	20	충전기	2.0
3	1	Elly	20	마우스	3.0
4	2	Tom	21	이어폰	1.0
5	2	Tom	21	헤드셋	1.0
6	2	Tom	21	전자펜	3.0
7	3	Givert	30	키보드	2.0
8	3	Givert	30	전자펜	2.0
9	4	Aiden	31	키보드	2.0
10	5	Brody	18	NaN	NaN

left 방식을 보면 customer 데이터프레임을 기준으로 orders 데이터프레임을 합쳤습니다. customer 데이터프레임의 customer_id가 0인 경우(name 'James')와 5인 경우(name 'Brody')가 orders 데이터프레임에는 없기에 NaN 값으로 채워져 병합되었습니다.

실습 코드

```
pd.merge(customer, orders, on='customer_id', how='right')
```

실행 결과

	customer_id	name	나이	item	quantity
0	1	Elly	20.0	마우스	1
1	1	Elly	20.0	충전기	2
2	1	Elly	20.0	마우스	3
3	2	Tom	21.0	이어폰	1
4	2	Tom	21.0	헤드셋	1
5	2	Tom	21.0	전자펜	3
6	3	Givert	30.0	키보드	2
7	3	Givert	30.0	전자펜	2
8	4	Aiden	31.0	키보드	2
9	9	NaN	NaN	케이스	1

right 방식을 보면 orders 데이터프레임을 기준으로 customer 데이터프레임을 합쳤습니다. orders 데이터프레임에 존재하는 값을 가져오기 때문에 orders 데이터프레임에만 존재하는 customer_id가 9인 item '케이스' 항목이 보입니다. 또한 customer 데이터프레임에만 존재하는 customer_id가 0 또는 5인 경우 결과에 보이지 않습니다.

```
pd.merge(customer, orders, on='customer_id', how='outer')
```

	customer_id	name	나이	item	quantity
0	0	James	40.0	NaN	NaN
1	1	Elly	20.0	마우스	1.0
2	1	Elly	20.0	충전기	2.0
3	1	Elly	20.0	마우스	3.0
4	2	Tom	21.0	이어폰	1.0
5	2	Tom	21.0	헤드셋	1.0
6	2	Tom	21.0	전자펜	3.0
7	3	Givert	30.0	키보드	2.0
8	3	Givert	30.0	전자펜	2.0
9	4	Aiden	31.0	키보드	2.0
10	5	Brody	18.0	NaN	NaN
11	9	NaN	NaN	케이스	1.0

outer 방식을 보면 두 데이터프레임의 'customer_id'를 모두 활용하여 병합한 결과를 보여줍니다. 인덱스를 지정하여 데이터프레임을 합치는 방법도 있습니다. 먼저 두 데이터프레임의 인덱스를 customer_id로 변경한 후 데이터를 병합합니다.

```
# 인덱스를 지정하여 데이터프레임 합치기
cust1 = customer.set_index('customer_id')
order1 = orders.set_index('customer_id')
pd.merge(cust1, order1, left_index=True, right_index=True)
```

	name	나이	item	quantity
customer_id				
1	Elly	20	마우스	1
1	Elly	20	충전기	2
1	Elly	20	마우스	3

2	Tom	21	이어폰	1
2	Tom	21	헤드셋	1
2	Tom	21	전자펜	3
3	Givert	30	키보드	2
3	Givert	30	전자펜	2
4	Aiden	31	키보드	2

customer_id를 인덱스로 설정한 두 데이터프레임을 merge하는 경우 on 파라미터를 사용하지 않고 'left_index'와 'right_index' 파라미터를 True로 지정하여 두 인덱스를 모두 포함하는 'inner' 형태로 두 데이터프레임을 병합할 수 있습니다.

🔎 확인 문제

01 판다스 데이터프레임의 groupby에 대한 설명 중 틀린 것은 무엇인가요?

① 집단별, 그룹별로 데이터를 집계, 요약할 때 사용한다.

② groupby 결과는 리스트의 형태이다.

③ 복수 칼럼을 기준으로 그룹화할 수 있다.

④ aggregate 메소드를 통해 그룹별 데이터를 확인할 수 있다.

02 [주관식] 다음 설명 중 ( ) 안에 들어가는 옵션은 무엇인가요?

> drop 메소드의 ( ) 파라미터는 True 혹은 False 두 값 중 하나의 값을 가진다.
> True라고 적을 경우 기존의 데이터프레임에 저장되어 있는 변수에 삭제를 수행하고 변화된 데이터프레임이 기존의 데이터프레임을 대신하여 저장한다. False라고 적용하는 경우에는 삭제를 수행하지만, 기존의 변수에는 삭제 이전의 원본 데이터프레임이 계속 저장되어 있다.
> ( ) = False로 하는 경우 별도의 변수에 삭제를 수행한 데이터프레임을 저장하고, 원본은 혹시 모를 상황에 대비하여 남겨두는 것이다.

AI 작업 환경

데이터 획득

데이터 구조

기초 데이터

데이터 이해

데이터 전처리

AI 모델링 개념

지도학습

비지도학습

모델 성능 향상

AI 사례 실습

03 pivot과 pivot_table의 설명으로 틀린 것은 무엇인가요?

① 여러 분류로 섞인 행 데이터를 열 데이터로 회전한 것이다.

② pivot_table은 aggfunc를 사용하여 값을 처리한다.

③ pivot은 중복값이 있는 경우 valuerror를 반환한다.

④ pivot과 pivot_table은 둘 중 아무것이나 사용해도 문제없다.

04 [주관식] 2개 이상의 데이터프레임을 병합하고자 하는 경우 key 값을 정의하는 파라미터는 무엇 인가요?

05 '데이터프레임 병합하기'에서 customer, orders 데이터프레임을 사용할 경우 가장 많이 팔린 아이템은 무엇인가요? (힌트 : merge, groupby, sort_values 활용)

06 '데이터프레임 병합하기'에서 customer, orders 데이터프레임을 사용할 경우 Elly가 가장 많 이 구매한 물건은 무엇인가요? (힌트 : merge, groupby, loc 활용)

정답 및 해설

01 / ② groupby 결과는 리스트의 형태이다.
groupby는 딕셔너리 형태입니다.

02 / inplace
drop 메소드의 inplace 파라미터를 이용하면 원본 데이터를 지우거나 남겨둘 수 있습니다.

03 / ④ pivot과 pivot_table은 둘 중 아무것이나 사용해도 문제없다.
중복값이 있는 경우 pivot은 사용할 수 없습니다.

04 / on 파라미터를 통해 정의할 수 있다.
merge 함수의 on 파라미터를 통해 어떤 칼럼을 이용하여 병합할 것인지 정의하여 활용할 수 있습니다. 추가로 how 파라미터를 이용하여 병합하는 방식을 정의할 수 있습니다.

05 / 전자펜
① Item별 합 구하기
pd.merge(customer, orders, on='customer_id', how='right').groupby('item').sum()

└ 실행 결과

item	customer_id	나이	quantity
마우스	2	40.0	4
이어폰	2	21.0	1
전자펜	5	51.0	5
충전기	1	20.0	2
케이스	9	0.0	1
키보드	7	61.0	4
헤드셋	2	21.0	1

② 오름차순으로 데이터를 정렬하기
pd.merge(customer, orders, on='cust_id', how='right').groupby('item').sum().sort_

AI 작업 환경

데이터 획득

데이터 구조

기초 데이터

데이터 이해

데이터 전처리

AI 모델링 개념

지도학습

비지도학습

모델 성능 향상

AI 사례 실습

values(by='quantity', ascending=False)

└─ 실행 결과

item	customer_id	나이	quantity
전자펜	5	51.0	5
마우스	2	40.0	4
키보드	7	61.0	4
충전기	1	20.0	2
이어폰	2	21.0	1
케이스	9	0.0	1
헤드셋	2	21.0	1

06 / 마우스

merge, groupby, loc를 활용하여 문제를 해결합니다.

pd.merge(customer, orders, on='customer_id', how='inner').groupby(['name', 'item']).sum().loc['Elly']

└─ 실행 결과

item	customer_id	나이	quantity
마우스	2	40	4
충전기	1	20	2

📄 개념 정리

☑ 데이터프레임에서 데이터를 선택하는 방법으로는 Slicing, Fancy Indexing, loc, iloc 등이 있습니다.

☑ 데이터프레임에서 데이터를 변형하거나 추가하는 경우 새로운 칼럼을 생성할 수 있고 insert 메소드를 이용하여 원하는 위치에 새로운 칼럼을 넣을 수도 있습니다.

☑ drop 메소드를 사용하여 데이터프레임에서 필요 없는 칼럼을 삭제할 수 있고, inplace 파라미터를 활용하여 원본 데이터프레임에 반영할 수 있습니다.

☑ 데이터프레임을 변형하는 3가지 방법에 대해 학습했습니다.
  – groupby : 데이터프레임의 같은 값을 하나로 묶어서 통계나 집계 결과를 확인하기 위해 사용
  – pivot/pivot_table : pivot과 pivot_table은 데이터프레임의 행 데이터를 열 데이터로 회전한 것
  – stack/unstack : stack은 칼럼 레벨에서 인덱스 레벨로 데이터프레임을 변경하는 것, unstack은 stack의 역의 관계

☑ 데이터프레임을 병합하는 방법으로 다음 2가지를 살펴보았습니다.
  – concat : 'concatenate(사슬같이 잇다)'의 약자이며 데이터의 속성 형태가 동일한 데이터프레임을 합치는 경우에 주로 사용
  – merge/join : 특정 key를 기준으로 병합하는 방법

데이터 이해하기

탐색적 데이터 분석(EDA, Exploratory Data Analysis)과 여러 가지 시각화 기법을 사용하여 확보된 데이터를 탐색하고 특성을 이해하는 방법을 알아봅니다. 데이터를 확보하면 어떤 특성을 가지고 어떤 분포를 보이는지 알아야 활용 방안을 고민할 수 있습니다.

··

01 지표로 데이터 탐색하기
02 시각화로 데이터 탐색하기

- **실습 코드** : Chapter5_데이터 이해하기.ipynb
- **데이터** : Clean_Dataset.csv

지표로 데이터 탐색하기

탐색적 데이터 분석(EDA, Exploratory Data Analysis)은 데이터를 탐색하고 이해하는 것으로 시작합니다. 데이터 탐색을 통해 어떤 칼럼을 분석해야 하는지, 그리고 어떤 특성은 제거하고 남길 것인지에 대한 정제 방향을 결정할 수 있습니다.

시각화를 사용하면 한눈에 분포를 확인하고 비교하기에 좋지만 정확한 관계나 수치 부분은 지표를 통해 탐색하는 것도 중요합니다.

변수(Variable)를 기준으로 1개의 변수만 분석하는 일변량 분석과 2개 이상의 변수 간의 관계를 분석하는 다변량 분석으로 나눠 데이터를 탐색하는 방법을 알아봅니다.

1 일변량 비시각화 탐색하기

1) 요약 통계량 확인하기

수학적 통계 정보는 데이터의 분포를 확인하는 데 매우 유용합니다. 판다스에서는 요약 통계를 확인하기 편하도록 describe 메소드를 제공합니다. 실습을 통해 어떤 정보를 확인할 수 있는지 알아봅니다.

실습 데이터는 캐글(Kaggle)의 '항공권 가격 예측 데이터(Flight Price Prediction)'의 'Clean_Dataset.csv'를 사용합니다. 먼저 데이터를 다운로드해서 판다스 데이터프레임으로 만듭니다.

데이터 출처 : https://www.kaggle.com/datasets/shubhambathwal/flight-price-prediction

```
# 판다스 불러오기
import pandas as pd

# 데이터 읽어오기
df=pd.read_csv("Clean_Dataset.csv")

# 지정 인덱스인 첫 번째 칼럼 삭제하기
df.drop([df.columns[0]], axis=1, inplace=True)
```

데이터프레임을 만들었다면 describe를 활용해 데이터를 탐색해 봅니다.

실습 코드

```
# 수치형 데이터의 요약 통계량 확인하기
df.describe()
```

실행 결과

	duration	days_left	price
count	300153.000000	300153.000000	300153.000000
mean	12.221021	26.004751	20889.660523
std	7.191997	13.561004	22697.767366
min	0.830000	1.000000	1105.000000
25%	6.830000	15.000000	4783.000000
50%	11.250000	26.000000	7425.000000
75%	16.170000	38.000000	42521.000000
max	49.830000	49.000000	123071.000000

데이터프레임에 있는 특성 중 수치형 칼럼에 대해서만 요약 통계표가 생성됩니다.

값	설명
count	해당 칼럼에서 유효한 데이터의 수
mean	평균값
std	표준편차
min	최솟값
25%	제1사분위수(25%)
50%	제2사분위수(50%), 중앙값
75%	제3사분위수(75%)
max	최댓값

▲ 요약 통계표 항목별 설명

각각에 대하여 유효한 데이터 수, 평균, 표준편차, 최솟값, 최댓값 등의 정보를 확인해 데이터를 더 쉽게 이해할 수 있습니다.

문자형 또는 범주형 데이터의 경우 describe(include='all')으로 include 파라미터를 'all'로 지정할 경우 해당 칼럼에 대한 요약 통계량도 함께 확인할 수 있습니다.

AI 작업 환경
데이터 확득
데이터 구조
기초 데이터
데이터 이해
데이터 전처리
AI 모델링 개념
지도학습
비지도학습
모델 성능 향상
AI 사례 실습

```
# 전체 칼럼의 요약 통계량 확인하기
df.describe(include='all')
```

실행 결과

	airline	flight	source_city	departure_time	stops	arrival_time	destination_city	class	duration	days_left	price
count	300153	300153	300153	300153	300153	300153	300153	300153	300153.000000	300153.000000	300153.000000
unique	6	1561	6	6	3	6	6	2	NaN	NaN	NaN
top	Vistara	UK-706	Delhi	Morning	one	Night	Mumbai	Economy	NaN	NaN	NaN
freq	127859	3235	61343	71146	250863	91538	59097	206666	NaN	NaN	NaN
mean	NaN	NaN	NaN	NaN	NaN	NaN	NaN	NaN	12.221021	26.004751	20889.660523
std	NaN	NaN	NaN	NaN	NaN	NaN	NaN	NaN	7.191997	13.561004	22697.767366
min	NaN	NaN	NaN	NaN	NaN	NaN	NaN	NaN	0.830000	1.000000	1105.000000
25%	NaN	NaN	NaN	NaN	NaN	NaN	NaN	NaN	6.830000	15.000000	4783.000000
50%	NaN	NaN	NaN	NaN	NaN	NaN	NaN	NaN	11.250000	26.000000	7425.000000
75%	NaN	NaN	NaN	NaN	NaN	NaN	NaN	NaN	16.170000	38.000000	42521.000000
max	NaN	NaN	NaN	NaN	NaN	NaN	NaN	NaN	49.830000	49.000000	123071.000000

이때 고유한 데이터 수, 최빈값, 칼럼 내 최빈값의 개수 등 문자형(또는 범주형) 칼럼에 대한 정보를 확인할 수 있습니다.

값	설명
unique	해당 칼럼에서 고유한 데이터의 수(distinct), 범주의 수
top	최빈값
freq	해당 칼럼에서 최빈값이 존재하는 개수

▲ 요약 통계표 항목별 설명

2) 빈도표 확인하기

범주형 데이터의 경우 빈도표, 빈도밀도 등을 구해서 추가 데이터를 탐색할 수 있습니다. value_counts 메소드를 사용하면 각 칼럼의 빈도를 보여주어 오입력 데이터나 무입력 데이터 등도 빠르게 확인할 수 있기 때문에 범주형 데이터의 탐색에 많이 사용합니다.

실습 코드

```
# airline, source_city, destination_city의 빈도표 확인하기
print(df["airline"].value_counts())
print(df["source_city"].value_counts())
print(df["destination_city"].value_counts())
```

```
Vistara       127859
Air_India      80892
Indigo         43120
GO_FIRST       23173
AirAsia        16098
SpiceJet        9011
Name: airline, dtype: int64
Delhi          61343
Mumbai         60896
Bangalore      52061
Kolkata        46347
Hyderabad      40806
Chennai        38700
Name: source_city, dtype: int64
Mumbai         59097
Delhi          57360
Bangalore      51068
Kolkata        49534
Hyderabad      42726
Chennai        40368
Name: destination_city, dtype: int64
```

2 다변량 비시각화 탐색하기

1) 상관계수 확인하기

상관계수는 두 변수 간의 선형 상관관계를 계량화한 수치입니다. −1~+1 사이의 값을 가지며, −1에 가까울수록 강한 음의 상관관계, +1에 가까울수록 강한 양의 상관관계를 의미합니다. 주의해야할 점은 마이너스(−)에 가까울수록 상관관계가 없는 것이 아니라 0에 가까울수록 상관관계가 없다는 점입니다. 즉, −1은 완전한 음의 상관관계, 1은 완전한 양의 상관관계이며, 0은 상관관계를 가지지 않는다는 의미입니다.

다음 예시를 통해 항공권 가격 예측 데이터의 칼럼 간 상관관계를 확인해 봅니다.

```
# 데이터의 상관계수 확인하기
df.corr()
```

	duration	days_left	price
duration	1.000000	-0.039157	0.204222
days_left	-0.039157	1.000000	-0.091949
price	0.204222	-0.091949	1.000000

동일 칼럼 간의 관계는 완전한 양의 상관관계를 가지며, 비행시간(duration)과 항공권 가격(price)은 약한 양의 상관관계를 보입니다. 출발까지 남은 일자(days_left)와 항공권 가격(price)은 음의 상관관계를 보이지만 거의 0에 가까워 상관관계가 없다고 봐도 됩니다.

하지만 단순히 데이터만 봐서는 정확하게 이해할 수 없습니다. 앞에서 출발까지 남은 일자와 항공권 가격 간의 상관관계가 없다고 결론 내렸지만, 항공권이라는 도메인(분야, 영역)의 기본 지식을 조금 더 갖추고 생각해 보면 항공권에는 좌석 등급이라는 가격을 결정하는 주요 요인이 있습니다. 이를 반영하여 데이터를 Class=Economy에 한정한다면 출발까지 남은 일자(days_left)와 항공권 가격(price)은 음의 상관관계가 성립하는 것을 볼 수 있습니다. 즉, Economy 항공권은 빨리 구매할수록 가격이 낮아지고, 출발 일자에 가까울수록 가격이 높아지는 것을 알 수 있습니다.

```
# class를 Economy로 한정하여 새로운 데이터프레임 df_eco 생성하기
df_eco=df[(df['class']=='Economy')]

# df_eco의 상관계수 확인하기
df_eco.corr()
```

	duration	days_left	price
duration	1.000000	-0.042537	0.288379
days_left	-0.042537	1.000000	-0.559551
price	0.288379	-0.559551	1.000000

이처럼 데이터의 특성을 완전히 이해하기 위해서는 다양한 관점에서 데이터를 탐색하는 것 외에 데이터에 대한 도메인 지식을 갖춰야 합니다.

2) 교차표 확인하기

상관계수가 수치형 데이터의 상관관계를 이해하는 데 사용되었다면, 교차표는 두 범주형 데이터의 상관관계를 확인하는 방법입니다. 상호 간의 관련성을 확인하고자 하는 두 특성을 가지고 교차표를 만들어 변수 간의 관계를 확인할 수 있습니다.

출발 도시별로 어느 시간에 비행기 이륙이 많은지, 즉 출발 도시(source_city)와 출발 시간(departure_time)의 관계를 살펴봅니다. 판다스 라이브러리의 crosstab 함수를 사용하면 두 범주형 데이터의 관계를 알 수 있습니다.

┌ 실습 코드

```
# source_city와 departure_time 두 범주형 변수의 관계 확인하기
pd.crosstab(df['source_city'], df['departure_time'])
```

┌ 실행 결과

departure_time source_city	Afternoon	Early_Morning	Evening	Late_Night	Morning	Night
Bangalore	5183	13611	14243	457	12323	6244
Chennai	5807	9319	5402	72	10550	7550
Delhi	11234	12248	16790	357	13679	7035
Hyderabad	7221	8524	5991	38	9923	9109
Kolkata	7863	8133	9594	114	12065	8578
Mumbai	10486	14955	13082	268	12606	9499

카이제곱(x^2) 검정을 하면 통계적 유의미성을 확인할 수도 있고, 그냥 셀(cell)별 퍼센트를 구해서 매우 간단하게 빈도를 분석할 수 있습니다. 위 표에서는 아침(Morning)에 비행 편수가 많은지, 뱅갈루루(Bangalore)의 경우 타 도시에 비해 오후(Afternoon)에 비행 편수가 적은지 등을 확인할 수 있습니다.

> **⊙ 잠깐만요!**
>
> **카이제곱(x^2) 검정**
>
> 카이제곱(x^2) 검정은 확인된 빈도와 기대되는 빈도가 다른지 여부를 검정하기 위해 사용하는 방법으로 '$x^2 = \Sigma$(확인값−기댓값)²/기댓값'으로 계산합니다.

AI 작업 환경

데이터 확득

데이터 구조

기초 데이터

데이터 이해

데이터 전처리

AI 모델링 개념

지도학습

비지도학습

모델 성능 향상

AI 사례 실습

시각화로 데이터 탐색하기

데이터의 시각화는 방대한 양의 데이터를 빠르게 확인하고 유의미한 특성을 찾아내는 중요한 작업으로 데이터를 이해하고 분석하는 데 여러 가지 용도로 사용됩니다. 예를 들어 전체적인 데이터의 구조를 시각적으로 분석하거나 방향을 가늠할 수 있고, 잘못 처리된 데이터가 존재하는지를 확인해서 수정하는 데 도움이 됩니다. 또한 분석 및 모델링의 결과를 이해하고 의사 결정에 반영하기 쉽도록 보여줍니다.

파이썬에는 여러 가지 시각화 라이브러리가 있지만, 그중 matplotlib는 가장 범용적으로 사용하는 라이브러리입니다. matplotlib은 선 그래프(line plot), 막대 그래프(bar plot), 파이 그래프(pie plot), 히스토그램(histogram), 상자 그래프(box plot), 산점도(scatter plot) 등 기본적인 그래프를 포함해 다양한 시각화 방법을 지원합니다.

또 다른 대표적인 시각화 라이브러리는 matplotlib을 기반으로 만들어진 seaborn 라이브러리입니다. seaborn은 기본적인 시각화 기능은 matplotlib에 의존하지만 다양한 색상과 통계 기능을 제공하여 데이터 분석에 많이 사용되고 있습니다.

matplotlib과 함께 seaborn을 사용하여 여러 가지 방식으로 시각화를 수행해 봅니다.

1 일변량 시각화 탐색하기

matplotlib을 사용하려면 'figure, plot, show' 3가지를 기억하면 됩니다.

figure는 시각화하는 영역을 지정합니다. matplotlib.pyplot을 plt로 선언하고 plt.figure로 사용합니다. 영역과 관련된 매개변수(Parameter, 파라미터)는 figure 내에서 사용합니다.

plot은 시각화 내용을 표기하며, 시각화에 사용할 plot의 형태와 매개변수 등에 따라 변경됩니다. figure와 같은 방식으로 plt와 함께 plt.plot으로 사용합니다.

show는 시각화한 객체를 출력하며, plt.show으로 사용합니다. 주피터 노트북 환경에서는 셀별로 코드를 실행하기 때문에 figure, show를 생략하고 사용하기도 합니다.

1) 선 그래프(line plot)

시간이나 순서에 따른 데이터의 연속적인 변화량을 관찰할 때 주로 사용되는 그래프입니다. 선 그래프는 수량을 점으로 표시한 후 해당 점을 선으로 이어서 그려주기 때문에 증가와 감소에 대한 상태 변화를 파악하는 데 유용합니다. 예를 들어 시간에 따른 기온 변화, 환율 변동, 전염병 환자 발생 추이 등을 쉽게 확인할 수 있습니다.

시각화 실습에서도 항공권 가격 예측 데이터를 사용합니다. 출발까지 남은 일자(days_left)에 따라 항공권 가격(price)이 어떻게 변화하는지 시각화를 통해 확인해 봅니다.

우선 항공권 구입 시점에 따른 평균 가격을 확인하기 위해 데이터를 만듭니다. 이때는 데이터프레임의 groupby를 사용합니다.

⌐ **실습 코드**

```
# days_left별 평균 데이터 만들기
days_left=df.groupby('days_left').mean()
days_left.head()
```

⌐ **실행 결과**

	duration	price
days_left		
1	14.250228	21591.867151
2	14.111080	30211.299801
3	14.287476	28976.083569
4	13.742667	25730.905653
5	12.921970	26679.773368

항공권 구입 시점에 따른 비행시간과 항공권 가격 데이터프레임이 만들어졌습니다.

이제 matplotlib을 활용하여 출발까지 남은 일자(days_left)와 항공권 가격(price) 데이터를 가지고, 출발까지 남은 일자에 따라 항공권 가격이 어떻게 변화하는지 선 그래프를 그려서 확인해 봅니다. matplotlib.pyplot을 plt로 선언하여 matplotlib를 불러온(import) 후, plt.plot을 사용하여 선 그래프를 시각화합니다.

plt.xlabel과 plt.ylabel은 각각 X축과 Y축의 이름을 지정해 주는 함수입니다. matplotlib에서 사용 가능한 추가 함수는 이후 나오는 내용을 참고해서 그래프를 만들 때 사용합니다.

AI 작업 환경
데이터 획득
데이터 구조
기초 데이터
데이터 이해
데이터 전처리
AI 모델링 개념
지도학습
비지도학습
모델 성능 향상
AI 사례 실습

```python
# 시각화 라이브러리 불러오기
import matplotlib.pyplot as plt

# 시각화 영역(figure) 지정하기
plt.figure()

# days_left의 price 데이터로 선 그래프 그리기
plt.plot(days_left['price'])

# X축 이름 지정하기
plt.xlabel("Days_left")

# Y축 이름 지정하기
plt.ylabel("Price")

# 시각화 표기하기
plt.show()
```

┌ 실행 결과

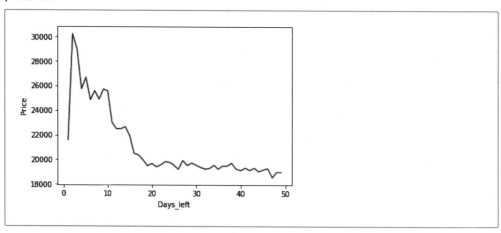

출발까지 남은 일자가 많을수록, 즉 항공권을 미리 구매할수록 가격이 저렴해지고, 출발일에 가까
울수록 비싸다는 사실을 확인할 수 있습니다. 이처럼 선 그래프는 시간이나 순서에 따른 데이터의
연속적인 변화량을 확인하는 데 유용합니다.

2) 막대 그래프(bar plot)

범주에 대한 통계 데이터나 양을 막대 모양으로 나타내는 그래프입니다. 막대 그래프는 각 항목의 수량을 한눈에 파악하기 쉽고, 크고 작음을 비교할 수 있습니다. 사용 목적이나 가독성을 고려하여 가로, 세로, 누적, 그룹화된 막대 그래프를 사용할 수 있습니다.

막대 그래프를 사용해서 항공사별 평균 항공권 가격을 비교해 봅니다. 막대 그래프를 사용하기 위해서는 X값과 Y값을 지정해 주어야 합니다. 먼저 항공사별 평균 항공권 가격 데이터를 만듭니다. 여기에서도 데이터프레임의 groupby를 사용합니다.

실습 코드

```
# airline별 평균 데이터 만들기
airline=df.groupby(['airline']).mean()
airline
```

실행 결과

airline	duration	days_left	price
AirAsia	8.941714	27.735184	4091.072742
Air_India	15.504235	25.497466	23507.019112
GO_FIRST	8.755380	27.430415	5652.007595
Indigo	5.795197	26.264309	5324.216303
SpiceJet	12.579767	24.122850	6179.278881
Vistara	13.326634	25.894532	30396.536302

이제 항공사(airline) 데이터와 항공권 가격(price) 칼럼으로 막대 그래프를 그려봅니다. plt.bar를 사용하여 막대 그래프를 시각화하면 됩니다. 이때 Airline을 X축 데이터로, Price를 Y축 데이터로 사용합니다.

실습 코드

```
# 인덱스를 리스트로 만들기
label = airline.index
plt.figure()

# 인덱스를 X, 평균 가격을 Y로 하는 막대 그래프 그리기
plt.bar(label, airline['price'])
plt.xlabel("Airline")
plt.ylabel("Price")
plt.show()
```

AI 작업 환경

데이터 획득

데이터 구조

기초 데이터

데이터 이해

데이터 전처리

AI 모델링 개념

지도학습

비지도학습

모델 성능 향상

AI 사례 실습

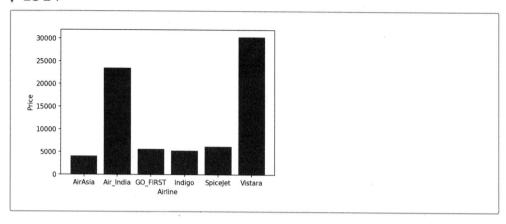

Air_India와 Vistara 항공사가 다른 4개의 항공사보다 가격이 비싸다는 것을 단번에 확인할 수 있습니다. 이처럼 막대 그래프는 각 항목의 수량을 한눈에 파악하여 크고 작음을 비교하는 데 유용합니다. 다만 이번 실습은 취항지, 좌석 등급을 고려하지 않은 단순 항공사별 가격 정보이므로 해석에 주의가 필요합니다. 데이터를 올바르게 이해하기 위해서는 다양한 방법으로 데이터 탐색을 해야 합니다.

3) 파이 그래프(pie plot)

전체에 대한 각 부분의 비율을 부채꼴 모양으로 나타낸 그래프입니다. 경우에 따라 원형이 아닌 도넛 모양으로 나타내기도 하며, 전체를 100으로 놓고 각각의 비율대로 나누어 표기하므로 한눈에 알 수 있습니다. 점유율, 투표율, 구성 비율 등을 쉽게 확인할 수 있습니다.

출발 시간에 따른 비행기 스케줄을 확인해 봅니다. plt.pie를 사용하여 파이 그래프를 시각화하면 됩니다. plt.figure 내 figsize 파라미터를 사용해서 그래프의 크기를 조절할 수 있습니다. 또한 plt.pie를 사용할 때 labels 값을 지정해 주지 않으면 아무런 정보가 없는 그래프만 나오므로 참고합니다.

실습 코드

```
# departure_time 빈도표 데이터 만들기
departure_time=df['departure_time'].value_counts()

plt.figure(figsize=(10,6))

# departure_time 빈도표 데이터로 파이 그래프 그리기
plt.pie(departure_time, labels=departure_time.index, autopct='%.1f%%')
plt.show()
```

AI 작업 환경

데이터 획득

데이터 구조

기초 데이터

데이터 이해

데이터 전처리

AI 모델링 개념

지도학습

비지도학습

모델 성능 향상

AI 사례 실습

┌ **실행 결과**

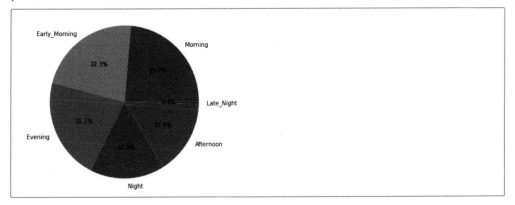

Morning 시간대 출발이 가장 많고, Late_Night를 제외한 대부분의 시간에 고루 출발한다는 사실을 확인할 수 있습니다. 이처럼 파이 그래프는 데이터가 분포하는 비율을 확인할 때 유용합니다.

4) 히스토그램(histogram)

특정 데이터의 빈도수를 막대 모양으로 표시한 그래프입니다. 히스토그램은 가장 많이 사용되는 통계·분석 도구입니다. 가로축에는 계급을, 세로축에는 도수를 지정합니다. 계급은 보통 변수의 구간을 사용하고, 해당 구간은 인접하되 겹치지 않아야 합니다. 데이터의 특성과 분포를 파악하는 역할을 하며 빈도, 빈도밀도, 확률 등의 분포를 그릴 때 사용합니다.

목적지까지 소요 시간의 분포를 확인해 봅니다. plt.hist를 사용하여 히스토그램을 시각화하면 되는데, bins 파라미터를 알아야 합니다. bins는 계급을 몇 개의 구간으로 나눌지를 지정하며 기본값은 10입니다. 비행시간(duration) 데이터의 bins를 10과 20으로 설정하고 시각화해서 비교해 봅니다.

┌ **실습 코드**

```
plt.figure()

# duration을 10개 구간으로 나눠서 히스토그램 그리기
plt.hist(df['duration'], bins=10)

# duration을 20개 구간으로 나눠서 히스토그램 그리기
plt.hist(df['duration'], bins=20)
plt.xlabel("Duration")
plt.ylabel("Flights")

# 동시에 2개의 그래프를 하나의 시각화 영역에 그려서 범례 지정하기
plt.legend(("Bin 10", "Bin 20"))
plt.show()
```

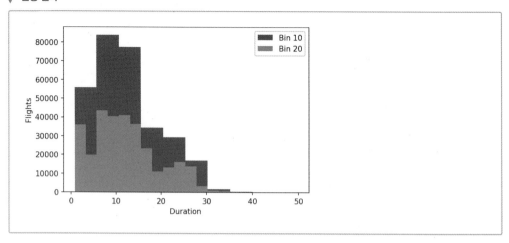

두 그래프를 비교해 보면 비슷한 듯 다른 모습입니다. 공통적으로 5~15시간 이내가 가장 많은 비중을 차지하는데, bins 20을 기준으로 보면 0~2.5시간 내에도 많은 편수가 있습니다. 히스토그램은 빈도나 빈도밀도 등을 확인하기에 유용합니다.

5) 상자 그래프(box plot)

사분위수를 중심으로 수치적 요약 통계 자료를 시각화하는 그래프입니다. 수치 자료로 얻어낸 통계량인 5가지(최솟값, 제1사분위수, 중앙값, 제3사분위수, 최댓값)를 가지고 그래프를 만들어 데이터를 이해하는 데 유용합니다. 여기서 최솟값과 최댓값은 진짜 최댓값과 최솟값이 아닌 각각 제3사분위수+1.5*IQR보다 작은 값 중 최댓값, 제1사분위수−1.5*IQR보다 큰 값 중 최솟값을 나타냅니다. 정해진 최댓값보다 크거나 정해진 최솟값보다 작은 값이 이상치(outlier)로 취급되며, 최솟값과 최댓값을 나타내는 선 밖에 점으로 표기됩니다.

▲ 상자 그래프

값	설명
이상치	정해진 최댓값보다 크거나, 최솟값보다 작은 값
최댓값	제3사분위수+1.5*IQR보다 작은 값 중 최댓값
제3사분위수	제3사분위수(75%)를 나타냄
중앙값	제2사분위수(50%)를 나타냄
제1사분위수	제1사분위수(25%)를 나타냄
최솟값	제1사분위수−1.5*IQR보다 큰 값 중 최솟값

▲ 상자 그래프의 항목별 설명

비행기 항공권 가격을 상자 그래프로 확인해 봅니다. 가격 항목만 목록으로 만들어 plt.boxplot의 파라미터로 넣으면 바로 상자 그래프를 통해 항공권의 데이터 요약 통계와 분포를 확인할 수 있습니다.

> **🔁 잠깐만요!**
>
> **IQR(Interquartile range)**
> 제3사분위수(75%)에서 제1사분위수(25%)를 뺀 값을 의미합니다.

⌐ 실습 코드

```
plt.figure()

# Price 칼럼에 대한 상자그래프 그리기
plt.boxplot(list(df['price']))
plt.ylabel("price")
plt.show()
```

⌐ 실행 결과

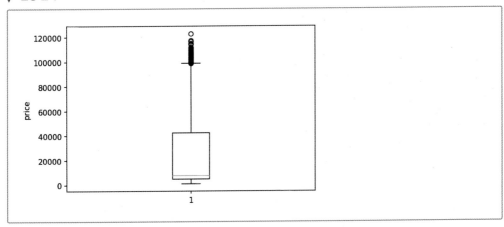

상자 그래프에서 알 수 있는 것은 가격 데이터의 범위는 0~120000 사이이지만 중앙값이 10000 정도로 50%의 비행기는 10000 이하의 가격으로 판매된다는 것입니다. 여러 항목으로 상자 그래프를 만들어서 비교하면, 데이터프레임의 boxplot 메소드도 사용할 수 있습니다. 데이터프레임의 상자그래프를 사용할 때는 by 파라미터에 X축에 해당하는 칼럼명을, Column 파라미터에는 분포를 확인하고자 하는 칼럼명을 넣으면 됩니다.

출발 시간별 가격 정보의 분포를 확인해 봅니다.

AI 직업 환경
데이터 획득
데이터 구조
기초 데이터
데이터 이해
데이터 전처리
AI 모델링 개념
지도학습
비지도학습
모델 성능 향상
AI 사례 실습

```
# departure_time별로 price에 대한 상자 그래프 그리기
df.boxplot(by="departure_time", column="price", figsize=(10,8))
```

┌ 실행 결과

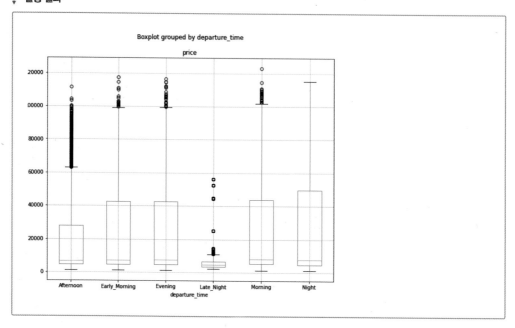

2 다변량 시각화 탐색하기

1) 산점도(scatter plot)

2개의 연속형 변수의 관계를 보기 위해 좌표의 X축과 Y축에 표시하는 점들을 찍어서 만드는 그래 프입니다. 산점도에 표기되는 점들은 자료들의 관측값을 나타냅니다. 키와 몸무게 같은 두 변수 간 의 상관관계를 대략적으로 확인할 수 있습니다. 정확한 상관관계는 '상관계수 확인하기(1.2 다변량 비시각화 탐색하기)'에서 확인합니다.

비행시간(duration)과 항공권 가격(price)의 관계를 알아봅니다. plt.scatter을 사용하면 산점도를 시각화할 수 있습니다. 많은 데이터를 산점도로 표기할 때는 표시하는 점들이 집중되어 식별하기 어려울 수 있으니 미리 figsize를 조정하는 것이 좋습니다.

AI 작업환경

데이터 획득

데이터 구조

기초 데이터

데이터 이해

데이터 전처리

AI 모델링 개념

지도학습

비지도학습

모델 성능 향상

AI 사례 실습

┌ 실습 코드

```
plt.figure(figsize=(16,8))

# price와 duration의 산점도 그리기
plt.scatter(y=df["price"], x=df["duration"])
plt.xlabel("Duration")
plt.ylabel("Price")
plt.show()
```

┌ 실행 결과

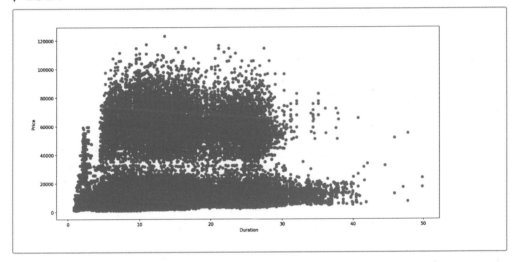

좌석 등급(class) 칼럼은 Business와 Economy 값으로 구성되며 좌석 등급 전체에 대해 산점도를
그려 흐름을 확인하기 어려우니, 이전에 좌석 등급이 Economy인 데이터만 분리한 df_eco 데이터
프레임을 사용해서 다시 한 번 비행시간과 항공권 가격의 관계를 확인해 봅니다.

┌ 실습 코드

```
plt.figure(figsize=(16,6))

# "Economy" Class에 대한 price와 duration 간의 산점도 그리기
plt.scatter(y=df_eco["price"], x=df_eco["duration"])
plt.xlabel("Duration")
plt.ylabel("Price")
plt.show()
```

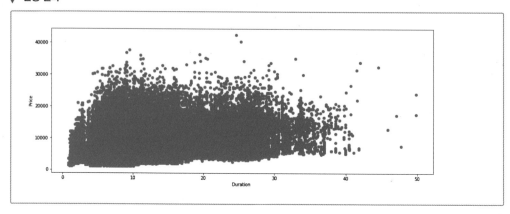

이미 상관계수에서 확인한 대로 약한 양의 상관관계임을 확인할 수 있습니다.

2) 히트맵(heatmap)

데이터의 배열을 색상으로 표현해 주는 그래프입니다. 여러 카테고리 값의 변화를 한눈에 볼 수 있기 때문에 두 값 또는 각 칼럼 간의 상관관계를 나타낼 때 주로 사용합니다. matplotlib 라이브러리에서 히트맵은 plt.pcolor()로 확인할 수 있습니다. 히트맵은 matplotlib보다 시각적인 요소를 잘 표현할 수 있는 seaborn 라이브러리를 권합니다.

상관계수를 가지고 히트맵을 확인해 봅니다. 다른 시각화 함수처럼 plt.pcolor만 사용하면 히트맵만 그려지기 때문에 X축 Y축의 값과 컬러바(bar)를 표기하기 위해 추가 함수들을 사용합니다. 참고로 seaborn을 사용하면 추가된 함수들의 기능이 그래프의 함수만으로 모두 표기됩니다.

┌ 실습 코드

```
# numpy 불러오기
import numpy as np

# 상관계수 데이터 만들기
heat=df_eco.corr()

# 상관계수로 heatmap 그리기
plt.pcolor(heat)

# X축 항목 정보 표기하기
plt.xticks(np.arange(0.5, len(heat.columns), 1), heat.columns)

# Y축 항목 정보 표기하기
plt.yticks(np.arange(0.5, len(heat.index), 1), heat.index)
```

```
# 히트맵 확인을 위한 컬러바 표기하기
plt.colorbar()
plt.show()
```

┌ 실행 결과

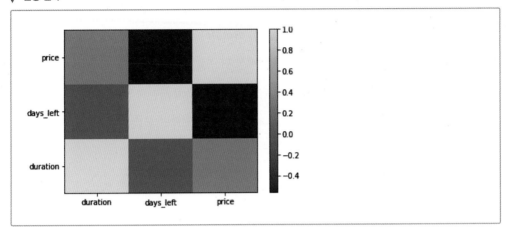

양의 상관관계는 노란색, 음의 상관관계는 보라색, 상관관계가 없을수록 파란색을 나타냅니다.

3 matplotlib 활용하기

1) matplotlib와 연관된 함수

다음 함수들은 일반적으로 거의 모든 함수에 공통적으로 사용되는 옵션입니다.

■ 주요 함수 설명

함수	설명
figure()	그래프 객체를 보여줄 영역을 지정합니다.
grid(Boolean)	그래프에 그리드를 표기할 것인지 지정합니다.
show()	그래프 객체를 화면에 보여줍니다.
title(str)	그래프 제목을 문자열(str)로 보여줍니다.
xlabel(str)	X축에 문자열(str)이라는 이름을 생성합니다.
xlim([하한, 상한])	X축의 하한값과 상한값을 설정합니다.
xticks	X축의 눈금의 값과 크기, 기울기 등을 설정합니다.
ylabel(str)	Y축에 문자열(str)이라는 이름을 생성합니다.
ylim([하한, 상한])	Y축 눈금의 하한값과 상한값을 설정합니다.
yticks	Y축의 눈금의 값과 크기, 기울기 등을 설정합니다.

▲ matplotlib에서 공통적으로 사용할 수 있는 함수

AI 작업 환경

데이터 획득

데이터 구조

기초 데이터

데이터 이해

데이터 전처리

AI 모델링 개념

지도학습

비지도학습

모델 성능 향상

AI 사례 실습

4 seaborn 시각화 라이브러리 활용하기

앞서 언급했듯이 또 다른 대표적인 시각화 라이브러리는 matplotlib을 기반으로 만들어진 seaborn입니다. seaborn 라이브러리는 기본적인 시각화 기능은 matplotlib에 의존하지만 다양한 색상과 통계 기능을 제공하여 데이터 분석에 많이 사용됩니다.

matplotlib은 기본적이고 단순한 디스플레이를 가지지만 유연하며 사용자 기능을 정의하기가 쉬운 편입니다. seaborn은 기본적으로 시각적인 요소가 가미되어 쉽고 간단한 구문으로 완성할 수 있으니 표현하고자 하는 것이 무엇인지를 정확히 확인해서 더 적합한 라이브러리를 사용하면 됩니다.

matplotlib에서 사용하지 않은 seaborn의 시각화 기능을 몇 가지 실습해 봅니다. 실습을 진행하지는 않지만 matplotlib에서 사용한 그래프도 seaborn에서 지원하니 같은 그래프를 seaborn으로도 만들어 봅니다.

1) 범주형 산점도(categorical plot)

범주형 데이터와 수치형 데이터의 관계를 시각화할 수 있는 그래프입니다. row, col, hue 파라미터를 사용해서 더 많은 범주형 데이터의 관계를 확인할 수 있습니다. 이 3가지 파라미터는 데이터의 하위 집합을 정의하며, 하나의 그래프 내에 표현하는지 여러 개의 그래프로 나눠서 표현하는지 차이가 있을 뿐 기능은 동일합니다.

항공사별 항공권 가격이 좌석 등급에 따라 어떻게 변하는지 확인해 봅니다. seaborn 라이브러리가 설치되어 있지 않은 경우 주석을 해제하고 %pip install seaborn을 실행하여 seaborn을 설치한 후 실행합니다. seaborn은 sns로 선언해서 라이브러리를 불러오고, sns.catplot을 사용하면 범주형 산점도를 시각화할 수 있습니다.

┌ 실습 코드

```
# seaborn이 기본 설치되어 있지 않은 작업 환경에서는 아래 줄의 #을 삭제 후 seaborn 설치
# %pip install seaborn

# seaborn 불러오기
import seaborn as sns

# airline별 price를 class로 구분하여 시각화하기
sns.catplot(y="airline", x="price", col='class', data=df)
```

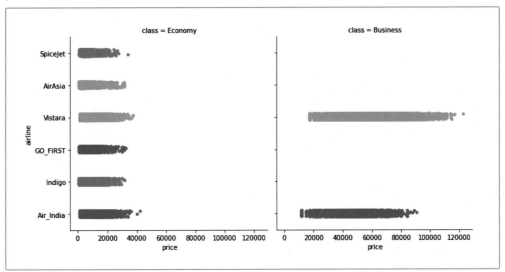

비즈니스 클래스(Business class)는 2개의 항공사만 운영하며, 가격은 이코노미 클래스(Economy class)의 2~3배이고, 이코노미 클래스의 가격은 모든 항공사가 40,000 이하의 가격을 책정하고 있습니다.

2) 선형 회귀 모델 그래프(linear model plot)

선형 회귀 모델과 연관 있는 함수로 일반적인 산점도와 함께 직선의 회귀선을 그려주기 때문에 특성 간의 선형적인 관계를 확인하기 쉬운 그래프입니다. 또한 이상치 데이터도 짐작해 볼 수 있습니다.

비행시간과 항공권 가격 간의 선형 관계를 확인해 봅니다. sns.lmplot을 사용하면 선형 회귀 모델 그래프를 시각화할 수 있습니다. line_kws 파라미터는 회귀선의 색, 형태, 넓이 등 선에 대한 속성을 설정할 수 있고, scatter_kws는 산점도에 대한 속성을 지정할 수 있습니다. 별도로 설정하지 않으면 산점도와 선의 색이 동일하여 회귀선이 잘 보이지 않으니 선이나 산점도의 색을 지정하면 됩니다.

실습 코드

```python
# duration과 price의 회귀선을 빨간색으로 표시해서 시각화하기
sns.lmplot(x='duration', y='price', data=df_eco, line_kws={'color': 'red'})
```

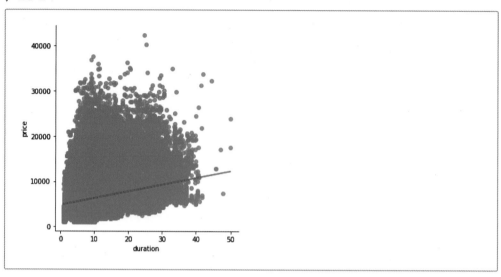

3) 빈도 그래프(count plot)

범주형 데이터에 대하여 항목별 개수를 세어서 막대 그래프를 그려줍니다. 각 카테고리 값별로 데이터가 얼마나 있는지 표시할 수 있으며, 해당 특성을 구성하고 있는 값(value)을 구분해서 보여줍니다.

항공사별 비행 편수를 확인해 봅니다. sns.countplot을 사용하면 빈도 그래프를 시각화할 수 있습니다. seaborn의 시각화 그래프는 대부분 hue 파라미터를 지원합니다. hue 파라미터를 사용하면 손쉽게 범례를 하나 추가할 수 있습니다.

실습 코드

```
# 항공권 데이터의 빈도를 airline으로 구분하여 class별로 시각화하기
sns.countplot(x="airline", hue="class", data=df)
```

실행 결과

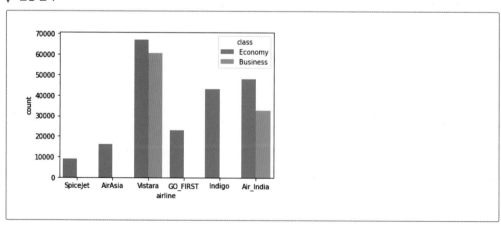

4) 조인트 그래프(joint plot)

중앙의 산점도와 그래프 가장자리의 히스토그램을 동시에 그려주는 그래프입니다. 데이터의 분포와 상관관계를 한번에 볼 수 있지만 수치형 데이터만 표현할 수 있습니다. 조인트 그래프를 사용하면 산점도로 알 수 없었던 빈도밀도를 통해 데이터의 분포를 확인하기가 더 쉽습니다.

비행시간과 항공권 가격의 관계를 다시 한 번 확인해 봅니다. sns.jointplot을 사용하면 조인트 그래프를 시각화할 수 있습니다. 이때 kind 파라미터를 사용해서 중앙에 위치한 그래프의 종류를 scatter뿐만 아니라 hex, reg, kde 등으로 변경할 수 있습니다. hex는 모자이크처럼 영역을 육각형 모양의 작은 조각으로 나눠 색의 음영으로 분포밀도를 표현하고, reg는 산점도와 함께 회귀선를 그려주며, kde는 등고선 모양으로 보여줍니다.

┌ 실습 코드

```
# price와 duration의 관계를 조인트 그래프로 시각화하기
sns.jointplot(y="price", x="duration", data=df_eco)
```

┌ 실행 결과

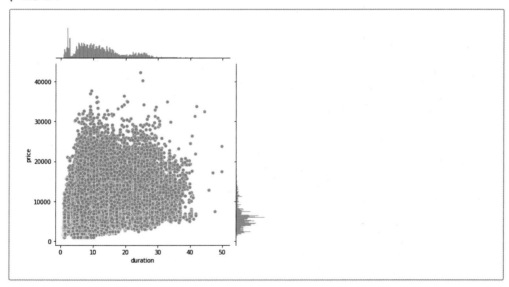

산점도를 통해 항공권 가격과 비행시간에 양의 상관관계가 성립된다는 것을 확인할 수 있습니다. 빈도밀도를 통해 비행시간은 대부분 0~20 사이에 분포하며, 항공권 가격은 대부분 10000 이하에 분포한다는 사실을 알 수 있습니다. 이처럼 조인트 그래프를 사용하면 많은 양의 데이터 분포를 쉽게 확인할 수 있습니다.

AI 작업 환경
데이터 획득
데이터 구조
기초 데이터
데이터 이해
데이터 전처리
AI 모델링 개념
지도학습
비지도학습
모델 성능 향상
AI 사례 실습

5) 히트맵(heatmap)

matplotlib에서도 다루었지만 히트맵에서 중요한 것은 색상입니다. seaborn에서는 다양한 색상 팔레트를 지원하는 것은 물론 matplotlib과 달리 X축 Y축의 값과 컬러바 등을 자동으로 생성해 주기 때문에 matplotlib보다 seaborn 라이브러리를 권장합니다. seaborn에서 제공하는 다양한 색상의 정보는 seaborn 홈페이지를 참고합니다.

참고 : https://seaborn.pydata.org/tutorial/color_palettes.html

히트맵은 색상으로 표현된 행렬 정보를 이용하여 사각형 그래프를 그려줍니다.
matplotlib과 동일하게 상관계수를 가지고 히트맵을 확인해 봅니다. sns.heatmap()만 사용해도 matplotlib에서 X축 Y축의 값과 컬러바를 표기하기 위해 사용했던 추가 함수 없이 이해하기 쉬운 히트맵을 그려줍니다.

┌ 실습 코드

```
# 상관계수로 heatmap 그리기
sns.heatmap(df_eco.corr())
```

┌ 실행 결과

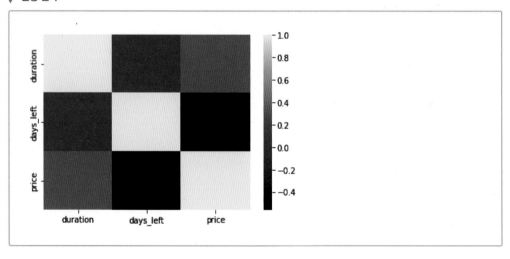

AI 작업 환경

데이터 획득

데이터 구조

기초 데이터

데이터 이해

데이터 전처리

AI 모델링 개념

지도학습

비지도학습

모델 성능 향상

AI 사례 실습

확인 문제

01 대부분의 seaborn plot에서 사용할 수 있으며, 손쉽게 범례를 하나 추가할 수 있는 파라미터는 무엇인가요?

02 Class 'Economy'에 한정하여 '항공권 가격 예측 데이터(Flight Price Prediction)'의 상관 계수를 활용해 히트맵을 그리는 코드를 작성하세요.

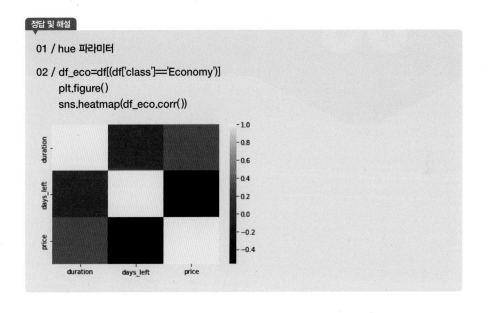

정답 및 해설

01 / hue 파라미터

02 /
```
df_eco=df[(df['class']=='Economy')]
plt.figure()
sns.heatmap(df_eco.corr())
```

개념 정리

☑ 데이터를 확보한 후, 데이터가 어떤 특성을 가지고 어떤 분포를 보이는지 알아야 이후 활용 방안을 고민할 수 있습니다. 다양한 비시각화 또는 시각화를 통한 데이터 분석 기법을 활용해 데이터를 이해할 수 있습니다.

☑ matplotlib은 선 그래프, 막대 그래프, 파이 그래프, 히스토그램, 상자 그래프, 산점도 등 기본적인 그래프를 포함해 다양한 시각화 방법을 지원합니다.

☑ seaborn은 기본적으로 시각적인 요소가 가미되어 쉽고, 히트맵 등 그래프를 간단한 구문으로 완성할 수 있습니다.

데이터 전처리하기

AI 모델링을 위해 수치형 데이터와 범주형 데이터를 각각 컴퓨터가
이해하기 쉬운 형태로 준비하는 전처리 과정을 알아봅니다.
데이터 전처리는 데이터 분석을 위해 데이터를 준비하는 모든 작업
을 아울러 이르는 말입니다. 데이터 탐색, 결측치와 이상치의 확인
과 처리, 데이터의 변환에 이르는 모든 단계가 전처리에 포함됩니다.

• **실습 코드** : Chapter6_데이터 전처리하기.ipynb
• **데이터** : Clean_Dataset.csv

수치형 데이터 정제하기

1 결측치 파악하기

결측치(null)란 데이터에 값이 없는 것을 의미합니다. 결측치는 수집 누락, 데이터 유실 등 다양한 원인으로 발생할 수 있습니다. 데이터를 분석할 때 결측치는 반드시 처리해야 하는 값입니다. 결측치는 N/A, NULL, NaN 등 다양하게 표현되며 파이썬에서는 NaN으로 표기됩니다.

파이썬에서 결측치를 확인하는 방법에는 Null이 아닌 수를 확인하는 방법과 Null이 몇 개인지 확인하는 방법 2가지가 있습니다. 각각을 실습을 통해 알아봅니다.

실습 데이터는 '항공권 가격 예측 데이터(Flight Price Prediction)'의 'Clean_Dataset.csv'를 사용합니다.

```python
# 판다스 불러오기
import pandas as pd

# 데이터 읽어오기
df=pd.read_csv("Clean_Dataset.csv")

# 지정 인덱스인 첫 번째 칼럼(column) 삭제하기
df.drop([df.columns[0]], axis=1, inplace=True)
```

실습 데이터는 이미 한 번 정제된 데이터로 결측치가 존재하지 않습니다. 그러나 실무에서 확보하는 데이터들은 실습 데이터처럼 깨끗한 데이터는 아닐 가능성이 높으므로 결측치를 임의로 만들어서 실습합니다.

인덱스 범위 내 랜덤 수 쌍을 5,000개 생성해서 위치에 해당하는 값을 결측치로 치환합니다. 랜덤 수는 실제 생성 시점에 따라 달라지므로 이번 결측치 파악과 이후 결측치 처리하기의 결과는 실습한 결과와 다를 수 있습니다. 정확하게 같은 값이 아니라 비슷한 값으로 진행된다면 실습을 올바르게 따라 하고 있는 것입니다.

다만, 1번과 3번 인덱스에 해당하는 값은 모두 결측치로 바꿔서 head 함수를 통해 실습의 결과를 확인하는 용도로 사용합니다.

AI 작업 환경

데이터 획득

데이터 구조

기초 데이터

데이터 이해

데이터 전처리

AI 모델링 개념

지도학습

비지도학습

모델 성능 향상

AI 사례 실습

```
# 랜덤하게 결측치 생성하기
# 랜덤과 넘파이 불러오기
import random
import numpy as np

# 같은 결과 출력을 위해 시드 고정하기
random.seed(2023)
np.random.seed(2023)

# 랜덤한 위치에 결측치 5,000개를 포함한 데이터 df_na 생성하기(5,000개 결측치 생성)
df_na=df.copy()
for i in range(0,5000) :
    df_na.iloc[random.randint(0,300152), random.randint(0,10)]=np.nan

# 결측치 처리 여부 확인을 위한 1번, 3번 인덱스 전체 결측치 처리하기(2개 결측치 생성)
df_na.iloc[1]=np.nan
df_na.iloc[3]=np.nan
```

1) 결측치 존재 여부 확인하기

임의로 생성된 df_na 데이터프레임에서 결측치를 확인해 봅니다.

info 메소드를 사용하면 인덱스의 범위(RangeIndex), 칼럼 정보(Data columns), 칼럼 수, 칼럼명, 칼럼별 non-null 수, 칼럼의 데이터 유형 등 데이터프레임의 많은 정보를 확인할 수 있습니다. 인덱스의 범위를 나타내는 RangeIndex 정보의 entries 수와 칼럼 정보의 칼럼별 non-null 수를 비교해 보면 결측치의 존재 여부를 확인할 수 있습니다.

┌ 실습 코드

```
# 데이터 정보 확인하기
df_na.info()
```

┌ 실행 결과

```
<class 'pandas.core.frame.DataFrame'>
RangeIndex: 300153 entries, 0 to 300152
Data columns (total 11 columns):
 #   Column          Non-Null Count    Dtype
---  ------          --------------    ------
 0   airline         299685 non-null   object
 1   flight          299689 non-null   object
 2   source_city     299681 non-null   object
```

```
 3   departure_time     299723 non-null   object
 4   stops              299666 non-null   object
 5   arrival_time       299698 non-null   object
 6   destination_city   299670 non-null   object
 7   class              299715 non-null   object
 8   duration           299703 non-null   float64
 9   days_left          299723 non-null   float64
10   price              299714 non-null   float64
dtypes: float64(3), object(8)
memory usage: 25.2+ MB
```

예를 들어 airline 칼럼은 총 엔트리 30만 153개에서 non-null로 계산된 29만 9,685만큼 뺀 468개의 결측치가 있습니다. info를 통해 결측치가 있는지만 파악해도 됩니다. 결측치 수는 다음 과정에서 더 쉽게 확인할 수 있습니다.

2) 결측치 수 확인하기

조금 더 직관적으로 df_na 데이터프레임의 결측치 개수를 확인해 봅니다.

isnull 메소드를 사용할 경우 값이 null이면 True, null이 아니면 False를 반환합니다. 이것을 데이터프레임의 칼럼을 기준(axis=0)으로 합(sum)하면 True의 합, 즉 결측치의 개수를 반환합니다.

┌ 실습 코드

```
# 결측치 수 확인하기
df_na.isnull().sum(axis=0)
```

┌ 실행 결과

```
airline             468
flight              464
source_city         472
departure_time      430
stops               487
arrival_time        455
destination_city    483
class               438
duration            450
days_left           430
price               439
dtype: int64
```

이를 통해 실제 항공사(airline) 칼럼의 결측치가 앞서 계산한 대로 468개 있다는 것을 계산 없이 확인할 수 있습니다.

2 결측치 처리하기

결측치는 데이터를 분석할 때 반드시 처리해야 하는 값입니다. 성능이 좋은 분석 모델을 만드는 데 중요한 요소로 추가 조사나 정확한 예측으로 결측치를 채우는 것이 좋습니다. 하지만 실측의 경우 추가 조사에 시간과 비용이 들고, 과거 측정치는 재측정이 불가능하다는 등의 현실적인 어려움이 있어 다양한 방법으로 결측치를 처리합니다. 결측치 처리는 실무자의 견해가 많이 반영되는 단계로 같은 데이터라도 분석가에 따라 결측치 처리 방법이 달라질 수 있습니다. 따라서 최대한 데이터 현실을 반영한 결측치 처리가 되어야 분석을 정확하게 진행할 수 있습니다.

결측치를 처리하는 방식에는 대표적으로 3가지가 있습니다. 결측치가 포함된 레코드(record)를 제거하는 방법, 결측치가 포함된 칼럼을 제거하는 방법, 마지막으로 결측치를 특정한 값으로 채워 넣는 방법입니다.

실습으로 실제 결측치를 처리해 봅니다. 이때 실제 데이터를 변형하며 실습이 진행되기 때문에 copy 메소드를 사용하여 데이터 원본을 따로 저장하고 실습을 진행합니다.

⌐ 실습 코드

```
# 데이터 변경에 대비하여 원본 데이터 복사하기
df_na_origin=df_na.copy()
```

이제부터 df_na_origin 데이터는 변경하지 않고 df_na 데이터를 가지고 결측치를 처리해 봅니다.

1) 결측치 삭제하기

결측치 삭제는 손쉽게 결측치를 처리할 수 있는 방법입니다. 다만, 어떤 방식을 사용하든 데이터의 손실이 생겨서 원래 데이터 특성을 모두 반영하지 못하는 문제가 발생합니다. 이로 인해 최종 데이터 분석 결과의 품질이 떨어질 수 있으니 결측치의 비중이 적을 때 사용하는 것이 좋습니다.

결측치가 있는 데이터를 삭제해 봅니다. dropna 메소드를 사용하면 데이터의 행 기준으로 각 칼럼 값에 결측값이 1개라도 있으면 해당 행을 삭제합니다.

AI 직업 환경

데이터 획득

데이터 구조

기초 데이터

데이터 이해

데이터 전처리

AI 모델링 개념

지도학습

비지도학습

모델 성능 향상

AI 사례 실습

```
# 결측치를 하나라도 가지는 행 모두 삭제하기
df_na=df_na.dropna()
df_na.info()
```

┌ 실행 결과

```
<class 'pandas.core.frame.DataFrame'>
Int64Index: 295192 entries, 0 to 300152
Data columns (total 11 columns):
 #   Column            Non-Null Count   Dtype
---  ------            --------------   -----
 0   airline           295192 non-null  object
 1   flight            295192 non-null  object
 2   source_city       295192 non-null  object
 3   departure_time    295192 non-null  object
 4   stops             295192 non-null  object
 5   arrival_time      295192 non-null  object
 6   destination_city  295192 non-null  object
 7   class             295192 non-null  object
 8   duration          295192 non-null  float64
 9   days_left         295192 non-null  float64
 10  price             295192 non-null  float64
dtypes: float64(3), object(8)
memory usage: 27.0+ MB
```

총 30만 153개였던 데이터가 29만 5,192개로 4,961개의 데이터가 삭제되었습니다. 5,002개의 결측치를 생성했으니 같은 데이터 행에서 2개 이상의 칼럼에 결측값이 존재할 수 있음을 감안한다면, 생성된 결측치가 모두 삭제되었음을 확인할 수 있습니다. dropna를 사용하면 아주 간단하게 결측치를 처리할 수 있지만 최대치의 데이터 손실을 감안해야 합니다.

데이터 손실을 줄이기 위해서는 how와 thresh 파라미터를 사용합니다. how 파라미터는 기본값이 'any'이고 이것을 'all'로 바꾸면 모든 칼럼이 결측치인 행만 삭제됩니다. thresh는 결측치가 아닌 칼럼의 수를 보장합니다. 예를 들어 11개의 칼럼이 있는 데이터에서 thresh가 8일 경우, 결측치가 아닌 값이 8개 미만인 경우, 즉 결측치가 4개 이상인 행 데이터를 삭제합니다.

실습 데이터를 결측치 삭제 전과 같은 형태로 만들고 how 파라미터를 'all'로 변경해 봅니다.

┌ 실습 코드

```
# 결측치 삭제하기 전 원래 데이터 가져오기
df_na=df_na_origin.copy()

# 모든 데이터가 결측치인 행만 삭제하기
df_na=df na.dropna(how='all')
df_na.info()
```

┌ 실행 결과

```
<class 'pandas.core.frame.DataFrame'>
Int64Index: 300151 entries, 0 to 300152
Data columns (total 11 columns):
 #   Column            Non-Null Count    Dtype
---  ------            --------------    -----
 0   airline           299685 non-null   object
 1   flight            299689 non-null   object
 2   source_city       299681 non-null   object
 3   departure_time    299723 non-null   object
 4   stops             299666 non-null   object
 5   arrival_time      299698 non-null   object
 6   destination_city  299670 non-null   object
 7   class             299715 non-null   object
 8   duration          299703 non-null   float64
 9   days_left         299723 non-null   float64
 10  price             299714 non-null   float64
dtypes: float64(3), object(8)
memory usage: 27.5+ MB
```

총 30만 153개였던 데이터가 30만 151개로 2개의 행이 삭제되었습니다.

실제 데이터에는 어떻게 반영되었는지 확인하기 위해 head 함수를 사용하여 1번과 3번 인덱스 행의 값이 어떻게 변화했는지 살펴봅니다.

┌ 실습 코드

```
# 0번 인덱스부터 5개의 데이터를 불러와서 1번, 3번 인덱스 삭제 결과 확인하기
df_na.head()
```

	airline	flight	source_city	departure_time	stops	arrival_time	destination_city	class	duration	days_left	price
0	SpiceJet	SG-8709	Delhi	Evening	zero	Night	Mumbai	Economy	2.17	1.0	5953.0
2	AirAsia	I5-764	Delhi	Early_Morning	zero	Early_Morning	Mumbai	Economy	2.17	1.0	5956.0
4	Vistara	UK-963	Delhi	Morning	zero	Morning	Mumbai	Economy	2.33	1.0	5955.0
5	Vistara	UK-945	Delhi	Morning	zero	Afternoon	Mumbai	Economy	2.33	1.0	5955.0
6	Vistara	UK-927	Delhi	Morning	zero	Morning	Mumbai	Economy	2.08	1.0	6060.0

샘플 확인을 위해 전체 값을 결측치로 변경했던 1번과 3번 인덱스의 데이터만 삭제되었습니다.

2) 칼럼 제거하기

칼럼 제거는 단일 특성에서 일정 비중 이상을 결측치가 차지하는 경우에만 사용하는 것이 좋습니다. 제거한 칼럼이 향후 데이터 분석이나 모델링에서 중요한 특성일 수 있기 때문에 삭제 기준을 명확히 정하는 것이 중요합니다.

보통 결측치의 비율이 50%가 넘어가면 삭제를 고려하지만, 실습을 위해 환승장 수(stops)와 비행 코드(flight) 특성을 제거해 봅니다. 앞서 적용한 내용을 초기화하기 위해 df_na_origin에서 데이터를 복사(copy)한 후 특성을 제거해 봅니다.

실습 코드

```
# 결측치 삭제하기 전 원래 데이터 가져오기
df_na=df_na_origin.copy()

# stops과 flight 제거하기
df_na=df_na.drop(['stops','flight'], axis=1)
df_na.info()
```

실행 결과

```
<class 'pandas.core.frame.DataFrame'>
RangeIndex: 300153 entries, 0 to 300152
Data columns (total 9 columns):
 #   Column            Non-Null Count    Dtype
---  ------            --------------    -----
 0   airline           299685 non-null   object
 1   source_city       299681 non-null   object
 2   departure_time    299723 non-null   object
 3   arrival_time      299698 non-null   object
 4   destination_city  299670 non-null   object
```

```
 5  class            299715 non-null   object
 6  duration         299703 non-null   float64
 7  days_left        299723 non-null   float64
 8  price            299714 non-null   float64
dtypes: float64(3), object(6)
memory usage: 20.6+ MB
```

stops, flight 2개의 칼럼이 제거되었습니다.

이제 다시 dropna를 사용해서 데이터가 얼마나 보존되었는지 확인해 봅니다.

▛ 실습 코드

```python
# 결측치를 하나라도 가지는 행 모두 삭제하기
df_na=df_na.dropna()
df_na.info()
```

▛ 실행 결과

```
<class 'pandas.core.frame.DataFrame'>
Int64Index: 296124 entries, 0 to 300152
Data columns (total 9 columns):
airline           296124 non-null   object
source_city       296124 non-null   object
departure_time    296124 non-null   object
arrival_time      296124 non-null   object
destination_city  296124 non-null   object
class             296124 non-null   object
duration          296124 non-null   float64
days_left         296124 non-null   float64
price             296124 non-null   float64
dtypes: float64(3), object(6)
memory usage: 22.6+ MB
```

'결측치 삭제하기' 실습에서 dropna를 했을 때 29만 5,192개가 남았는데 이번에는 29만 6,124개
로 932개의 데이터가 더 보존되었습니다. 칼럼을 제거했을 때 데이터 손실이 발생하는 것을 감안하
면 좋은 선택이라고 볼 수는 없지만 일정 비율 이상의 결측치가 존재하는 칼럼은 결측치 제거를 고
려해 볼 수 있습니다.

AI 작업 환경

데이터 확득

데이터 구조

기초 데이터

데이터 이해

데이터 전처리

AI 모델링 개념

지도학습

비지도학습

모델 성능 향상

AI 사례 실습

3) 결측치 대체하기

가장 무난하고 많이 사용하는 방법입니다. 평균값, 중간값, 최빈값을 가장 많이 사용하지만, 어떤 값을 사용해도 정확한 값과 같지는 않기 때문에 데이터의 오차가 발생할 수 있습니다. 또한 너무 많은 데이터를 같은 값으로 대체하면 데이터의 편향이 발생할 수 있으니 유의합니다.

앞서 적용한 내용을 초기화하기 위해 df_na_origin에서 데이터를 복사한 후 결측치를 대체하는 실습을 진행합니다. 모든 결측치를 각 칼럼의 평균값으로 대체해 봅니다. fillna 메소드의 파라미터에 지정하는 값으로 결측치가 대체되며, 숫자형 데이터와 문자형 데이터 모두 사용 가능합니다.

⌐ 실습 코드

```
df_na=df_na_origin.copy()

# 칼럼별 평균값으로 결측치 대체하기
df_na=df_na.fillna(df_na.mean())
df_na.info()
```

⌐ 실행 결과

```
<class 'pandas.core.frame.DataFrame'>
RangeIndex: 300153 entries, 0 to 300152
Data columns (total 11 columns):
 #   Column            Non-Null Count   Dtype
---  ------            --------------   -----
 0   airline           299685 non-null  object
 1   flight            299689 non-null  object
 2   source_city       299681 non-null  object
 3   departure_time    299723 non-null  object
 4   stops             299666 non-null  object
 5   arrival_time      299698 non-null  object
 6   destination_city  299670 non-null  object
 7   class             299715 non-null  object
 8   duration          300153 non-null  float64
 9   days_left         300153 non-null  float64
 10  price             300153 non-null  float64
dtypes: float64(3), object(8)
memory usage: 25.2+ MB
```

AI 작업 환경

데이터 획득

데이터 구조

기초 데이터

데이터 이해

데이터 전처리

AI 모델링 개념

지도학습

비지도학습

모델 성능 향상

AI 사례 실습

평균값으로 대체했기 때문에 문자 유형에는 대체하기가 적용되지 않고, 비행시간(duration), 출발까지 남은 일자(days_left), 항공권 가격(price)에만 대체하기가 적용되어 결측치가 사라진 것을 확인할 수 있습니다.

실제 데이터에는 어떻게 반영되었는지 확인하기 위해 head() 메소드를 사용하여 1번과 3번 인덱스 값의 변화를 살펴봅니다.

┌ 실습 코드

```
# 0번 인덱스부터 5개의 데이터를 불러와서 1번과 3번 인덱스의 대체 결과 확인하기
df_na.head()
```

┌ 실행 결과

	airline	flight	source_city	departure_time	stops	arrival_time	destination_city	class	duration	days_left	price
0	SpiceJet	SG-8709	Delhi	Evening	zero	Night	Mumbai	Economy	2.170000	1.000000	5953.000000
1	NaN	NaN	NaN	NaN	NaN	NaN	NaN	NaN	12.221973	26.004959	20890.028471
2	AirAsia	I5-764	Delhi	Early_Morning	zero	Early_Morning	Mumbai	Economy	2.170000	1.000000	5956.000000
3	NaN	NaN	NaN	NaN	NaN	NaN	NaN	NaN	12.221973	26.004959	20890.028471
4	Vistara	UK-963	Delhi	Morning	zero	Morning	Mumbai	Economy	2.330000	1.000000	5955.000000

두 데이터 모두 비행시간(duration), 출발까지 남은 일자(days_left), 항공권 가격(price)의 평균값으로 대체된 것을 확인할 수 있습니다.

남은 문자형 데이터는 최빈값으로 모두 동일하게 대체할 수도 있지만, method 파라미터를 사용하여 근처에 있는 값으로 각각 다르게 대체할 수도 있습니다.

method 파라미터	설명
pad / ffill	이전 인덱스에 있는 값을 사용해서 결측치를 채움
backfill / bfill	다음 인덱스에 있는 값을 사용해서 결측치를 채움

▲ fillna에서 method 파라미터에 사용할 수 있는 값

method 파라미터에 bfill을 사용해서 남은 결측치들을 모두 대체해 봅니다.

┌ 실습 코드

```
# bfill을 이용한 결측치 대체하기
df_na=df_na.fillna(method='bfill')
df_na.info()
```

```
<class 'pandas.core.frame.DataFrame'>
RangeIndex: 300153 entries, 0 to 300152
Data columns (total 11 columns):
 #   Column            Non-Null Count    Dtype
---  ------            --------------    -----
 0   airline           300153 non-null   object
 1   flight            300153 non-null   object
 2   source_city       300153 non-null   object
 3   departure_time    300153 non-null   object
 4   stops             300153 non-null   object
 5   arrival_time      300153 non-null   object
 6   destination_city  300153 non-null   object
 7   class             300153 non-null   object
 8   duration          300153 non-null   float64
 9   days_left         300153 non-null   float64
 10  price             300153 non-null   float64
dtypes: float64(3), object(8)
memory usage: 25.2+ MB
```

info를 통해 결측치가 모두 대체되었습니다. 실제 데이터에는 어떻게 반영되었는지 확인하기 위해 head() 메소드를 사용하여 1번과 3번 인덱스 값의 변화를 살펴봅니다.

실습 코드

```
# 0번 인덱스부터 5개의 데이터를 불러와서 1번과 3번 인덱스의 대체 결과 확인하기
df_na.head()
```

실행 결과

	airline	flight	source_city	departure_time	stops	arrival_time	destination_city	class	duration	days_left	price
0	SpiceJet	SG-8709	Delhi	Evening	zero	Night	Mumbai	Economy	2.170000	1.000000	5953.000000
1	AirAsia	I5-764	Delhi	Early_Morning	zero	Early_Morning	Mumbai	Economy	12.221973	26.004959	20890.028471
2	AirAsia	I5-764	Delhi	Early_Morning	zero	Early_Morning	Mumbai	Economy	2.170000	1.000000	5956.000000
3	Vistara	UK-963	Delhi	Morning	zero	Morning	Mumbai	Economy	12.221973	26.004959	20890.028471
4	Vistara	UK-963	Delhi	Morning	zero	Morning	Mumbai	Economy	2.330000	1.000000	5955.000000

2번 인덱스에 있는 값으로 1번 인덱스의 결측치를, 4번 인덱스에 있는 값으로 3번 인덱스의 결측치를 대체한 것을 확인할 수 있습니다.

AI 작업 환경
데이터 획득
데이터 구조
기초 데이터
데이터 이해
데이터 전처리
AI 모델링 개념
지도학습
비지도학습
모델 성능 향상
AI 사례 실습

③ 이상치 파악하기

보통 관측된 데이터의 범위에서 많이 벗어난 아주 작은 값이나 큰 값을 이상치(outlier)라고 합니다. 데이터 분석 혹은 AI 모델링을 할 경우 이러한 이상치가 의사 결정에 큰 영향을 미칠 수 있기 때문에 데이터 전처리 과정에서 적절한 이상치 처리는 필수입니다.

하지만 '데이터의 범위에서 많이 벗어났다'고 할 수 있는 정확한 기준을 제시하기 어렵기 때문에 이상치를 탐지하기 위한 몇 가지 방법을 알아봅니다.

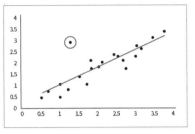

▲ 특정 추세를 크게 벗어난 데이터

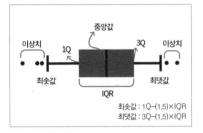

▲ 중앙값을 크게 벗어난 데이터

특정 추세를 벗어난 데이터는 시각화로 확인해 보는 것이 좋습니다. 5장에서 배운 산점도(scatter plot)를 사용해서 확인하는 것이 일반적이며, seaborn 패키지에서 배운 선형회귀 모델 그래프(lmplot)나 조인트 그래프, 산점도가 포함된 그래프로 확인할 수도 있습니다.

중앙값을 크게 벗어난 데이터는 IQR로 이상치를 확인합니다. 시각화로 보고 싶다면 상자 그래프로 표현해서 이상치가 있는지 바로 확인할 수 있습니다.

1) Z-score 로 확인하기

제트 스코어는 신뢰 구간과 관계 있습니다. 신뢰 구간이란 모수가 실제로 포함될 것으로 예측되는 범위를 말합니다. 신뢰 구간에 모집단의 실제 평균값이 포함될 확률을 신뢰 수준이라고 합니다.

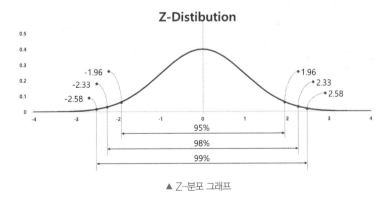

▲ Z-분포 그래프

* 출처 : 신뢰 구간별 Z-Score 수학백과의 정규분포표
(https://terms.naver.com/entry.naver?docId=4125433&ref=y&cid=60207&categoryId=60207)

일반적으로 95% 신뢰 수준을 사용하기 때문에 Z-score 1.96을 기준으로 이상치를 확인해 봅니다. Z-score를 구하는 산식은 다음과 같습니다.

$$Z = \frac{x_i - X\text{의 평균}}{X \text{ 표준편차}}$$

이를 기준으로 95% 신뢰 수준의 데이터를 확인합니다.

┌ 실습 코드

```
# Z-score를 기준으로 신뢰 수준이 95%인 데이터 확인하기
df[(abs((df['price']-df['price'].mean())/df['price'].std()))>1.96]
```

┌ 실행 결과

	airline	flight	source_city	departure_time	stops	arrival_time	destination_city	class	duration	days_left	price
206691	Vistara	UK-809	Delhi	Evening	one	Morning	Mumbai	Business	12.42	1	74640
206692	Vistara	UK-813	Delhi	Evening	one	Morning	Mumbai	Business	14.67	1	74640
206693	Vistara	UK-809	Delhi	Evening	one	Night	Mumbai	Business	24.42	1	74640
206694	Vistara	UK-809	Delhi	Evening	one	Night	Mumbai	Business	26.00	1	74640
206695	Vistara	UK-813	Delhi	Evening	one	Night	Mumbai	Business	26.67	1	74640

총 1만 2,493개의 이상치가 검출되었습니다. 신뢰도 95%는 일반적인 기준이므로 실제 데이터의 특성에 맞게 신뢰 구간을 조정하면 됩니다.

2) IQR(Inter Quartile Range)로 확인하기

IQR은 제3사분위수에서 제1사분위수를 뺀 값을 나타냅니다. 제1사분위수에서 IQR의 1.5배만큼을 뺀 값보다 작거나, 제3사분위수에서 IQR의 1.5배만큼을 더한 값보다 큰 경우에 이상치로 판단합니다.

이상치를 확인하는 함수인 findOutliers를 만들어 봅니다. quantile 메소드는 데이터를 크기별로 줄 세운 후 해당하는 퍼센트에 따른 값으로 quantile(0.25)는 25% 값, 즉 제1사분위수를 나타내고, quantile(0.75)는 제3사분위수를 나타냅니다.

┌ 실습 코드

```
# IQR 기준 이상치 확인하는 함수 만들기
def findOutliers(x, column):

    # 제1사분위수 q1 구하기
    q1 = x[column].quantile(0.25)
```

AI 작업 환경

데이터 획득

데이터 구조

기초 데이터

데이터 이해

데이터 전처리

AI 모델링 개념

지도학습

비지도학습

모델 성능 향상

AI 사례 실습

```python
# 제3사분위수 q3 구하기
q3 = x[column].quantile(0.75)

# IQR의 1.5배수 IQR 구하기
iqr = 1.5 * (q3 - q1)

# 제3사분위수에서 IQR의 1.5배보다 크거나 제1사분위수에서 IQR의 1.5배보다 작은 값만 저장한 데이
    터 y 만들기
y=x[(x[column] > (q3 + iqr)) | (x[column] < (q1 - iqr))]

# IQR 기준 이상치 y 반환하기
return len(y)
```

만들어진 함수를 사용해서 수치형 변수들에 이상치가 있는지 확인합니다.

⌐ 실습 코드

```python
# price, duration, days_left에 대하여 IQR 기준 이상치 개수 확인하기
print("price IQR Outliers : ",findOutliers(df,'price'))
print("durationIQR Outliers : ",findOutliers(df,'duration'))
print("days_left IQR Outliers : ",findOutliers(df,'days_left'))
```

⌐ 실행 결과

```
price IQR Outliers :  123
durationIQR Outliers :  2110
days_left IQR Outliers :  0
```

위 실습에서 확인한 IQR 기준의 이상치를 상자 그래프로 시각화해서 확인해 봅니다. '비행시간 (duration)'이나 '출발까지 남은 일자(days_left)' 대비 '항공권 가격(price)' 값의 범위가 크므로 각 각의 데이터를 서브플롯(subplot)을 사용해서 확인합니다. 서브플롯은 하나의 그래프를 만든 뒤 원 하는 만큼 만들어 사용하면 됩니다. 서브플롯에는 3자리 숫자를 파라미터로 작성해야 하는데 왼쪽 부터 순서대로 서브플롯이 위치할 행, 열, 순서가 됩니다. 다음 실습에서는 151/153/155를 사용했 는데, 각각 1행 5열로 figure를 나누었을 때 첫 번째, 세 번째, 다섯 번째 영역에 그래프를 그린다고 생각하면 됩니다.

```
# 시각화를 위해 matplotlib.pyplot 불러오기
import matplotlib.pyplot as plt

plt.figure()
# 첫 번째 subplot : 1행 5열로 나눈 영역에서 첫 번째 영역
plt.subplot(151)
df[['duration']].boxplot()
plt.ylabel("Time")

# 두 번째 subplot : 1행 5열로 나눈 영역에서 세 번째 영역
plt.subplot(153)
df[['days_left']].boxplot()
plt.ylabel("Days")

# 세 번째 subplot : 1행 5열로 나눈 영역에서 다섯 번째 영역
plt.subplot(155)
df[['price']].boxplot()
plt.ylabel("Price")
plt.show()
```

┌ 실행 결과

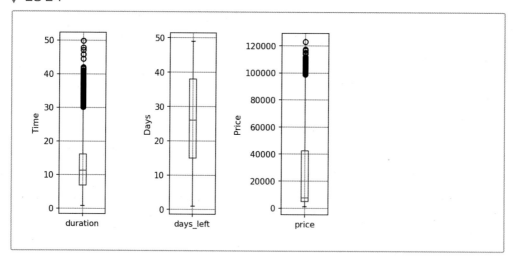

실행 결과에서 비행시간(duration)과 항공권 가격(price)에만 이상치(점)가 있음을 확인할 수 있습니다.

AI 작업 환경

데이터 획득

데이터 구조

기초 데이터

데이터 이해

데이터 전처리

AI 모델링 개념

지도학습

비지도학습

모델 성능 향상

AI 사례 실습

4 이상치 처리하기

이상치는 결측치와 같이 삭제할 수도 있고, 데이터 보존을 위해 대체할 수도 있습니다. 삭제하기는 데이터의 손실을 감안해야 하고, 대체하기는 데이터의 통계량이 변경되는 것을 고려해 이상치를 처리하면 됩니다.

여러 가지 이상치 처리를 실험할 수 있도록 원본 데이터를 복사한 df_origin을 만들어 실습을 진행합니다.

```
# 데이터 변형에 대비하여 데이터 원본 복사하기
df_origin=df.copy()
```

1) 이상치 데이터 삭제하기

Z-score로 찾아낸 이상치를 제거하는 방법은 확인한 데이터프레임의 인덱스를 리스트로 만들어 실습용 데이터에서 제거하는 것입니다.

┌ 실습 코드

```
# 신뢰도 95% 기준 이상치 Index 추출하기
outlier=df[(abs((df['price']-df['price'].mean())/df['price'].std()))>1.96].index

# 추출한 인덱스의 행 삭제해서 clean_df 데이터 만들기
clean_df=df.drop(outlier)
clean_df.info()
```

┌ 실행 결과

```
<class 'pandas.core.frame.DataFrame'>
Int64Index: 287660 entries, 0 to 300146
Data columns (total 11 columns):
 #   Column            Non-Null Count    Dtype
---  ------            --------------    -----
 0   airline           287660 non-null   object
 1   flight            287660 non-null   object
 2   source_city       287660 non-null   object
 3   departure_time    287660 non-null   object
 4   stops             287660 non-null   object
 5   arrival_time      287660 non-null   object
 6   destination_city  287660 non-null   object
```

```
 7   class           287660 non-null   object
 8   duration        287660 non-null   float64
 9   days_left       287660 non-null   int64
 10  price           287660 non-null   int64
dtypes: float64(1), int64(2), object(8)
memory usage: 26.3+ MB
```

상자 그래프를 그려서 이상치를 다시 한 번 확인해 봅니다. 항공권 가격(price)의 이상치가 모두 제거된 것을 확인할 수 있습니다.

⌐ 실습 코드

```
plt.figure(figsize=(4,5))

# 상자 그래프 활용하여 이상치 제거 여부 확인하기
clean_df[['price']].boxplot()
plt.show()
```

⌐ 실행 결과

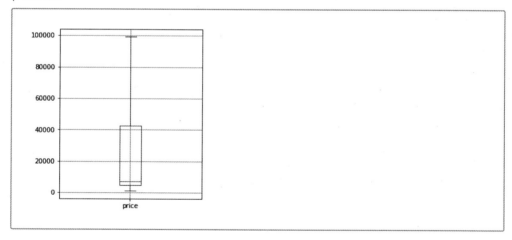

2) 이상치 데이터 대체하기

이상치를 IQR로 확인하고 처리하는 경우 앞선 예제와 같이 함수를 만들어서 대체하거나 삭제해야 합니다. IQR 하단에 있는 이상치는 최솟값으로 대체하고, 상단에 있는 이상치는 최댓값으로 대체하는 함수를 만들어 항공권 가격(price)의 IQR 기준 이상치를 대체하여 처리해 봅니다.

AI 작업 환경

데이터 획득

데이터 구조

기초 데이터

데이터 이해

데이터 전처리

AI 모델링 개념

지도학습

비지도학습

모델 성능 향상

AI 사례 실습

┌ 실습 코드

```
# IQR 기준 이상치를 대체하는 함수 만들기
def changeOutliers(x, column):

    # 제1사분위수 q1 구하기
    q1 = x[column].quantile(0.25)

    # 제3사분위수 q3 구하기
    q3 = x[column].quantile(0.75)

    # IQR의 1.5배수 IQR 구하기
    iqr = 1.5 * (q3 - q1)

    # 이상치를 대체할 Min, Max 값 설정하기
    Min=(q1 - iqr)
    Max = q3 + iqr

    # Max보다 큰 값은 Max로, Min보다 작은 값은 Min으로 대체하기
    x.loc[(x[column] > Max), column]= Max
    x.loc[(x[column] < Min), column]= Min

    # x리턴하기
    return(x)

# price에 대하여 이상치 대체하기
clean_df=changeOutliers(df, 'price')
clean_df.info()
```

┌ 실행 결과

```
<class 'pandas.core.frame.DataFrame'>
RangeIndex: 300153 entries, 0 to 300152
Data columns (total 11 columns):
 #   Column          Non-Null Count    Dtype
---  ------          --------------    -----
 0   airline         300153 non-null   object
 1   flight          300153 non-null   object
 2   source_city     300153 non-null   object
 3   departure_time  300153 non-null   object
 4   stops           300153 non-null   object
```

```
  5   arrival_time      300153 non-null   object
  6   destination_city  300153 non-null   object
  7   class             300153 non-null   object
  8   duration          300153 non-null   float64
  9   days_left         300153 non-null   int64
 10   price             300153 non-null   float64
dtypes: float64(2), int64(1), object(8)
memory usage: 25.2+ MB
```

우선 이상치 데이터를 삭제한 사례(28만 7,660개)와는 달리, 데이터의 수가 감소하지 않은 것(30만 153개)을 확인할 수 있습니다. 그러면 'IQR(Inter Quartile Range)로 확인하기'에서 생성한 findOutliers 함수를 사용하여 항공권 가격(Price)의 이상치가 잘 대체되었는지 확인해 봅니다.

⌐ 실습 코드

```
# price에 대하여 IQR 기준 이상치 개수 확인하기
print("price IQR Outliers : ",findOutliers(clean_df,'price'))
```

⌐ 실행 결과

```
price IQR Outliers :  0
```

이상치가 더 이상 나오지 않는 것으로 보아 잘 대체되었다는 것을 확인할 수 있습니다.
상자 그래프를 그려서 확인할 수도 있습니다.

⌐ 실습 코드

```
plt.figure(figsize=(4,5))

# 상자 그래프 활용하여 이상치 대체 여부 확인하기
clean_df[['price']].boxplot()
plt.show()
```

AI 작업 환경

데이터 획득

데이터 구조

기초 데이터

데이터 이해

데이터 전처리

AI 모델링 개념

지도학습

비지도학습

모델 성능 향상

AI 사례 실습

┌ **실행 결과**

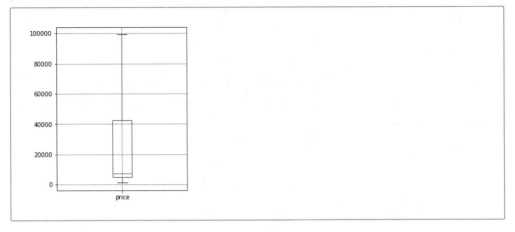

5 구간화하기

구간화(binning)는 연속형 데이터를 특정 구간으로 나누어 범주형 또는 순위형으로 변환하는 방법을 말합니다. 대표적으로 수능 점수를 등급으로 변환하거나, 나이를 세대로 나누는 것이 있습니다. 구간화하면 이상치로 발생 가능한 문제를 줄이고, 결과에 대한 해석이 쉬워질 수 있습니다. 구간화에는 동일 길이로 구간화하거나 동일 개수로 구간화하는 방법이 있습니다.

▲ 동일 길이 구간화와 동일 개수 구간화의 비교

1) 동일 길이로 구간화하기

cut을 사용하면 구간을 사용자가 지정해서 쉽게 구간화할 수 있습니다. cut을 사용할 때 구간화하고자 하는 값과 함께 bins, labels 파라미터를 반드시 같이 지정해 주어야 합니다. bins는 구간화 지점을 리스트로 지정합니다. [A, B, C]로 지정했다면 A~B, B~C까지 2개로 구간화합니다. labels는 구간화된 값의 이름을 지정합니다. 구간화를 지정한 수만큼 리스트로 만들어 넣으면 됩니다. 즉, bins의 개수보다 1개 적게 지정합니다.

비행시간(duration)을 사용해서 0~5시간은 단거리, 5~10시간은 중거리, 10시간 이상은 장거리로 구간화해 봅니다.

실습 코드

```python
# 비행시간을 0~5, 5~10, 10 이상의 3개 구간으로 나누어 거리(distance) 칼럼 생성하기
df['distance']=pd.cut(df['duration'], bins=[0,5,10,df['duration'].max()], labels=['short',
'medium','long'])
df.head()
```

실행 결과

	airline	flight	source_city	departure_time	stops	arrival_time	destination_city	class	duration	days_left	price	distance
0	SpiceJet	SG-8709	Delhi	Evening	zero	Night	Mumbai	Economy	2.17	1	5953.0	short
1	SpiceJet	SG-8157	Delhi	Early_Morning	zero	Morning	Mumbai	Economy	2.33	1	5953.0	short
2	AirAsia	I5-764	Delhi	Early_Morning	zero	Early_Morning	Mumbai	Economy	2.17	1	5956.0	short
3	Vistara	UK-995	Delhi	Morning	zero	Afternoon	Mumbai	Economy	2.25	1	5955.0	short
4	Vistara	UK-963	Delhi	Morning	zero	Morning	Mumbai	Economy	2.33	1	5955.0	short

distance 칼럼이 생성되었습니다.

value_counts로 거리별 빈도표를 만듭니다.

실습 코드

```python
# 거리 칼럼의 빈도분포 확인하기
df['distance'].value_counts()
```

실행 결과

```
long      169879
medium     84761
short      45513
Name: distance, dtype: int64
```

경유 항공편의 영향으로 장거리 비행이 단거리 비행보다 4배가량 많이 분포합니다.

2) 동일 개수로 구간화하기

qcut은 cut과 사용 방법이 동일합니다. 다만, bins 대신 정수를 넣어서 해당 구간만큼 동일한 양의 데이터가 들어가도록 구간화합니다. labels는 cut와 같이 구간화된 값의 이름을 지정해야 합니다.

항공권 가격(price) 칼럼을 활용하여 가격을 4등급으로 구간화해 봅니다.

AI 작업 환경
데이터 획득
데이터 구조
기초 데이터
데이터 이해
데이터 전처리
AI 모델링 개념
지도학습
비지도학습
모델 성능 향상
AI 사례 실습

⌐ 실습 코드

```
# 항공권 가격(price)을 4개 구간으로 동일하게 나누어 항공권 가격 비율 칼럼 생성하기
df['price_rate']=pd.qcut(df['price'], 4, labels=['cheap','nomal' ,'expensive', 'too expe
nsive'])
df.head()
```

⌐ 실행 결과

	airline	flight	source_city	departure_time	stops	arrival_time	destination_city	class	duration	days_left	price	distance	price_rate
0	SpiceJet	SG-8709	Delhi	Evening	zero	Night	Mumbai	Economy	2.17	1	5953.0	short	nomal
1	SpiceJet	SG-8157	Delhi	Early_Morning	zero	Morning	Mumbai	Economy	2.33	1	5953.0	short	nomal
2	AirAsia	I5-764	Delhi	Early_Morning	zero	Early_Morning	Mumbai	Economy	2.17	1	5956.0	short	nomal
3	Vistara	UK-995	Delhi	Morning	zero	Afternoon	Mumbai	Economy	2.25	1	5955.0	short	nomal
4	Vistara	UK-963	Delhi	Morning	zero	Morning	Mumbai	Economy	2.33	1	5955.0	short	nomal

Price_rate 칼럼이 생성되었습니다.

value_counts로 가격 등급별 빈도표를 만듭니다.

⌐ 실습 코드

```
# 항공권 가격 비율 칼럼의 빈도분포 확인하기
df['price_rate'].value_counts()
```

⌐ 실행 결과

```
expensive        75584
nomal            75117
cheap            75073
too expensive    74379
Name: price_rate, dtype: int64
```

qcut을 사용하려면 모든 구간의 빈도가 동일해야 합니다. 하지만 구간화한 값에 중복되는 데이터가 많다면 결과가 완전히 일치할 수 없습니다.

범주형 데이터 정제하기

데이터를 분석하여 통계를 만들 때 범주형 데이터를 전처리하는 것이 중요합니다. 예를 들어 보통 남자, 여자의 구분을 (남, 여) 혹은 (M, W)로 표기하지만 컴퓨터는 남자와 여자를 구분하지 못하므로 컴퓨터가 가장 이해하기 좋은 언어인 숫자로 남자는 0, 여자는 1과 같이 변경해 주어야 합니다. 컴퓨터가 데이터를 이해할 수 있도록 범주형(categorical, text) 데이터를 수치형 데이터로 변경하는 과정을 범주형 인코딩(Categorical Encoding)이라고 합니다.

1 레이블 인코딩하기

레이블 인코딩은 범주형 데이터에 숫자 레이블을 할당합니다. 이때 범주를 정렬하는 방법을 많이 사용하는데 글자를 알파벳순으로 정렬한 후 그것을 기준으로 번호를 매긴다고 생각하면 됩니다.

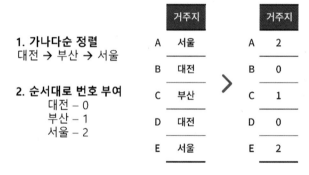

▲ 레이블 인코딩의 원리

1) 판다스에서 레이블 인코딩하기

판다스만 사용하여 레이블 인코딩을 할 수 있습니다. 다만, 알파벳순이 아닌 인덱스 기준으로, 카테고리가 등장하는 순서를 기반으로 숫자로 매핑해 줍니다. Factorize는 결과로 tuple 값을 반환하기 때문에 데이터프레임의 새로운 칼럼을 만들기 위해 array로 변경하고, reshape하여 새로운 칼럼으로 만들어 줍니다.

airline 칼럼을 레이블 인코딩해 봅니다.

```
# 데이터 구간화 전 원본 불러오기
df=df_origin.copy()

# factorize로 airline 칼럼 레이블 인코딩하기
df["label_encoding"] = pd.factorize(df["airline"])[0].reshape(-1,1)
df.head()
```

실행 결과

	airline	flight	source_city	departure_time	stops	arrival_time	destination_city	class	duration	days_left	price	label_encoding
0	SpiceJet	SG-8709	Delhi	Evening	zero	Night	Mumbai	Economy	2.17	1	5953	0
1	SpiceJet	SG-8157	Delhi	Early_Morning	zero	Morning	Mumbai	Economy	2.33	1	5953	0
2	AirAsia	I5-764	Delhi	Early_Morning	zero	Early_Morning	Mumbai	Economy	2.17	1	5956	1
3	Vistara	UK-995	Delhi	Morning	zero	Afternoon	Mumbai	Economy	2.25	1	5955	2
4	Vistara	UK-963	Delhi	Morning	zero	Morning	Mumbai	Economy	2.33	1	5955	2

값이 제대로 인코딩되었는지 확인하기 위해 airline 칼럼과 새롭게 만들어진 label_encoding 칼럼의 빈도표를 만듭니다.

실습 코드

```
# airline 칼럼과 새롭게 만들어진 label_encoding 칼럼의 빈도표 확인하기
print(df['airline'].value_counts())
print(df['label_encoding'].value_counts())
```

실행 결과

```
Vistara      127859
Air_India     80892
Indigo        43120
GO_FIRST      23173
AirAsia       16098
SpiceJet       9011
Name: airline, dtype: int64
2    127859
5     80892
4     43120
3     23173
1     16098
0      9011
Name: label_encoding, dtype: int64
```

알파벳순이라면 AirAsia, Air_India, GO_FIRST, Indigo, SpiceJet, Vistara 순으로 0~5의 숫자가 되어야 하지만 각각 1, 5, 3, 4, 0, 2로 인코딩된 것을 확인할 수 있습니다.

2) 사이킷런으로 레이블 인코딩하기

사이킷런(sckit-learn)은 파이썬에서 머신러닝 분석을 할 때 유용하게 사용하는 라이브러리입니다. 여러 가지 머신러닝 모듈로 구성되어 있어 데이터 분석과 AI 모델링을 할 때 필수적으로 알아두어야 하는 라이브러리입니다. 사이킷런 라이브러리는 sklearn으로 표현되며, sklearn.preprocessing 안에는 데이터 전처리를 위한 다양한 모듈이 존재합니다. 그중 LabelEncoder를 활용하면 간단하게 레이블 인코딩을 할 수 있습니다.

실습 코드

```
# 사이킷런 패키지의 LabelEncoder 불러오기
from sklearn.preprocessing import LabelEncoder

# LabelEncoder로 airline 칼럼 레이블 인코딩하기
le = LabelEncoder()
df["airline_Label_Encoder"] = le.fit_transform(df['airline'])
df.head()
```

실행 결과

	airline	flight	source_city	departure_time	stops	arrival_time	destination_city	class	duration	days_left	price	label_encoding	airline_Label_Encoder
0	SpiceJet	SG-8709	Delhi	Evening	zero	Night	Mumbai	Economy	2.17	1	5953	0	4
1	SpiceJet	SG-8157	Delhi	Early_Morning	zero	Morning	Mumbai	Economy	2.33	1	5953	0	4
2	AirAsia	I5-764	Delhi	Early_Morning	zero	Early_Morning	Mumbai	Economy	2.17	1	5956	1	0
3	Vistara	UK-995	Delhi	Morning	zero	Afternoon	Mumbai	Economy	2.25	1	5955	2	5
4	Vistara	UK-963	Delhi	Morning	zero	Morning	Mumbai	Economy	2.33	1	5955	2	5

판다스의 Factorize를 사용한 label_encoding 칼럼과 scikit-learn을 사용한 airline_Label_Encoder 값의 차이를 확인할 수 있습니다.

실습 코드

```
# airline 칼럼과 새롭게 만들어진 airline_Label_Encoder 칼럼의 빈도표 확인하기
print(df['airline'].value_counts())
print(df['airline_Label_Encoder'].value_counts())
```

AI 작업 환경

데이터 획득

데이터 구조

기초 데이터

데이터 이해

데이터 전처리

AI 모델링 개념

지도학습

비지도학습

모델 성능 향상

AI 사례 실습

┌─ 실행 결과

```
Vistara      127859
Air_India     80892
Indigo        43120
GO_FIRST      23173
AirAsia       16098
SpiceJet       9011
Name: airline, dtype: int64
5    127859
1     80892
3     43120
2     23173
0     16098
4      9011
Name: airline_Label_Encoder, dtype: int64
```

알파벳순인 AirAsia, Air_India, GO_FIRST, Indigo, SpiceJet, Vistara 순으로 각각 0, 1, 2, 3, 4, 5로 인코딩되었습니다. scikit-learn을 사용하면 변환한 후 inverse_trainsform으로 다시 역변환할 수도 있습니다.

┌─ 실습 코드

```python
# 레이블 인코딩 역변환(디코딩)하기
le.inverse_transform(df["airline_Label_Encoder"]).reshape(-1,1)
```

┌─ 실행 결과

```
array([['SpiceJet'],
       ['SpiceJet'],
       ['AirAsia'],
       ...,
       ['Vistara'],
       ['Vistara'],
       ['Vistara']], dtype=object)
```

2 원핫 인코딩하기

순서나 랭크가 없는 카테고리형 데이터를 수치형 데이터로 바꾸는 과정에서 의도하지 않았는데도 알파벳순으로 순번이 생성되고, 그로 인해 생성된 숫자 정보가 모델에 잘못 반영될 수 있습니다. 이를 해결할 수 있는 방법이 원핫 인코딩(OneHotEncoding)입니다. 원핫 인코딩은 1개의 요소는 True, 나머지 요소는 False로 만들어주는 기법입니다. 간단히 말하면 하나의 데이터만 1, 나머지는 0으로 만드는 것입니다.

	거주지			서울	대전	부산
A	서울	>	A	1	0	0
B	대전		B	0	1	0
C	부산		C	0	0	1
D	대전		D	0	1	0
E	서울		E	1	0	0

▲ 원핫 인코딩의 원리

1) 판다스에서 원핫 인코딩하기

get_dummies 메소드를 사용하면 판다스에서 바로 원핫 인코딩을 할 수 있습니다. 좌석 등급 (class) 칼럼을 원핫 인코딩해 봅니다.

┌ 실습 코드

```
# 레이블 인코딩 전 원본 데이터 불러오기
df=df_origin.copy()

# class 칼럼을 원핫 인코딩하기
pd.get_dummies(df['class'])
```

┌ 실행 결과

	Business	Economy
0	0	1
1	0	1
2	0	1
3	0	1
4	0	1

class 칼럼의 값인 Business와 Economy라는 새로운 칼럼이 만들어지고, 해당 class일 경우 1 아니면 0을 생성합니다. 판다스에서 원핫 인코딩된 칼럼을 바로 데이터프레임에 반영할 수 있다는 것이 장점입니다.

실습 코드

```
# 원핫 인코딩 결과를 데이터에 반영하기
df=pd.get_dummies(df, columns=['class'])
df.head()
```

실행 결과

	airline	flight	source_city	departure_time	stops	arrival_time	destination_city	duration	days_left	price	class_Business	class_Economy
0	SpiceJet	SG-8709	Delhi	Evening	zero	Night	Mumbai	2.17	1	5953	0	1
1	SpiceJet	SG-8157	Delhi	Early_Morning	zero	Morning	Mumbai	2.33	1	5953	0	1
2	AirAsia	I5-764	Delhi	Early_Morning	zero	Early_Morning	Mumbai	2.17	1	5956	0	1
3	Vistara	UK-995	Delhi	Morning	zero	Afternoon	Mumbai	2.25	1	5955	0	1
4	Vistara	UK-963	Delhi	Morning	zero	Morning	Mumbai	2.33	1	5955	0	1

실행 결과로 class 칼럼이 사라지고, class_Business와 class_Economy라는 새로운 칼럼이 데이터프레임에 적용되었습니다.

2) 사이킷런으로 원핫 인코딩하기

사이킷런(scikit-learn)에서도 원핫 인코더(OneHotEncoder) 모듈을 제공합니다. 다만, 판다스의 get_dummies와 같이 바로 데이터프레임에 반영할 수 없어 원핫 인코딩 후 데이터를 추가하기 위해 칼럼을 만들고 추가하는 작업이 필요합니다.

실습 코드

```
# 판다스 원핫 인코딩 전 원본 데이터 불러오기
df=df_origin.copy()

# 사이킷런 패키지에서 OneHotEncoder 불러오기
from sklearn.preprocessing import OneHotEncoder

# OneHotEncoder로 원핫 인코딩하기
oh = OneHotEncoder()
encoder = oh.fit_transform(df['class'].values.reshape(-1,1)).toarray()
```

AI 작업 환경
데이터 획득
데이터 구조
기초 데이터
데이터 이해
데이터 전처리
AI 모델링 개념
지도학습
비지도학습
모델 성능 향상
AI 사례 실습

```
# 원핫 인코딩 결과를 데이터프레임으로 만들기
df_OneHot = pd.DataFrame(encoder, columns=["class_" + str(oh.categories_[0]
[i]) for i in range (len(oh.categories_[0]))])

# 원핫 인코딩 결과를 원본 데이터에 붙여넣기
df1 = pd.concat([df, df_OneHot], axis=1)
df1.head()
```

┌─ 실행 결과

	airline	flight	source_city	departure_time	stops	arrival_time	destination_city	class	duration	days_left	price	class_Business	class_Economy
0	SpiceJet	SG-8709	Delhi	Evening	zero	Night	Mumbai	Economy	2.17	1	5953	0.0	1.0
1	SpiceJet	SG-8157	Delhi	Early_Morning	zero	Morning	Mumbai	Economy	2.33	1	5953	0.0	1.0
2	AirAsia	I5-764	Delhi	Early_Morning	zero	Early_Morning	Mumbai	Economy	2.17	1	5956	0.0	1.0
3	Vistara	UK-995	Delhi	Morning	zero	Afternoon	Mumbai	Economy	2.25	1	5955	0.0	1.0
4	Vistara	UK-963	Delhi	Morning	zero	Morning	Mumbai	Economy	2.33	1	5955	0.0	1.0

판다스에서 원핫 인코딩을 한 결과와 동일한 결과를 확인할 수 있습니다.

스케일링하기

각 칼럼에 들어 있는 데이터의 상대적 크기에 따라 분석 결과와 모델링 결과가 달라질 수 있습니다. 0~1,000까지 값을 가지는 칼럼 A와 0~10까지 값을 가지는 칼럼 B를 가지고 분석을 수행하면 컴퓨터는 각 특성이 무엇을 의미하는지 모르기 때문에 상대적으로 큰 숫자를 가지는 칼럼 A의 영향을 더 크게 반영합니다. 따라서 수치형 데이터의 경우 상대적 크기 차이를 제거할 필요가 있는데, 이를 스케일링(scaling)이라고 합니다.

1 정규화하기

min-max Scaling은 데이터의 범위를 0~1 사이로 변환하여 데이터 분포를 조정하는 가장 일반적인 정규화 방법입니다. 앞서 언급된 scikit-learn 라이브러리에서도 MinMaxScaler 모듈을 지원하지만 이번에는 산식으로 만들어서 min-max Scaling을 실습해 봅니다.

$$x_{std} = \frac{x_i - X \text{최솟값}}{X \text{의 최댓값} - X \text{의 최솟값}}$$

전체 실습 데이터에 대한 표준화를 수행해도 되지만, 수치형이 아닌 데이터는 결측치만 만들어내기 때문에 수치형 데이터만 따로 분리해서 실습을 진행합니다.

┌ **실습 코드**

```python
# 원핫 인코딩 전 원본 데이터 불러오기
df=df_origin.copy()

# 수치형 데이터만 분리하여 데이터프레임 만들기
df_num = df[['duration', 'days_left', 'price']]

# 정규화 수식 적용하기
df_num = (df_num - df_num.min())/(df_num.max()-df_num.min())
df_num.head()
```

	duration	days_left	price
0	0.027347	0.0	0.039749
1	0.030612	0.0	0.039749
2	0.027347	0.0	0.039773
3	0.028980	0.0	0.039765
4	0.030612	0.0	0.039765

제대로 정규화가 진행되었는지 요약 통계량으로 확인합니다.

┌ 실습 코드

```
# 요약 데이터로 정규화 적용 확인하기
df_num.describe()
```

┌ 실행 결과

	duration	days_left	price
count	300153.000000	300153.000000	300153.000000
mean	0.232470	0.520932	0.162215
std	0.146775	0.282521	0.186099
min	0.000000	0.000000	0.000000
25%	0.122449	0.291667	0.030156
50%	0.212653	0.520833	0.051818
75%	0.313061	0.770833	0.339570
max	1.000000	1.000000	1.000000

3개의 값이 모두 min이 0, max가 1인 값으로 정규화되었습니다. min-max Scaling은 극단적인 이상치에 민감하니 유의해서 사용하고 꼭 이상치를 처리한 뒤 정규화를 진행해야 합니다.

2 표준화하기

수치형 데이터를 평균이 0이고 표준편차가 1인 표준 정규분포로 변환합니다. 산식은 다음과 같습니다.

$$x_{norm} = \frac{x_i - X의\ 평균}{X\ 표준편차}$$

정규화 산식에 따라 수치형 칼럼들에 대한 표준화를 적용합니다.

┌ 실습 코드

```
# 수치형 데이터만 분리하여 데이터프레임 만들기
df_num = df[['duration', 'days_left', 'price']]

# 표준화 수식 적용하기
df_num =(df_num - df_num .mean())/df_num .std()
df_num.head()
```

┌ 실행 결과

	duration	days_left	price
0	-1.397528	-1.843872	-0.658067
1	-1.375282	-1.843872	-0.658067
2	-1.397528	-1.843872	-0.657935
3	-1.386405	-1.843872	-0.657979
4	-1.375282	-1.843872	-0.657979

제대로 표준화가 진행되었는지 요약 통계량으로 확인합니다.

┌ 실습 코드

```
# 요약 데이터로 표준화 적용 확인하기
df_num.describe()
```

┌ 실행 결과

	duration	days_left	price
count	3.001530e+05	3.001530e+05	3.001530e+05
mean	7.726764e-17	9.393321e-17	-6.060207e-17
std	1.000000e+00	1.000000e+00	1.000000e+00
min	-1.583847e+00	-1.843872e+00	-8.716567e-01
25%	-7.495861e-01	-8.114997e-01	-7.096143e-01
50%	-1.350141e-01	-3.503362e-04	-5.932152e-01
75%	5.490796e-01	8.845399e-01	9.530162e-01
max	5.229282e+00	1.695689e+00	4.501823e+00

평균이 0이고 표준편차가 1인 표준 정규분포를 통해 정상적으로 표준화된 것을 확인할 수 있습니다.

AI 직업 환경

데이터 획득

데이터 구조

기초 데이터

데이터 이해

데이터 전처리

AI 모델링 개념

지도학습

비지도학습

모델 성능 향상

AI 사례 실습

스케일링된 데이터를 실습용 데이터에 붙이고 iloc을 사용해서 한 칼럼씩 값을 대체하거나, concat 을 사용해서 한 번에 뒤쪽에 붙이면 됩니다.

┌ 실습 코드

```
# 기존의 duration, days_left, price 칼럼 삭제하기
df=df.drop(['duration', 'days_left', 'price'], axis=1)


# 표준화된 duration, days_left, price 칼럼 붙이기
df = pd.concat([df, df_num], axis=1)
df.head()
```

┌ 실행 결과

	airline	flight	source_city	departure_time	stops	arrival_time	destination_city	class	duration	days_left	price
0	SpiceJet	SG-8709	Delhi	Evening	zero	Night	Mumbai	Economy	-1.397528	-1.843872	-0.658067
1	SpiceJet	SG-8157	Delhi	Early_Morning	zero	Morning	Mumbai	Economy	-1.375282	-1.843872	-0.658067
2	AirAsia	I5-764	Delhi	Early_Morning	zero	Early_Morning	Mumbai	Economy	-1.397528	-1.843872	-0.657935
3	Vistara	UK-995	Delhi	Morning	zero	Afternoon	Mumbai	Economy	-1.386405	-1.843872	-0.657979
4	Vistara	UK-963	Delhi	Morning	zero	Morning	Mumbai	Economy	-1.375282	-1.843872	-0.657979

AI 작업 환경

데이터 획득

데이터 구조

기초 데이터

데이터 이해

데이터 전처리

AI 모델링 개념

지도학습

비지도학습

모델 성능 향상

AI 사례 실습

변수 선택하기

1 신규 변수 생성하기

1) 하나의 데이터로 여러 개의 새로운 칼럼 만들기

보통 항공기의 기체명은 '항공기 제조사+모델명'으로 만들어집니다. 이를 활용해서 flight 칼럼을 제조사와 모델명으로 분리하여 2개의 새로운 칼럼을 만들어 봅니다.

apply, lambda를 사용합니다.

lambda는 이름이 없는 함수로 간결할 뿐만 아니라 메모리를 절약하는 효과도 있어 재사용 가능성이 없는 함수를 만들 때 사용합니다. apply뿐만 아니라 map, reduce, filter 등 다양한 함수와 함께 사용할 수 있습니다.

⌐ 실습 코드

```python
# 항공기 기종을 제조사 코드와 모델명으로 분리하는 split_flight 함수 만들기
def split_flight(flight) :

    # "-" 문자를 기준으로 앞쪽을 제조사 코드로 저장
    manufacture = flight.split("-")[0]

    # "-" 문자를 기준으로 뒤쪽을 모델명으로 저장
    model = flight.split("-")[1]

    # 제조사 코드와 모델명을 리턴
    return manufacture, model

# df['flight']를 split_flight 함수의 파라미터로 넣어 실행하는 lambda, apply를 적용하여 제조사
  코드와 모델명 반환하기

# zip 함수를 사용하여 튜플로 묶어 df['manufacture'], df['model_num']에 저장하기
df['manufacture'], df['model_num']=zip(*df['flight'].apply(lambda x : split_flight(x)))
df.head()
```

	airline	flight	source_city	departure_time	stops	arrival_time	destination_city	class	duration	days_left	price	manufacture	model_num
0	SpiceJet	SG-8709	Delhi	Evening	zero	Night	Mumbai	Economy	-1.397528	-1.843872	-0.658067	SG	8709
1	SpiceJet	SG-8157	Delhi	Early_Morning	zero	Morning	Mumbai	Economy	-1.375282	-1.843872	-0.658067	SG	8157
2	AirAsia	I5-764	Delhi	Early_Morning	zero	Early_Morning	Mumbai	Economy	-1.397528	-1.843872	-0.657935	I5	764
3	Vistara	UK-995	Delhi	Morning	zero	Afternoon	Mumbai	Economy	-1.386405	-1.843872	-0.657979	UK	995
4	Vistara	UK-963	Delhi	Morning	zero	Morning	Mumbai	Economy	-1.375282	-1.843872	-0.657979	UK	963

2) 여러 개의 데이터로 하나의 새로운 칼럼 만들기

여러 개의 데이터를 조합해서 하나의 데이터를 만드는 경우에도 apply, lambda를 사용할 수 있습니다. 출발 도시와 도착 도시를 가지고 경로('route')를 만들어 봅니다. lambda를 활용하여 칼럼들을 직접 함수에 넣어줍니다. axis=1을 지정해 주어야 칼럼 단위로 적용됩니다.

실습 코드

```
# source_city, destination_city를 튜플로 묶어 route 칼럼 생성하기
df['route']=df.apply(lambda x :(x['source_city'],x['destination_city']), axis=1)
df.head()
```

실행 결과

	airline	flight	source_city	departure_time	stops	arrival_time	destination_city	class	duration	days_left	price	manufacture	model_num	route
0	SpiceJet	SG-8709	Delhi	Evening	zero	Night	Mumbai	Economy	-1.397528	-1.843872	-0.658067	SG	8709	(Delhi, Mumbai)
1	SpiceJet	SG-8157	Delhi	Early_Morning	zero	Morning	Mumbai	Economy	-1.375282	-1.843872	-0.658067	SG	8157	(Delhi, Mumbai)
2	AirAsia	I5-764	Delhi	Early_Morning	zero	Early_Morning	Mumbai	Economy	-1.397528	-1.843872	-0.657935	I5	764	(Delhi, Mumbai)
3	Vistara	UK-995	Delhi	Morning	zero	Afternoon	Mumbai	Economy	-1.386405	-1.843872	-0.657979	UK	995	(Delhi, Mumbai)
4	Vistara	UK-963	Delhi	Morning	zero	Morning	Mumbai	Economy	-1.375282	-1.843872	-0.657979	UK	963	(Delhi, Mumbai)

실습 코드

```
df.drop(['manufacture', 'model_num'], axis=1).head()
```

실행 결과

	airline	flight	source_city	departure_time	stops	arrival_time	destination_city	class	duration	days_left	price	route
0	SpiceJet	SG-8709	Delhi	Evening	zero	Night	Mumbai	Economy	-1.397528	-1.843872	-0.658067	(Delhi, Mumbai)
1	SpiceJet	SG-8157	Delhi	Early_Morning	zero	Morning	Mumbai	Economy	-1.375282	-1.843872	-0.658067	(Delhi, Mumbai)
2	AirAsia	I5-764	Delhi	Early_Morning	zero	Early_Morning	Mumbai	Economy	-1.397528	-1.843872	-0.657935	(Delhi, Mumbai)
3	Vistara	UK-995	Delhi	Morning	zero	Afternoon	Mumbai	Economy	-1.386405	-1.843872	-0.657979	(Delhi, Mumbai)
4	Vistara	UK-963	Delhi	Morning	zero	Morning	Mumbai	Economy	-1.375282	-1.843872	-0.657979	(Delhi, Mumbai)

2 변수 선택하기

변수 선택(Feature selection)은 특성 선택이라고도 하며, 사용 가능한 변수 중 모델 훈련에 가장 효과적인 특성의 부분집합(subset)을 선택하여 학습 모델을 구축하는 과정입니다. 변수 선택의 목적은 학습에 사용하는 특징의 수는 줄이면서 모델의 예측 능력을 유지하는 것입니다. 또한 과적합을 방지하고 모델의 해석 가능성을 향상합니다. 변수를 선택하는 방법은 문제 유형, 데이터, 학습 알고리즘에 따라 달라져야 합니다. 여기에서는 변수 선택 방법 3가지를 간단히 소개합니다.

1) RFE(Recursive Feature Elimination)

머신러닝에서 사용되는 변수 선택 방법으로, 원하는 변수의 수에 도달할 때까지 가장 중요하지 않은 변수를 재귀적으로 제거하는 방법입니다. 우선 모든 변수를 사용하여 모델을 훈련시킨 다음, 가장 중요하지 않은 변수를 제거하고, 원하는 변수의 수에 도달할 때까지 이 과정을 반복합니다. 변수의 중요성은 의사결정 나무(Decision Tree)의 변수 중요도, 선형 모델의 계숫값 또는 신경망의 가중치 계수의 크기 등의 점수 지표를 기반으로 결정됩니다. RFE로 선택하는 최종 변수는 점수 지표가 가장 높고, 모델의 예측 정확도에 가장 큰 영향을 주는 특성입니다.

2) RFE-CV(Recursive Feature Elimination with Cross Validation)

RFE를 사용할 때 가장 큰 단점은 몇 개의 변수를 남겨야 할지를 사용자가 직접 정의해야 한다는 것입니다. 이러한 단점을 극복하기 위해 등장한 것이 RFE-CV 변수입니다. RFE-CV는 RFE의 변형으로, 변수 선택 과정에 교차 검증(Cross Validation)을 추가한 것입니다. 교차 검증은 데이터를 분할하여 여러 번 검증을 진행하는 과정입니다.(7장의 '교차 검증' 참고) RFE-CV에서는 변수 제거 단계마다 교차 검증을 사용하여 모델을 훈련하고 평가하여 변수의 중요성에 대해 더 정확한 평가를 제공합니다. 변수 제거 과정은 교차 검증 결과로 원하는 변수의 수 또는 최상의 성능을 달성했을 때 중지됩니다.

3) UFS(Univariate Feature Selection)

일변량 통계 테스트를 기반으로 최상의 변수를 선택하여 작동합니다. 특정 검정 통계(F-value 또는 카이-제곱값)를 계산하여 각 변수를 평가하고, 가장 높은 점수를 가진 변수를 선택합니다. 가장 큰 장점은 개별 변수만 평가하는 것이 간단하고 빠르다는 것입니다. 그러나 변수 간의 관계를 고려하지 않으므로 항상 최상의 특성 세트를 식별하지 못할 수도 있습니다.

AI 작업환경

데이터 획득

데이터 구조

기초 데이터

데이터 이해

데이터 전처리

AI 모델링 개념

지도학습

비지도학습

모델 성능 향상

AI 사례 실습

01 어떤 데이터의 info를 확인해 보니 다음과 같이 나타났습니다. 'class' 칼럼의 결측치는 몇 개인가요?

```
<class 'pandas.core.frame.DataFrame'>
RangeIndex: 9930 entries, 0 to 9929
Data columns (total 10 columns):
 #   Column      Non-Null Count  Dtype
---  ------      --------------  -----
 0   class       8529 non-null   object
```

02 변수 선택 방법 중 원하는 변수의 수에 도달할 때까지 가장 중요하지 않은 특성을 재귀적으로 제거하는 방법은 무엇인가요?

03 '결측치 삭제하기' 방법 중 데이터의 손실을 최소화하기 위해 모든 칼럼이 결측치인 데이터만 삭제하려면 어떤 파라미터를 어떻게 변경해야 하나요?

04 다음은 상자 그래프로 이상치를 나타내는 기준에 대한 설명입니다. 괄호 (1)과 (2)에 들어갈 내용은 무엇인가요?

> 상자 그래프에서 이상치를 표시하는 기준은 제1사분위수에서 (1)의 (2)배만큼을 뺀 값보다 작거나, 제3사분위수에서 (1)의 (2)배만큼을 더한 값보다 큰 값입니다.

05 데이터의 손실을 방지하기 위해 '대체하기'로 이상치를 처리할 때 고려해야 할 점은 무엇인가요?

06 판다스의 factorize와 scikit-learn의 LabelEncoder는 무슨 차이가 있나요?

07 원핫 인코딩된 칼럼을 바로 데이터프레임에 반영하기 위해 사용할 수 있는 메소드는 무엇인가요?

08 제조원가는 달러(USD)로, 판매가는 원화(KRW)로 표기한 데이터가 있을 때, 컴퓨터는 어떤 가격의 영향을 더 크게 반영하나요?

09 min-max Scaling을 위한 산식은 무엇인가요?

01 / 1,401개

전체 9,930개의 entries에서 8,529개의 non-null 데이터를 가지고 있으니 총 결측치는 1,401개입니다.

02 / RFE(Recursive Feature Elimination, 재귀적 변수 제거법)

03 / how 파라미터를 all로 변경(how='all')

how 파라미터는 default 값이 any로 되어 있어 하나의 칼럼이라도 결측치라면 제거하도록 되어 있습니다. Thresh 파라미터로 임계치를 설정해도 같은 결과를 얻을 수 있습니다.

04 / (1) IQR(Inter Quartile Range)　　(2) 1.5

05 / 통계량 변경

데이터를 대체하면 통계량이 변경됩니다. 결과의 정확도를 위해 통계량, 즉 데이터 분포는 유지하면서 데이터를 처리해야 합니다.

06 / 숫자 할당 방법이 다름

판다스의 factorize는 인덱스에서 나오는 순서대로 숫자를 할당하는 반면, scikit-learn의 LabelEncoder는 전체 categorical 속성을 나열하여 알파벳순으로 숫자를 할당합니다.

07 / get_dummies

scikit-learn으로 원핫 인코딩을 할 때 바로 데이터프레임에 사용할 수 있습니다.

08 / 원화

- 일반적으로 1달러는 1,000~1,300원의 환율로 전환되기 때문에 단순 상대적 크기가 1,000배가량 차이 납니다.
- 컴퓨터는 각 특성이 무엇을 의미하는지 모르기 때문에 상대적으로 큰 숫자의 특성을 더 크게 반영합니다.

09 / $x_{std} = \dfrac{x_i - X\,최솟값}{X의\ 최댓값 - X의\ 최솟값}$

📑 개념 정리

☑ 수치형 데이터 정제의 시작은 결측치를 파악하는 것부터 시작합니다.

☑ 결측치란 데이터 값이 없는 것을 의미하며, info 메소드와 isnull 메소드를 활용하여 쉽게 확인할 수 있습니다.

☑ 결측치를 처리하는 3가지 방법으로, 결측값이 포함된 record(행)을 제거하는 방법, 결측값이 포함된 특성을 제거하는 방법, 마지막으로 특정한 값으로 채워 넣는 방법이 있습니다.

☑ '제거하기'와 '대체하기'를 적절히 이용하여 데이터 손실은 최소화하면서 데이터 적합성은 최대한 유지할 수 있는 방안으로 처리해야 합니다.

☑ 이상치는 의사결정에 큰 영향을 미칠 수 있습니다. 실무에서는 이상치를 시각화해서 확인하는 것이 일반적입니다.

☑ 범주형(또는 문자형) 데이터를 수치형 데이터로 변경하는 방법 중 숫자 레이블을 할당해 주는 것을 레이블 인코딩, 0과 1의 숫자로만 할당해 주는 것을 원핫 인코딩이라고 합니다.

CHAPTER
07

AI 모델링 필수 개념 이해하기

AI를 활용한 학습에는 다양한 종류가 있습니다. 예측하고자 하는 정보가 무엇이냐에 따라 적절한 학습 방식을 선정하고 AI 모델을 생성하는 과정을 이해해야 합니다. 또한 우수한 성능의 AI 모델 생성을 위해서는 학습을 반복하면서 모델의 성능을 비교 및 평가할 수 있어야 합니다. 이번에는 AI의 학습과 예측 과정, AI 모델의 성능을 평가하는 방법 등 필수 개념을 알아봅니다.

AI란 무엇인가?

AI(Artificial Intelligence)는 이미 우리 삶에 가까이 자리 잡고 있습니다. 기존의 노동을 대신 수행하는 자동화 개념을 넘어서, 인공지능이라는 뜻에 걸맞게 컴퓨터가 스스로 학습하며 많은 일들을 수행합니다. 따라서 우리는 시대의 흐름에 맞게 AI 기술을 활용할 수 있는 다양한 수단을 익혀야 합니다.

AI에 관심 있는 사람들은 '머신러닝'과 '딥러닝'이라는 단어를 들어봤을 것입니다. 이는 AI를 활용하는 다양한 방법 중 가장 널리 사용되는 2가지 방식입니다.

▲ 인공지능과 머신러닝, 딥러닝의 관계

1 머신러닝 이해하기

머신러닝(Machine Learning)은 컴퓨터가 다양한 머신러닝 학습 모델을 기반으로 제공된 데이터를 이용해 학습을 수행하고, 모델의 성능을 반복적으로 평가하며, 스스로 성능을 향상하는 것을 말합니다. 제공된 각 데이터별 상관관계와 특성을 찾아내고 결론을 예측할 수 있습니다.

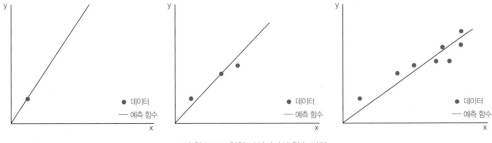

▲ 1차 함수로 표현한 머신러닝의 학습 과정

머신러닝은 데이터를 설명할 수 있는 하나의 함수를 찾는 것과 유사합니다. 위 그림은 최초에 데이터가 하나일 때부터 데이터가 증가함에 따라 데이터를 가장 잘 설명할 수 있는(즉, 데이터와 오차가 가장 적은) 함수를 예측해 나가는 과정입니다.

이렇게 하나의 함수를 만들면 그것을 활용해 사용자가 임의의 x를 입력했을 때 어떤 y가 나올지를 예측할 수 있습니다.

머신러닝도 여러 데이터를 기반으로 하나의 모델을 생성하고 여기에 데이터를 넣으면 예측 결과를 알 수 있는 원리입니다. 다만 개발되어 있는 다양한 머신러닝 모델을 활용하면, 사람이 함수를 직접 구할 필요 없이 입력된 데이터를 토대로 최적의 모델을 생성해 주는 것이 진정한 머신러닝입니다.

2 딥러닝 이해하기

딥러닝(Deep Learning)은 머신러닝과는 구분되는 개념이지만, 큰 틀에서는 머신러닝에 포함된 기술입니다. 딥러닝은 인간의 뇌 신경망이 학습하는 방식에서 영감을 얻어, 머신러닝에 신경망 네트워크를 더해 만들었습니다.

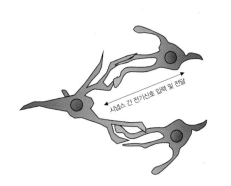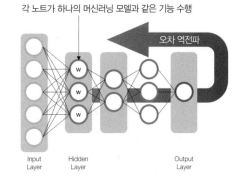

▲ 딥러닝 도입 개념과 학습 알고리즘

사람의 뇌에 있는 신경망은 시냅스 간 전기신호를 주고받으며 정보를 전달합니다. 딥러닝은 이 개념을 도입해 레이어(layer)를 겹겹이 쌓고, 레이어 내 노드를 구성하여, 각 노드가 그물처럼 연결되어 학습을 진행합니다. 각 노드는 머신러닝 모델 하나의 역할을 수행하며 데이터를 입력받고 학습하여 가중치 w를 구합니다. 최종적으로 모든 레이어를 거치면 전체 학습의 성능을 평가하게 되고, 오차 역전파를 통해 딥러닝 모델의 성능을 향상하기 위한 가중치 w를 재계산하는 과정을 반복 수행합니다.

이러한 학습 방법에서 알 수 있듯이, 딥러닝은 머신러닝에 비해 연산이 기하급수적으로 늘어남에 따라, 성능은 뛰어나지만 연산에 필요한 자원이나 시간이 오래 소요된다는 점을 참고하여 학습을 진행해야 합니다.

AI 학습 방법 이해하기

AI 학습은 크게 '지도학습', '비지도학습', '강화 학습' 3가지로 분류됩니다. 여기에서는 '지도학습', '비지도학습' 2가지를 설명합니다.

1 지도학습 이해하기

지도학습(Supervised Learning)은 정답을 알려주며 학습시키는 방식입니다. 지도학습은 어린아이를 가르치는 것과 같습니다. 예를 들어 아이에게 동그라미(○)와 세모(△)를 구분하는 방법을 가르치는 상황을 떠올려 봅니다. 아이는 ○와 △의 모양이 다르다는 것을 인지할 수 있지만, 무엇이 동그라미이고 세모인지 알 수 없습니다. 하지만 아이에게 '○=동그라미', '△=세모'라고 정답을 반복해서 알려주면 학습을 통해 동그라미와 세모를 분류할 수 있습니다.

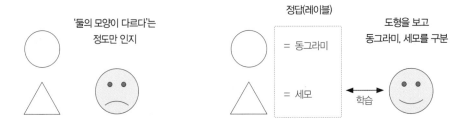

▲ 학습에 필요한 정답이 없을 경우　　　　▲ 문제와 정답을 활용해 학습을 진행한 경우

이처럼 지도학습은 문제의 정답이 있어야만 학습을 진행할 수 있고, 정답은 레이블(Label)이라고도 불리며, 데이터에 레이블을 입력해 주는 것을 레이블링(Labeling)이라고 합니다.

지도학습은 크게 '회귀(Regression)'와 '분류(Classification)'로 나뉩니다. AI를 수행하여 확인하고자 하는 결괏값의 형태가 무엇이냐에 따라 '회귀 모델' 또는 '분류 모델'을 적절히 선택해야 합니다. 예시를 통해 나에게 필요한 것이 회귀 모델인지 분류 모델인지를 구분하는 방법을 알아봅니다.

어느 자격증 학원에서 수강생들의 정보를 가지고 시험 점수 또는 합격 여부를 예측하는 AI 모델을 개발한다고 가정해 봅니다. 아래 표는 학습 데이터의 일부입니다.

| | | | | | | | 양적 데이터 | 범주형 데이터 |
구분	나이	성별	학습 기간	타 자격증 수	신분	이전 응시 횟수	시험 점수	합격 여부
A	22	여	6개월	0	대학생	0	58	불합격
B	35	남	1년 6개월	2	직장인	1	85	합격
C	30	남	8개월	3	직장인	1	68	합격
D	25	여	10개월	1	대학생	1	59	불합격
E	27	여	3개월	0	취업준비생	0	74	합격
F	26	남	1년	0	대학생	2	71	합격
G	25	남	10개월	2	대학생	1	69	합격
							회귀 모델	분류 모델

수강 정보를 가지고 수강생의 '시험 점수'를 예측할 경우 '회귀 모델'로 학습을 수행하면 됩니다. 회귀 모델에 수강 정보를 넣으면 해당 수강생의 시험 점수를 예측하는 모델을 만들 수 있습니다. 하지만 '합격 여부'만을 예측할 경우에는 '분류 모델'로 학습을 수행하면 됩니다. 분류 모델에 수강 정보를 넣으면 해당 수강생이 합격일지, 불합격일지 예측하는 모델을 만들 수 있습니다.

'회귀'는 양적 데이터, 즉 점수와 같이 연속된 어떠한 값을 예측하는 모델이고, '분류'는 합격 불합격과 같은 범주형 데이터, 즉 어떤 종류를 예측하는 모델입니다. AI를 활용해 예측하고자 하는 결과가 무엇인지 분명히 정의하여 적절한 AI 모델을 선정해야 성공적인 AI 모델링을 진행할 수 있습니다.

참고로 분류 모델의 경우 분류하고자 하는 값이 '합격/불합격', '0/1'과 같이 2가지인 경우에는 '이진 분류', '사과/딸기/바나나/수박'과 같이 여러 가지인 경우에는 '다중 분류'로 구분할 수 있습니다.

2 비지도학습 이해하기

비지도학습(Unsupervised Learning)은 정답이 없는 상태에서 입력 데이터만 가지고 학습하는 방법입니다. 정답, 즉 '레이블'이 없기 때문에 구체적인 결괏값이 아니라 '군집화(Clustering)'를 예측할 때 주로 사용됩니다.

군집화란 주어진 데이터를 기반으로 그 값이 유사한 데이터들의 그룹을 나누는 것입니다. 군집화 알고리즘 중 대표적인 'k-means 군집화'에서 'k'란 입력된 데이터를 몇 개의 그룹으로 나누느냐 하는 것입니다. k값은 사용자가 선택해야 하며, k개 군집의 중심점부터 가장 가까운 데이터들을 그룹핑한 결과입니다.

AI 작업 환경
데이터 확득
데이터 구조
기초 데이터
데이터 이해
데이터 전처리
AI 모델링 개념
지도학습
비지도학습
모델 성능 향상
AI 사례 실습

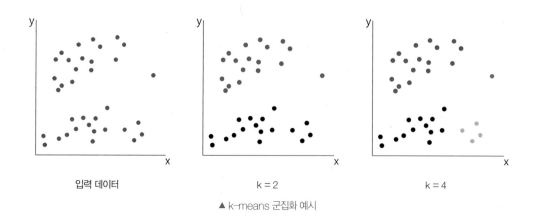

입력 데이터   k = 2   k = 4

▲ k-means 군집화 예시

사용자가 레이블을 입력하는 과정이 없지만, 입력된 데이터들의 정보를 기반으로 알고리즘이 자체적으로 유사도를 판단하여 군집화를 수행합니다.

AI 작업 환경

데이터 획득

데이터 구조

기초 데이터

데이터 이해

데이터 전처리

AI 모델링 개념

지도학습

비지도학습

모델 성능 향상

AI 사례 실습

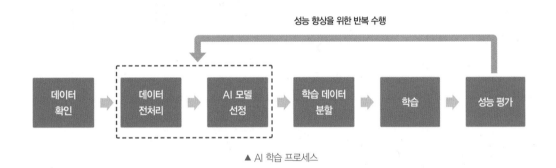

SECTION
03

AI 모델링 프로세스 이해하기

AI를 통한 학습은 목적과 데이터의 형태에 따라 다양한 방식으로 수행되지만, 전반적인 학습 프로세스를 이해하는 것이 중요합니다. 이번 섹션에서는 AI 모델링 프로세스의 각 단계에 대한 핵심 개념을 중심으로 살펴봅니다. AI 모델의 학습 방법에 대해서는 앞으로 이어지는 과정에서 자세히 학습할 예정입니다.

1 AI 모델링 프로세스

AI 학습은 일반적으로 다음 프로세스로 진행됩니다.

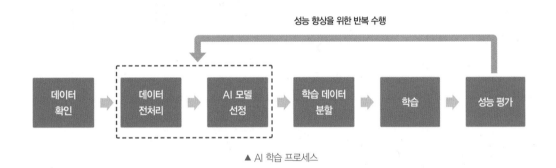

▲ AI 학습 프로세스

6가지 프로세스를 수행하며 목표로 하는 AI 모델의 성능이 나올 때까지 데이터 전처리, 다양한 AI 모델 활용, 각종 파라미터 변경 등을 반복합니다.

1) 데이터 확인

학습에 활용할 데이터를 확인하는 과정입니다. 앞서 배운 것처럼 데이터를 획득하고 구조를 확인하고 이해하는 작업을 통해 주어진 데이터가 테이블 데이터인지, 사진 데이터인지, 영상 데이터인지 등 데이터 구조부터 데이터 유형, 자연어 처리 여부, 결측치, 이상치, 중복, 분포도, 레이블링 여부 등 학습에 영향을 미칠 수 있는 모든 요소들을 확인해야 합니다.

2) 데이터 전처리

데이터 확인 과정에서 파악한 내용을 토대로 학습을 수행하기 위해 데이터를 가공하는 과정입니다. 중복된 데이터를 제거하거나, 결측된 데이터를 특정 값으로 채워 넣거나, 학습에 필요 없는 데이터를 제외하는 작업 등이 포함됩니다.

또한 주어진 데이터의 상관관계 등을 파악하여 새로운 데이터를 생성하거나 문자를 숫자로 변환하는 인코딩 작업까지, AI 학습을 위해 데이터를 가공하는 모든 작업을 '데이터 전처리'라고 합니다. 이 과정은 초기에 한 번으로 끝나는 것이 아니라 학습을 모두 수행한 후에 모델의 성능을 평가하고 성능을 향상하기 위해 데이터의 추가적인 가공이 필요하다면 반복적으로 수행됩니다.

3) AI 모델 선정

학습을 수행할 AI 모델을 선정하는 과정입니다. 데이터의 형태에 따라 사용할 수 있는 AI 모델이 구분되어 있으며, 결괏값이 '회귀'인지 '분류'인지에 따라서도 적절한 모델을 선정해야 합니다. 또한 AI 학습은 경우에 따라 막대한 컴퓨팅 시스템 자원과 시간이 소요되므로 투입할 수 있는 자원과 시간을 감안해 적절한 수준의 AI 모델을 선정해야 합니다. 학습이 마무리된 이후에 성능을 향상해야 한다면, AI 모델을 바꿔보거나 하이퍼파라미터(AI 모델의 세부 설정값)를 조정하는 등 성능 향상을 위해 반복적으로 수행해야 하는 과정입니다.

4) 학습 데이터 분할

일반적으로 AI 학습 과정에서 과적합 방지 및 성능 평가를 위해 학습 데이터를 분할하여 사용합니다. 데이터를 분할하는 방식은 다음과 같습니다.

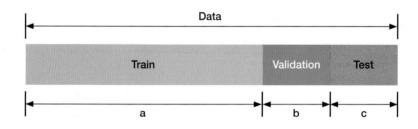

▲ 학습 데이터 분할 방법

주어진 학습 데이터 전체를 대상으로 용도에 따라 훈련(Train), 검증(Validation), 테스트(Test)로 분할하며, 비율은 보통 a : b : c 기준으로 6 : 2 : 2 또는 7 : 2 : 1 등으로 지정합니다.

학습 데이터를 분할하는 이유는 학습을 통해 생성된 모델의 성능을 평가하기 위해서입니다. 전체 데이터를 모두 학습 데이터로만 사용한다면 학습 후 모델이 생성되었을 때, 학습에 포함된 데이터로 검증할 수밖에 없고, 그렇게 되면 모델의 정확도는 항상 100%로 나올 것입니다.

데이터를 분할하여 사용하는 예시는 다음과 같습니다.

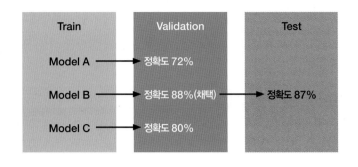

▲ 분할된 데이터의 활용 방법

AI 모델은 학습 데이터(Train)를 활용해 반복적으로 모델을 생성합니다. 그리고 각 모델마다 성능을 측정하는데 이것을 검증(Validation) 작업이라고 합니다. 예를 들어 세 번의 학습으로 A, B, C 3개의 모델이 생성되었고, 학습에 쓰이지 않은 검증 데이터로 정확도를 검증했을 때, 각각 72%, 88%, 80%로 측정되었습니다. 이를 통해 모델 B가 가장 좋은 성능을 가진 것으로 추측하여 최상의 모델로 선정할 수 있습니다.

마지막 테스트(Test) 과정은 검증 이후에 수행되는데, 여러 번의 과정에서 운 좋게 성능이 좋은 것으로 측정될 수도 있으므로 이런 오차를 줄이기 위해 한 번도 훈련에 사용되지 않은 데이터를 사용한 테스트 과정을 추가로 진행합니다.

사용 여부	Training dataset	Validation dataset	Test dataset
학습 과정	O	O	X
모델 가중치 설정	O	X	X
모델 성능 평가	X	O	O

▲ 분할된 데이터별 용도를 정리한 표

5) 모델 학습

선정한 AI 모델을 활용해 데이터를 입력(Input)하여 결과를 예측할 수 있도록 학습하는 과정입니다. AI 알고리즘별로 다양한 방식의 학습이 진행되며, AI 모델별 학습 과정은 이후에 실습과 함께 좀 더 상세히 다룰 예정입니다.

6) 성능 평가

학습이 완료되면 검증 데이터와 테스트 데이터를 활용해 학습된 모델의 성능을 평가합니다. 성능 평가에서 목표했던 정확도에 도달하지 않으면 데이터 전처리를 추가로 진행하거나, AI 모델을 바꿔보고, 각종 파라미터를 변경해 가면서, 목표치에 부합할 때까지 학습과 성능 평가를 반복 수행합니다.

성능을 평가하는 지표는 다양합니다. 예측하고자 하는 출력값(Output)의 형태가 분류인지 회귀인지에 따라서도 성능 평가 방법이 달라지며, 평가에 활용되는 다양한 지표들도 있습니다. 해당 내용도 이후 과정에서 상세히 다룰 예정입니다.

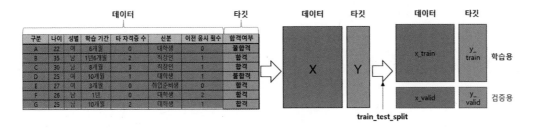

AI 작업 환경

데이터 획득

데이터 구조

기초 데이터

데이터 이해

데이터 전처리

AI 모델링 개념

지도학습

비지도학습

모델 성능 향상

AI 사례 실습

SECTION 04

학습 데이터의 분할 방법 이해하기

AI 모델링을 본격적으로 수행하기 위해 학습 데이터를 훈련 데이터와 검증 데이터로 분할하는 방법과 이를 활용하는 방법을 좀 더 자세히 알아봅니다.

1 학습 데이터 분할하기

사이킷런(sklearn) 패키지에서 제공하는 train_test_split 함수는 데이터를 분할하는 데 가장 보편적으로 쓰이는 함수입니다. 사용자가 전체 데이터를 직접 나눌 수도 있지만, 굉장히 번거롭고 학습에 적합하도록 분배하기도 어렵습니다. train_test_split 함수를 활용하면 코드 단 한 줄로 손쉽게 데이터를 분할할 수 있습니다.

train_test_split 함수의 구조와 입력하는 방법은 다음과 같습니다.

```
x_train, x_valid, y_train, y_valid = train_test_split(data, target, test_size=None,
train_size=None, random_state=None, shuffle=True, stratify=None)
```

코드의 구조를 예시로 알아봅니다. 그림에 기입된 테이블은 이전 과정에서 나왔던 분류 데이터 중 일부입니다. 예측에 쓰일 입력값(Input)을 X, 맞춰야 하는 정답인 레이블을 Y라고 합니다. X와 Y가 train_test_split을 통해 학습용/검증용(x_train, x_valid, y_train, y_valid)으로 분할되는 과정을 확인할 수 있습니다.

▲ train_test_split 활용 개념

또한 train_test_split 함수를 사용할 때는 다음과 같은 파라미터들을 적용할 수 있습니다.

- test_size : 입력 타입은 float, int, 기본값은 none입니다. 입력 타입이 float인 경우 0.0에서 1.0 사이의 값이 입력되어야 하며, 값의 의미는 전체 데이터 중 test 데이터의 비율을 나타냅니다.
- train_size : 입력 타입은 float 또는 int, 기본값은 none입니다. 입력 타입이 float인 경우 0.0에서 1.0 사이여야 하며, 값의 의미는 전체 데이터 중 train 데이터의 비율을 나타냅니다.
- random_state : 입력 타입은 int, 기본값은 none입니다. 데이터 분할을 수행하기 전에 데이터에 적용되는 셔플링(데이터를 뒤섞는 작업)을 제어합니다. 이 값을 일정한 int값으로 통일한다면 train_test_split을 매번 수행하더라도 동일하게 분할된 데이터세트를 활용할 수 있습니다.
- shuffle : 입력 타입은 True이거나 False, 기본값은 True입니다. 분할하기 전에 데이터를 섞을지 여부를 결정하는 요소입니다. shuffle=False인 경우 stratify 매개변수는 none이어야 합니다.
- stratify : 데이터 분할에서 중요한 부분입니다. 데이터를 섞고 나누는 과정에서 문제를 겪을 수 있습니다.

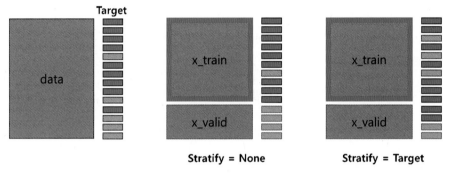

▲ Stratify 파라미터 입력 차이

stratify가 입력(none일 때)되지 않으면, 데이터 분할 과정에서 데이터의 쏠림이 발생할 수 있습니다. 그림은 극단적인 예를 든 것이지만 데이터가 많더라도 쏠림 현상은 학습과 검증 과정에서 예기치 않은 문제를 야기할 수 있습니다. 특히 분류에서 큰 리스크로 작용할 수 있습니다.

반면 stratify=Target으로 입력하면, 데이터 분할에서 자동으로 기존 Target의 데이터 분포 비율을 유지하여, 분할 후에도 동일한 분포를 가지도록 설정할 수 있습니다.

2 k-fold 교차 검증하기

전체 데이터를 학습용과 검증용으로 나누는 과정을 진행해 보았는데, 이런 의문이 들 수 있습니다. '하나의 검증 데이터세트로 한 번만 평가하기보다 다른 데이터세트로 여러 번 평가하면 더 정확하게 검증할 수 있지 않을까?' 그래서 나온 방법이 k-fold 교차 검증입니다.

k-fold 교차 검증 과정을 순서대로 알아봅니다.

1) k-fold 분할

기존 방식과 다르게 k-fold 분할 방식은 다음과 같이 전체 데이터를 k개로 분할합니다.

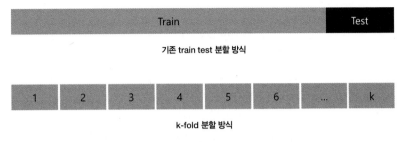

▲ 기존 분할 방식과 k-fold 분할 방식의 차이

2) 교차 검증

k개로 분할된 데이터를 교차해서 활용하는데, 방법은 다음과 같습니다.

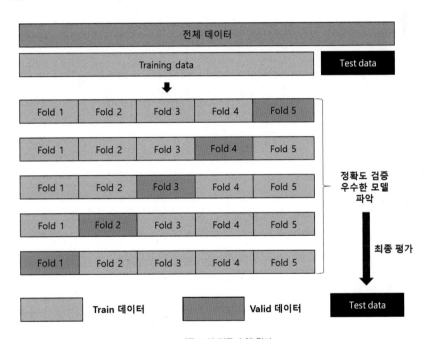

▲ 기존 교차 검증 수행 원리

이처럼 k개로 나누어진 데이터를 k번 교차하여 학습하고 검증함으로써 모든 데이터를 학습에 사용할 수 있습니다. k-fold 교차 검증 방식은 모든 데이터를 평가와 학습에 사용할 수 있어 모델의 일반화된 성능을 더 정확하게 구할 수 있지만, 일반적인 분할 학습 방식에 비해 소요 시간이 늘어난다는 점을 유념하고 활용해야 합니다.

AI 작업 환경

데이터 획득

데이터 구조

기초 데이터

데이터 이해

데이터 전처리

AI 모델링 개념

지도학습

비지도학습

모델 성능 향상

AI 사례 실습

③ 학습 과정을 시각화하여 과적합 확인하기

AI 학습은 한 번만 수행하는 것이 아니라 학습과 검증을 반복하면서 성능을 향상합니다. 그 과정에서 전체 데이터를 학습 데이터(train data), 검증 데이터(validation data)로 나누어서 학습과 검증에 활용합니다.

AI가 학습을 반복하는 각 과정에서 생성된 모델의 정확도(Accuracy)와 오차(Loss)를 학습 횟수(Epochs)에 따라 히스토리 형태로 기록하는데, 정확도를 높이고 오차를 줄이는 방향으로 학습을 진행하는 과정에서 문제가 발생할 수도 있습니다.

바로 과적합(Overfitting)입니다. 과적합은 모델이 학습 데이터를 과하게 학습했다는 뜻입니다. 학습을 과하게 수행하면 학습 데이터에만 최적화된 모델이 되어서 train 정확도는 높아지지만 정작 실제 데이터에는 오차가 늘어나는 현상이 발생합니다.

과적합의 예시와 학습 과정 히스토리를 다음 그래프를 통해 살펴봅니다.

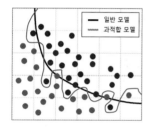
▲ 일반 모델과 과적합 모델의 차이

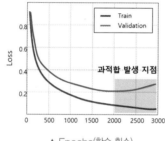
▲ Epochs(학습 횟수)

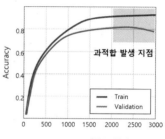
▲ Epochs(학습 횟수)

왼쪽 그래프를 보면 선을 중심으로 일반 모델과 과적합 모델이 정확히 구분되지만, 형태가 학습 데이터에만 최적화되어 있기 때문에 다른 실제 데이터가 들어왔을 때 오히려 잘못 판단하는 경우가 생길 수 있습니다.

학습 히스토리 그래프를 통해서도 과적합 여부를 확인할 수 있습니다. 가운데 그래프는 학습 횟수별 train과 validation의 오차를, 오른쪽 그래프는 학습 횟수별 train과 validation의 정확도를 나타낸 것입니다.

train 데이터를 보면 학습이 거듭됨에 따라 오차는 지속적으로 줄어들고 정확도는 올라가는 것을 볼 수 있습니다. 하지만 학습 과정에 포함되지 않은 validation 검증 과정의 오차를 보면 학습 횟수에 따라 오차가 감소하다가 다시 오차가 증가하는 구간이 있습니다. 그 구간이 과적합이 발생했을 것으로 우려되는 지점이며, 과적합 발생 직전의 모델이 가장 성능이 우수한 모델이라는 것을 알 수 있습니다.

AI 작업 환경

데이터 확득

데이터 구조

기초 데이터

데이터 이해

데이터 전처리

AI 모델링 개념

지도학습

비지도학습

모델 성능 향상

AI 사례 실습

SECTION 05

AI 모델 평가 이해하기

앞서 데이터를 학습용과 검증용으로 분류하는 이유와 방법을 알아보았습니다. 검증용 데이터를 생성한 목적에 맞게, 모델의 성능이 적절히 평가되어야 성능 향상을 위한 작업들을 수행할 수 있습니다. AI 학습 모델을 평가하는 방법은 분류, 회귀에 따라 나눠집니다.

1 분류 모델 평가하기

1) 오차 행렬

분류 학습의 결과를 평가하는 데 가장 널리 쓰이는 지표입니다. 오차 행렬(Confusion Matrix)은 혼동 행렬이라고도 불리는데, 말 그대로 사용자가 혼동하기 쉬운 개념이니 잘 이해하는 것이 중요합니다.

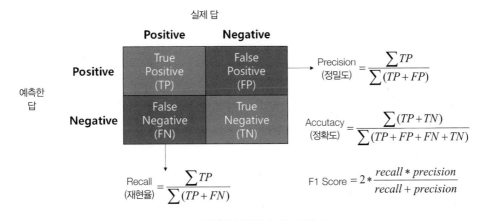

$$Precision\ (정밀도) = \frac{\sum TP}{\sum (TP + FP)}$$

$$Accutacy\ (정확도) = \frac{\sum (TP + TN)}{\sum (TP + FP + FN + TN)}$$

$$Recall\ (재현율) = \frac{\sum TP}{\sum (TP + FN)}$$

$$F1\ Score = 2 * \frac{recall * precision}{recall + precision}$$

▲ 오차 행렬에서 측정할 수 있는 평가지표

위 그림으로 평가지표에 대해 상세히 살펴봅니다. 먼저 주어진 데이터의 답(Label)이 Positive와 Negative 2가지로 분류된다고 가정합니다. 이를 학습한 AI 모델 또한 Positive와 Negative로 이진 분류를 수행합니다. 이 과정이 진행되었을 때 오차 행렬의 각 블록이 가지는 의미는 다음과 같습니다.

- TP(True Positive) : 실제 답이 positive이고, 예측한 답도 positive로 정답
- FP(False Positive) : 실제 답은 negative인데, 예측한 답이 positive로 오답

- FN(False Negative) : 실제 답은 positive인데, 예측한 답이 negative로 오답
- TN(True Negative) : 실제 답이 negative이고, 예측한 답도 negative로 정답

이진 분류를 수행할 경우 위 4가지 외에 다른 경우의 수는 없으므로, TP+FP+FN+TN='전체 데이터의 수'라고 할 수 있습니다.

오차 행렬에 쓰이는 평가지표의 의미는 다음과 같습니다.

- Accuracy(정확도) : 전체 데이터 중 AI 모델이 예측하여 맞힌 비율
- Recall(재현율) : 실제 positive 중 AI 모델이 positive라고 예측하여 맞힌 비율
- Precision(정밀도) : positive로 예측한 것 중 실제 positive인 비율
- F1-score : Recall(재현율)과 Precision(정밀도)의 조화 평균

다음 예시를 통해 더 자세히 알아봅니다. 검증 데이터가 총 100개이고, 그중 Positive=70, Negative=30이라고 가정합니다.

[예시 1]처럼 AI 모델이 모든 Positive와 Negative를 정확히 예측한다면, 모든 지표가 1.00으로 계산됩니다. 하지만 실제로 대부분의 AI 모델은 아래와 같은 결과를 얻기 어렵습니다.

예시 1. 완벽하게 모든 것을 예측한 경우

오차 행렬		실제					
		Positive		Negative			
예측	Positive	TP	70	FP	0	Precision	1.00
	Negative	FN	0	TN	30		
		Recall	1.00				
				Accuracy	1.00	F1-score	1.00

[예시 2]는 AI 모델이 모두 Positive로 예측했을 경우입니다. Recall(재현율)만 보면 실제 70개의 positive를 모두 정확히 예측한 모델처럼 보이지만, Negative를 전혀 예측하지 못하기 때문에 좋은 모델이라고 보기 어렵습니다.

예시 2. AI 모델이 모두 Positive로 예측했을 경우

오차 행렬		실제					
		Positive		Negative			
예측	Positive	TP	70	FP	30	Precision	0.70
	Negative	FN	0	TN	0		
		Recall	1.00				
				Accuracy	0.70	F1-score	0.82

[예시 3]은 AI 모델이 20개만 Positive로 예측한 경우입니다. Precision(정밀도)만 보면 positive를 잘 분류해낸 모델처럼 보이지만, 실제 positive 중 예측하지 못한 데이터가 더 많기 때문에 좋은 모델이라고 보기 어렵습니다.

예시 3. AI 모델이 20개만 Positive로 예측하고, 나머지는 Negative로 예측했을 경우							
오차 행렬		실제					
		Positive		Negative			
예측	Positive	TP	20	FP	0	Precision	1.00
	Negative	FN	50	TN	30		
		Recall	0.29				
				Accuracy	0.50	F1-score	0.44

위의 예시를 통해 어느 하나의 지표를 가지고 모델 성능을 평가하기는 어렵다는 것을 알 수 있습니다. 예측하고자 하는 데이터에 따라 재현율이 더 중요할 수도, 정밀도가 더 중요할 수도 있습니다. 다만 일반적인 상황에서 재현율과 정밀도는 한쪽이 높아지면 한쪽이 낮아지는 트레이드오프 (trade-off) 관계일 수밖에 없기 때문에 2가지 지표를 모두 고려해야 합니다. 2가지 지표를 모두 고려한 것이 F1-score입니다.

2) 정확도와 F1-score의 활용

정확도(Accuracy)와 F1-score은 데이터의 분포에 맞게 쓰임새가 다릅니다. 위의 예시처럼 7 : 3 으로 균형 있게 나뉜 데이터는 정확도와 F1-score 모두 평가지표로 활용할 수 있습니다.

반면 다음과 같이 편중된 데이터(Imbalanced Data)를 살펴봅니다. 검증 데이터의 개수가 총 200개 이고, A=170, B=10, C=10, D=10인 A라는 레이블로 편중된 데이터를 가정합니다.

Model 1

다중 분류 오차 행렬		실제			
		A	B	C	D
예측	A	150	9	7	2
	B	5	1	0	7
	C	5	0	2	0
	D	10	0	1	1

Accuracy = 0.77

Model 2

다중 분류 오차 행렬		실제			
		A	B	C	D
예측	A	100	2	2	2
	B	20	8	0	0
	C	40	0	7	0
	D	10	0	1	8

Accuracy = 0.61

▲ 편중된 데이터로 학습한 2가지 모델 – Accuracy 비교

Model 1과 Model 2의 오차 행렬에서 정확도를 계산했을 때는 Model 1의 성능이 더 좋아 보입니다. 하지만 Model 1은 A레이블만 효과적으로 분류할 뿐 나머지 B, C, D를 분류해 내지는 못합니다. 반면 Model 2는 A레이블을 분류하는 기능은 Model 1보다 조금 떨어지지만, 나머지 B, C, D 를 분류하는 측면에서는 더 뛰어난 모델입니다.

따라서 정확도만을 가지고 모델의 성능을 판단하기에는 데이터가 편중되었을 때 효과적이지 못한 것을 '정확도의 함정'이라고 합니다. 이러한 상황에서 활용되는 지표가 바로 F1-score입니다.

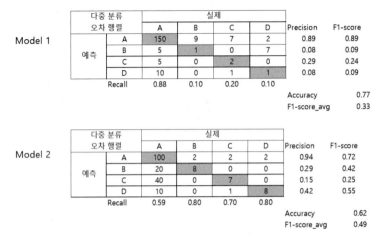

다중 분류 오차 행렬		실제				Precision	F1-score
Model 1		A	B	C	D		
예측	A	150	9	7	2	0.89	0.89
	B	5	1	0	7	0.08	0.09
	C	5	0	2	0	0.29	0.24
	D	10	0	1	1	0.08	0.09
Recall		0.88	0.10	0.20	0.10		
						Accuracy	0.77
						F1-score_avg	0.33

다중 분류 오차 행렬		실제				Precision	F1-score
Model 2		A	B	C	D		
예측	A	100	2	2	2	0.94	0.72
	B	20	8	0	0	0.29	0.42
	C	40	0	7	0	0.15	0.25
	D	10	0	1	8	0.42	0.55
Recall		0.59	0.80	0.70	0.80		
						Accuracy	0.62
						F1-score_avg	0.49

▲ 편중된 데이터로 학습한 2가지 모델 – F1–score 비교

위의 표는 Model 1과 Model 2의 F1-score를 비교한 것입니다. F1-score는 각 레이블당 재현율과 정밀도가 각각 계산되고 이를 활용한 종합적인 지표를 제공하기 때문에, Model 2의 점수가 Model 1보다 높게 계산되었습니다.

이처럼 데이터가 편중되었을 때는 정확도 지표를 활용한 성능 평가보다 F1-score 지표를 활용한 성능 평가가 더 효과적입니다.

3) ROC 곡선과 AUC

분류 성능 평가지표 중 ROC 곡선과 AUC가 있습니다. ROC는 'Receiver Operation Curve'의 약자로 FPR(False Positive Rate)이 변함에 따른 TPR(True Positive Rate)의 변화를 그린 곡선을 의미합니다.

FPR이란 FP/(TN+FP)로 실제 Negative 중 Positive라고 잘못 예측한 비율로 낮을수록 좋고, TPR이란 TP/(TP+FN)로 실제 Positive 중 Positive라고 잘 예측한 비율로 높을수록 좋습니다.

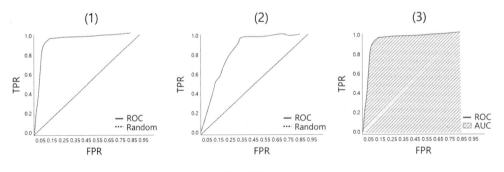

▲ ROC 곡선과 AUC

먼저 (1)번 ROC 곡선과 (2)번 ROC 곡선을 비교했을 때, 곡선이 직각에 가까울수록 모델의 성능이 뛰어나다고 판단할 수 있습니다. 반대로 Random에 가까울수록 성능이 나쁘다고 판단할 수 있습니다. 여기서 Random은 무작위로 예측했을 때 나올 수 있는 최솟값을 선으로 나타낸 것입니다. AUC는 'Area Under ROC'의 약자로, ROC 곡선 아래의 면적을 의미합니다. 마찬가지로 AUC 값이 클수록 모델의 성능이 좋다고 판단합니다. x축 y축의 최댓값이 각각 1이므로 최대 면적은 1이 되며, 최소 면적은 Random의 아래 면적인 0.5가 됩니다.

2 회귀 모델 평가하기

회귀 모델에 대한 성능을 평가하는 지표를 알아봅니다. 회귀 모델은 예측값이 양적 데이터이므로 예측 결과를 '맞다', '틀리다'로 구분하기 어렵습니다. 또한 회귀 모델의 예측값이 실제 정답과 얼마나 차이 나는지도 고려해야 합니다.

1) MAE

MAE(Mean Absolute Error)는 '평균 절대 오차'로 산식은 다음과 같습니다.

$$MAE = \frac{\sum |y - \hat{y}|}{n} \quad y = 실제값 \quad \hat{y} = 예측값 \quad n = 데이터\ 수$$

예측값에 대한 실제값의 오차(error)를 구하고, 그 절댓값(Absolute)의 평균(Mean)을 구하는 것으로 모델의 성능을 평가하는 지표입니다.

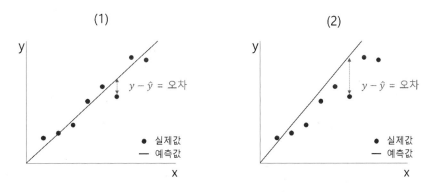

▲ 회귀 모델 예측 결과에 따른 MAE 비교

(1)번 모델이 예측한 값은 실제값과 오차가 적고, (2)번 모델이 예측한 값은 실제값과 오차가 큰 것을 알 수 있습니다. 따라서 오차가 작을수록 모델의 성능이 좋다고 판단할 수 있기 때문에, MAE의 값이 작은 모델을 찾아야 합니다.

2) MSE

MSE(Mean Squared Error)는 '평균 제곱 오차'로 산식은 다음과 같습니다.

$$MSE = \frac{\sum (y - \hat{y})^2}{n} \quad y = \text{실제값} \quad \hat{y} = \text{예측값} \quad n = \text{데이터 수}$$

예측값에 대한 실제값의 오차를 구하는 것은 MAE와 동일하지만 절댓값이 아닌 제곱(squared)을 취하고 그 값의 평균(mean)을 구하는 것으로 모델의 성능을 평가하는 지표입니다.

절댓값을 취하는 것과 제곱을 취하는 것의 차이는 특이값(이상치)의 영향도를 파악하는 데에 있습니다.

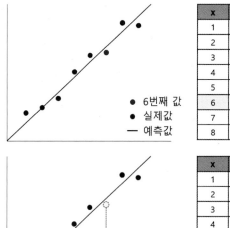

x	y	$\hat{y}$	|오차|	오차²
1	1.8	1	0.8	0.64
2	2	2	0	0
3	2.3	3	0.7	0.49
4	4.5	4	0.5	0.25
5	5.2	5	0.2	0.04
6	5.9	6	0.1	0.01
7	7.4	7	0.4	0.16
8	7.2	8	0.8	0.64

● 6번째 값
● 실제값
— 예측값

$MAE = 0.44$

$MSE = 0.28$

x	y	$\hat{y}$	|오차|	오차²
1	1.8	1	0.8	0.64
2	2	2	0	0
3	2.3	3	0.7	0.49
4	4.5	4	0.5	0.25
5	5.2	5	0.2	0.04
6	2.4	6	3.6	12.96
7	7.4	7	0.4	0.16
8	7.2	8	0.8	0.64

● 6번째 값
● 실제값
— 예측값

$MAE = 0.88$

$MSE = 1.9$

▲ MAE와 MSE의 이상치 영향도 비교

6번째 값이 오차가 작을 때 MAE와 MSE, 6번째 값이 기존에 비해 오차가 증가(특이값)했을 때 MAE와 MSE의 증감을 비교해 봅니다.

MAE는 하나의 특이값이 발생하더라도 오차의 절댓값의 평균을 취하면서 영향도가 조금 줄어듭니다. 그러나 MSE는 하나의 특이값으로 인해 오차의 제곱의 평균을 취하면서 크게 영향을 미칩니다.

3) RMSE

 RMSE(Root Mean Squared Error)는 '평균 제곱근 오차'로 산식은 다음과 같습니다.

$$RMSE = \sqrt{\frac{\sum(y - \hat{y})^2}{n}} \quad y = \text{실제값} \quad \hat{y} = \text{예측값} \quad n = \text{데이터 수}$$

MSE에 루트를 취한 지표입니다. 보통 MSE는 데이터가 많고 오차가 발생할수록 그 값이 기하급수적으로 커지기 때문에 지표로 활용하기 어려운 경우가 발생합니다. 따라서 지표로 활용하기 쉽게 루트로 값을 축소한 것입니다. MAE와 함께 가장 일반적으로 쓰이는 회귀 모델 성능 평가지표입니다.

4) R2 Score

회귀 모델의 성능 평가지표 중 R2 Score는 결정 계수(Coefficient of Determination), r제곱 통계 등 다양한 이름으로 불립니다.

R2 Score 지표의 역할을 간단히 말하면 회귀 모델이 데이터에 얼마나 적합한지를 나타내는 것입니다.

$$R^2 = 1 - \frac{\sum(t - y)^2}{\sum(t - \overline{t})^2} = 1 - \frac{\sum(\text{오차})^2}{\sum(\text{편차})^2} \quad t = \text{실제값} \quad y = \text{예측값} \quad \overline{t} = \text{평균값}$$

위의 산식을 보면 모델로 예측한 상황과 단순히 전체 데이터의 평균값을 넣었을 때를 비교하는 것임을 알 수 있습니다.

예를 들어 우리나라 인구 전체를 대상으로 발 크기를 입력하면 키를 예측하는 모델을 만들었다고 가정합니다. 인구 전체의 발 크기를 입력해서 모델이 예측한 키를 구한 다음 실제 키와의 오차를 계산합니다. R2 Score가 0보다 작다면 굳이 AI로 키를 예측할 필요 없이 '우리나라 인구 전체 키의 평균값이 오히려 키를 잘 표현한다'라고 할 수 있습니다. 굳이 AI 모델 학습을 활용할 필요 없다는 것입니다.

다음의 표는 R2 Score라는 성능 평가지표를 활용하기 위한 방법을 정리한 것입니다.

구분	R2 Score <= 0	0 < R2 Score < 1	R2 Score = 1
성능 평가	모델 활용 불가	1에 가까울수록 좋은 모델	가장 좋은 모델
R2 Score 값이 가지는 의미	모델로 예측하는 것보다 전체 데이터의 평균값을 강제로 넣는 것이 오히려 나을 때	평균값으로 예측하는 것보다 모델을 활용해서 예측하는 것이 더 효과적일 때	모델로 모든 값을 정확히 예측하여 오차가 하나도 발생하지 않았을 때

▲ R2 Score 평가지표 값의 의미

AI 직업 환경

데이터 획득

데이터 구조

기초 데이터

데이터 이해

데이터 전처리

AI 모델링 개념

지도학습

비지도학습

모델 성능 향상

AI 사례 실습

01 다음 보기 중 회귀 모델을 사용해 예측해야 하는 데이터는 무엇인가요?

① 통신사 고객 만족/불만족 예측

② 자격증 시험 합격/불합격 예측

③ 종양의 양성/음성 예측

④ 공부 시간에 따른 시험 점수 예측

02 다음 보기 중 데이터 분할을 수행하는 이유로 적합하지 않은 것은 무엇인가요?

① 과적합을 방지하기 위해서

② 학습 후 모델의 성능 평가에 활용하기 위해서

③ 학습 데이터의 양을 줄여 학습 시간을 단축하기 위해서

④ 모델을 학습 및 평가하기 위해서

03 다음 보기 중 k-fold 교차 검증의 특징으로 알맞지 않은 것은 무엇인가요?

① 주어진 데이터를 모두 학습에 활용할 수 있다.

② 학습에 소요되는 시간을 단축할 수 있다.

③ 학습 모델의 성능을 보다 객관적으로 평가할 수 있다.

④ 학습 시간이 오래 걸린다.

04 분류 모델 성능 평가를 정확도(Accuracy)로만 판단한다면 어떤 문제가 발생할 수 있을까요?

05 다음 중 회귀 모델 성능 평가에 대한 설명으로 알맞지 않은 것은 무엇인가요?

① R2 Score가 1에 가까울수록 회귀 모델의 성능이 좋다고 할 수 있다.

② R2 Score가 0보다 작다는 것은 예측 대신 평균값을 넣는 것이 더 효과적이라는 의미다.

③ MSE는 MAE보다 이상치에 민감한 지표이다.

④ RMSE는 MSE를 제곱한 지표이다.

정답 및 해설

01 / ④ 공부 시간에 따른 시험 점수 예측
'시험 점수'는 양적 데이터이므로 회귀 모델을 통해 예측해야 합니다.

02 / ③ 학습 데이터의 양을 줄여 학습 시간을 단축하기 위해서
데이터 분할을 수행하는 이유는 과적합 방지와 성능 평가에 활용하기 위해서입니다. 일반적으로 학습 시간 단축을 위해서는 데이터의 양을 줄이지 않고, AI 학습 과정에서 Epoch 수 조절, Batch Size 조절, Early stopping 등을 활용합니다.

03 / ② 학습에 소요되는 시간을 단축할 수 있다.

k-fold 교차 검증 방식은 기존 대비 k배만큼의 학습을 추가 수행하므로, 학습에 소요되는 시간이 더 길어집니다.

04 / 데이터가 편중되었을 경우에는 편중된 데이터의 영향을 크게 받아 정확도가 높게 나올 수 있다.

위와 같은 현상을 '정확도의 함정'이라고 합니다. 전체적인 모델의 성능 평가를 위해서는 F1-score를 활용할 것을 권장합니다.

05 / ④ RMSE는 MSE를 제곱한 지표이다.

- R2 Score는 1에 가까울수록 좋으며, 0보다 작으면 평균값보다 예측값의 오차가 더 크므로 모델링의 의미가 없다고 볼 수 있습니다.
- MSE는 오차에 제곱을 취한 지표이므로, MAE보다 이상치에 더 민감한 지표입니다.
- RMSE는 MSE에 루트(제곱근)를 취한 지표입니다.

📄 개념 정리

☑ AI 학습의 종류에는 지도학습과 비지도학습이 있으며 차이는 레이블(정답)의 유무입니다.

☑ 지도학습 중 회귀는 수치형 데이터, 분류는 범주형 데이터를 예측하는 것입니다.

☑ AI 학습은 일반적으로 '데이터 확인 〉 데이터 전처리 〉 모델 선정 〉 데이터 분할 〉 학습 〉 성능 평가'의 과정을 거칩니다.

☑ 성능 평가 후 데이터 전처리, 모델 선정 등의 과정을 반복 수행하면서 AI 모델의 성능을 향상할 수 있습니다.

☑ 학습 후 AI 모델의 성능을 평가(검증)하기 위해서는 데이터의 분할이 반드시 필요합니다.

☑ 데이터 분할 방식도 모델 성능에 영향을 미칠 수 있으므로, 다양한 파라미터의 활용 및 데이터 분할 방식을 상황에 맞게 활용합니다.

☑ 분류 모델의 성능 평가는 '오차 행렬'을 통해 AI 모델의 예측 결과를 확인할 수 있습니다.

☑ 분류 모델은 목적에 따라 각각 다른 지표로 성능을 평가합니다.

☑ F1-score는 분류 모델의 전반적인 성능을 나타내는 지표로 적합합니다.

☑ 회귀 모델은 기본적으로 실제값과 예측값의 오차가 적을수록 성능이 좋습니다.

☑ R2 Score는 회귀 모델의 적합성을 0과 1 사이의 값으로 표현합니다.

AI 작업 환경

데이터 확득

데이터 구조

기초 데이터

데이터 이해

데이터 전처리

AI 모델링 개념

지도학습

비지도학습

모델 성능 향상

AI 사례 실습

지도학습으로
AI 모델링하기

정답을 알려주고 학습시키는 방법인 지도학습을 기반으로 머신러
닝과 딥러닝의 적용 방법을 알아보고, 핵심 알고리즘을 통해 이해
도를 높이고 다양한 활용을 실습해 봅니다.

01 머신러닝으로 AI 모델링하기

- **실습 코드** : Chapter_8 지도학습으로 AI 모델링하기_머
  신러닝.ipynb
- **데이터** : 국민건강보험공단_건강검진정보_20211229.
  csv

02 딥러닝으로 AI 모델링하기

- **실습 코드** : Chapter8_지도학습으로 AI 모델링하기_딥러
  닝.ipynb
- **데이터** : invistico_Airline.csv

머신러닝으로 AI 모델링하기

먼저 머신러닝의 지도학습 모델인 회귀와 분류의 개념을 복습해 봅니다. 다음 표와 같이 수치형 데이터를 예측하는 모델을 회귀라고 하며, 'Y 또는 N', '고양이 또는 개'와 같이 범주형 데이터를 예측하는 모델을 분류라고 합니다.

복습

- 회귀 : 숫자 등 수량 데이터 예측(주식 가격 예측, 부동산 가격 예측 등)
- 분류 : 개, 고양이 등 다양한 범주형 데이터 예측(합격 여부, 만족도 분류 등)

							양적 데이터	범주형 데이터
구분	나이	성별	학습 기간	타 자격증 수	신분	이전 응시 횟수	시험 점수	합격 여부
A	22	여	6개월	0	대학생	0	58	불합격
B	35	남	1년 6개월	2	직장인	2	85	합격
C	30	남	8개월	3	직장인	2	68	합격
D	25	여	10개월	1	대학생	2	59	불합격
E	27	여	3개월	0	취업준비생	0	74	합격
F	26	남	1년	0	대학생	2	71	합격
G	25	남	10개월	2	대학생	1	69	합격
							회귀 모델	분류 모델

---

1 사이킷런 라이브러리

개발할 때 바닥부터(from scratch) 진행하는 경우는 거의 없습니다. 특히 복잡한 알고리즘일수록 더더욱 만들기 어렵고 성능을 보장할 수도 없습니다. 이럴 때 활용하는 것이 라이브러리입니다.

머신러닝도 대표적인 라이브러리가 있는데, 그중 파이썬에서 활용 가능한 사이킷런(sckit-learn)은 오픈소스(BSD)로 개발되어 개인, 회사와 관계없이 누구나 무료로 사용할 수 있습니다.

특히 사이킷런에서 사용되는 학습 및 예측 패턴을 이해하면 Xgboost, LGBM 등 현업에서 활용하는 라이브러리도 쉽게 변경하여 적용할 수 있습니다. 따라서 사이킷런 기반의 학습은 초급 데이터 분석가가 활용하기에 좋은 라이브러리입니다.

사이킷런 라이브러리 기반 학습 및 예측 패턴의 4단계에서 실행 명령어의 예시는 다음과 같습니다.

1. 불러오기 : from sklearn.ensemble import RandomForestClassifier
2. 생성 : clf = RandomForestClassifier(random_state=0)
3. 학습 : clf.fit(X, y)
4. 예측 : clf.predict(X)

이 4단계로 머신러닝 모델 개발이 완료되는데, 모델을 적용하는 방법은 매우 쉽고 간결합니다. 4단계를 바탕으로 머신러닝의 대표적인 알고리즘별 특성과 사용 방법을 알아봅니다.

2 선형 회귀

1) 선형 회귀 이해하기

주식 같은 시계열 데이터의 그래프를 분석할 때 많이 쓰는 용어 중에 '추세선'이 있습니다. 추세선은 데이터의 추세를 그래프로 표현하여 이후의 패턴을 예측하는 데 활용되는데, 이러한 통계 분석 방법론을 회귀 분석이라고 합니다.

우리가 학습해야 하는 머신러닝은 주어진 데이터를 바탕으로 label(Y)과 feature(X)의 관계를 가장 잘 설명하는 모델을 만드는 것이고, 그 모태가 되는 알고리즘, 즉 최적의 직선을 기반으로 예측하는 방법론이 선형 회귀(Linear Regression)입니다.

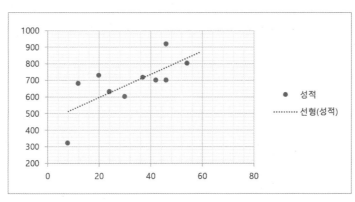

▲ 추세선 예시

다음은 사이킷런의 선형 회귀 모델에 대한 설명입니다. 예측할 값을 구하는 산식은 'ax + b'와 같은 1차방정식으로 구성되어 있습니다.

알고리즘을 쉽게 파악하기 위해 1차방정식을 기준으로 데이터를 만들어 정확히 예측하는지 살펴봅니다. 선형 회귀는 선형성을 가진 알고리즘으로 인해 기울기와 절편을 알 수 있고, 해당 변수를 바탕으로 기계가 설명하고자 하는 방향을 확인할 수 있습니다.

AI 작업 환경

데이터 확득

데이터 구조

기초 데이터

데이터 이해

데이터 전처리

AI 모델링 개념

지도학습

비지도학습

모델 성능 향상

AI 사례 실습

2) 선형 회귀 실습하기

실습을 통해 선형 회귀를 알아봅니다. 선형 회귀 알고리즘은 sklearn의 linear_model 서브패키지에서 제공하는 LinearRegression 클래스를 활용할 수 있습니다. LinearRegression 클래스는 다음과 같은 하이퍼파라미터를 입력받습니다.

┤ 하이퍼파라미터 ├

• fit_intercept : 절편값의 계산 여부 지정

학습이 끝나면 모델은 다음 속성을 가집니다.

• coef_ : 학습된 모델 특성의 가중치 추정값
• intercept_ : 학습된 모델의 절편 추정값

 잠깐만요!

하이퍼파라미터(Hyperparameter)란 최적의 모델을 학습할 수 있도록 직접 설정해 주는 변수입니다.

(1) 데이터 구성하기

데이터는 y = 4x + 7이고, x에 입력할 데이터는 1~10입니다. y가 4x + 7로 출력된 결과이기에 해당 데이터를 학습한 모델이 핵심 숫자 2개(4와 7)를 기울기(coef) 및 절편(intercept)으로 지니는 모델이라면 학습이 잘 되었다고 판단할 수 있습니다.

┌ **실습 코드**

```
# 라이브러리 불러오기(numpy, matplotlib)
import numpy as np
import matplotlib.pyplot as plt

# 랜덤 시드 고정하기
np.random.seed(2023)
```

```
# x는 1~10, y = 4x + 7인 학습 데이터 생성하기
x = []
y = []
for i in range(1,11):
    x.append(i)
    y.append(4*i+7)

# 데이터 확인하기
print('x : ', x)
print('y : ', y)
```

┌ 실행 결과

```
x :  [1, 2, 3, 4, 5, 6, 7, 8, 9, 10]
y :  [11, 15, 19, 23, 27, 31, 35, 39, 43, 47]
```

(2) 선형 회귀 학습하기

┌ 실습 코드

```
# 선형 회귀 라이브러리 불러오기
from sklearn.linear_model import LinearRegression

# 선형 회귀 생성하기
reg = LinearRegression()

# 학습을 위해 1행 10열 구성 데이터를 10행 1열로 변경하기
x = np.array(x).reshape(-1, 1)

# 데이터 확인하기
print("학습 데이터 확인")
print('x :' ,x)
print('x.shape : ', x.shape)
```

AI 작업 환경

데이터 확득

데이터 구조

기초 데이터

데이터 이해

데이터 전처리

AI 모델링 개념

지도학습

비지도학습

모델 성능 향상

AI 사례 실습

```
학습 데이터 확인
x : [[ 1]
 [ 2]
 [ 3]
 [ 4]
 [ 5]
 [ 6]
 [ 7]
 [ 8]
 [ 9]
 [10]]
x.shape :  (10, 1)
```

실습 코드

```python
# 학습하기
reg.fit(x,y)

# 산식 추정을 위한 기울기(coef) 및 절편(intercept) 확인하기
print(f'''기울기 및 절편 확인 coef = {reg.coef_}, intercept = {reg.intercept_} ''')

# 절편과 기울기로 결과를 수동 계산하여 비교값 생성하기
coef_intercept = x * reg.coef_[0] + reg.intercept_
print("계산 결과")
print(coef_intercept)
```

실행 결과

```
기울기 및 절편 확인 coef = [4.], intercept = 6.9999999999999964
계산 결과
[[11.]
 [15.]
 [19.]
 [23.]
 [27.]
 [31.]
 [35.]
 [39.]
 [43.]
 [47.]]
```

(3) 결과 비교를 위한 그래프 그리기

⌐ 실습 코드

```
# scatter plot 그래프 그리기
plt.scatter(x, y, color = 'r', s = 20)

# 선 그래프 그리기
plt.plot(x, coef_intercept, color = 'orange')

# coef 값 그래프 내에 텍스트 삽입하기
plt.text(7, 20, 'coef = %.0f'%reg.coef_[0], size = 12)

# intercept 값 그래프 내에 텍스트 삽입하기
plt.text(7, 18, 'intercept_ = %.0f'%reg.intercept_, size = 12)

# x축(가로) label 설정하기
plt.xlabel('x')

# y축(세로) label 설정하기
plt.ylabel('y')
plt.show()
```

⌐ 실행 결과

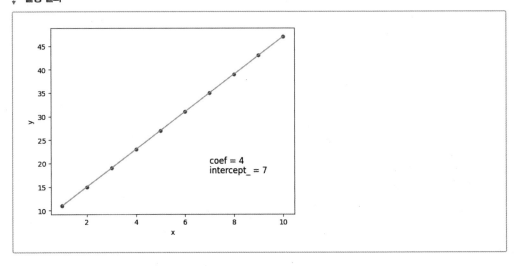

시각화 결과를 보면 선형 회귀 학습 결과가 잘 반영된 것을 확인할 수 있습니다.

머신러닝은 어떤 방법으로 4와 7의 값이 정답인지 확인할 수 있을까요? 가장 확실한 방법은 모든 숫자를 대입해 보는 것입니다. 위의 예시에서는 기울기로 사용될 변수가 1개뿐이므로 대입을 많이 할 필요 없지만 여러 개의 Feature가 존재한다면 기하급수적으로 연산이 늘어납니다.

AI 작업 환경

데이터 획득

데이터 구조

기초 데이터

데이터 이해

데이터 전처리

AI 모델링 개념

지도학습

비지도학습

모델 성능 향상

AI 사례 실습

이럴 때 빠르게 최적의 값을 찾아가는 개념이 Gradient Descent 알고리즘입니다(해당 부분은 딥러닝 섹션에서 더 자세히 다룹니다).

3) 사례 기반 선형 회귀 모델링

문제를 정의하는 과정을 포함한 사례를 기반으로 선형 회귀 모델을 활용해 모델링을 해봅니다. 건강검진정보 데이터를 적용합니다. 데이터는 공공데이터포털(data.go.kr)의 '국민건강보험공단_건강검진정보_20211229.csv'를 사용합니다.

데이터 출처 : https://www.data.go.kr/data/15007122/fileData.do

■ 데이터 형태

	기준년도	가입자일련번호	시도코드	성별코드	연령대코드(5세단위)	신장(5Cm단위)	체중(5Kg단위)	허리둘레	시력(좌)	시력(우)	...	혈청크레아티닌	(혈청지오티)AST	(혈청지오티)ALT	감마지티피	흡연상태	음주여부	구강검진수검여부	치아우식증유무	치석	데이터공개일자
0	2020	1	36	1	9	165	60	72.1	1.2	1.5	...	1.1	21.0	27.0	21.0	1.0	0.0	0	NaN	NaN	2021-12-29
1	2020	2	27	2	13	150	65	81.0	0.8	0.8	...	0.5	18.0	15.0	15.0	1.0	0.0	0	NaN	NaN	2021-12-29
2	2020	3	11	2	12	155	55	70.0	0.6	0.7	...	0.7	27.0	25.0	7.0	1.0	0.0	0	NaN	NaN	2021-12-29
3	2020	4	31	1	13	160	70	90.8	1.0	1.0	...	1.2	65.0	97.0	72.0	1.0	0.0	1	0.0	0.0	2021-12-29
4	2020	5	41	2	12	155	50	75.2	1.5	1.2	...	0.7	18.0	17.0	14.0	1.0	0.0	0	NaN	NaN	2021-12-29

▲ 건강검진 데이터

키, 몸무게 등 다양한 데이터 중에 추론을 통해 예측했을 때 유의미한 결과를 가져올 만한 변수를 찾아봅니다.

콜레스테롤 중 LDL 콜레스테롤은 건강에 좋지 않은 수치이기에 건강검진에서 필요할 확률이 매우 높습니다. 이에 건강검진 데이터를 바탕으로 LDL 콜레스테롤의 수치를 예측해 보는 선형 회귀 모델을 개발한다면 건강검진 수검자나 결과를 분석하는 의사에게 도움될 것입니다. 따라서 해당 결과를 도출하는 모델을 간단히 만들어 봅니다.

우선 간단한 가설로 데이터 중에 치아 관련 문항은 콜레스테롤과 상관없을 것이라는 가설을 세워서 실습을 진행하고 가중치를 확인해 봅니다. 모델링에 앞서 모델링을 위한 데이터를 전처리합니다.

AI 직업 환경

데이터 획득

데이터 구조

기초 데이터

데이터 이해

데이터 전처리

AI 모델링 개념

지도학습

비지도학습

모델 성능 향상

AI 사례 실습

🕐 Check Point

공공데이터 포털이란?

공공데이터란 공공기관이 만들어내는 모든 자료와 정보, 국민 모두의 소통과 협력을 이끌어내는 공적인 정보를 말합니다. 각 공공기관이 보유한 공공데이터 목록과 국민에게 개방할 수 있는 공공데이터를 포털에 등록하면 모두가 공유할 수 있는 양질의 공공데이터로 재탄생합니다.(출처 : 공공데이터 포털 이용 가이드)

공공데이터 검색 방법은 공공데이터 포털 data.go.kr의 공공데이터 이용 가이드를 참고하고, 직관적인 UI로 검색창을 통해 데이터를 쉽게 찾을 수 있습니다.

우리나라만 공공데이터 포털이 있는 것이 아닙니다. 다른 나라도 공공데이터 포털에서 필요한 데이터를 활용할 수 있습니다.

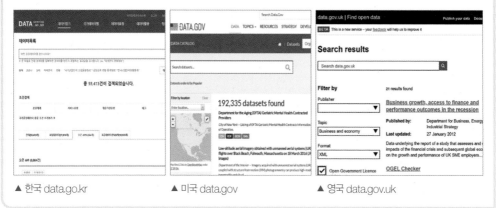

▲ 한국 data.go.kr   ▲ 미국 data.gov   ▲ 영국 data.gov.uk

(1) 데이터 전처리하기

└ 실습 코드

```python
# 판다스 라이브러리 불러오기
import pandas as pd

# 데이터 불러오기
df = pd.read_csv("국민건강보험공단_건강검진정보_20211229.csv", encoding='cp949')

# pandas display 옵션 조정을 통해 View 범위 확장하기
pd.set_option('display.max_columns', None) # display 옵션을 통한 전체 열 확장

# 데이터 확인하기(상위 5개)
df.head()
```

	기준년도	가입자일련번호	시도코드	성별코드	연령대코드(5세단위)	신장(5Cm단위)	체중(5Kg단위)	허리둘레	시력(좌)	시력(우)	청력(좌)	청력(우)	수축기혈압	이완기혈압	식전혈당(공복혈당)	총콜레스테롤	트리글리세라이드	HDL콜레스테롤	LDL콜레스테롤	혈색소	요단백	혈청크레아티닌	(혈청지오티)AST	(혈청지오티)ALT	감마지티피	흡연상태	음주여부
0	2020	1	36	1	9	165	60	72.1	1.2	1.5	1.0	1.0	127.0	79.0	90.0	188.0	58.0	58.0	118.0	15.0	1.0	1.1	21.0	27.0	21.0	1.0	0.0
1	2020	2	27	2	13	150	65	81.0	0.8	0.8	1.0	1.0	110.0	73.0	87.0	NaN	NaN	NaN	NaN	12.7	1.0	0.5	18.0	15.0	15.0	1.0	0.0
2	2020	3	11	2	12	155	55	70.0	0.6	0.7	1.0	1.0	123.0	80.0	102.0	NaN	NaN	NaN	NaN	12.8	1.0	0.7	27.0	25.0	7.0	1.0	0.0
3	2020	4	31	1	13	160	70	90.8	1.0	1.0	1.0	2.0	134.0	84.0	146.0	NaN	NaN	NaN	NaN	16.4	1.0	1.2	65.0	97.0	72.0	1.0	0.0
4	2020	5	41	2	12	155	50	75.2	1.5	1.2	1.0	1.0	144.0	89.0	110.0	220.0	171.0	53.0	133.0	12.4	1.0	0.7	18.0	17.0	14.0	1.0	0.0

실습 코드

```python
# 가설을 참고하여 데이터 일부 삭제하기
# 시력, 청력, 치아 관련 칼럼은 관계없다는 가정으로 열 제거하기
df.drop(["치아우식증유무", '치석','시력(좌)', '시력(우)', '청력(좌)', '청력(우)', '구강검진 수
검여부'], axis=1, inplace=True)

# 기준년도 칼럼 확인하기(모두 '2020' 동일 값이므로 '기준년도' 칼럼 삭제)
print("기준년도 칼럼 확인")
df.기준년도.value_counts()
```

실행 결과

```
기준년도 칼럼 확인
2020    1000000
Name: 기준년도, dtype: int64
```

실습 코드

```python
# 가입자 일련번호 칼럼 확인하기(모두 unique한 값으로 확인되어 '가입자 일련번호' 칼럼 삭제)
print("가입자 일련번호 칼럼 확인")
df["가입자 일련번호"].value_counts()
```

실행 결과

```
가입자 일련번호 칼럼 확인
1          1
666658     1
666660     1
```

```
666661    1
666662    1
          ..
333338    1
333339    1
333340    1
333341    1
1000000   1
Name: 가입자 일련번호, Length: 1000000, dtype: int64
```

AI 작업 환경
데이터 획득
데이터 구조
기초 데이터
데이터 이해
데이터 전처리
AI 모델링 개념
지도학습
비지도학습
모델 성능 향상
AI 사례 실습

┌ 실습 코드

```python
# 성별코드 칼럼 확인하기
print("성별코드 칼럼 확인")
df.성별코드.value_counts()
```

┌ 실행 결과

```
성별코드 칼럼 확인
1    510689
2    489311
Name: 성별코드, dtype: int64
```

┌ 실습 코드

```python
# 불필요한 데이터 삭제하기
df.drop(["기준년도", '가입자 일련번호', '데이터 공개일자', '성별코드', '시도코드'], axis=1,
inplace=True)

# 별도의 test 데이터 추출하기
test = df[df['LDL 콜레스테롤'].isnull()]

# NaN 데이터 행 단위로 삭제하기
train = df.dropna(axis=0)

# 학습 데이터 확인하기
print("학습 데이터 확인")
train.head(1)
```

	연령대 코드(5세단위)	신장 (5Cm단위)	체중 (5Kg 단위)	허리 둘레	수축기 혈압	이완 기 혈 압	식전혈 당(공복 혈당)	총 콜레 스테롤	트리글 리세라 이드	HDL콜 레스테 롤	LDL 콜 레스테 롤	혈색 소	요 단 백	혈청 크레 아티 닌	(혈청지오 티)AST	(혈청지오 티)ALT	감마 지티 피	흡연 상태	음주 여부
0	9	165	60	72.1	127.0	79.0	90.0	188.0	58.0	58.0	118.0	15.0	1.0	1.1	21.0	27.0	21.0	1.0	0.0

실습 코드

```python
# 정답 데이터 생성하기
y = train['LDL 콜레스테롤']

# 학습 데이터 생성하기
x = train.drop('LDL 콜레스테롤', axis=1)

# validation set 추출을 위한 train_test_split 라이브러리 불러오기
from sklearn.model_selection import train_test_split

# scikit learn 예시 코드 비율대로 불러오기
X_train, X_test, y_train, y_test = train_test_split(
    x, y, test_size=0.33, random_state=42)

# 학습/검증 데이터 확인하기
print("학습/검증 데이터 확인")
print(X_train.shape, y_train.shape, X_test.shape, y_test.shape)
```

실행 결과

```
학습/검증 데이터 확인
(262749, 18) (262749,) (129415, 18) (129415,)
```

(2) 선형 회귀 학습 및 추론하기

실습 코드

```python
# 라이브러리 불러오기
from sklearn.linear_model import LinearRegression

# 모델 생성하기
reg = LinearRegression()

# 학습하기
reg.fit(X_train,y_train)
```

```
# 기울기와 절편 확인하기
print(f'''기울기 및 절편 확인
기울기 확인 coef = {reg.coef_}
절편 확인 intercept = {reg.intercept_}''')
```

```
기울기 및 절편 확인
기울기 확인 coef = [ 0.10940698  0.01482723  0.03846911  0.04390587 -0.01075239 -0.00400628
 -0.00250987  0.96960416 -0.17471532 -0.7285143   0.14793707  0.02093034
  0.30343003 -0.01334047  0.01410607 -0.00855896  0.26395722 -0.70237274]
절편확인 intercept = -22.424253230417577
```

```
# 각각 데이터에 대해 가중치(or 회귀계수) 확인하기
print("전체에 대해서 가중치 확인")
for index ,columns in enumerate(X_train.columns):
    print(f"{columns} = {reg.coef_[index]}")
```

```
전체에 대해서 가중치 확인
연령대 코드(5세 단위) = 0.1094069781390853
신장(5cm 단위) = 0.014827231815311537
체중(5kg 단위) = 0.03846910648118326
허리둘레 = 0.04390587116959645
수축기 혈압 = -0.010752389060191122
이완기 혈압 = -0.004006282687844007
식전혈당(공복혈당) = -0.00250987175812648
총 콜레스테롤 = 0.9696041571709941
트리글리세라이드 = -0.1747153218786991
HDL 콜레스테롤 = -0.7285142950308025
혈색소 = 0.14793707336766299
요단백 = 0.0209303358192700077
혈청크레아티닌 = 0.3034300294921596
(혈청지오티)AST = -0.013340474467645486
(혈청지오티)ALT = 0.014106072133288211
감마 지티피 = -0.008558956086860943
흡연상태 = 0.26395721807757877
음주여부 = -0.7023727367515122
```

(3) 예측을 통한 최종 검증하기

실습 코드

```
# 예측하기
y_pred = reg.predict(X_test)

# 결과 검증을 위해 MSE 라이브러리 불러오기
# 최종적으로는 RMSE를 사용하기
from sklearn.metrics import mean_squared_error

# MSE 라이브러리에서 RMSE는 squared 옵션을 False로 설정하기
rmse = mean_squared_error(y_test, y_pred, squared=False)

# 주요 Feature 삭제 전 rmse 확인하기
print(f'''주요 Feature 삭제 전 rmse = {round(rmse,3)}''')
```

실행 결과

```
주요 Feature 삭제 전 rmse = 8.127
```

앞선 (2) 선형 회귀 모형을 학습 및 추론한 결과를 보면 '총 콜레스테롤/HDL콜레스테롤/음주여부' 가 영향을 많이 주는 것을 알 수 있습니다. 가중치가 큰 콜레스테롤 관련 Feature를 삭제한 후 독립 변수의 가중치가 어떻게 변하는지 확인해 봅니다.

(4) 가중치의 의미 확인하기

실습 코드

```
# 주요 Feature 삭제를 위해 칼럼명 재확인하기
train.columns
```

실행 결과

```
Index(['연령대 코드(5세 단위)', '신장(5cm 단위)', '체중(5kg 단위)', '허리둘레', '수축기 혈압',
       '이완기 혈압', '식전혈당(공복혈당)', '총 콜레스테롤', '트리글리세라이드', 'HDL 콜레스테롤',
       'LDL 콜레스테롤', '혈색소', '요단백', '혈청크레아티닌', '(혈청지오티)AST', '(혈청지오티)ALT', '
       감마 지티피', '흡연상태', '음주여부'], dtype='object')
```

AI 작업 환경

데이터 획득

데이터 구조

기초 데이터

데이터 이해

데이터 전처리

AI 모델링 개념

지도학습

비지도학습

모델 성능 향상

AI 사례 실습

실습 코드

```
# 주요 Feature 삭제하기
x = x.drop(['총 콜레스테롤', '트리글리세라이드', 'HDL 콜레스테롤'], axis = 1)

# scikit learn 예시 코드 비율대로 불러오기
X_train, X_test, y_train, y_test = train_test_split(
    x, y, test_size=0.33, random_state=42)
```

(5) 선형 회귀 모델 재학습하기

실습 코드

```
# 선형 회귀 재생성 및 학습하기
lr = LinearRegression()
lr.fit(X_train,y_train)

# 각각 데이터에 대해 가중치(또는 회귀계수) 확인하기
print(f'''coef
{lr.coef_}
intercept
{lr.intercept_}''')
```

실행 결과

```
coef
[-2.42029175e+00 -3.33193684e-01 -2.06625915e-04 -6.04430610e-02
 -1.12762074e-01  2.60023059e-01 -1.40142661e-01  3.98600794e+00
 -1.43222741e+00 -3.09969695e-01 -5.96480461e-02  4.51315922e-02
 -2.61611789e-02 -3.08419949e+00 -1.22509065e+00]
intercept
164.22902318120208
```

(6) 가중치 비교하기

실습 코드

```
# 검증 데이터로 예측하기
y_pred = lr.predict(X_test)
```

```
# 각각 데이터에 대해 가중치(또는 회귀계수) 확인하기
print("가중치 확인")
for index ,columns in enumerate(X_train.columns):
    print(f"{columns} = {reg.coef_[index]}")
```

실행 결과

```
가중치 확인
연령대 코드(5세 단위) = 0.1094069781390853
신장(5cm 단위) = 0.014827231815311537
체중(5kg 단위) = 0.03846910648118326
허리둘레 = 0.04390587116959645
수축기 혈압 = -0.010752389060191122
이완기 혈압 = -0.004006282687844007
식전혈당(공복혈당) = -0.00250987175812648
혈색소 = 0.9696041571709941
요단백 = -0.1747153218786991
혈청크레아티닌 = -0.7285142950308025
(혈청지오티)AST = 0.14793707336766299
(혈청지오티)ALT = 0.020930335819270077
감마 지티피 = 0.3034300294921596
흡연상태 = -0.013340474467645486
음주여부 = 0.014106072133288211
```

실습 코드

```
# 주요 Feature 삭제 후 RMSE 확인하기
rmse_2 = mean_squared_error(y_test, y_pred, squared=False)

# 가중치가 큰 특성을 삭제했을 때 영향을 많이 받는지 확인하기
print(f'''주요 Feature 삭제 후 rmse = {round(rmse_2,3)}''')
```

실행 결과

```
주요 Feature 삭제 후 rmse = 38.847
```

선형 회귀 기반의 간단한 모델을 학습하였습니다. Feature의 존재 여부에 따라 rmse의 값이 매우
크게 차이 나는 것을 확인할 수 있습니다. 또한 선형성이 있기에 절편과 기울기를 확인하여 모델에
대해 어떤 Feature가 얼마나 영향을 주었는지 확인할 수 있습니다.

AI 작업 환경

데이터 획득

데이터 구조

기초 데이터

데이터 이해

데이터 전처리

AI 모델링 개념

지도학습

비지도학습

모델 성능 향상

AI 사례 실습

3 로지스틱 회귀

1) 로지스틱 회귀 이해하기

로지스틱 회귀(Logistic Regression) 모델은 시그모이드(Sigmoid) 함수를 사용하여 데이터를 설명하는 최적의 선으로 답을 찾는 알고리즘입니다. 다만, 이름에 회귀가 들어가 있으나 분류에 사용되는 알고리즘입니다.

로지스틱 회귀 알고리즘의 산식은 다음과 같습니다.

$$S(x) = \frac{1}{1+e^{-x}} = \frac{e^x}{e^x+1}$$

우선 코드를 통해 시그모이드 함수를 만들어 봅니다.

(1) 시그모이드 함수 만들기

⌐ 실습 코드

```python
# numpy 라이브러리 및 그래프 라이브러리 불러오기
import numpy as np
import matplotlib.pyplot as plt

# Sigmoid 함수 작성하기
def sigmoid(x):

    # numpy.exp() 함수는 밑이 자연상수 e인 지수함수(e^x)로 변환
    return 1 / (1 + np.exp(-x))

# 함수 테스트용 데이터 생성하기
test = np.array([-1, 0, 1])

# 작성된 함수 확인하기
print(sigmoid(test))
```

⌐ 실행 결과

```
[0.26894142 0.5        0.73105858]
```

(2) 시그모이드 함수 그래프 그리기

⌐ 실습 코드

```
# 그래프 적용을 위한 데이터 만들기
sigmoid_x = range(-6, 7)
sigmoid_y = sigmoid(np.array(sigmoid_x))

# 선 그래프 그리기
plt.plot(sigmoid_x , sigmoid_y, color = 'blue',linewidth = 0.5)

# 백그라운드 모눈종이 설정하기
plt.rcParams['axes.grid'] = True

# 선 굵기 설정하기
plt.axvline(x=0, color='black', linewidth=3)

# y축 범위 설정하기
plt.yticks([0,0.5,1])
plt.show()
```

⌐ 실행 결과

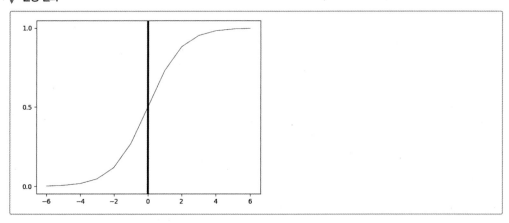

이 그래프를 통해 −6부터 6까지 입력값들을 0과 1 사이의 값으로 변환해 주는 로지스틱 함수가 잘 구현된 것을 확인할 수 있습니다.

2) 로지스틱 회귀 실습하기

샘플 데이터를 통해 로지스틱 회귀 모델을 학습하고 왜 분류 문제에서 선형 회귀 모델보다 로지스틱 회귀가 더 적합한지 살펴봅니다. 로지스틱 회귀 알고리즘은 sklearn의 linear_model 서브패키지에서 제공하는 LogisticRegression 클래스로 활용할 수 있습니다. LogisticRegression 클래스는 다음과 같은 하이퍼파라미터를 입력받습니다.

┌─┤ 하이퍼파라미터 ├───┐

- max_iter : 알고리즘의 수렴을 위한 반복의 최대 횟수를 지정
- penalty : 규제의 종류 선택('l1', 'l2', 'elasticnet', 'none')
- C : 규제의 강도를 조절하는 파라미터로 값이 클수록 규제가 약해지고 값이 작을수록 규제가 강해짐

학습이 끝나면 객체는 다음 속성을 가집니다.

- coef_ : 학습된 모형 특성의 가중치 추정값
- intercept_ : 학습된 모델의 절편 추정값

우선 데이터를 준비합니다.

(1) 데이터 구성하기

┌ 실습 코드

```
# 학습 데이터 생성하기
x_train = [3,4,5,6,7,8,9,10,11,12,13,14,15,16,17]
y_train = [0,0,0,0,0,0,0,1,1,1,1,1,1,1,1]

# 추론을 위한 데이터 생성하기
x_test = [0,1,2,18,19]
y_test = [0,0,0,1,1]

# 학습 데이터에 대해 numpy로 변경 및 행을 열로 변경하기
x_train = np.array(x_train).reshape([-1,1])
y_train = np.array(y_train)

# 추론 데이터에 대해 numpy로 변경 및 행을 열로 변경하기
x_test = np.array(x_test).reshape([-1,1])
y_test = np.array(y_test)

# 데이터 확인하기
print(x_train)
print(y_train)
```

AI 작업 환경

데이터 획득

데이터 구조

기초 데이터

데이터 이해

데이터 전처리

AI 모델링 개념

지도학습

비지도학습

모델 성능 향상

AI 사례 실습

```
[[ 3]
 [ 4]
 [ 5]
 [ 6]
 [ 7]
 [ 8]
 [ 9]
 [10]
 [11]
 [12]
 [13]
 [14]
 [15]
 [16]
 [17]]
[0 0 0 0 0 0 0 1 1 1 1 1 1 1 1]
```

x_train 데이터 값이 9에서 10으로 넘어갈 때 y_train 데이터 값이 0에서 1로 변하는 데이터를 준비합니다. 이 데이터를 토대로 정말 최적의 선을 통해 분류하는지를 확인해 봅니다. 이때 앞서 설명한 사이킷런의 LogisticRegression 클래스를 활용하여 로지스틱 회귀를 만들어진 데이터에 적용해 봅니다.

(2) 로지스틱 회귀 학습하기

실습 코드

```python
# 로지스틱 회귀 라이브러리 불러오기
from sklearn.linear_model import LogisticRegression

# 로지스틱 회귀 생성하기
logi_reg = LogisticRegression()

# 학습하기
logi_reg.fit(x_train, y_train)

# 역산을 위한 기울기와 절편이 있는지 확인하기
print('intercept:', logi_reg.intercept_)
print('coef:', logi_reg.coef_)
```

⌐ **실행 결과**

```
intercept: [-11.34126808]
coef: [[1.19383367]]
```

학습을 마친 모델의 결과에서 선형 회귀 모델과 같이 coef와 intercept을 확인할 수 있습니다. coef와 intercept를 이용하여 sigmoid 그래프를 그리고 데이터와 비교해 봅니다.

(3) 로지스틱 회귀 그래프 만들기

⌐ **실습 코드**

```
# 기울기와 절편을 수동으로 결과 만들기
odd = [] #
for i in x_train:
    odd.append((logi_reg.coef_* i) + logi_reg.intercept_)

sigmoid_y= sigmoid(np.array(odd))
sigmoid_y = sigmoid_y.reshape(-1,1)

# 역산된 그래프 표시하기
plt.scatter(x_train, y_train,color='red')
plt.plot(np.array(x_train), sigmoid_y, color='blue')
plt.rcParams['axes.grid'] = True
plt.yticks([0,0.5,1])
plt.ylim([-0.1, 1.1]) # y축의 범위: [Ymin, Ymax]
plt.show()
```

⌐ **실행 결과**

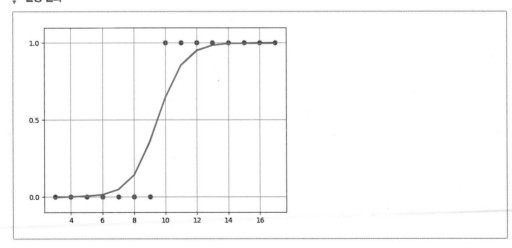

coef와 intercept를 이용하여 그린 sigmoid 그래프가 데이터를 잘 표현하고 있음을 확인할 수 있습니다.

지금부터는 선형 회귀와 로지스틱 회귀를 비교해서 두 모델 모두 같은 선형으로 모델링을 하지만 왜 선형 회귀는 수치를 예측하는 회귀 모델에, 로지스틱 회귀는 범주형 데이터를 예측하는 분류 모델에 더 적합한지 알아봅니다.

3) 로지스틱 회귀와 선형 회귀 비교하기

(1) 선형 회귀 모델링하기

┌ 실습 코드

```
# 선형 회귀 함수 불러오기
from sklearn.linear_model import LinearRegression

# 선형 회귀 생성하기
lr = LinearRegression()

# 학습하기
lr.fit(x_train,y_train)

# 수식 완성을 위한 coef와 intercept 확인하기
print('intercept:', lr.intercept_)
print('coef:', lr.coef_)
```

┌ 실행 결과

```
intercept: -0.4666666666666667
coef: [0.1]
```

(2) 선형 회귀 모델과 로지스틱 회귀 모델 비교하기

┌ 실습 코드

```
coef_intercept = x_train * lr.coef_ + lr.intercept_

plt.scatter(x_train, y_train,color='red')
plt.plot(np.array(x_train), coef_intercept, color='green')
plt.plot(np.array(x_train), sigmoid_y, color='blue')
plt.rcParams['axes.grid'] = True
plt.show()
```

```
print(logi_reg.score(x_test,y_test))
print(lr.score(x_test,y_test))
```

┌ 실행 결과

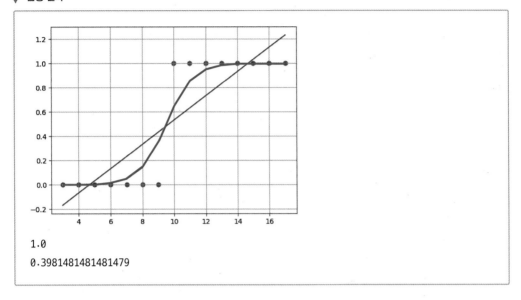

```
1.0
0.3981481481481479
```

로지스틱 회귀는 Y축의 0.5(임계값 변경 가능)를 기준으로 'Yes 또는 No'를 구분하여 이진/다중 분류에 강한 모델을 만듭니다. 반면 선형 회귀는 직선으로만 참 거짓을 구분해야 합니다.

위 학습 모델을 기반으로 예측할 때 9.5라는 데이터를 학습 모델에 넣는다면 어떤 결과가 나올까요? 아래 확인 문제의 코드로 결과를 확인하고 의미를 추론해 봅니다.

확인 문제

01 앞서 학습했던 데이터와 학습된 모델을 바탕으로 선형 회귀와 로지스틱 회귀 모델 각각에 숫자 9.5를 추론해 보세요.

> 정답 및 해설
>
> **01 / 로지스틱 회귀**
> logi_pred = logi_reg.predict(np.array(9.5).reshape(−1,1))
> 정확하게 1로 분류
> **선형 회귀**
> lr_pred = lr.predict(np.array(9.5).reshape(−1,1))
> round(lr_pred[0]) −> 0으로 결과를 분류함.
> 선형 회귀는 예외적인 데이터에 너무 민감하게 반응하거나, 범위를 벗어난 데이터(out of range)에 대해 추정(extrapolation)하는데, 이 경우 예측값을 0과 1 사이가 아닌 범위를 벗어난 예측치를 발생하기 때문에 분류보다 회귀 모델에 적합합니다.

AI 작업 환경
데이터 획득
데이터 구조
기초 데이터
데이터 이해
데이터 전처리
AI 모델링 개념
지도학습
비지도학습
모델 성능 향상
AI 사례 실습

4 의사결정나무

1) 의사결정나무 이해하기

지금부터는 트리 기반 알고리즘을 알아봅니다. 트리 기반 모델은 기본적으로 Feature를 조건 기반으로 참 거짓으로 나눠 마치 스무고개를 하듯이 학습을 이어나갑니다.

예를 들어 시장에서 물건을 구매할 때 사과, 고기, 야채를 산다고 가정합니다. 맨 처음 과일가게에 가서 '사과를 사면 다른 물건을 전부 살 수 있을까?'라는 고민을 하게 될 것입니다. 내가 가진 자원(Data)과 각 물건의 중요도(Weight)를 기반으로 구매 여부(Label)을 비교하면서 고기와 야채를 살 것입니다. 최종적으로 사과를 구매하는 단계까지 과정을 보면 사람이 의사결정을 하는 것과 유사합니다.

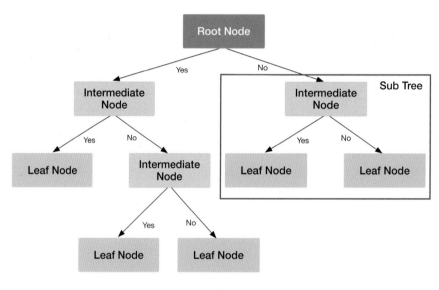

▲ 트리 기반 알고리즘

스무고개와 비슷한 의사결정나무(Decision Tree)의 장점은 그림에서 보는 것처럼 트리를 따라가다 보면 머신러닝이 어떻게 학습하여 결론을 내는지 설명이 가능하다는 것입니다. 또한 회귀 기반 모델이 아니기에 선형성이 떨어져 수학적 가정이 불필요합니다. 다만 선형성이 없기에 트리를 깊게 만들면 과대적합 발생 확률이 높아집니다.

장점	단점
• 결과에 대한 설명이 가능합니다.(해석 가능) • 선형성이 없기에 수학적 가정이 불필요합니다. • 범주와 연속형 수치 모두 예측 가능합니다.(모든 트리 기반 모델이 가능)	• 과대적합 발생 확률이 높습니다. • 트리 구조로 인한 선형성이 떨어집니다. • 출력변수가 연속형인 회귀 모델에서는 예측력이 떨어질 수 있습니다.

▲ 의사결정나무 장단점

AI 작업 환경

데이터 확득

데이터 구조

기초 데이터

데이터 이해

데이터 전처리

AI 모델링 개념

지도학습

비지도학습

모델 성능 향상

AI 사례 실습

2) 의사결정나무 실습하기

이번에도 선형 회귀 모델에서 사용한 건강검진 데이터를 가지고 음주여부를 성별, 키, 체중 데이터를 기반으로 의사결정나무로 학습하고, 결과를 통해 의사결정나무의 원리를 알아봅니다.

의사결정나무 알고리즘은 sklearn의 tree 서브패키지에서 제공하는 DecisionTreeClassifier (DecisionTreeRegressor) 클래스로 활용할 수 있습니다.

DecisionTreeClassifier 클래스는 아래와 같은 하이퍼파라미터를 입력받습니다. 이때 의사결정나무는 과대적합 발생 확률이 높기에 과대적합 방지를 위한 하이퍼파라미터를 위주로 알아봅니다.

┤ 하이퍼파라미터 ├

- max_depth : 깊어질 수 있는 최대 깊이, 과대적합 방지용(default=None)
- max_features : 최대로 사용할 feature의 개수, 과대적합 방지용
- min_samples_split : 트리의 노드가 가지고 있는 최소한의 샘플 수, default=2. 과대적합 방지용

(1) 데이터 준비하기

⌐ 실습 코드

```
# 라이브러리 불러오기(numpy, pandas, train_test_split)
import numpy as np
import pandas as pd
from sklearn.model_selection import train_test_split

# 데이터 불러오기
df = pd.read_csv("국민건강보험공단_건강검진정보_20211229.csv", encoding = 'cp949')

# 트리 예시를 만들기 위해 일부 특성만 추출하기
sample_df = df[['신장(5cm 단위)','성별코드', '체중(5kg 단위)','음주여부']]

# 샘플 데이터 중 상위 10개 추출하기
sample_df[:10]
```

⌐ 실행 결과

	신장(5cm 단위)	성별코드	체중(5kg 단위)	음주여부
0	165	1	60	0.0
1	150	2	65	0.0
2	155	2	55	0.0
3	160	1	70	0.0
4	155	2	50	0.0

5	185	1	85	1.0
6	165	1	80	1.0
7	160	1	65	0.0
8	150	2	50	0.0
9	150	2	45	0.0

(2) 데이터 전처리하기

⌐ 실습 코드

```
# info 정보로 결측치(Null) 확인하기
print("Info 정보 확인")
sample_df.info()
```

⌐ 실행 결과

```
Info 정보 확인
<class 'pandas.core.frame.DataFrame'>
RangeIndex: 1000000 entries, 0 to 999999
Data columns (total 4 columns):
 #   Column      Non-Null Count    Dtype
---  ------      --------------    -----
 0   신장(5cm 단위) 1000000 non-null       int64
 1   성별코드        1000000 non-null  int64
 2   체중(5kg 단위) 1000000 non-null  int64
 3   음주여부        999804 non-null   float64
dtypes: float64(1), int64(3)
memory usage: 30.5 MB
```

약 100만 건의 데이터 중 음주여부 칼럼에 결측치가 일부 존재하여 196건의 데이터를 drop 처리하여 최종 학습 데이터로 준비하고, Label 데이터에 편향이 심하지 않은지 불균형 여부도 확인합니다.

⌐ 실습 코드

```
# 100만 개 데이터 중 196개, 결측치가 포함된 행 삭제하기
sample = sample_df.dropna()

# 결측치(Null) 다시 확인하기
print("Drop 후 Info 정보 확인")
sample.info()
```

```
Drop 후 Info 정보 확인하기
<class 'pandas.core.frame.DataFrame'>
Int64Index: 999804 entries, 0 to 999999
Data columns (total 4 columns):
 #  Column         Non-Null Count   Dtype
---  ------         --------------   -----
 0  신장(5cm 단위)999804 non-null   int64
 1  성별코드         999804 non-null   int64
 2  체중(5kg 단위)999804 non-null   int64
 3  음주여부         999804 non-null   float64
dtypes: float64(1), int64(3)
memory usage: 38.1 MB
```

실습 코드

```python
# 원핫 인코딩을 위해 데이터 object 형태로 변경하기
sample = sample.astype('str')

# label(결과,Y) 생성하기
y=sample.음주여부

# 음주여부 학습 데이터 구성하기
X=sample.drop('음주여부', axis=1)

# label 데이터의 편향성 확인하기
y.value_counts()
```

실행 결과

```
1.0    584685
0.0    415119
Name: 음주여부, dtype: int64
```

해당 데이터를 학습 데이터와 검증 데이터로 분리합니다.

⌐ 실습 코드

```
# 학습/검증 데이터 분리하기
x_train, x_valid, y_train, y_valid = train_test_split(
    X, y,
    test_size=0.2,
    shuffle=True,
    random_state=34
)
```

(3) 의사결정나무 모델링하기

의사결정나무 모델링을 위해 사이킷런의 DecisionTreeClassifier 모델을 활용합니다.

⌐ 실습 코드

```
# 의사결정나무 모델 불러오기
from sklearn.tree import DecisionTreeClassifier

# 의사결정나무 모델 생성하기
dt = DecisionTreeClassifier(random_state = 1001,
                    max_depth=2
                    )
# 의사결정나무 학습하기
dt_model = dt.fit(x_train, y_train)

# 학습 데이터 정확도 확인하기
print("학습 정확도 = ", dt_model.score(x_train, y_train))

# 검증 데이터 정확도 확인하기
print("검증 정확도 = ", dt_model.score(x_valid, y_valid))
```

⌐ 실행 결과

```
학습 정확도 =  0.6622549675373792
검증 정확도 =  0.6618390586164302
```

(4) 의사결정나무 그래프 그리기

graphviz 라이브러리를 활용하여 학습된 의사결정나무 모델의 그래프를 출력합니다.

AI 작업 환경

데이터 획득

데이터 구조

기초 데이터

데이터 이해

데이터 전처리

AI 모델링 개념

지도학습

비지도학습

모델 성능 향상

AI 사례 실습

⌐ **실습 코드**

```python
# 그래프 라이브러리(matplotlib.pyplot) 불러오기
import matplotlib.pyplot as plt

# 트리 모양 그래프 작성을 위한 라이브러리 설치하기
!pip install graphviz

# 그래프 라이브러리(grphviz) 불러오기
import graphviz

# 사이킷런의 graphviz 지원 모듈 불러오기
from sklearn.tree import export_graphviz

# 그래프 생성하기
tree_graph = graphviz.Source(export_graphviz(dt_model,
                    class_names=["X","O"],
                    feature_names=[ 'height', 'sex','weight'],
                    impurity=True,
                    filled=True))

# 그래프 출력하기
# (참고) 에러 발생 시 사이트 참조 : https://highschoolfree.tistory.com/76
tree_graph

# 그래프 파일 저장하기
tree_graph.render('tree_depth5', format="png")
```

⌐ **실행 결과**

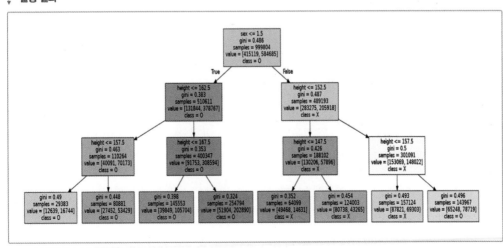

모델링한 결과를 시각화된 형태로 보면 마치 트리 구조를 가지고 있기 때문에 의사결정나무라고 불립니다.

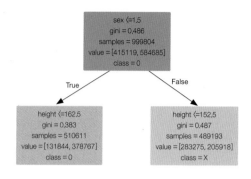

▲ 트리의 용어 설명

시각화된 각 네모 칸은 노드(Node)라고 하며, 맨 처음 시작하는 노드를 나무의 뿌리라고 하여 루트 노드(Root Node)라고 합니다. 각 노드 안에는 분할 조건, 지니계수, 입력된 샘플의 수, 각 Value별 Count 등이 있습니다. 이때 노드에 분할 조건이 없으면 리프 노드(Leaf Node)라고 합니다. 시각화된 노드를 따라가다 보면 모델이 어떻게 결과를 분류하는지를 확인할 수 있습니다.

각각의 필드에 대한 설명은 다음과 같습니다.

- Sex <= 1.5 : 분할 조건
- Gini = 0.486 : 지니계수
- Samples = 입력된 데이터의 수
- Value = 입력된 데이터에서 각 Class별 개수(분류일 때)
- Class = 리스트 내에서 가장 많은 데이터 Value

노드 맨 첫 줄에 나오는 분할 조건은 자식 노드를 만들기 위한 규칙 조건이고, 두 번째 줄의 지니계수(Geni Index)는 불순도 지표입니다. 의사결정나무는 이 지니계수를 낮추는 방향으로 가지를 분할합니다.

3) 불순도 알아보기

일반적으로 다른 물질의 함량이 적은 경우 순도가 높다고 표현합니다. 불순도(Impurity)는 순도가 낮은 경우, 즉 다양한 데이터가 섞여 있는 경우를 의미합니다.

다음 과일바구니 3개를 예로 들어보겠습니다. 과일바구니 1은 사과만 담긴 바구니로 순도 100%입니다. 과일바구니 2와 3은 과일이 3가지가 섞여 있습니다. 과일바구니 2보다 3이 더 복잡해 보입니다. 하지만 과일의 종류와 배치만 다를 뿐 과일의 개수는 4, 3, 2로 동일하고 불순도 역시 같습니다.

AI 작업환경

데이터 획득

데이터 구조

기초 데이터

데이터 이해

데이터 전처리

AI 모델링 개념

지도학습

비지도학습

모델 성능 향상

AI 사례 실습

과일바구니 1   과일바구니 2   과일바구니 3

▲ 불순도 예제

의사결정나무는 노드에 의해 출력된 데이터 레이블의 불순도를 줄이는 방향으로 노드를 분할해 나갑니다. 이러한 불순도를 측정하는 대표적인 지표로 지니계수가 있습니다.

지니계수는 불순도를 측정하는 지표로서, 데이터의 통계적인 분산의 정도를 정량화해서 표현합니다. 지니계수의 공식은 다음과 같습니다. 노드 분할 조건에 의해 분할된 데이터의 불순도를 지니계수로 계산하고, 불순도를 줄이는 조건을 최종적으로 선택합니다.

$$Gini = 1 - \sum_j p_j^2$$

지니계수의 이해를 돕기 위해 예제 데이터를 생성하고 실습을 진행합니다.

과일바구니 2에서 3개의 레이블(사과, 바나나, 복숭아) 각각이 전체에서 차지하는 비율을 계산합니다. 사과는 2/9, 바나나는 4/9, 복숭아는 3/9입니다. 해당 비율을 모두 제곱하여 더한 후 전체의 1에서 빼줍니다. 지니계수 계산은 $1-\{(2/9)^2+(4/9)^2+(3/9)^2\}$입니다. 아래 실습을 통해 지니계수 함수를 생성하고 각 과일바구니별 지니계수를 계산해 봅니다.

⌐ 실습 코드

```
# 불순도 함수 생성하기
def gini(x):
    n = x.sum()
    gini_sum = 0
    for key in x.keys():
        gini_sum = gini_sum + (x[key] / n ) * (x[key] / n )
    gini = 1 - gini_sum
    return gini

# 데이터 준비하기(불순도 예시)
과일바구니1 = ['사과']*9
과일바구니2 = ['사과', '바나나','사과', '바나나','바나나','바나나', '복숭아','복숭아','복숭아']
과일바구니3 = ['사과', '바나나','사과', '바나나','사과','복숭아', '복숭아','사과','복숭아']
```

```
print(round(gini(pd.DataFrame(과일바구니1).value_counts()),3))
print(round(gini(pd.DataFrame(과일바구니2).value_counts()),3))
print(round(gini(pd.DataFrame(과일바구니3).value_counts()),3))
```

┌ 실행 결과

```
0.0
0.642
0.642
```

결과를 확인해 보면, 모두 사과로 구성된 바구니가 불순도 0으로 가장 낮고, 3가지 종류의 과일이
섞여 있는 바구니는 불순도가 0.642로 높은 것을 확인할 수 있습니다.

의사결정나무는 지니계수와 같은 불순도 지표를 기반으로 각 노드에서 불순도를 최소화하는 최적
의 분할 조건을 구하며 데이터를 학습해 나갑니다.

확인 문제

01 앞에서 활용했던 데이터를 이용하여 max_depth 파라미터를 1, 15, 30으로 각각의 모델을 만
들어보고 validation score가 작은 max_depth 수치를 작성하세요.(단, random_state는
1001로 고정)

02 max_feature 파라미터를 1, 2, 3으로 각각 모델을 만들고 validation score가 가장 높은
max_feature를 작성하세요.(단, random_state는 1001로 고정하고, max_depth는 1로
고정 후 결과 산출)

> **정답 및 해설**
>
> **01** / max_depth = 1
>
> **02** / max_feature = 1
>
> ※ 해설과 관련한 상세 코드는 별도 제공 실습 코드 'Chapter8_지도학습으로 AI 모델링하기_머신러
> 닝.ipynb'를 참고하세요.

5 앙상블

앙상블(Ensemble)이란 다수의 기본 모델(base model)을 생성하고 결합하여 하나의 새로운 모델(ensemble model)을 생성하는 것입니다. 앙상블 모델은 여러 모델을 결합하기 때문에 단일 모델에 비해 일반적으로 성능이 우수합니다. 또한 편향과 분산을 모두 적절히 고려하기 때문에 과적합(또는 과소적합) 방지에 용이합니다. 앙상블을 학습할 때 '어떤 모델을 사용할 것인지'와 '어떻게 결합할 것인지'를 고려해야 합니다.

먼저 어떤 모델을 사용할 것인지를 고려하여 성능 개선에 효과적인 모델을 선택해서 결합합니다. 앙상블 모델 중 대표적인 것이 랜덤 포레스트(Random Forest)와 그래디언트 부스팅(Gradient Boosting)입니다. 해당 모델은 의사결정나무를 기본 모델로 결합한 알고리즘입니다.

또한 어떻게 결합할 것인지를 고려하여 성능 개선에 효과적인 방법을 선택해야 합니다. 모델을 결합하는 앙상블 기법에는 보팅(Voting), 배깅(Bagging), 부스팅(Boosting)이 있습니다. 랜덤 포레스트는 의사결정나무를 병렬로 결합한 배깅 모델이며, 그래디언트 부스팅은 의사결정나무를 순차적으로 결합한 부스팅 모델입니다.

1) 보팅 이해하기

보팅(Voting)은 각각 다른 알고리즘을 이용한 모델을 결합하는 방식이며 여러 모델의 결과를 기반으로 투표에 의해 결과를 도출합니다. 보팅은 하드 보팅과 소프트 보팅으로 구분합니다.

하드 보팅(Hard Voting)은 각 모델의 결과 중 가장 많이 분류(다수결)된 결과로 최종 결과를 선정하는 방법입니다. 아래 그림에서 모델 1은 사과, 모델 2는 바나나, 모델 3은 사과로 분류했습니다. 이때 하드 보팅 기반 앙상블 모델은 3개의 모델 중 과반 이상(모델 1, 모델 2)이 분류한 값인 사과로 최종 결괏값을 내보냅니다.

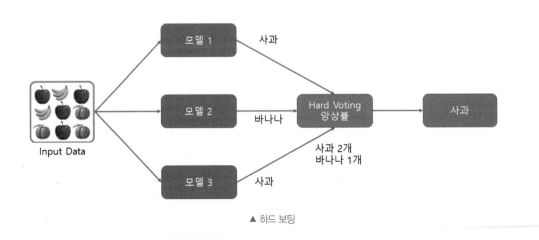

▲ 하드 보팅

AI 작업 환경

데이터 획득

데이터 구조

기초 데이터

데이터 이해

데이터 전처리

AI 모델링 개념

지도학습

비지도학습

모델 성능 향상

AI 사례 실습

반면 소프트 보팅(Soft Voting)은 각 모델별 예측한 확률값의 평균으로 최종값을 선정하는 방법입니다. 아래 그림에서 각 모델은 각 카테고리별 예측 확률을 출력하는 것을 확인할 수 있습니다. 이때 소프트 보팅 기반 앙상블 모델은 3개의 모델이 출력한 각 카테고리의 확률값 평균으로 최종 확률값을 계산하고, 최종 확률값이 가장 높은 바나나(0.7)를 출력합니다.

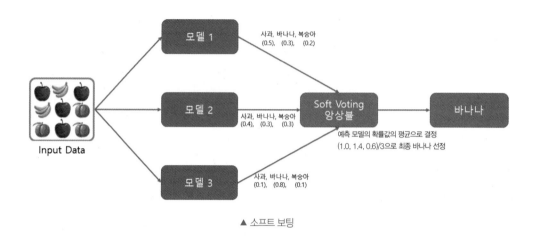

▲ 소프트 보팅

2) 배깅 이해하기

배깅(Bagging)은 'bootstrap aggregating'의 줄임말로, 부트스트랩 기반 샘플링 기법을 통해 하나의 알고리즘을 학습하여 생성된 여러 모델의 결과를 결합하는 알고리즘입니다. 부트스트랩은 원본 데이터에서 샘플을 여러 번 복원 추출하는 과정을 반복하는 샘플링 방법입니다.

▲ 부트스트랩 예시

배깅 기반 알고리즘은 다음과 같은 순서로 진행됩니다. 먼저, 학습 데이터로부터 부트스트랩 샘플링을 진행하여 부트스트랩 데이터를 생성합니다. 그리고 각 부트스트랩 데이터로 다수의 개별 모델을 학습합니다. 마지막으로 최종 예측을 위해 보팅(Voting)을 진행합니다. 배깅은 복원 샘플링을 통해 최종 모델의 분산을 줄여줌으로써 예측력을 향상하며, 병렬 학습이 가능하다는 장점이 있습니다. 배깅의 대표적인 알고리즘으로 트리 기반의 랜덤 포레스트가 있습니다.

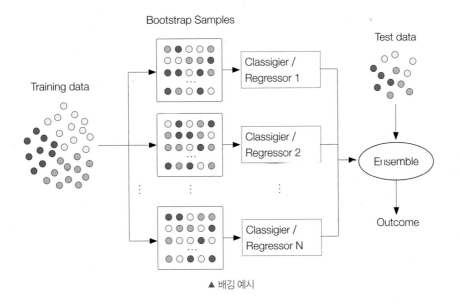

▲ 배깅 예시

3) 부스팅 이해하기

부스팅(Boosting)은 예측력이 약한 모델 여러 개를 순차적으로 연결하여 예측력이 강한 모델을 만드는 앙상블 방법입니다. 부스팅은 모델을 직렬로 결합하여 앞선 모델이 예측한 것 중 틀린 데이터에 가중치를 부여하여 틀린 데이터를 더 잘 맞히도록 학습합니다.

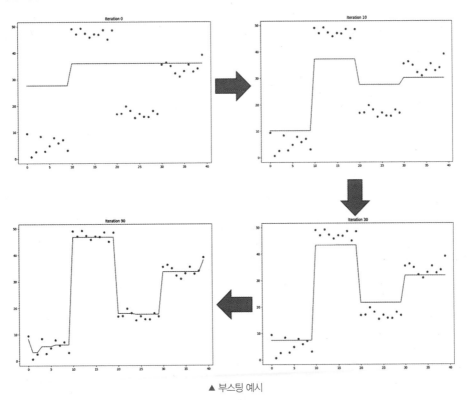

▲ 부스팅 예시

AI 직업환경

데이터 확득

데이터 구조

기초 데이터

데이터 이해

데이터 전처리

AI 모델링 개념

지도학습

비지도학습

모델 성능 향상

AI 사례 실습

부스팅 기반 알고리즘은 위와 같은 순서로 진행됩니다. 먼저 학습 데이터의 관측치를 동일한 가중치로 세팅하여 학습을 진행하고 모델 예측을 수행합니다. 모델 예측에 의해 오분류된 관측치에는 높은 가중치를 부여하고, 정분류된 관측치에는 낮은 가중치를 부여하여 학습 데이터를 다시 샘플링하고 학습을 진행하는 과정을 반복합니다. 마지막으로 각 모델의 예측 결과를 결합할 때 각 모델에 가중치를 주어 가중 평균을 계산하는 방식으로 최종값을 출력합니다.

부스팅의 대표적인 모델로는 아다부스트(Adaboost), 그래디언트 부스팅(Gradient Boosting), 엑스지부스트(XGBoost), 라이트지비엠(LightGBM)이 있습니다.

6 랜덤 포레스트

1) 랜덤 포레스트 이해하기

랜덤 포레스트(Random Forest)는 이름에서 알 수 있듯이 의사결정나무를 다수(숲)로 학습시켜 그 결과를 종합하는 배깅 기반의 앙상블 알고리즘입니다. 의사결정나무를 단일 모델로 추출할 경우 과대적합이 발생할 수 있지만, 이를 보완한 랜덤 포레스트는 다수의 나무를 구성함으로써 과대적합을 방지할 수 있습니다.

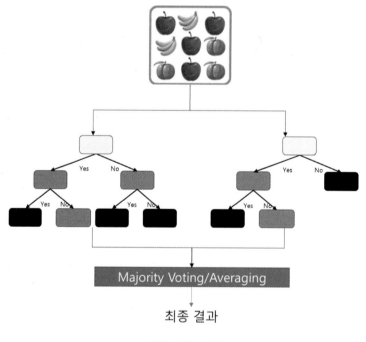

▲ 랜덤 포레스트 예시

2) 랜덤 포레스트 실습하기

의사결정나무와 랜덤 포레스트 2가지 모델을 만들고 비교해서 모델별 특징과 학습 방법을 알아봅니다. 랜덤 포레스트 알고리즘은 sklearn의 ensemble 서브패키지에서 제공하는 RandomForestClassifier(RandomForestRegressor) 클래스로 활용할 수 있습니다. RandomForestClassifier 클래스는 다음과 같은 하이퍼파라미터를 입력받습니다.

┤ 하이퍼파라미터 ├

- max_depth : 깊어질 수 있는 최대 깊이, 과대적합 방지용(default=None)
- n_estimators : 앙상블하는 트리의 개수 default=100
- max_features : 최대로 사용할 feature의 개수, 과대적합 방지용
- min_samples_split : 트리가 분할할 때 최소 샘플의 개수, default=2, 과대적합 방지용

하이퍼파라미터를 적용하면 의사결정나무에서 과대적합을 방지하며 시험 데이터세트(test dataset)의 결과가 더 나아지게 유도할 수 있습니다. 최적의 튜닝 방법은 '성능 향상 부분'에서 자세히 다룹니다. 랜덤 포레스트 모델 학습을 실습해 보면서 의사결정나무를 함께 학습하여 성능의 차이를 살펴봅니다.

(1) 데이터 준비하기

┌ 실습 코드

```
# tensorflow 라이브러리 설치하기
!pip install tensorflow

# tensorflow에서 제공하는 데이터세트 mnist 불러오기
from tensorflow.keras.datasets.mnist import load_data

# load_data로 데이터 할당하기
(x_train, y_train), (x_test, y_test) = load_data()

# 손 글씨 데이터는 이미지라 3차원 행렬
print("변경 전 = ",x_train.shape)

# 3차원 행렬을 2차원으로 변경하기
X_train = x_train.reshape(-1, 784)
X_test = x_test.reshape(-1, 784)

# 변경 결과 확인하기
print("변경 후 = ",X_train.shape)
```

AI 직업 환경

데이터 획득

데이터 구조

기초 데이터

데이터 이해

데이터 전처리

AI 모델링 개념

지도학습

비지도학습

모델 성능 향상

AI 사례 실습

```
변경 전 = (60000, 28, 28)
변경 후 = (60000, 784)
```

(2) 의사결정나무 모델링하기

실습 코드

```python
# 필요 라이브러리 불러오기(의사결정나무, 랜덤 포레스트)
from sklearn.tree import DecisionTreeClassifier
from sklearn.ensemble import RandomForestClassifier

# 의사결정나무 학습하기
dct = DecisionTreeClassifier(random_state=0)
dct.fit(X_train, y_train)

# 의사결정나무 결과 확인하기
acc_train_dct = dct.score(X_train,y_train)
acc_test_dct = dct.score(X_test,y_test)

print(f'''학습 결과 = {acc_train_dct}, 검증 결과 = {acc_test_dct} ''')
```

실행 결과

```
학습 결과 = 1.0,검증 결과 = 0.8781
```

(3) 랜덤 포레스트 모델링 및 결과 비교하기

실습 코드

```python
# 랜덤 포레스트 학습하기
rfc = RandomForestClassifier(random_state=0)
rfc.fit(X_train, y_train)

# 랜덤 포레스트 결과 보기
acc_train_rfc = rfc.score(X_train,y_train)
acc_test_rfc = rfc.score(X_test,y_test)
```

```
# 학습 결과 수치로 출력하기
print(f"""의사결정나무: train_acc = {round(acc_train_dct,3)}, test_acc = {round(acc_test_
dct,3)}""")
print(f"""랜덤 포레스트: train_acc = {round(acc_train_rfc,3)}, test_acc = {round(acc_test_
rfc,3)}""")
```

┌ 실행 결과

```
의사결정나무: train_acc = 1.0, test_acc = 0.878
랜덤 포레스트: train_acc = 1.0, test_acc = 0.97
```

┌ 실습 코드

```
# 랜덤 포레스트 결과를 토대로 비교 그래프 그리기
import matplotlib.pyplot as plt

# x축 정의하기
acc_list_x = ['dct_train', 'dct_test', 'rfc_train', 'rfc_test']

# y축 정의하기
acc_list_y = [acc_train_dct, acc_test_dct, acc_train_rfc, acc_test_rfc]

# 막대 그래프 차트 색 정의하기
colors = ['orange', 'orange' , 'blue', 'blue']

# 막대 그래프 설정하기
plt.bar(acc_list_x, acc_list_y, color=colors)

# 화면 출력하기
plt.show()
```

AI 작업 환경

데이터 획득

데이터 구조

기초 데이터

데이터 이해

데이터 전처리

AI 모델링 개념

지도학습

비지도학습

모델 성능 향상

AI 사례 실습

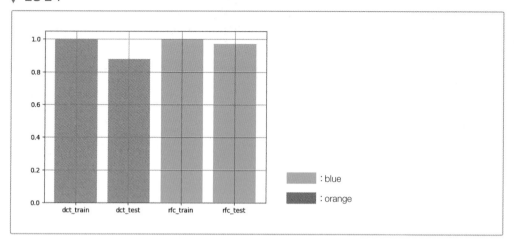

의사결정나무와 랜덤 포레스트 2가지 모델을 이용하여 결과를 비교해 보면 상대적으로 랜덤 포레스트가 의사결정나무보다 시험 데이터세트에 대한 정확도가 높은 것을 확인할 수 있습니다.

AI 모델을 만드는 이유는 신규 데이터를 이용해 예측한 결과를 바탕으로 업무에 활용하고자 하는 것으로, 훈련 데이터세트(train dataset)의 정확도도 중요하지만 훈련 데이터의 정확도가 일정 수준 이상이라면 시험 데이터세트의 정확도가 더 중요합니다.

위의 실행 결과에서 볼 수 있듯이 랜덤 포레스트가 시험 데이터세트에 더 강하며, 다른 말로 표현하면 과대적합이 억제되었다고 할 수 있습니다.

3) 랜덤 포레스트와 의사결정나무 비교하기

랜덤 포레스트의 하이퍼파라미터 튜닝을 통해 의사결정나무와 유사한 결과가 나올 수 있도록 실습을 진행하여 랜덤 포레스트 기반 알고리즘이 의사결정나무 기반인지 확인해 봅니다.

랜덤 포레스트와 의사결정나무의 차이점을 이론에서 유추해 보면 다음과 같습니다.

1. 부트스트래핑 활용 유무
2. 모델의 결합

실습을 통해 랜덤 포레스트 모델의 부트스트래핑 활용을 제한하고, 모델의 개수를 1개로 지정하여 의사결정나무의 형태로 생성한 후 결과를 확인해 봅니다.

┌ 실습 코드

```
# 의사결정나무 결과와 동일하게 랜덤 포레스트 구성하기
rft = RandomForestClassifier(
    random_state=0,
```

```
    # 나무 개수를 1개로 설정하기
    n_estimators=1,

    # max_feature는 의사결정나무 기준으로 변경하기
    max_features=None,

    # 부트스트랩 샘플링은 OFF 하기
    bootstrap=False,
)
rft.fit(X_train, y_train)

# 학습 결과 저장하기
acc_train_rfc = rft.score(X_train,y_train)
acc_test_rfc = rft.score(X_test,y_test)
acc_train_dct = dct.score(X_train,y_train)
acc_test_dct = dct.score(X_test,y_test)

# 의사결정나무&랜덤 포레스트가 유사한 결과를 출력하는지 비교하기
print(f"""의사결정나무: train_acc = {round(acc_train_dct,3)}, test_acc = {round(acc_test_
dct,3)}""")
print(f"""랜덤 포레스트: train_acc = {round(acc_train_rfc,3)}, test_acc = {round(acc_test_
rfc,3)}""")
```

┌─ **실행 결과**

```
의사결정나무: train_acc = 1.0, test_acc = 0.878
랜덤 포레스트: train_acc = 1.0, test_acc = 0.877
```

하이퍼파라미터를 의사결정나무 형태로 조정하여 의사결정나무와 유사한 결과를 도출한 것을 통해 랜덤 포레스트가 의사결정나무 기반의 앙상블 모델임을 확인할 수 있습니다.

🔍 확인 문제

01 Max_features의 값을 40, 50, 60으로 변경해 보고 가장 좋은 결괏값을 작성하세요.
(단, random_state는 0으로 고정)

> **정답 및 해설**
>
> **50**
> ※ 해설과 관련한 상세 코드는 별도 제공 실습 코드 'Chapter8_지도학습으로 AI 모델링하기_머신러닝.ipynb'를 참고하세요.

7 그래디언트 부스팅

1) 그래디언트 부스팅 이해하기

그래디언트 부스팅(Gradient Boosting)은 부스팅 계열의 알고리즘으로, 트리 기반의 모델을 직렬로 연결하여 앞선 모델이 예측한 것 중 틀린 데이터에 가중치를 부여하여 더 잘 학습되도록 하는 알고리즘입니다. 다음 예시를 통해 그래디언트 부스팅 학습 진행 방법을 알아봅니다.

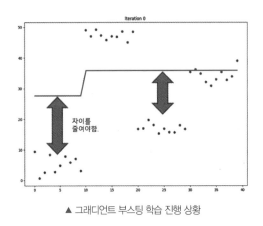

▲ 그래디언트 부스팅 학습 진행 상황

파란 선은 의사결정나무로 1회 학습한 결과이고 회색 점은 데이터입니다. 파란 선 기준으로 아래쪽과 차이가 크다는 것을 확인할 수 있습니다. 각 모델마다 세부적인 것은 다를지라도 전반적인 부스팅 계열의 알고리즘은 이 차이를 줄이는 방향으로 학습을 진행합니다.

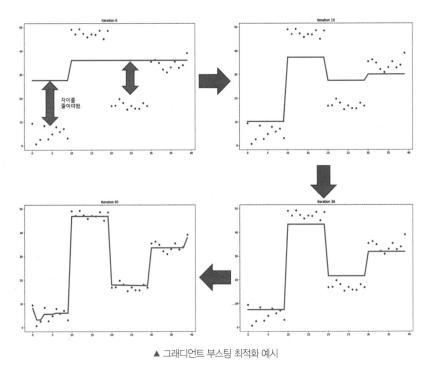

▲ 그래디언트 부스팅 최적화 예시

부스팅을 통해 의사결정나무 기반으로 계속 학습했을 때 파란 선(모델)과 데이터의 간격이 조금씩 줄어드는 것을 볼 수 있습니다. 배깅의 경우 병렬로 학습이 진행되기 때문에 각각의 모델 생성이 가능하지만, 부스팅 계열 알고리즘은 순차적으로 학습이 진행될 수밖에 없습니다. 그래서 배깅 알고리즘 대비 부스팅 알고리즘이 기본적으로 더 오랜 시간 학습을 진행하게 됩니다. 하지만 부스팅 계열 알고리즘은 앞선 모델을 개선하는 방향으로 학습하기 때문에 어려운 데이터에 대해 좀 더 좋은 성능을 가진 모델을 만들어낼 수 있습니다.

그래디언트 부스팅은 좋은 성능을 지니며, 다른 트리 기반 모델과 마찬가지로 특성의 스케일을 조정하지 않아도 되고 이진 분류나 연속적인 수치 예측에서도 잘 작동한다는 장점이 있습니다. 하지만 트리 기반 모델의 특성상 희소한 고차원 데이터에서는 잘 작동하지 않습니다. 또한 학습할 때 하이퍼파라미터를 잘 조정해야 하며, 훈련 시간이 오래 걸린다는 단점이 있습니다.

2) 그래디언트 부스팅 실습하기

그래디언트 부스팅은 sklearn 라이브러리의 ensemble 서브패키지 GradientBoostingClassifier (GradientBoostingRegressor) 클래스로 사용할 수 있습니다. 그래디언트 부스팅의 주요 하이퍼파라미터는 다음과 같습니다.

┤ 하이퍼파라미터 ├

- learning_rate : 학습률, 너무 큰 학습률은 성능을 떨어뜨리고, 너무 작은 학습률은 학습이 느리게 하여 적절한 값을 찾아야 함. n_estimators와 같이 튜닝, default=0.1
- n_estimators : 부스팅 스테이지 수, default=100
- (* 그래디언트 부스팅은 n_estimators가 커질수록 과대적합 확률이 높음)
- max_depth : 트리의 깊이, 과대적합 방지용, default=3
- subsample : 샘플 사용 비율, 과대적합 방지용, default=1.0
- max_features : 최대로 사용할 feature의 비율, 과대적합 방지용, default=1.0

이제 그래디언트 부스팅을 Mnist 데이터에 적용해 다른 알고리즘과 비교해 봅니다. 이때 그래디언트 부스팅과 같은 트리 기반의 알고리즘인 의사결정나무와 랜덤 포레스트를 Mnist 데이터에 함께 적용해 성능을 비교해 봅니다.

AI 작업 환경

데이터 획득

데이터 구조

기초 데이터

데이터 이해

데이터 전처리

AI 모델링 개념

지도학습

비지도학습

모델 성능 향상

AI 사례 실습

Mnist(Modified National Institute of Standards and Technology)는?

딥러닝을 공부할 때 가장 많이 나오는 데이터세트 중 하나입니다. 데이터의 구조는 숫자 0~9까지 손글씨 이미지의 집합이며 학습 데이터 6만 개, 테스트 데이터 1만 개로 구성되어 있습니다. 이때 각각의 이미지는 28×28 크기입니다. 이 과정에서는 이미지 데이터도 reshape로 변형하여 머신러닝을 적용할 수 있음을 학습하기 위해 해당 데이터를 활용했습니다.

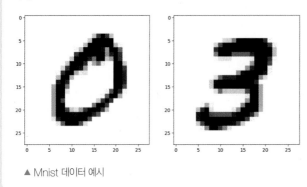

▲ Mnist 데이터 예시

(1) 데이터 준비하기

⌐ 실습 코드

```python
# tensorflow에서 데이터 불러오기
from tensorflow.keras.datasets.mnist import load_data

# 그래프 라이브러리 불러오기
import matplotlib.pyplot as plt

# 데이터 불러오기
(x_train, y_train), (x_test, y_test) = load_data()

# 학습 시간 고려해서 2,000건 데이터만 사용하기
x_train = x_train[:2000]
y_train = y_train[:2000]
x_test = x_test[:2000]
y_test = y_test[:2000]

# 샘플 데이터 확인하기
plt.imshow(x_train[7], cmap='Greys')
plt.show()

# 샘플 데이터 확인하기
plt.imshow(x_train[1], cmap='Greys')
plt.show()
```

AI 작업 환경

데이터 획득

데이터 구조

기초 데이터

데이터 이해

데이터 전처리

AI 모델링 개념

지도학습

비지도학습

모델 성능 향상

AI 사례 실습

┌ 실행 결과

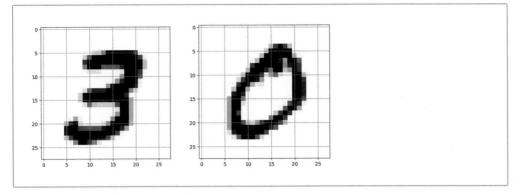

┌ 실습 코드

```
# 학습을 위한 2차원 행렬로 변경하기
X_train = x_train.reshape(-1, 784)
X_test = x_test.reshape(-1, 784)
```

(2) 알고리즘별 학습 및 결과 비교하기

┌ 실습 코드

```
# 의사결정나무, 랜덤 포레스트, 그래디언트 부스팅 라이브러리 불러오기
from sklearn.tree import DecisionTreeClassifier
from sklearn.ensemble import RandomForestClassifier
from sklearn.ensemble import GradientBoostingClassifier

# 의사결정나무 불러오기 및 학습하기
dct = DecisionTreeClassifier(random_state=0)
dct.fit(X_train, y_train)

# 의사결정나무 학습 결과 저장하기
acc_train_dct = dct.score(X_train,y_train)
acc_test_dct = dct.score(X_test,y_test)

# 랜덤 포레스트 불러오기 및 학습하기
rfc = RandomForestClassifier(random_state=0)
rfc.fit(X_train, y_train)
```

```python
# 랜덤 포레스트 학습 결과 저장하기
acc_train_rfc = rfc.score(X_train,y_train)
acc_test_rfc = rfc.score(X_test,y_test)

# 그래디언트 부스팅 불러오기 및 학습하기
gbc = GradientBoostingClassifier(random_state=0, verbose=1)
gbc.fit(X_train, y_train)

# 그래디언트 부스팅 학습 결과 저장하기
acc_train_gbc = gbc.score(X_train,y_train)
acc_test_gbc = gbc.score(X_test,y_test)

# 각 알고리즘별 성능 비교하기
print(f"""의사결정나무: train_acc = {round(acc_train_dct,3)}, test_acc = {round(acc_test_
dct,3)}""")
print(f"""랜덤 포레스트: train_acc = {round(acc_train_rfc,3)}, test_acc = {round(acc_test_
rfc,3)}""")
print(f"""그래디언트 부스팅: train_acc = {round(acc_train_gbc,3)}, test_acc = {round(acc_
test_gbc,3)}""")
```

┌ 실행 결과

```
의사결정나무: train_acc = 1.0, test_acc = 0.652
랜덤 포레스트: train_acc = 1.0, test_acc = 0.874
그래디언트 부스팅: train_acc = 0.962, test_acc = 0.828
```

┌ 실습 코드

```python
# 비교 그래프 그리기
import matplotlib.pyplot as plt
acc_list_x = ['dct_train', 'dct_test', 'rfc_train', 'rfc_test', 'gbc_train', 'gbc_test', ]
acc_list_y = [acc_train_dct, acc_test_dct, acc_train_rfc, acc_test_rfc, acc_train_gbc,
acc_test_gbc]
colors = ['orange', 'orange' , 'blue', 'blue', 'red', 'red']
plt.bar(acc_list_x,acc_list_y, color=colors)
plt.ylim([0.8,1.0])
plt.show()
```

┌ 실행 결과

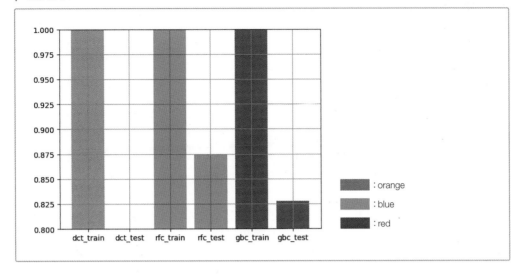

그래디언트 부스팅의 시험 데이터세트에 대한 성능이 의사결정나무보다 더 좋지만, 랜덤 포레스트 보다 떨어지는 결과를 확인할 수 있습니다.

01 그래디언트 부스팅 알고리즘으로 n_estimators를 200으로 설정(기본값은 100)하여 학습시켜 보고 기존 그래디언트 부스팅 결과와 비교하는 그래프 코드를 작성하세요.

정답 및 해설

01 /

```
gbc_200 = GradientBoostingClassifier(random_state=0,
                        n_estimators=200,
                        verbose=1)
gbc_200.fit(X_train, y_train)
acc_train_gbc_200 = gbc_200.score(X_train,y_train)
acc_test_gbc_200 = gbc_200.score(X_test,y_test)
acc_list_x = ['gbc_train', 'gbc_test', 'tune_gbc_train', 'tune_gbc_test', ]
acc_list_y = [acc_train_gbc, acc_train_gbc, acc_train_gbc_200, acc_test_
gbc_200]
colors = ['orange', 'orange' , 'blue', 'blue']
plt.bar(acc_list_x,acc_list_y, color=colors)
plt.ylim([0.8,1.0])
plt.show()
```

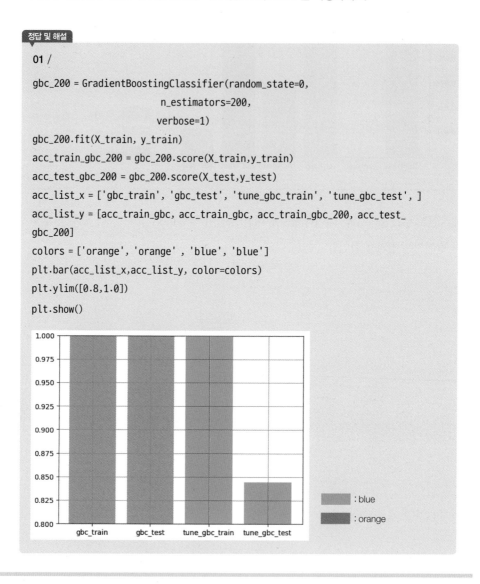

딥러닝으로 AI 모델링하기

인공지능의 급속한 발전을 가능하게 한 것은 컴퓨터 성능의 발전, 딥러닝 알고리즘과 심층 신경망 구조의 혁신, 그리고 빅데이터의 축적입니다.

딥러닝은 인간의 뇌 신경망이 학습하는 방식에서 영감을 얻어 고안되었습니다. 두뇌의 신경세포가 연결된 형태를 모방하여 인공신경망 모델을 만들고 인공신경망을 학습(Learning) 모델로 사용하는 머신러닝 패러다임이 딥러닝(Deep Learning)입니다.

여러 층으로 이루어진 신경망 구조와 다양한 딥러닝 알고리즘은 그동안 많은 연구와 혁신의 결과물입니다. 현재 딥러닝은 이미지 인식, 음성 인식, 언어 번역과 같은 자연어 처리 분야에서 높은 성능을 나타내고 있으며, 언어 번역, 고객 상담, 자율주행, 질병 진단 등 딥러닝의 활용 분야가 지속적으로 확장되고 있습니다.

이번 섹션에서는 기본적인 인공신경망 개념과 여러 층으로 이루어진 심층신경망을 효과적으로 학습하는 알고리즘을 소개하고, 분류 문제를 위한 간단한 심층신경망을 알아봅니다.

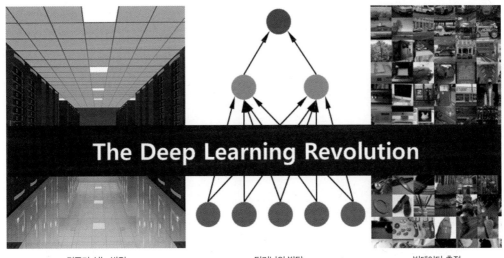

컴퓨터 성능 발전   딥러닝의 발달   빅데이터 축적

▲ 인공지능 기술의 발전 배경

1 인공신경망

두뇌의 신경망 정보처리 구조를 모방하여 만든 컴퓨터 계산 알고리즘이 인공신경망(Artificial Neural Network, ANN)입니다. 두뇌의 신경망은 수많은 뉴런(neuron, 신경세포)이 연결되어 정보를 처리하고 전달합니다.

생물학적 뉴런에는 외부 자극(신호)을 수용하는 여러 개의 수상돌기가 있으며, 세포핵에서 이 자극들을 새로운 자극으로 가공합니다. 새로운 자극은 축삭돌기를 통해 전달됩니다.

생물학적 뉴런을 인공 뉴런으로 모델링하면, 입력 $x_1, x_2, x_3 \cdots x_n$에 가중치 $w_1, w_2, w_3 \cdots w_n$를 각각 곱하고, 이를 모두 더해서 활성화 함수를 통과시키면 출력됩니다.

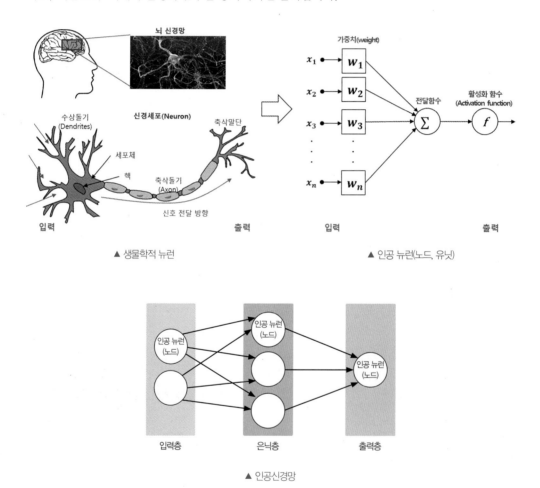

▲ 생물학적 뉴런   ▲ 인공 뉴런(노드, 유닛)

▲ 인공신경망

일반적으로 인공 뉴런을 노드(node) 또는 유닛(unit)이라고 하며, 인공신경망은 노드들의 그룹으로 연결되어 뇌의 신경망 구조와 유사합니다. 인공신경망에서 원 모양은 노드를 나타내고 화살표는 하나의 노드 출력에서 다른 노드로 입력을 나타냅니다. 인공신경망의 입력과 출력 중간에 있는 층을 은닉층(hidden layer)이라고 합니다.

AI 작업 환경

데이터 확득

데이터 구조

기초 데이터

데이터 이해

데이터 전처리

AI 모델링 개념

지도학습

비지도학습

모델 성능 향상

AI 사례 실습

1) 가중치와 편향 이해하기

인공신경망 모델을 수학적으로 표현하면 다음 그림과 같습니다. 뉴런에 2개의 입력값 x_1, x_2이 입력되고, 입력 개수만큼 2개의 가중치(weight) w_1, w_2와 1개의 편향(bias, 바이어스) b를 가지고 있습니다.

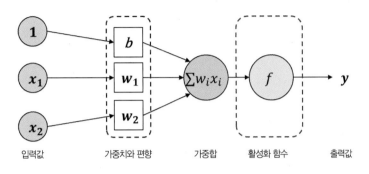

▲ 가중치와 편향

가중치는 입력 데이터에서 원하는 연산 결과를 만들도록 비중을 부여하는 값이고, 편향은 뉴런의 활성화를 조절하는 상수입니다. 가중치와 편향은 뉴런의 동작 특성을 나타내는 중요한 파라미터로서 이 값들을 조정해 원하는 출력값을 만들어 냅니다.

인공신경망으로 실제 정답에 근사하는 출력값을 만들기 위해 뉴런의 가중치와 편향을 반복적으로 조정하며, 이러한 반복적인 과정을 학습이라고 합니다.

인공신경망의 가중합을 구하는 수식은 간단한 1차 함수로 표기할 수 있으며, 입력 x_1에 가중치 w_i를 각각 곱하고, 그 값을 모두 더한 후에 추가적으로 편향을 더합니다.

$$가중합 = \sum_i w_i x_i + b = (w_1 x_1 + w_2 x_2) + b$$

$$(w : 가중치, \ b : 편향)$$

입력 x_1이 매우 큰 값이라면 x_1이 연산 결과에 미치는 영향도가 절대적일 것입니다. 하지만 입력 x_1에 곱하는 가중치 w_1이 0.0001처럼 작은 값이라면, $w_1 \times x_1$의 연산 결과는 0에 가까운 값이 됩니다. 즉, 가중치는 입력 데이터의 연산 결과에 미치는 영향도를 조절하는 요소이고, 편향값 b도 가중합을 조정하는 파라미터입니다.

2) 활성화 함수 알아보기

생물학적 뉴런은 입력된 자극(신호)이 특정 강도 이상일 때만 다음 뉴런으로 신호를 전달하는데, 인공신경망의 뉴런에서도 동일한 역할을 하는 활성화 함수(activation function)가 있습니다.

활성화 함수는 입력값들의 수학적 선형 결합인 가중합 값을 입력받고 일정 기준에 따라 변환하여 값을 출력하는 비선형(또는 선형) 함수입니다.

주요 활성화 함수는 시그모이드(sigmoid), 하이퍼볼릭 탄젠트(hyperbolic tangent, tanh), 렐루(ReLU)가 있으며, 최근 인공신경망의 은닉층에서는 렐루를 많이 사용합니다.

(1) 시그모이드(sigmoid)

시그모이드 함수의 수식은 다음과 같습니다.

$$f(x) = \frac{1}{1+e^{-x}} \qquad f'(x) = f(x) \cdot (1 - f(x))$$

활성화 함수 $f(x)$와 활성화 함수의 미분 결과 $f'(x)$를 그래프로 나타내면 다음과 같습니다.

시그모이드 함수는 입력값을 비선형 형태로 0~1 사이의 값으로 변화시키므로, 로지스틱 회귀와 같은 이진 분류 모델의 결과를 확률적으로 나타내는 데 사용합니다.

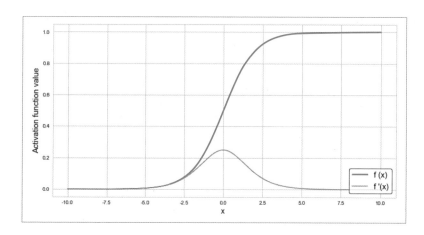

▲ 시그모이드

시그모이드 미분 함수 $f'(x)$의 값은 입력값이 0일 때 0.25에 불과하고 입력 x가 매우 작아지거나 커지면 기울기(미분값)가 0에 수렴하는 것을 알 수 있습니다. 인공신경망을 사용하는 딥러닝은 모델 학습에 활성화 함수의 기울기(gradient, 그래디언트)를 계속 곱하는 연산이 있으며, 미분값이 작은 시그모이드 함수를 은닉층의 활성화 함수로 사용하면 기울기 소실(vanishing gradient) 문제가 발생해 모델 학습이 제대로 이루어지지 않습니다.

(2) 하이퍼볼릭 탄젠트(hyperbolic tangent, tanh)

시그모이드 활성화 함수를 사용하는 경우 은닉층이 많아질수록 효과적으로 학습되지 않는 한계점을 개선하기 위한 방법 중 하나로 하이퍼볼릭 탄젠트 함수가 제안되었습니다.

하이퍼볼릭 탄젠트 함수의 출력은 −1과 1 사이의 값이고, 미분값이 시그모이드 함수에 비해 커졌습니다. 하지만 하이퍼볼릭 탄젠트 함수도 x 값이 크거나 작아짐에 따라 기울기가 매우 작아져서 기울기 소실 문제가 발생합니다.

$$f(x) = \tanh x = \frac{\sinh x}{\cosh x} = \frac{e^x - e^{-x}}{e^x + e^{-x}} \qquad f'(x) = 1 - f(x)^2$$

e : 지수함수(exponential function)

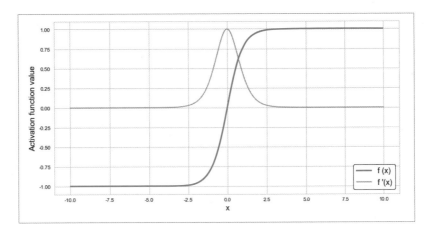

▲ 하이퍼볼릭 탄젠트

(3) 렐루(Rectified Linear Unit, ReLU)

렐루 함수는 시그모이드와 하이퍼볼릭 탄젠트 활성화 함수가 갖는 기울기 소실 문제를 해결하기 위한 함수로 현재 가장 많이 사용되는 활성화 함수 중 하나입니다.

렐루 함수는 입력값이 양수일 경우 출력값은 입력값 x와 같고, 입력값이 음수일 경우 출력값은 0으로 렐루 함수의 수식은 다음과 같습니다.

$$f(x) = \max(0, x) \qquad f(x) = \begin{cases} 0 \ if \ x < 0 \\ x \ if \ x \geq x \end{cases} \qquad f'(x) = \begin{cases} 0 \ if \ x < 0 \\ 1 \ if \ x \geq x \end{cases}$$

그래프를 보면 입력값이 양수일 경우 미분값은 항상 1이며, 기울기 소실 문제를 해결할 수 있습니다. 그리고 렐루 함수에는 특별한 연산이 없으므로 연산 속도가 빠릅니다.

AI 작업 환경

데이터 획득

데이터 구조

기초 데이터

데이터 이해

데이터 전처리

AI 모델링 개념

지도학습

비지도학습

모델 성능 향상

AI 사례 실습

렐루 함수에도 단점이 있는데, 렐루 함수의 입력값이 음수일 경우 미분값이 항상 0이므로, 입력값이 음수인 뉴런의 출력을 회생시키지 못하는 한계가 있습니다.

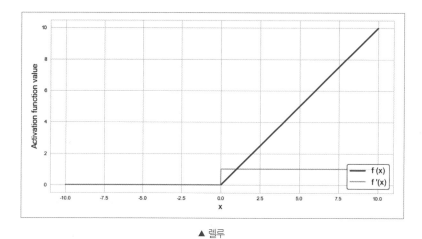

▲ 렐루

(4) 리키 렐루(Leaky ReLU)

렐루 함수의 단점을 보완하기 위해 다양하게 변형된 렐루 함수가 제안되었습니다. 그중 리키 렐루는 입력값이 음수일 때 출력값을 0이 아닌 0.001과 같은 매우 작은 값을 출력하는 함수로 수식은 다음과 같습니다.

$$f(x) = \max(ax, x)$$

a는 0.01, 0.001과 같이 작은 값으로 설정하는 파라미터입니다. 리키 렐루 함수는 입력값 0 이하에서도 기울기가 0이 되지 않아 뉴런의 출력값이 사라지는 현상을 방지할 수 있습니다.

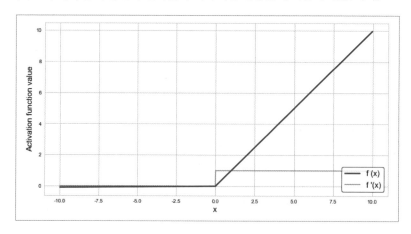

▲ 리키 렐루

(5) 소프트맥스(Softmax)

소프트맥스 함수는 다중 분류 모델에 사용하는 활성화 함수로 수식은 다음과 같습니다.

$$\text{softmax}(z) = \frac{e^{z_i}}{\sum_{j=1}^{k} e^{z_i}} \quad \text{for} \ \ i = 1, 2, \cdots k$$

z : 입력, e : 지수함수(exponential function), k : 클래스 개수

소프트맥스 함수는 모든 입력값을 0과 1 사이의 값으로 정규화하여 출력하며, 출력값들의 총합은 1이 됩니다. 분류할 클래스가 n개라고 할 때, 소프트맥스 출력값은 n개이며, 이는 입력이 각 클래스에 속할 확률 추정치입니다.

예를 들어 분류할 클래스가 3개인 경우 소프트맥스 함수의 결과는 다음과 같습니다.

$$\text{softmax}(z) = \left[\frac{e^{z_1}}{e^{z_1} + e^{z_2} + e^{z_3}}, \frac{e^{z_2}}{e^{z_1} + e^{z_2} + e^{z_3}}, \frac{e^{z_3}}{e^{z_1} + e^{z_2} + e^{z_3}} \right] = \left[p_1, p_2, p_3 \right]$$

수식은 조금 복잡하지만, 풀어서 설명하면 소프트맥스 함수는 분류하고자 하는 클래스가 3개일 때, n차원의 벡터를 입력받아서 합은 1이 되도록 모든 벡터 원소의 값을 0과 1 사이의 값으로 변경하여 3차원의 벡터를 반환하는 함수입니다.

다음 예시와 같이 z값들이 소프트맥스 함수를 통해 0.71, 0.05, 0.24와 같은 0과 1 사이의 값으로 변환되고, 변환된 값들의 총합은 1입니다. 소프트맥스 함수의 출력은 확률값이 되고, 이 중 가장 큰 확률값이 분류의 결과가 되며, 예시에서는 분류 결과가 클래스 A로 되었습니다.

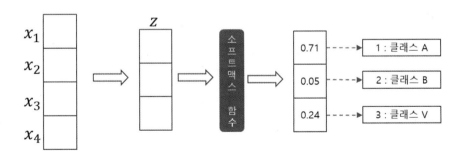

▲ 소프트맥스

2 심층신경망

1) 심층신경망 구조 알아보기

입력층(input layer)과 출력층(output layer) 사이에 여러 개의 은닉층(hidden layer)이 있는 인공
신경망을 심층신경망(Deep Neural Network, DNN)이라고 합니다.

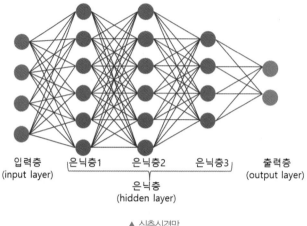

▲ 심층신경망

심층신경망은 입력 데이터를 수신하는 입력층과 여러 개의 은닉층, 그리고 모델의 출력이 나오는
출력층으로 구성됩니다.

심층신경망에서 은닉층과 노드(뉴런)의 개수가 많아질수록, 입력 데이터 자체만으로는 미처 알지
못한 높은 수준의 특징과 패턴을 찾아낼 수 있습니다. 심층신경망의 은닉층에서는 입력 데이터에서
높은 수준의 특성/패턴 데이터를 추출하고, 심층신경망의 출력층에서는 분류/예측 모델이 해결하
고자 하는 문제에 대한 알고리즘이 적용됩니다.

딥러닝 알고리즘을 이해하기 위해서는 다음 용어들을 알아야 합니다.

용어	설명
샘플	예측에 사용하는 데이터로, 입력(input)이라고도 표기합니다.
입력	모델이 규칙을 찾아야 할 대상으로, 샘플(sample)과 같은 용어입니다.
타깃	모델이 예측해야 하는 대상으로, 샘플(입력)에 상응하는 레이블(label)입니다.
학습	컴퓨터가 스스로 데이터의 규칙을 찾아내는 기술입니다.
훈련	데이터의 규칙을 찾고 정확도를 높이는 방향으로 수정하는 과정. 즉 학습을 구현하기 위한 과정입니다.
알고리즘	특정 문제를 해결하거나 계산을 수행하는 데 필요한 단계의 순서를 구체적으로 명시하는 규칙의 조합으로, 딥러닝에서 알고리즘은 입력 데이터를 학습해 '예측'이라는 결과를 출력하는 것을 의미합니다.
모델	데이터 학습이 완료된 알고리즘으로, 수학식이나 샘플 데이터를 입력받아서 타깃 레이블 값을 예측하는 함수입니다. 딥러닝을 통해 최종적으로 얻고자 하는 산출물입니다.

파라미터	모델을 규정하는 값으로 가중치와 편향이 있습니다.
예측	모델치를 추정(estimate)하는 값입니다.
손실	모델의 출력값과 타깃인 실제값 간의 차이로, 손실(loss)과 오차(error)는 같은 의미로 사용됩니다.
손실함수	모델의 예측인 출력값과 타깃인 실제값 간의 차이를 비교하는 함수입니다.
경사하강법	어떤 손실함수가 정의되었을 때, 손실함수의 값이 최소가 되는 지점을 찾아가는 방법입니다.
오차역전파	신경망에서 순전파 이후에 출력값에 오차가 있는 경우, 출력층에서 입력층 방향으로(역방향) 오차가 작아지도록 가중치가 더 이상 업데이트되지 않을 때까지 반복하는 알고리즘입니다.

2) 신경망 출력 계산하기

심층신경망의 출력 계산은 입력층에서 시작해서 정방향으로 훈련 데이터의 패턴을 신경망의 네트워크에 전파하는 순전파(forward propagation) 과정으로 이루어집니다.

신경망 출력 계산 방법을 설명하기 위해 w_{12}^1과 같은 표기를 사용합니다. 표기의 위첨자는 신경망의 몇 번째 층인지를 나타내는 인덱스 번호입니다. 그리고 표기의 아래첨자 앞자리 숫자는 앞 층에서 몇 번째 뉴런인지를, 아래첨자 뒷자리 숫자는 다음 층에서 몇 번째 뉴런인지를 나타내는 인덱스 번호입니다.

데이터의 패턴이 정방향으로 신경망의 네트워크로 전파될 때, 현 단계 뉴런의 가중치와 전 단계 뉴런의 출력값 곱들의 합을 입력값으로 받습니다. 이 값은 다시 활성화 함수를 통해 다음 뉴런으로 전파됩니다.

최종적으로 출력층에서 나오는 값은 이 모델이 예측한 결괏값입니다. 심층신경망을 출력을 기반으로 손실함수를 이용하여 오차를 계산하고, 심층신경망 네트워크에 있는 모든 가중치에 대한 도함수를 찾아서 오차를 역전파하여 모든 가중치와 편향을 업데이트합니다.

반복적인 순전파와 역전파를 통해 최적의 가중치들과 편향값들을 찾았다면 모델 학습이 잘된 것이며, 해당 출력을 모델의 예측값으로 사용할 수 있습니다.

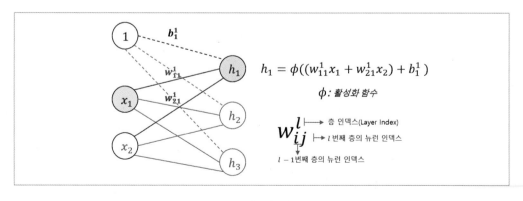

▲ 가중치 표기

AI 작업 환경
데이터 획득
데이터 구조
기초 데이터
데이터 이해
데이터 전처리
AI 모델링 개념
지도학습
비지도학습
모델 성능 향상
AI 사례 실습

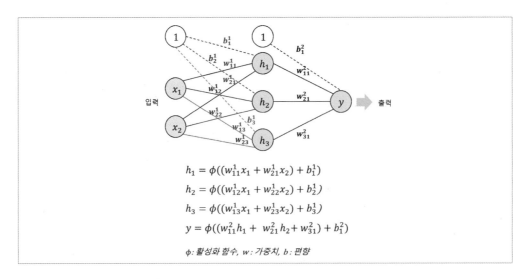

$$h_1 = \phi((w_{11}^1 x_1 + w_{21}^1 x_2) + b_1^1)$$

$$h_2 = \phi((w_{12}^1 x_1 + w_{22}^1 x_2) + b_2^1)$$

$$h_3 = \phi((w_{13}^1 x_1 + w_{23}^1 x_2) + b_3^1)$$

$$y = \phi((w_{11}^2 h_1 + w_{21}^2 h_2 + w_{31}^2) + b_1^2)$$

φ: 활성화 함수, w: 가중치, b: 편향

▲ 신경망 정방향 계산

3) 손실함수 이해하기

손실함수는 신경망 학습의 목적 함수로 신경망의 출력값(예측값)과 실제값의 차이를 계산하는 함수입니다. 회귀 모델과 분류 모델에 주로 사용하는 손실함수를 알아봅니다.

(1) 회귀 모델 손실함수

수치를 예측하는 회귀 모델(Regression)은 손실함수로, 평균제곱오차(Mean Squared Error, MSE)를 주로 사용합니다. 평균제곱오차(MSE)는 수학적인 분석이 쉽고 계산이 용이합니다.

평균제곱오차는 실제값과 예측값의 차이인 오차들의 제곱 평균이어서 특이치에 민감합니다. 예측값과 실제값의 절댓값 차이인 평균절대오차(MAE)도 회귀 모델의 손실함수로 사용하며, MAE는 MSE보다 이상치에 덜 민감합니다.

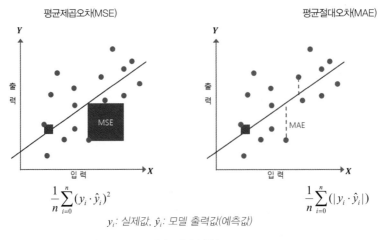

$$\frac{1}{n}\sum_{i=0}^{n}(y_i \cdot \hat{y}_i)^2 \qquad\qquad \frac{1}{n}\sum_{i=0}^{n}(|y_i \cdot \hat{y}_i|)$$

y_i: 실제값, $\hat{y}_i$: 모델 출력값(예측값)

▲ 회귀 모델 손실함수

(2) 분류 모델 손실함수

카테고리를 분류하는 분류 모델(Classification)의 손실함수는 크로스 엔트로피(Cross Entropy) 함수를 사용합니다. 크로스 엔트로피 함수는 실제값(레이블)과 모델의 예측값이 많이 틀릴수록, 그에 비례하여 더 큰 손실값이 부여되도록 디자인된 함수입니다.

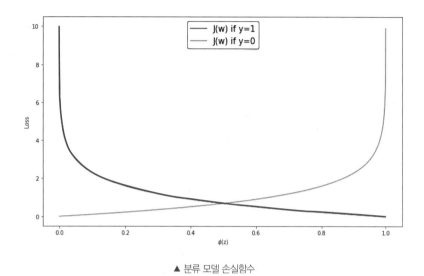

▲ 분류 모델 손실함수

분류 모델의 종류에는 이진 분류와 다중 분류가 있습니다. 이진 분류는 True 또는 False, 양성 또는 음성 등 2개의 클래스로 분류하는 모델이며, 이진 교차 엔트로피 오차(Binary Cross Entropy Error, BCEE) 함수를 사용합니다. 이진 교차 엔트로피 오차함수 공식은 다음과 같습니다.

$$BCELoss(\hat{y}_i, y_i) = -(y_i \times \log \hat{y}_i + (1 - y_i) \times \log(1 - \hat{y}_i))$$

여러 개의 레이블 중 하나로 분류하는 다중 분류 모델 훈련에는 범주형 교차 엔트로피 오차 (Categorical Cross Entropy Error, CCEE) 함수를 사용합니다. 다중 분류는 분류해야 할 클래스가 3개 이상인 경우로 범주형 교차 엔트로피 오차함수의 공식은 다음과 같습니다.

$$CCEE = -\sum_{i=0}^{n} CrossEntroy(\hat{y}_i, y_i)$$
$$CrossEntroy(\hat{y}_i, y_i) = y_i \times \log \hat{y}_i$$

AI 작업 환경

데이터 획득

데이터 구조

기초 데이터

데이터 이해

데이터 전처리

AI 모델링 개념

지도학습

비지도학습

모델 성능 향상

AI 사례 실습

4) 경사하강법 이해하기

딥러닝에서는 학습 데이터를 입력하여 신경망 구조를 거쳐 결괏값(예측값)을 얻습니다. 모델이 예측한 값과 실제값의 차이인 오차를 최소화하는 파라미터를 찾는 과정이 최적화이며, 신경망 최적화 기법으로는 경사하강법(Gradient Descent)이 대표적입니다.

경사하강법은 오차가 최소화되도록 파라미터를 업데이트하는 데 손실함수의 기울기(gradient)를 사용합니다. 경사하강법은 손실함수의 경사가 작아지는 방향으로 파라미터를 조절합니다.

다음 그래프와 같이 손실함수는 가중치(w)에 대한 함수로, 손실함수가 볼록함수 형태라면 미분으로 손실이 가장 작은 가중치를 찾을 수 있습니다. 하지만 딥러닝에서는 손실함수가 복잡하고 계산량이 매우 크며 미분이 0이 되는 값이 여러 개 존재하므로, 미분만으로 최솟값을 찾기 어려워 경사하강법을 사용합니다. 아래 그림에서 보듯이, 경사하강법은 손실함수의 현재 가중치에서 기울기를 구해 손실을 줄이는 방향으로 가중치를 업데이트해 나갑니다.

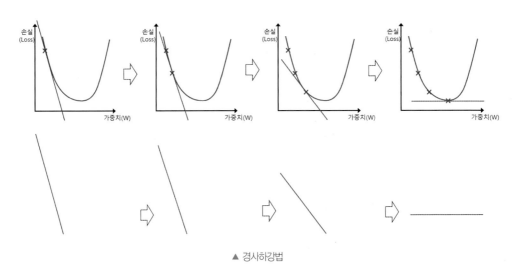

▲ 경사하강법

경사하강법의 단점을 보완한 방법으로 확률적 경사하강법, 미니배치 경사하강법이 있습니다. 경사하강법은 정확하게 가중치를 찾아가지만 파라미터를 한 번 업데이트하는 데 데이터세트 전체를 사용합니다. 딥러닝 모델의 학습에서 사용하는 데이터세트 규모는 보통 수백만 개가 넘는데, 많은 계산량 때문에 속도가 느리거나 최적해를 찾기 전에 학습을 멈출 수 있는 단점이 있습니다.

확률적 경사하강법은 파라미터를 업데이트하기 위해 무작위로 샘플링된 1개의 데이터를 사용하는 방법이며, 적은 계산량으로 적절한 기울기를 구할 수 있지만 노이즈가 심하다는 단점이 있습니다.

미니배치 경사하강법은 랜덤 추출한 일부 데이터를 통해 가중치를 조절합니다. 예를 들어 학습 데이터가 1,000개이고 배치 크기를 100으로 하면, 총 10개의 미니배치가 나오고, 이 미니배치 하나당 한 번씩 경사하강법을 진행하여 속도를 개선합니다.

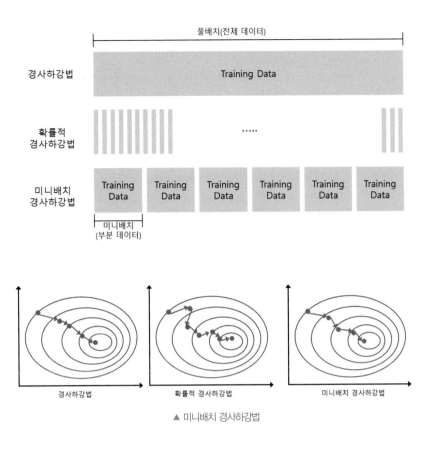

▲ 미니배치 경사하강법

경사하강법의 최적화 기법에는 관성의 효과를 내는 모멘텀(Momentum), 파라미터의 업데이트 횟수에 따라 학습률을 조절하는 옵션이 추가된 아다그라드(AdaGrad, Adaptive Gradient), 지수 이동평균을 이용하는 알엠에스프롭(RMSprop), 모멘텀과 알엠에스프롭을 융합한 방법인 아담 (Adam, Adaptive Moment Estimation) 등 다양합니다. 특히 아담은 모멘텀과 알엠에스프롭을 섞어놓은 최적화 알고리즘으로 딥러닝에서 자주 사용됩니다.

5) 역전파 알고리즘 이해하기

신경망 학습 방법은 모델의 출력값과 실제값의 차이인 오차값을 최소화하기 위해 모델의 파라미터를 조정하는 오차역전파 알고리즘을 사용합니다.

심층신경망의 출력값은 각 노드들에서 계산되는 가중합($\sum_i w_i x_i + b$)들의 연산 결과이므로 가중치(w)와 편향(b)이 모델에서 변경 가능한 파라미터이고, 오차값이 적은 출력값을 만드는 최적의 가중치들과 편향값들을 찾는 것이 딥러닝 모델의 목적입니다.

처음에는 심층신경망 각 노드(뉴런)의 가중치와 편향을 무작위로 부여하고, 순전파와 오차역전파를 계속 반복하는 방식으로 가중치들과 편향값들을 조정하면서 오차를 최소화합니다.

AI 작업 환경

데이터 획득

데이터 구조

기초 데이터

데이터 이해

데이터 전처리

AI 모델링 개념

지도학습

비지도학습

모델 성능 향상

AI 사례 실습

다음 그림과 같이 어떤 입력에 대한 실제값이 10인 경우, 신경망의 정방향 계산에 의한 출력값이 7이라면 오차는 실제값 10에서 신경망의 출력값 7을 뺀 3이 됩니다.

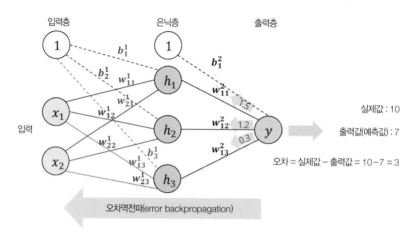

▲ 오차역전파 알고리즘

출력층에서 측정한 오차를 이전의 은닉층과 입력층으로 역방향 전파하면서 가중치들과 편향값을 조정합니다. 이때 역방향으로 전파되는 오차의 크기는 각 뉴런이 결괏값에 미치는 영향도에 비례합니다. 예를 들어 가중치 w_{11}^2에는 1.5, w_{12}^2에는 1.2, w_{13}^2에는 0.3만큼의 오차를 줄일 수 있도록 가중치 값을 조정합니다.

■ **역전파 알고리즘 동작 방식**

① 신경망 모델은 모든 가중치(w)와 편향(b)을 랜덤하게 초기화합니다.

② 신경망 모델에 x값을 입력하면 신경망은 예측 y를 출력합니다.

③ 신경망에서 손실 최소화를 위해 가중치를 업데이트해야 합니다.

④ 역전파를 사용해 신경망에 있는 모든 가중치에 대한 비용함수의 기울기를 계산합니다.

⑤ 가중치에 대한 비용함수의 기울기에 비례하여 가중치를 조정함으로써, 역전파는 비용을 감소하는 방향으로 가중치를 변경할 수 있습니다.

6) 드롭아웃 이해하기

보통 사용하는 심층신경망은 파라미터가 매우 많은 모델입니다. 파라미터가 많으면 모델의 복잡도가 높은 것이고, 모델의 복잡도가 너무 높으면 과적합(overfitting) 경향이 발생합니다. 심층신경망이 훈련 데이터를 외워버리면 훈련 데이터세트에서는 좋은 성능을 내지만, 별도의 테스트 데이터세트나 새로운 데이터세트에서는 성능이 낮습니다.

드롭아웃(Dropout)은 심층신경망에 적용하여 과대적합을 방지하고 일반화 성능을 높이는 방법입니다. 드롭아웃은 심층신경망을 훈련하는 동안, 반복마다 은닉 유닛의 일부를 확률 p만큼 랜덤하게 드롭해서 학습에 참여하지 않도록 하는 방법입니다. 드롭아웃 확률은 사용자가 지정하고, p=0.5를 많이 사용하며 이 경우 50%의 은닉 노드가 랜덤하게 드롭됩니다. 데이터를 신경망에 순전파하는 과정에서 은닉 노드가 생략되므로 역전파에서도 제외됩니다. 일반화(generalization)는 모델 훈련에 사용된 데이터가 아닌 이전에 접하지 못한 새로운 데이터에 대해 올바른 예측을 수행하는 능력을 의미합니다.

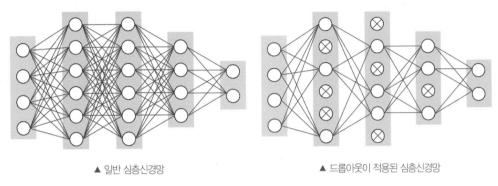

▲ 일반 심층신경망　　　　　　　　　　▲ 드롭아웃이 적용된 심층신경망

③ 딥러닝 프레임워크

1) 텐서 이해하기

텐서(Tensor)는 다차원 배열을 통칭하는 용어입니다. 스칼라는 값을 1개의 수치로 표현하고, 벡터는 하나의 값을 2개 이상의 수치로 표현합니다. 그리고 매트릭스는 2개 이상의 벡터 값을 통합해 구성된 값입니다.

행렬을 2차원의 배열이라고 한다면 텐서는 2차원 이상의 다차원을 가진 배열로 이해하면 됩니다.

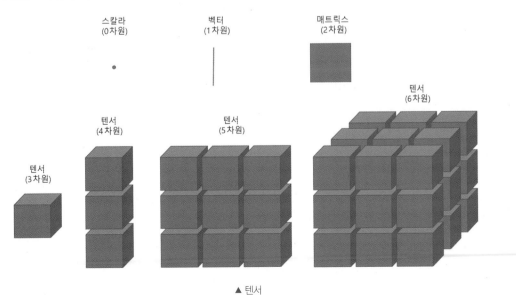

▲ 텐서

2) 딥러닝 개발 프레임워크 알아보기

딥러닝 모델을 만들고 사용하기 위한 대표적인 프레임워크에는 텐서플로, 케라스, 파이토치가 있으며, 오픈소스로 제공됩니다.

딥러닝 프레임워크는 딥러닝에 필요한 많은 알고리즘을 제공하기 때문에, 이를 활용할 경우 복잡한 로직이나 수학 연산을 직접 구현할 필요 없이 솔루션 개발에 집중할 수 있습니다.

■ 텐서플로(TensorFlow)

- 구글이 개발하여 오픈소스로 공개한 딥러닝 프레임워크로 데이터 플로 그래프(Data Flow Graph) 구조를 사용하여 수치 연산을 합니다.
- 강력한 시각화 기능과 높은 수준의 모델 개발에 사용할 수 있는 여러 옵션을 갖춘 딥러닝 라이브러리입니다.
- 프로덕션 레디 배포(production-ready deployment) 옵션과 모바일 플랫폼 지원에 장점이 있습니다.
- 텐서플로 홈페이지 : https://www.tensorflow.org

■ 케라스(Keras)

- 텐서플로의 상위 레벨 API로 딥러닝 모델을 쉽게 구현하는 데 도움을 주는 직관적인 API를 제공합니다.
- 시퀀셜(Sequential) 모델로 원하는 레이어(layer)를 쉽게 순차적으로 쌓을 수 있습니다.
- 다중 출력 등 복잡한 모델을 케라스 함수 API로 쉽게 구성할 수 있습니다.
- 케라스 홈페이지 : https://keras.io

■ 파이토치(PyTorch)

- 페이스북이 개발한 파이썬 기반 오픈소스 라이브러리 토치(Torch)를 기반으로 만들어진 프레임워크입니다.
- 동적 계산 그래프를 사용하며 파이썬 친화적인 프레임워크입니다.
- 파이토치 홈페이지 : https://pytorch.org

3) 텐서플로 설치 및 활용하기

딥러닝 모델 개발 실습에 텐서플로를 사용해 봅니다. 파이썬이 설치된 환경에서 파이썬 라이브러리 관리 툴 pip로 텐서플로를 설치합니다.

- 터미널/명령창 : pip install tensorflow
- 주피터 노트북 : !pip install tensorflow

주피터 노트북에서 텐서플로를 설치합니다.

실습 코드

```python
# tensorflow 라이브러리 설치하기
!pip install tensorflow
```

실행 결과

```
Collecting tensorflow
  Downloading tensorflow-2.11.0-cp38-cp38-win_amd64.whl (1.9 kB)
Collecting tensorflow-intel==2.11.0; platform_system == "Windows"
  Downloading tensorflow_intel-2.11.0-cp38-cp38-win_amd64.whl (266.3 MB)
Collecting typing-extensions>=3.6.6
  Downloading typing_extensions-4.4.0-py3-none-any.whl (26 kB)
Collecting libclang>=13.0.0
  Downloading libclang-15.0.6.1-py2.py3-none-win_amd64.whl (23.2 MB)
Collecting tensorflow-estimator<2.12,>=2.11.0
  Downloading tensorflow_estimator-2.11.0-py2.py3-none-any.whl (439 kB)
Collecting tensorflow-io-gcs-filesystem>=0.23.1; platform_machine != "arm64" or
platform_system != "Darwin"
Downloading tensorflow_io_gcs_filesystem-0.30.0-cp38-cp38-win_amd64.whl (1.5 MB)
......

Installing collected packages: typing-extensions, libclang, tensorflow-estimator,
tensorflow-io-gcs-filesystem, six, wheel, astunparse, flatbuffers, numpy, h5py, absl-py,
packaging, protobuf, gast, google-pasta, opt-einsum, termcolor, keras, wrapt, charset-
normalizer, urllib3, idna, certifi, requests, pyasn1, pyasn1-modules, cachetools, rsa,
google-auth, tensorboard-plugin-wit, oauthlib, requests-oauthlib, google-auth-oauthlib,
MarkupSafe, werkzeug, zipp, importlib-metadata, markdown, grpcio, tensorboard-data-
server, tensorboard, tensorflow-intel, tensorflow
Successfully installed MarkupSafe-2.1.2 absl-py-1.4.0 astunparse-1.6.3 cachetools-5.3.0
certifi-2022.12.7 charset-normalizer-3.0.1 flatbuffers-23.1.21 gast-0.4.0 google-
auth-2.16.0 google-auth-oauthlib-0.4.6 google-pasta-0.2.0 grpcio-1.51.1 h5py-3.8.0 idna-
3.4 importlib-metadata-6.0.0 keras-2.11.0 libclang-15.0.6.1 markdown-3.4.1 numpy-1.24.2
oauthlib-3.2.2 opt-einsum-3.3.0 packaging-23.0 protobuf-3.19.6 pyasn1-0.4.8 pyasn1-
modules-0.2.8 requests-2.28.2 requests-oauthlib-1.3.1 rsa-4.9 six-1.16.0
tensorboard-2.11.2 tensorboard-data-server-0.6.1 tensorboard-plugin-wit-1.8.1
tensorflow-2.11.0 tensorflow-estimator-2.11.0 tensorflow-intel-2.11.0 tensorflow-io-
gcs-filesystem-0.30.0 termcolor-2.2.0 typing-extensions-4.4.0 urllib3-1.26.14
werkzeug-2.2.2 wheel-0.38.4 wrapt-1.14.1 zipp-3.13.0
```

AI 작업 환경

데이터 획득

데이터 구조

기초 데이터

데이터 이해

데이터 전처리

AI 모델링 개념

지도학습

비지도학습

모델 성능 향상

AI 사례 실습

설치가 완료되면 다음 코드로 텐서플로 버전을 확인합니다.

⌐ 실습 코드

```
# 설치된 텐서플로 버전 확인하기
import tensorflow as tf
print(tf.__version__)
```

⌐ 실행 결과

```
2.11.0
```

먼저 필요한 라이브러리를 불러오고(import) 딥러닝 모델 학습에 사용할 데이터를 생성합니다. 딥러닝 모델에 훈련 데이터로 사용하는 데이터 x_train은 넘파이 reshape() 메소드로 데이터의 형태를 바꿔줍니다.

⌐ 실습 코드

```
# 필요한 라이브러리 불러오기
import numpy as np
import tensorflow as tf
from tensorflow.keras import Sequential
from tensorflow.keras.layers import Dense

# 모델 학습 데이터 생성하기
x = [1, 2, 3, 4, 5, 6, 7, 8, 9, 10]
y = [3, 5, 7, 9, 11, 13, 15, 17, 19, 21]
x_train = np.array(x)
x_train = x_train.reshape(-1, 1)
y_train = np.array(y)

print(f'입력 데이터 : {x_train}')
print(f'입력 데이터 형태: {x_train.shape}')
print(f'출력 데이터: {y_train}')
print(f'출력 데이터 형태 : {y_train.shape}')
```

```
입력 데이터 : [[ 1]
 [ 2]
 [ 3]
 [ 4]
 [ 5]
 [ 6]
 [ 7]
 [ 8]
 [ 9]
 [10]]
입력 데이터 형태: (10, 1)
출력 데이터: [ 3  5  7  9 11 13 15 17 19 21]
출력 데이터 형태 : (10,)
```

케라스의 Sequential 클래스로 층(layer)을 선형으로 연결하는 신경망을 구성합니다.

- Sequential 객체를 생성하고 add() 메소드로 층을 추가합니다.
- Sequential 모델의 첫 번째 층은 input_shape 또는 input_dim 인자로 입력 형태에 대한 정보를 받습니다. 두 번째 이후 층들은 앞선 층의 출력과 연결되기 때문에 자동으로 형태를 추정할 수 있으므로 형태 정보를 갖고 있을 필요는 없습니다.
- 케라스 layers API에서는 Dense layer, Activation layer, Conv2D layer 등 다양한 층을 제공합니다. 여기에서는 기본적인 Dense 층을 사용하며, Dense 층은 한 층의 유닛이 다른 층의 모든 유닛과 연결된 상태를 의미합니다. Dense 클래스의 주요 매개변수들은 다음과 같습니다.
    - units : 출력 유닛의 개수를 설정합니다.
    - input_shape : 입력의 개수를 설정합니다.
    - activation : 활성화 함수를 설정합니다.
    - linear : 기본값으로 입력값과 가중치로 계산된 결괏값이 그대로 출력됩니다.
    - sigmoid : 시그모이드 함수로 이진 분류 출력층에 사용합니다.
    - softmax : 소프트맥스 함수로 다중클래스 분류 문제 출력층에 사용합니다.
    - relu : 렐루(Rectified Linear Unit) 함수로 은닉층에서 주로 사용합니다.

Conv2D 등 다른 레이어에 대한 정보는 케라스 API 페이지(https://keras.io/api/layers)를 참고합니다.

AI 작업 환경

데이터 획득

데이터 구조

기초 데이터

데이터 이해

데이터 전처리

AI 모델링 개념

지도학습

비지도학습

모델 성능 향상

AI 사례 실습

그리고 summary() 메소드로 신경망의 구성을 확인할 수 있습니다.

```
# Keras의 Sequential 모델 구성하기
initializer = tf.keras.initializers.GlorotUniform(seed=42) # 모델 시드 고정하기
model = Sequential()
model.add(Dense(units=1, input_shape=(1,),kernel_initializer=initializer))
model.summary()
```

```
Model: "sequential"

_____
 Layer (type)              Output Shape              Param #
=================================================================
 dense (Dense)             (None, 1)                 2


=================================================================
Total params: 2
Trainable params: 2
Non-trainable params: 0
_____
```

compile 메소드로 모델의 학습에 대한 환경을 설정합니다.

compile 메소드의 매개변수는 다음과 같습니다.

- optimizer : optimizer 알고리즘으로 sgd, adam 등이 있습니다.
- loss : 손실함수로 mse, categorical_crossentropy 등이 있습니다.
- metric : 모델의 성능을 평가하는 데 사용되는 함수로 mae, acc 등이 있습니다.

```
# 모델을 학습시킬 최적화 방법, loss 계산 방법, 평가 방법 설정하기
model.compile(optimizer='sgd', loss='mse', metrics=['mae'])
```

모델을 학습시키기 위해서는 일반적으로 fit 함수를 사용합니다.

fit 메소드의 인자는 다음과 같습니다.

- x : 입력 데이터
- y : 타깃 데이터(label)
- batch_size : 한 번에 학습할 때 사용하는 데이터 개수로 batch_size가 10이라면 10개의 데이터를 학습한 다음 가중치를 한 번 갱신합니다.
- epochs : 학습 데이터 반복 횟수로 학습 데이터세트 전체를 몇 번 학습하는지를 의미합니다. 학습 데이터세트 를 여러 번 학습할수록 학습 효과는 커집니다. 하지만 학습을 많이 하면 모델의 가중치가 학습 데이터에 지나치 게 최적화되는 과대적합 현상이 발생합니다.

⌐ 실습 코드

```
# 모델 학습하기
model.fit(x_train, y_train, epochs=1000)
```

⌐ 실행 결과

```
Epoch 1/1000
1/1 [==============================] - 0s 213ms/step - loss: 323.2250 - mae: 16.1452
Epoch 2/1000
1/1 [==============================] - 0s 3ms/step - loss: 14.9011 - mae: 3.5555
Epoch 3/1000
1/1 [==============================] - 0s 3ms/step - loss: 0.7542 - mae: 0.8584
Epoch 4/1000
......
Epoch 997/1000
1/1 [==============================] - 0s 0s/step - loss: 1.7193e-05 - mae: 0.0035
Epoch 998/1000
1/1 [==============================] - 0s 14ms/step - loss: 1.7050e-05 - mae: 0.0034
Epoch 999/1000
1/1 [==============================] - 0s 3ms/step - loss: 1.6905e-05 - mae: 0.0034
Epoch 1000/1000
1/1 [==============================] - 0s 0s/step - loss: 1.6764e-05 - mae: 0.0034
```

학습이 완료된 모델의 가중치를 확인합니다.

⌐ 실습 코드

```
# 모델 가중치 확인하기
print(model.weights)
```

AI 작업 환경

데이터 획득

데이터 구조

기초 데이터

데이터 이해

데이터 전처리

AI 모델링 개념

지도학습

비지도학습

모델 성능 향상

AI 사례 실습

```
[<tf.Variable 'dense/kernel:0' shape=(1, 1) dtype=float32, numpy=array([[2.001265]],
dtype=float32)>, <tf.Variable 'dense/bias:0' shape=(1,) dtype=float32,
numpy=array([0.99119264], dtype=float32)>]
```

모델 내 각 레이어의 가중치와 편향을 개별적으로 확인할 수 있습니다.

실습 코드

```python
# 모델 레이어의 가중치 출력하기
print(f'weight : {model.layers[0].weights[0].numpy()}')
print(f'bias : {model.layers[0].bias.numpy()}')
```

실행 결과

```
weight : [[2.001265]]
bias : [0.99119264]
```

학습이 완료된 모델을 사용하여 예측하고 결과를 확인해 봅니다.

실습 코드

```python
# 학습 완료된 모델 사용하여 예측하기
print(model.predict([[11],[12],[13]]))
```

실행 결과

```
1/1 [==============================] - 0s 83ms/step
[[23.005108]
 [25.006372]
 [27.007637]]
```

학습이 완료된 모델의 가중치와 편향을 대입하여 선형함수로 표현하면 다음과 같습니다.

$$y = 2.001265*x + 0.99119264$$

모델의 출력은 입력 데이터에 2를 곱하고 1을 더한 값과 비슷하게 나온다는 것을 알 수 있습니다.
help 함수로 클래스(객체)와 메소드의 사용법을 출력할 수 있으므로, 자세한 사용법을 help 함수로
확인합니다.

다음 예제는 help를 사용하여 확인한 fit() 메소드 내용입니다.

┌ 실습 코드

```python
# 클래스와 메소드 사용법 확인하기
help(model.fit)
```

┌ 실행 결과

```
Help on method fit in module keras.engine.training:

fit(x=None, y=None, batch_size=None, epochs=1, verbose='auto', callbacks=None,
validation_split=0.0, validation_data=None, shuffle=True, class_weight=None, sample_
weight=None, initial_epoch=0, steps_per_epoch=None, validation_steps=None, validation_
batch_size=None, validation_freq=1, max_queue_size=10, workers=1, use_
multiprocessing=False) method of keras.engine.sequential.Sequential instance
    Trains the model for a fixed number of epochs (iterations on a dataset).

    Args:
        x: Input data. It could be:
          - A Numpy array (or array-like), or a list of arrays
            (in case the model has multiple inputs).
          - A TensorFlow tensor, or a list of tensors
            (in case the model has multiple inputs).
    ......
        y: Target data. Like the input data `x`,
          it could be either Numpy array(s) or TensorFlow tensor(s).
    ......
        batch_size: Integer or `None`.
          Number of samples per gradient update.
          If unspecified, `batch_size` will default to 32.
    ......
        epochs: Integer. Number of epochs to train the model.
    ......
    Returns:
        A `History` object. Its `History.history` attribute is
        a record of training loss values and metrics values
        at successive epochs, as well as validation loss values
        and validation metrics values (if applicable).
    ......
```

데이터 획득

데이터 구조

기초 데이터

데이터 이해

데이터 전처리

AI 모델링 개념

지도학습

비지도학습

모델 성능 향상

AI 사례 실습

4 **심층신경망으로 항공사 고객 만족 분류 모델 구현 실습하기**

심층신경망으로 항공사 이용 고객의 만족 여부를 분류하는 모델을 구현해 봅니다.

1) 데이터 불러오기 및 확인하기

데이터는 항공사 고객 만족 예측 데이터(Airline Customer Satisfaction)의 'Invistico_Airline.csv'를 사용합니다.

> • 데이터 출처 : https://www.kaggle.com/datasets/sjleshrac/airlines-customer-satisfaction
> • 데이터명 : invistico_Airline.csv

■ 데이터 설명

항공사 고객 12만 9,880명의 설문 결과와 인구통계/개인정보로 구성되어 있으며, 데이터에는 총 23개의 속성이 있습니다. 먼저 9개의 변수를 확인해 봅니다.

칼럼명	설명	비고
Satisfaction	고객 만족 여부(Y)	Satisfied : 만족 Dissatisfied : 불만족
Gender	성별	Female : 여성 Male : 남성
Customer Type	고객 유형	Loyal Customer : 충성 고객 Disloyal Customer : 비충성 고객
Age	나이	리뷰를 받은 고객의 나이
Type of Travel	여행 유형	Business travel : 비즈니스 여행 Personal Travel : 개인 여행
Class	좌석 등급	Business : 비즈니스 Eco : 이코노믹 Eco Plus : 이코노믹 플러스
Flight Distance	비행거리	
Departure Delay in Minutes	출발 지연 시간(분)	
Arrival Delay in Minutes	도착 지연 시간(분)	

다음 14개의 변수는 고객의 만족도 항목으로 0에서 5 사이의 척도 점수를 매깁니다.

칼럼명	설명
Seat comfort	좌석의 편안함
Departure/Arrival time convenient	편리한 출발/도착 시간
Food and drink	음식과 음료

Gate location	게이트 위치
Inflight wifi service	기내 와이파이 서비스
Inflight entertainment	기내 엔터테인먼트
Online support	온라인 지원
Ease of Online booking	온라인 예약의 용이성
On-board service	온보드 서비스
Leg room service	레그룸 서비스
Baggage handling	수하물 처리
Checkin service	체크인 서비스
Cleanliness	청결
Online boarding	온라인 탑승

필요한 라이브러리를 불러옵니다.

⌐ 실습 코드

```
# 필요한 라이브러리 불러오기
import numpy as np
import pandas as pd
import warnings

# 경고 메시지를 무시하도록 설정하기
warnings.filterwarnings('ignore')
```

Pandas library의 read_csv() 메소드를 사용해, csv 파일에서 데이터를 불러오고 데이터프레임 (DataFrame)으로 저장합니다.
info() 메소드로 데이터프레임의 정보를 확인합니다.

⌐ 실습 코드

```
# csv 파일에서 데이터를 로드해서 데이터프레임으로 저장하기
df = pd.read_csv('Invistico_Airline.csv')

# 데이터프레임 정보 확인하기
df.info()
```

AI 작업 환경

데이터 획득

데이터 구조

기초 데이터

데이터 이해

데이터 전처리

AI 모델링 개념

지도학습

비지도학습

모델 성능 향상

AI 사례 실습

```
<class 'pandas.core.frame.DataFrame'>
RangeIndex: 129880 entries, 0 to 129879
Data columns (total 23 columns):
 #   Column                          Non-Null Count   Dtype
---  ------                          --------------   -----
 0   satisfaction                    129880 non-null  object
 1   Gender                          129880 non-null  object
 2   Customer Type                   129880 non-null  object
 3   Age                             129880 non-null  int64
 4   Type of Travel                  129880 non-null  object
 5   Class                           129880 non-null  object
 6   Flight Distance                 129880 non-null  int64
 7   Seat comfort                    129880 non-null  int64
 8   Departure/Arrival time convenient 129880 non-null  int64
 9   Food and drink                  129880 non-null  int64
 10  Gate location                   129880 non-null  int64
 11  Inflight wifi service           129880 non-null  int64
 12  Inflight entertainment          129880 non-null  int64
 13  Online support                  129880 non-null  int64
 14  Ease of Online booking          129880 non-null  int64
 15  On-board service                129880 non-null  int64
 16  Leg room service                129880 non-null  int64
 17  Baggage handling                129880 non-null  int64
 18  Checkin service                 129880 non-null  int64
 19  Cleanliness                     129880 non-null  int64
 20  Online boarding                 129880 non-null  int64
 21  Departure Delay in Minutes      129880 non-null  int64
 22  Arrival Delay in Minutes        129487 non-null  float64
dtypes: float64(1), int64(17), object(5)
memory usage: 22.8+ MB
```

데이터를 살펴봅니다.

실습 코드

```python
# 데이터프레임의 처음 5개 행의 데이터 출력하기
df.head()
```

AI 직업 환경

데이터 획득

데이터 구조

기초 데이터

데이터 이해

데이터 전처리

AI 모델링 개념

지도학습

비지도학습

모델 성능 향상

AI 사례 실습

┌ **실행 결과**

	satisfaction	Gender	Customer Type	Age	Type of Travel	Class	Flight Distance	Seat comfort	Departure/Arrival time convenient	Food and drink	...	Online support	Ease of Online booking
0	satisfied	Female	Loyal Customer	65	Personal Travel	Eco	265	0	0	0	...	2	3
1	satisfied	Male	Loyal Customer	47	Personal Travel	Business	2464	0	0	0	...	2	3
2	satisfied	Female	Loyal Customer	15	Personal Travel	Eco	2138	0	0	0	...	2	2
3	satisfied	Female	Loyal Customer	60	Personal Travel	Eco	623	0	0	0	...	3	1
4	satisfied	Female	Loyal Customer	70	Personal Travel	Eco	354	0	0	0	...	4	2

데이터의 통계량을 확인합니다.

┌ **실습 코드**

```
# 데이터프레임의 요약 통계량 확인하기
df.describe()
```

┌ **실행 결과**

	Age	Flight Distance	Seat comfort	Departure/Arrival time convenient	Food and drink	Gate location	Inflight wifi service
count	129880.000000	129880.000000	129880.000000	129880.000000	129880.000000	129880.000000	129880.000000
mean	39.427957	1981.409055	2.838597	2.990645	2.851994	2.990422	3.249130
std	15.119360	1027.115606	1.392983	1.527224	1.443729	1.305970	1.318818
min	7.000000	50.000000	0.000000	0.000000	0.000000	0.000000	0.000000
25%	27.000000	1359.000000	2.000000	2.000000	2.000000	2.000000	2.000000
50%	40.000000	1925.000000	3.000000	3.000000	3.000000	3.000000	3.000000
75%	51.000000	2544.000000	4.000000	4.000000	4.000000	4.000000	4.000000
max	85.000000	6951.000000	5.000000	5.000000	5.000000	5.000000	5.000000

각 칼럼별로 결측치가 있는지 확인합니다.

┌ **실습 코드**

```
# 결측치 확인하기
df.isnull().sum()
```

```
satisfaction                         0
Gender                               0
Customer Type                        0
Age                                  0
Type of Travel                       0
Class                                0
Flight Distance                      0
Seat comfort                         0
Departure/Arrival time convenient    0
Food and drink                       0
Gate location                        0
Inflight wifi service                0
Inflight entertainment               0
Online support                       0
Ease of Online booking               0
On-board service                     0
Leg room service                     0
Baggage handling                     0
Checkin service                      0
Cleanliness                          0
Online boarding                      0
Departure Delay in Minutes           0
Arrival Delay in Minutes           393
dtype: int64
```

2) 데이터 전처리하기

데이터를 확인한 결과, 도착 지연 시간(Arrival Delay in Minutes) 칼럼에 Null 값이 393개 있으며, 텍스트로 구분되는 범주형 칼럼이 다수 있습니다. 신경망 모델의 입력 데이터에는 결측치가 없어야 하고, 기본적으로 수치형 데이터를 사용합니다. 그러므로 범주형 데이터를 수치형 데이터로 변환하는 인코딩 작업을 하며, 수치형 데이터도 모델 성능을 높이기 위해 데이터 스케일링 등의 변환 작업이 요구됩니다.

(1) 결측치 처리하기

사이킷런 SimpleImputer 객체를 사용해서 도착 지연 시간(Arrival Delay in Minutes) 칼럼에 있는 결측치를 평균값으로 치환합니다.

```
# SimpleImputer 객체로 결측치 대체하기
from sklearn.impute import SimpleImputer

mean_imputer = SimpleImputer(strategy='mean')
df["Arrival Delay in Minutes"] = mean_imputer.fit_transform(df[["Arrival Delay in
Minutes"]])
```

(2) 데이터 인코딩하기

Object 칼럼의 유형을 String 유형으로 변경합니다.

┌ 실습 코드

```
# object 칼럼 유형을 string 유형으로 변경하기
cols = ['satisfaction', 'Gender', 'Customer Type', 'Type of Travel', 'Class']
df[cols] = df[cols].astype(str)
```

범주형 데이터를 수치값으로 변경합니다.

┌ 실습 코드

```
# 범주형 데이터를 수치값으로 변경하기
df['satisfaction'].replace(['dissatisfied','satisfied'], [0,1], inplace=True)
```

좌석 등급(Class) 칼럼은 순서를 고려해 정수 1~N으로 순서형 인코딩(Ordinal Encoding)을 합니다. 'Eco', 'Eco Plus', 'Business' 값이 0, 1, 2로 변환됩니다. 순서형 인코딩의 경우 판다스의 Categorical 함수를 활용합니다.

┌ 실습 코드

```
# 순서형 인코딩하기
categories = pd.Categorical(
    df['Class'],
    categories= ['Eco', 'Eco Plus', 'Business'],
    ordered=True)
labels, unique = pd.factorize(categories, sort=True)
df['Class'] = labels
```

범주형 데이터인 성별(Gender), 고객 유형(Customer Type), 여행 유형(Type of Travel) 칼럼은 원핫 인코딩을 적용합니다. 원핫 인코딩은 0과 1의 벡터로만 표현하는 기법입니다. 범주(Category)의 수만큼 벡터의 수가 생성되므로, 각 범주가 새로운 특성이 됩니다.

⌐ 실습 코드

```
# 원핫 인코딩하기
cat_cols = ['Gender','Customer Type','Type of Travel']
df = pd.get_dummies(df, columns=cat_cols)
```

데이터 전처리 결과를 확인합니다. 모든 데이터 유형이 수치형 데이터로 변경되었습니다.

⌐ 실습 코드

```
# 데이터 전처리 결과 확인하기
df.head()
```

⌐ 실행 결과

satisfaction	Age	Class	Flight Distance	Seat comfort	Departure/Arrival time convenient	Food and drink	Gate location	Inflight wifi service	Inflight entertainment	...	Cleanliness	Online boarding	Departure Delay in Minutes	Arrival Delay in Minutes	Gender_Female	Gender_Male	Customer Type_Loyal Customer	Customer Type_disloyal Customer	Type of Travel_Business travel	Type of Travel_Personal Travel
1	65	0	265	0	0	0	2	2	4	...	3	2	0	0.0	1	0	1	0	0	1
1	47	2	2464	0	0	0	3	0	2	...	3	2	310	305.0	0	1	1	0	0	1
1	15	0	2138	0	0	0	3	2	0	...	4	2	0	0.0	1	0	1	0	0	1
1	60	0	623	0	0	0	3	3	4	...	1	3	0	0.0	1	0	1	0	0	1
1	70	0	354	0	0	0	3	4	3	...	2	5	0	0.0	1	0	1	0	0	1

ws × 26 columns

⌐ 실습 코드

```
# 데이터 유형 확인하기
df.dtypes
```

⌐ 실행 결과

```
satisfaction                      int64
Age                               int64
Class                             int64
Flight Distance                   int64
Seat comfort                      int64
Departure/Arrival time convenient int64
Food and drink                    int64
Gate location                     int64
Inflight wifi service             int64
Inflight entertainment            int64
```

```
Online support                      int64
Ease of Online booking              int64
On-board service                    int64
Leg room service                    int64
Baggage handling                    int64
Checkin service                     int64
Cleanliness                         int64
Online boarding                     int64
Departure Delay in Minutes          int64
Arrival Delay in Minutes            float64
Gender_Female                       uint8
Gender_Male                         uint8
Customer Type_Loyal Customer        uint8
Customer Type_disloyal Customer     uint8
Type of Travel_Business travel      uint8
Type of Travel_Personal Travel      uint8
dtype: object
```

(3) 데이터세트 분리하기

데이터세트를 입력(X)과 레이블(y)로 분리하고, 훈련 데이터세트(train dataset)와 검증 데이터세트(validation dataset)로 분리합니다. 데이터세트는 test_size에 지정한 비율로 분리됩니다. test_size를 0.2로 지정했으므로, 훈련 데이터는 80%, 검증 데이터는 20% 비율로 데이터세트가 분리됩니다.

┌ **실습 코드**

```
from sklearn.model_selection import train_test_split

# 데이터세트를 입력(X)과 레이블(y)로 분리하기
X = df.drop(['satisfaction'], axis=1)
y = df['satisfaction'].reset_index(drop=True)

# 데이터세트를 훈련 데이터와 검증 데이터로 분리하기
X_train, X_val, y_train, y_val = train_test_split(X, y,
    test_size=0.2,
    random_state=42,
    stratify=y)

print(f'훈련 데이터세트 크기 : X_train {X_train.shape}, y_train {y_train.shape}')
print(f'검증 데이터세트 크기 : X_val {X_val.shape}, y_val {y_val.shape}')
```

훈련 데이터세트 크기 : X_train (103904, 25), y_train (103904,)
검증 데이터세트 크기 : X_val (25976, 25), y_val (25976,)

(4) 데이터 스케일링하기

특성별로 데이터의 스케일이 다르면 딥러닝이 잘 동작하지 않을 수 있습니다. 따라서 데이터 스케일링 작업을 통해 모든 특성의 범위(또는 분포)를 유사하게 만들어줘야 합니다. 사이킷런 MinMaxScaler 객체로 데이터의 최솟값과 최댓값을 이용하여 데이터를 특정 범위(주로 0~1 사이)로 스케일링하여 특성을 정규화합니다. 사이킷런의 StandardScaler 객체도 스케일링에 많이 사용합니다. StandardScaler는 특성들의 평균을 0, 분산을 1로 스케일링하여 정규분포로 만드는 표준화를 합니다. 그외 MaxAbsScaler, RobustScaler 등이 있으니 참고 바랍니다.

이번 실습에서는 MinMaxScaler 객체를 생성하여 fit 메소드로 학습시킨 후 transform 메소드를 사용하여 데이터를 변환합니다.

┌ 실습 코드

```python
from sklearn.preprocessing import MinMaxScaler

# 데이터 정규화하기
scaler = MinMaxScaler()
scaler.fit(X_train)
X_train = scaler.transform(X_train)
X_val = scaler.transform(X_val)

print(X_train)
```

┌ 실행 결과

```
[[0.15384615 0.         0.34502246 ... 1.         1.         0.        ]
 [0.33333333 0.         0.44051587 ... 1.         1.         0.        ]
 [0.48717949 0.         0.26546877 ... 0.         1.         0.        ]
 ...
 [0.35897436 1.         0.31459209 ... 0.         1.         0.        ]
 [0.17948718 0.         0.25010868 ... 0.         0.         1.        ]
 [0.19230769 1.         0.62860455 ... 0.         1.         0.        ]]
```

3) 심층신경망 모델 생성하기

입력 데이터는 25개, 은닉층은 여러 개, 출력은 1개인 이진 분류를 위한 심층신경망(DNN, Deep Neural Network) 모델을 구성합니다. 은닉층의 활성화 함수는 'relu'를 사용하고, 마지막 층의 활성화 함수는 출력이 1개인 이진 분류 모델이므로 'sigmoid'를 사용합니다.

▁ 실습 코드

```
# 필요한 라이브러리 불러오기
import tensorflow as tf
from tensorflow import keras
from tensorflow.keras.layers import Input, Dense, Dropout
from tensorflow.keras.layers import BatchNormalization
from tensorflow.keras.models import Sequential, Model
from tensorflow.keras.callbacks import EarlyStopping, ModelCheckpoint
import random

# 모델 시드 고정하기
tf.random.set_seed(42)
np.random.seed(42)
random.seed(42)

# Keras의 Sequential 객체로 딥러닝 모델 구성하기
initializer = tf.keras.initializers.GlorotUniform(seed=42) #모델 시드 고정하기
model = Sequential()
model.add(Dense(32, activation='relu', input_shape=(25,) ,kernel_initializer=initializer))
model.add(Dense(64, activation='relu'))
model.add(Dense(128, activation='relu'))
model.add(Dense(64, activation='relu'))
model.add(Dropout(0.3))
model.add(Dense(32, activation='relu'))
model.add(Dropout(0.2))
model.add(Dense(1, activation='sigmoid'))
```

모델 구조와 파라미터의 개수를 확인해 보면, 모델은 총 8개의 층으로 구성되었고 학습해야 할 총 파라미터 개수(Total params)는 2만 1,633개입니다.

▁ 실습 코드

```
# 모델 구조 및 파라미터 정보 확인하기
model.summary()
```

AI 작업 환경

데이터 획득

데이터 구조

기초 데이터

데이터 이해

데이터 전처리

AI 모델링 개념

지도학습

비지도학습

모델 성능 향상

AI 사례 실습

```
Model: "sequential_1"

_____
Layer (type)              Output Shape            Param #
=================================================================
dense_1 (Dense)           (None, 32)              832
dense_2 (Dense)           (None, 64)              2112

dense_3 (Dense)           (None, 128)             8320

dense_4 (Dense)           (None, 64)              8256

dropout (Dropout)         (None, 64)              0

dense_5 (Dense)           (None, 32)              2080

dropout_1 (Dropout)       (None, 32)              0

dense_6 (Dense)           (None, 1)               33

=================================================================
Total params: 21,633
Trainable params: 21,633
Non-trainable params: 0
_____
```

4) 모델 컴파일하기

optimizer는 adam, 모델 성능 평가 메트릭으로는 정확도를, 이진분류 모델이므로 손실함수는
binary_crossentropy를 사용합니다.

실습 코드

```python
# 모델을 학습시킬 최적화 방법, loss 함수, 평가 방법 설정하기
model.compile(optimizer='adam',
          loss='binary_crossentropy',
          metrics=['accuracy'])
```

5) 모델 학습하기

모델 학습 시 너무 많은 에포크(epoch)는 과대적합을 발생시킵니다. 이를 방지하기 위한 방법으로 조기 종료(Early Stopping)가 있습니다. 조기 종료는 검증 데이터세트에서 성능이 더 이상 증가하지 않으면 모델 학습을 중단하는 방법입니다. EarlyStopping 객체를 생성하여 model.fit 함수의 callback 매개변수에 넣어주면 조기 종료가 적용됩니다. EarlyStopping의 주요 인자는 다음과 같습니다.

- monitor : 학습 조기 종료를 위한 성능 모니터링 도구로, val_loss나 val_accuracy가 주로 사용되며 기본값(default)은 val_loss입니다.
- min_delta : 개선되고 있다고 판단하기 위한 최소 변화량입니다.
- patience : 성능 향상을 몇 번의 에포크 동안 기다릴지 설정하며 기본값은 0입니다.
- verbose : 얼마나 자세하게 정보를 표출할 것인가를 지정하며, 가능한 값은 0, 1, 2입니다.
- mode : 성능 모니터링 도구의 개선 판단 기준으로, monitor 설정 항목이 val_loss이면 min을 설정하고, val_accuracy이면 max를 설정해야 합니다. 기본값은 auto로 monitor 설정된 항목에 따른 판단 기준을 자동으로 지정합니다.
- restore_best_weights : 관찰 항목의 가장 좋은 값을 가지는 에포크의 모델 가중치 복원(restore) 여부입니다. 기본값은 False로, 학습 에포크의 마지막 가중치를 보존합니다.

예제 코드에서는 validation loss가 10번 이상 개선되지 않으면 학습을 중단하고, 가장 성능이 좋았을 때의 가중치를 사용합니다. epochs는 100으로 설정했고, 훈련 과정의 loss, accuracy를 history에 저장합니다.

⌐ **실습 코드**

```
# 모델 학습하기
es = EarlyStopping(monitor='val_loss', min_delta=0, patience=10, verbose=1, restore_
best_weights=True)
history = model.fit(X_train, y_train, epochs=100, batch_size=128,
        verbose=1, validation_data=(X_val, y_val), callbacks=[es])
```

AI 직업 환경
데이터 획득
데이터 구조
기초 데이터
데이터 이해
데이터 전처리
AI 모델링 개념
지도학습
비지도학습
모델 성능 향상
AI 사례 실습

```
Epoch 1/100
812/812 [==============================] - 2s 2ms/step - loss: 0.2832 - accuracy: 0.8796 -
val_loss: 0.1955 - val_accuracy: 0.9178
Epoch 2/100
812/812 [==============================] - 1s 2ms/step - loss: 0.1862 - accuracy: 0.9226 -
val_loss: 0.1629 - val_accuracy: 0.9304
Epoch 3/100
812/812 [==============================] - 1s 2ms/step - loss: 0.1563 - accuracy: 0.9335 -
val_loss: 0.1435 - val_accuracy: 0.9383
Epoch 4/100
812/812 [==============================] - 2s 2ms/step - loss: 0.1403 - accuracy: 0.9402 -
val_loss: 0.1307 - val_accuracy: 0.9438
Epoch 5/100
812/812 [==============================] - 2s 2ms/step - loss: 0.1327 - accuracy: 0.9436 -
val_loss: 0.1286 - val_accuracy: 0.9435

                              ......

Epoch 44/100
812/812 [==============================] - 2s 2ms/step - loss: 0.0852 - accuracy: 0.9622 -
val_loss: 0.1062 - val_accuracy: 0.9540
Epoch 45/100
812/812 [==============================] - 2s 2ms/step - loss: 0.0850 - accuracy: 0.9621 -
val_loss: 0.1047 - val_accuracy: 0.9546
Epoch 46/100
809/812 [==========================>.] - ETA: 0s - loss: 0.0855 - accuracy: 0.9619Restoring
model weights from the end of the best epoch: 36.
812/812 [==============================] - 2s 2ms/step - loss: 0.0855 - accuracy: 0.9619 -
val_loss: 0.1017 - val_accuracy: 0.9558
Epoch 46: early stopping
```

6) 모델 훈련 과정 시각화하기

신경망 모델의 훈련에 사용되는 fit() 메소드는 history 객체를 반환합니다. history.history 속성
은 모델의 훈련 과정에서 에포크(epoch)에 따른 정확도(accuracy)와 같은 성능 지표와 손실값을
기록합니다. 그리고 검증 지표와 손실값도 기록합니다.

예시 코드는 딥러닝 모델의 훈련 과정에서 기록된 정확도(accuracy), 검증 정확도(val_accuracy),
손실(loss), 검증 손실(val_loss)을 그래프로 출력하여 시각화합니다.

AI 작업 환경

데이터 획득

데이터 구조

기초 데이터

데이터 이해

데이터 전처리

AI 모델링 개념

지도학습

비지도학습

모델 성능 향상

AI 사례 실습

┌ 실습 코드

```python
import matplotlib.pyplot as plt

# 훈련 과정 정확도 시각화하기
plt.plot(history.history['accuracy'])
plt.plot(history.history['val_accuracy'])
plt.title('Model Accuracy')
plt.xlabel('Epoch')
plt.ylabel('Accuracy')
plt.legend(['Train', 'Validation'], loc='lower right')
plt.show()

# 훈련 과정 손실 시각화하기
plt.plot(history.history['loss'])
plt.plot(history.history['val_loss'])
plt.title('Model Loss')
plt.xlabel('Epoch')
plt.ylabel('Loss')
plt.legend(['Train', 'Validation'], loc='upper right')
plt.show()
```

┌ 실행 결과

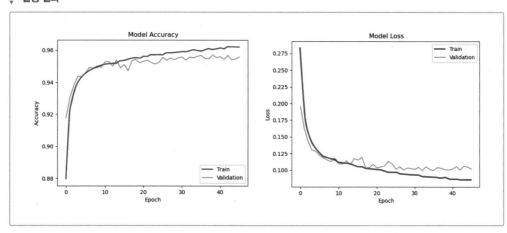

01 딥러닝 학습 방법에 대한 설명 중 틀린 것을 고르세요.

① 딥러닝 학습의 목표는 모델에 입력값을 넣었을 때의 출력값이 최대한 정답과 일치하게 하는 것이다.

② 딥러닝 학습은 손실을 최소화하는 신경망의 가중치와 편향을 찾는 과정이다.

③ 딥러닝 학습은 순전파와 오차역전파의 반복으로 진행된다.

④ 순전파는 실제값과 모델 결괏값에서 오차를 구해 모델의 가중치를 다시 업데이트하는 과정이다.

02 딥러닝 모델 개발자가 과거 판매 데이터와 관련 데이터를 학습하여 매출을 예측하는 딥러닝 모델을 만들고 있습니다. 딥러닝 모델을 평가하기 위해 어떤 지표를 사용해야 할까요?

① 교차 엔트로피 손실

② 정밀도

③ 평균제곱오차(MSE)

④ 시그모이드

정답 및 해설

01 / ④
실제값과 모델 결괏값에서 오차를 구해 모델의 가중치를 다시 업데이트하는 과정은 오차역전파입니다.

02 / ③
· 교차 엔트로피 손실과 정밀도는 분류 모델을 평가하는 지표입니다.
· 시그모이드는 활성화 함수입니다.
· 회귀 모델 평가지표에는 평균제곱오차(MSE)와 평균절대오차(MAE) 등이 있습니다.

AI 작업 환경

데이터 획득

데이터 구조

기초 데이터

데이터 이해

데이터 전처리

AI 모델링 개념

지도학습

비지도학습

모델 성능 향상

AI 사례 실습

📑 개념 정리

머신러닝과 딥러닝을 통해 답을 가르쳐주고 학습하는(지도학습) 여러 알고리즘을 알아보고 실습을 통해 적용해 보았습니다.

1. 머신러닝으로 모델링하기

☑ 선형 회귀 모델은 회귀 모델에, 로지스틱 회귀 모델은 분류 모델에 적합합니다. 이진 분류 규칙은 0과 1인 두 클래스를 분류하는 것입니다. 일반 선형 회귀를 이진 분류에 사용하면 예외적인 데이터에 민감하게 반응합니다. 선형 회귀 대신 분류 문제에 활용하는 알고리즘은 로지스틱 회귀입니다.

☑ 의사결정나무란 데이터에 있는 규칙을 학습을 통해 찾아내 분류 규칙을 만드는 방식입니다. 지니계수 등을 통해 분류 규칙을 생성하고 분류합니다. 기본값으로는 과대적합 발생 확률이 높아 Max_depth 등의 주요 하이퍼파라미터로 조절이 필요합니다.

☑ 랜덤 포레스트는 다수의 예측기로부터 예측을 모아서 모델 하나보다 더 정확한 예측을 할 수 있습니다. 다수의 예측기를 모으는 방법을 앙상블이라고 합니다. 랜덤 포레스트는 트리 기반의 예측기를 결합하며, 트리 기반 예측기의 단점인 과대적합을 보완할 수 있습니다.

☑ 그래디언트 부스팅은 부스팅 계열로 앞에서 예측한 것 중 틀린 부분에 대해 가중치를 부여하여 학습합니다. 순차적으로 학습하기에 학습 시간이 오래 걸립니다.

2. 딥러닝으로 모델링하기

☑ 활성화 함수는 입력값들의 수학적 선형 결합을 다양한 형태의 비선형(또는 선형) 결합으로 변환하는 역할을 합니다.

☑ 딥러닝 모델 학습은 손실을 최소화하는 인공신경망의 가중치와 편향(bias)을 찾는 과정입니다.

☑ 딥러닝 모델의 학습은 순전파와 오차역전파의 반복으로 진행됩니다.

비지도학습으로
AI 모델링하기

기본적인 비지도학습 알고리즘의 작동 원리와 활용 방법을 알아봅니다. 주성분 분석을 통한 차원 축소 방법을 이해하고 실전 문제에서 활용해 본 다음 군집화 알고리즘으로 고객 세분화 기능을 구현해 봅니다.

• **실습 코드** : Chapter9_비지도학습으로 AI 모델링하기.ipynb

차원 축소

비지도학습은 입력 데이터에 대한 목표값(Label) 없이 학습시키는 머신러닝 방법입니다. 레이블링되어 있지 않은 데이터에서 패턴이나 특성을 찾아야 하기 때문에 지도학습보다 난이도가 있습니다. 비지도학습은 파악하기 어려운 문제를 찾아내거나 인식하지 못한 데이터의 특징을 알아낼 때 도움되며, 주로 연관 있는 것들을 찾고 그룹핑하는 군집화(Clustering) 방식을 사용합니다. 지도학습에서 적절한 특성(Feature)을 찾아내기 위한 전처리 방법으로 비지도학습을 이용하기도 합니다.

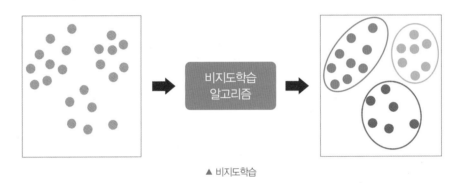

▲ 비지도학습

머신러닝은 알고리즘을 사용하여 데이터에서 패턴을 찾는데, 학습 데이터에 특성의 수가 적으면 머신러닝 모델의 성능이 떨어지고, 특성의 수가 너무 많으면 알고리즘이 학습 데이터에 과대적합될 가능성이 있습니다.

머신러닝에서 차원 축소(Dimensionality Reduction)는 데이터의 중요한 특성은 남기고 불필요한 특성의 개수를 줄이는 것입니다.

차원 축소는 고차원 공간에서 저차원 공간으로 데이터의 차원을 변환하므로 일부 정보 손실이 발생할 수 있습니다. 그러므로 원본 데이터의 정보 손실을 최소화하면서 원본 데이터를 저차원으로 다시 표현하는 것이 관건이며 적재적소에 활용하는 것이 중요합니다.

차원 축소 방법에는 특성 선택(Feature Selection)과 특성 추출(Feature Extraction)이 있습니다. 특성 선택은 훈련에 가장 유용한 특성을 선택하는 것으로, 모델의 정확도를 향상하기 위해 원본 데이터에서 가장 좋은 성능을 보여줄 수 있는 데이터의 부분집합(subset)을 찾아내는 방법입니다. 특성 추출은 기존 특성을 반영해서 저차원의 중요 특성으로 압축하는 것으로, 주어진 데이터를 더 잘 설명할 수 있는 새로운 특성을 추출합니다.

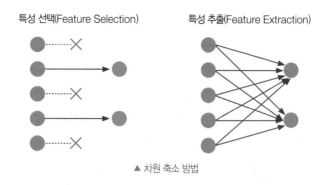

특성 선택(Feature Selection)　특성 추출(Feature Extraction)

▲ 차원 축소 방법

1 주성분 분석

1) 주성분 분석 이해하기

주성분 분석(PCA, Principal Component Analysis)은 데이터의 분산을 최대한 유지하면서 특성이 많은 데이터세트의 차원을 줄이는 방법입니다. 주성분 분석 알고리즘은 원본 데이터의 분산을 최대한 보존하는 새로운 축을 찾고, 그 축에 데이터를 투영(Projection)해서 차원을 축소합니다.

즉, 기존의 특성을 조합하여 고차원 공간의 데이터들을 저차원 공간으로 변환하는 새로운 특성 세트를 찾습니다. 새로운 특성을 주성분이라고 하며, 이들은 서로 직교(독립적)하며 원본 데이터를 나타낼 수 있습니다.

일반적으로 주성분 분석 결과에서 누적 기여율(Cumulative Proportion)이 80~90%를 차지하는 주성분들로 개수를 선택합니다. 첫 번째 주성분 PC1이 원본 데이터의 특성을 가장 많이 보존하고, 두 번째 주성분 PC2가 원본 데이터의 특성을 그다음으로 많이 보존합니다.

원본 데이터가 20차원인 경우 기존의 특성들을 조합하여 주성분을 만들 수 있으며, PC1, PC2, PC3가 원본 데이터 정보의 90%를 보존한다면 분석에 큰 무리가 없으므로, PC1, PC2, PC3만 선택하여 3차원 데이터로 차원을 줄일 수 있습니다.

고차원 공간의 데이터들을 저차원 공간으로 변환하여 데이터의 차원을 축소하면 시각화와 계산이 용이하여 쉽게 분석할 수 있습니다.

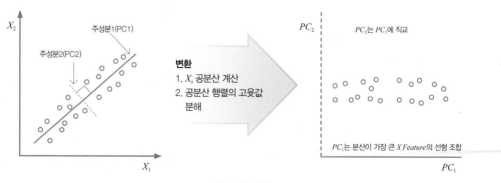

▲ PCA 알고리즘

(1) 주성분 분석 사용 목적

주성분 분석의 사용 목적은 첫 번째, 시각화입니다. 데이터가 3차원 이상이 되면 사람 눈으로 인지하기 어려워지는데, 차원 축소를 하면 시각화를 통해 데이터의 패턴을 파악할 수 있습니다.

두 번째 목적은 노이즈 제거입니다. 쓸모없는 특성을 없애서 노이즈를 줄일 수 있습니다.

마지막으로 주성분 분석은 복잡성을 줄이기 위한 데이터 전처리로 많이 활용합니다.

(2) 주성분 개수 설정 기준

주성분 개수를 설정하는 기준은 주로 고윳값(설명 가능한 분산)과 누적 기여율입니다. 주성분은 데이터를 정규화한 후, 사이킷런 라이브러리 내 decomposition 서브패키지의 PCA 클래스로 간단하게 구할 수 있습니다.

```
from sklearn.decomposition import PCA

pca = PCA( n_composition = '사용하고자 하는 주성분의 개수' )
pc = pca.fit_transform( df_scaled )
```

PCA를 완료하면 기여율이 높은 순서대로 주성분들이 정렬됩니다. 기여율은 하나의 주성분이 원본 데이터를 얼만큼 잘 반영하는가를 나타내는 값이고, 0~1 사이의 값으로 표현됩니다. 고차원 데이터는 기여율 합(누적 기여율)이 80~90%를 넘는 정도까지 활용합니다. 기여율은 explained_variance_ratio_ 속성으로 확인할 수 있습니다.

```
ratio = pca.explained_variance_ratio_
print(ratio)
```

2) 주성분 분석 실습하기

(1) 합성 데이터 생성하기

사이킷런 라이브러리의 datesets 서브패키지에 있는 make_blobs 함수로 합성 클러스터 데이터세트(feature : 10차원, cluster : 5개)를 생성합니다.

┌ 실습 코드

```
# 라이브러리 불러오기
from sklearn.datasets import make_blobs
import matplotlib.pyplot as plt
```

```
# 실습용 데이터세트 생성하기
x, y = make_blobs(n_features=10,
                  n_samples=1000,
                  centers=5,
                  random_state=2023,
                  cluster_std=1)

plt.scatter(x[:, 0], x[:, 1], c=y)
plt.show()
```

실행 결과

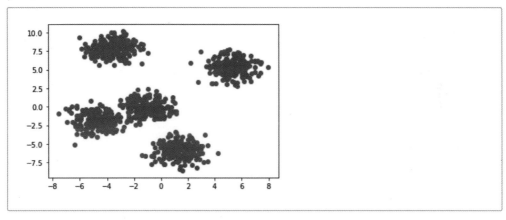

(2) 데이터세트 표준화하기

데이터세트의 모든 특성의 중요도를 동일하게 취급하기 위해 PCA를 적용하기 전 데이터세트에 표준화를 적용합니다. 사이킷런 라이브러리 preprocessing 서브패키지의 StandardScaler 클래스로 데이터세트를 표준화합니다. StandardScaler는 특성들의 평균을 0, 분산을 1로 스케일링합니다(특성들을 정규분포로 변환).

실습 코드

```
# 라이브러리 불러오기
from sklearn.preprocessing import StandardScaler

# 데이터 표준화하기
scaler = StandardScaler()
scaler.fit(x)
std_data = scaler.transform(x)

print(std_data)
```

AI 작업 환경

데이터 획득

데이터 구조

기초 데이터

데이터 이해

데이터 전처리

AI 모델링 개념

지도학습

비지도학습

모델 성능 향상

AI 사례 실습

```
[[-0.79141896  1.76983511  1.46682749 ...  1.07991121 -0.80638096
   0.52742436]
 [ 1.75750095  0.80707124  0.62654627 ... -0.73482237  1.19944465
  -0.42450133]
 [ 1.72743987  0.93942918  0.47636397 ... -1.05622478  1.75210627
  -0.28948165]
 ...
 [ 1.55024702  0.98625261  1.25524733 ... -1.06322177  1.15014308
  -0.14786107]
 [-0.44940381  1.4715687   1.29300603 ...  1.33471578 -0.12156463
   0.53662496]
 [-0.82590311  1.12926591  0.6609848  ...  1.40949478 -0.28979904
   0.5205843 ]]
```

(3) 주성분 분석 수행하기

주성분 분석 기능은 사이킷런 라이브러리의 decomposition 서브패키지에서 PCA 클래스로 제공됩니다. 적절한 주성분 개수를 설정하기 위해 n_components를 원본 데이터의 feature 개수 10으로 설정해서 PCA를 수행해 봅니다.

실습 코드

```python
# 라이브러리 불러오기
import pandas as pd
from sklearn.decomposition import PCA

# PCA 객체로 주성분 10개 추출하기
pca = PCA(n_components=10)
reduced_data = pca.fit_transform(std_data)

# 주성분 데이터 확인하기
pca_df = pd.DataFrame(reduced_data)
pca_df.head()
```

	0	1	2	3	4	5	6	7	8	9
0	-1.265105	-2.142595	-1.372683	-1.336993	0.604562	0.502660	-0.294409	-0.259680	-0.184177	-0.142393
1	3.635360	0.921397	-0.615796	-0.260101	-0.064974	0.184101	0.182571	0.268328	-0.171795	-0.245056
2	3.979711	0.894910	-0.450038	-0.371728	-0.439569	-0.162472	0.139321	-0.017344	-0.012514	-0.014387
3	-1.912027	2.739865	1.344975	-0.801262	-0.410567	0.470906	-0.290118	-0.006009	-0.407474	-0.026780
4	-1.233912	0.814316	-1.072045	1.349422	-0.215280	-0.211068	0.161938	-0.167767	-0.060685	0.079358

PCA 알고리즘으로 주성분을 추출하면 설명된 분산(explained variance)값이 높은 순서대로 주성분들이 정렬됩니다. explained_variance_ 속성을 통해 주성분의 분산 설명력을 확인할 수 있으며, 값이 클수록 좋습니다.

실습 코드

```
# 설명된 분산(explained variance)값 확인하기
print(pca.explained_variance_)
```

실행 결과

```
[4.50457636 3.014561   1.25609058 0.88807367 0.13235749 0.06794951
 0.05642676 0.03460958 0.03187157 0.02349348 ]
```

explained_variance_ratio_ 속성에 저장된 설명된 분산 비율은 각 주성분의 축을 따라 놓여 있는 데이터세트의 분산 비율을 나타내는 유용한 정보입니다. 값을 보면 데이터세트 분산의 45%가 첫 번째 PC를, 30%가 두 번째 PC를 따라 놓여 있습니다.

실습 코드

```
# 설명된 분산 비율 확인하기
print(pca.explained_variance_ratio_)
```

실행 결과

```
[0.45000718 0.30115464 0.12548345 0.08871856 0.01322251 0.00678816
 0.00563703 0.0034575  0.00318397 0.002347 ]
```

주성분의 고윳값(explained variance), 기여율(explained variance ratio), 누적기여율 (cumulative explained variances)을 같이 출력해 봅니다.

기여율을 계산하는 공식은 다음과 같습니다.

$$\text{기여율} = \text{특정 주성분의 분산에 대한 비율} = \frac{\text{특정 주성분 분산}}{\text{모든 주성분 분산의 합}}$$

⌐ **실습 코드**

```
# 라이브러리 불러오기
import numpy as np

# 주성분의 설명력과 기여율 구하기
index = np.array([f'pca{n+1}' for n in range(reduced_data.shape[1])])
result = pd.DataFrame({'고윳값' : pca.explained_variance_,
                       '기여율' : pca.explained_variance_ratio_},
                   index=index)
result['누적기여율'] = result['기여율'].cumsum()

# 주성분의 설명력과 기여율 확인하기
display(result)
```

⌐ **실행 결과**

	고윳값	기여율	누적기여율
pca1	4.504576	0.450007	0.450007
pca2	3.014561	0.301155	0.751162
pca3	1.256091	0.125483	0.876645
pca4	0.888074	0.088719	0.965364
pca5	0.132357	0.013223	0.978586
pca6	0.067950	0.006788	0.985375
pca7	0.056427	0.005637	0.991012
pca8	0.034610	0.003457	0.994469
pca9	0.031872	0.003184	0.997653
pca10	0.023493	0.002347	1.000000

일반적으로 고윳값이 0.7 이상(또는 1)인 주성분을 기준으로 하여 누적기여율이 0.8~0.9 이상일 때 적절한 주성분 개수를 설정할 수 있습니다. 위 결과를 보면 pca1, pca2, pca3, pca4의 고윳값 이 0.7 이상이고, pca1, pca2, pca3, pca4의 누적기여율이 약 96.5%이므로, 차원 축소를 위한 가 장 적절한 주성분 개수는 4개로 판단할 수 있습니다.

데이터 시각화를 위해서는 일반적으로 2차원 또는 3차원으로 축소합니다. n_components=4로 설정하여 PCA를 다시 실행합니다.

⌐ 실습 코드

```
# PCA 객체로 주성분 4개 추출하기
pca = PCA(n_components=4)
X_reduced = pca.fit_transform(std_data)
print(pca.explained_variance_ratio_)
```

⌐ 실행 결과

```
[0.45000718 0.30115464 0.12548345 0.08871856]
```

사이킷런에서 제공하는 PCA 클래스를 사용할 때, 주성분의 개수를 지정하기보다 보존하려는 분산 비율을 n_componets에 0.0~1.0의 값으로 설정하는 것이 편리합니다.

⌐ 실습 코드

```
# 지정한 비율에 도달할 때까지 주성분을 탐색하기
pca = PCA(n_components=0.9)
reduced_data = pca.fit_transform(std_data)
print(pca.explained_variance_ratio_)
```

⌐ 실행 결과

```
[0.45000718 0.30115464 0.12548345 0.08871856]
```

2 t-분산 확률적 이웃 임베딩

1) t-SNE 이해하기

t-분산 확률적 이웃 임베딩(t-SNE, t-Distributed Stochastic Neighbor Embedding)은 높은 차원의 복잡한 데이터를 2차원 또는 3차원으로 축소하는 방법입니다.

PCA는 선형 변환으로 차원 축소하는 방법이고, t-SNE는 비선형적인 방법의 차원 축소입니다. t-SNE는 복잡한 데이터의 시각화에 주로 사용하며 차원 축소할 때는 비슷한 데이터들로 정리된 상태이므로 데이터 구조를 이해하는 데 도움이 됩니다. t-SNE 알고리즘은 고차원 공간에서 데이터들의 유사성과 그에 해당하는 저차원 공간에서 데이터들의 유사성을 계산합니다.

AI 직업 환경

데이터 획득

데이터 구조

기초 데이터

데이터 이해

데이터 전처리

AI 모델링 개념

지도학습

비지도학습

모델 성능 향상

AI 사례 실습

2) t-SNE 실습하기

(1) 합성 데이터 생성하기

사이킷런 라이브러리 datasets 서브패키지에 있는 make_blobs 함수로 합성 클러스터 데이터세트를 생성합니다(feature : 10차원, cluster : 3개).

⌐ 실습 코드

```
import matplotlib.pyplot as plt
from sklearn.datasets import make_blobs

# 실습용 데이터세트 생성하기
x, y = make_blobs(n_features=10,
                  n_samples=100,
                  centers=3,
                  random_state=42,
                  cluster_std=2)

plt.scatter(x[:, 0], x[:, 1])
plt.show()
```

⌐ 실행 결과

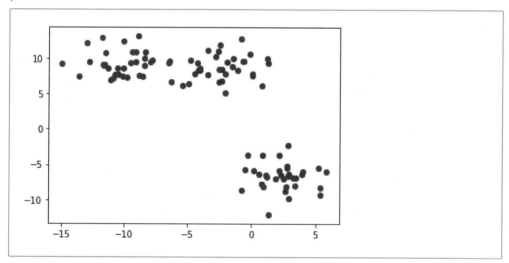

(2) 2차원 t-SNE 시각화하기

사이킷런 라이브러리 manifold 서브패키지에서 제공하는 TSNE 클래스로 임베딩을 생성합니다. n_components는 차원의 개수를 결정하는 인자로, n_components=2로 설정하여 2차원으로 임베딩을 만들어 봅니다.

```python
import pandas as pd
from sklearn.manifold import TSNE

# 2차원 t-SNE 임베딩하기
tsne_np = TSNE(n_components = 2,random_state=1 ).fit_transform(x)

# Numpy array를 DataFrame으로 변환하기
tsne_df = pd.DataFrame(tsne_np, columns = ['component 0', 'component 1'])
print(tsne_df)
```

실행 결과

```
    component 0  component 1
0     17.098864     1.206077
1     17.382450     0.397006
2     17.327002     0.194470
3     -5.793094    -5.384990
4     -7.423450     5.462745
..          ...          ...
95    -7.482238     4.939139
96    -6.302559     4.597905
97    18.000443     1.074288
98    -6.243951     4.676178
99    -6.234931    -5.218682
```

t-SNE는 비선형적으로 차원을 축소하기 때문에 표현력이 증가하고, 다음의 시각화 결과와 같이 t-SNE로 차원 축소한 경우 클래스 간에 분별력 있게 시각화하는 장점이 있습니다.

실습 코드

```python
import matplotlib.pyplot as plt

# class target 정보 불러오기
tsne_df['target'] = y

# target별 분리하기
tsne_df_0 = tsne_df[tsne_df['target'] == 0]
tsne_df_1 = tsne_df[tsne_df['target'] == 1]
tsne_df_2 = tsne_df[tsne_df['target'] == 2]
```

```
# target별 시각화하기
plt.scatter(tsne_df_0['component 0'], tsne_df_0['component 1'],
            color = 'pink', label = 'A')
plt.scatter(tsne_df_1['component 0'], tsne_df_1['component 1'],
            color = 'purple', label = 'B')
plt.scatter(tsne_df_2['component 0'], tsne_df_2['component 1'],
            color = 'yellow', label = 'C')

plt.xlabel('component 0')
plt.ylabel('component 1')
plt.legend()
plt.show()
```

⌐ 실행 결과

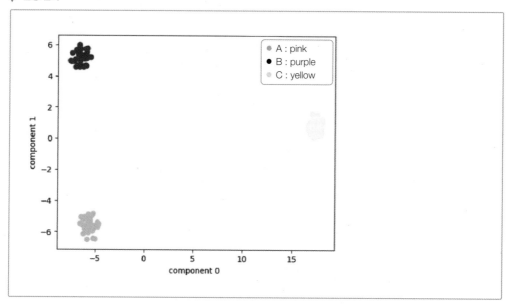

* 2차원 t-SNE 시각화의 결괏값은 Anaconda, Colab, AICE 홈페이지에서 제공하는 AIDU 등 실습 환경에 따라 차이가 있을 수 있습니다.

(3) 3차원 t-SNE 시각화하기

사이킷런 라이브러리의 TSNE 모듈을 불러온 후, TSNE 객체 n_components=3으로 설정하여 3차원
으로 임베딩을 만들어 봅니다.

AI 작업 환경

데이터 획득

데이터 구조

기초 데이터

데이터 이해

데이터 전처리

AI 모델링 개념

지도학습

비지도학습

모델 성능 향상

AI 사례 실습

┌ 실습 코드

```
# 3차원 t-SNE 임베딩하기
tsne_np = TSNE(n_components=3, random_state=15).fit_transform(x)

# Numpy array를 DataFrame으로 변환하기
tsne_df = pd.DataFrame(tsne_np,
        columns = ['component 0', 'component 1', 'component 2'])


print(tsne_df)
```

┌ 실행 결과

```
   component 0  component 1  component 2
0    39.366909    93.582710    69.769592
1   -29.122557    22.876825    87.100357
2    -8.870548    32.871750    26.178217
3   -76.180626    -7.190501    -0.118103
4    36.978146   -84.727768    -9.141755
..         ...          ...          ...
95   26.927225   -16.248871   -64.747147
96   60.836777   -45.864788    15.702457
97   -8.290654    45.339947    61.795673
98  -10.462058   -30.108059   -77.145538
99  -59.078163   -12.621077    35.744381
```

3차원의 시각화 결과에서 A, B, C 클래스를 쉽게 분별할 수 있도록 차원이 축소된 것을 한눈에 확인할 수 있습니다.

┌ 실습 코드

```
from mpl_toolkits.mplot3d import Axes3D

# 3차원 그래프 세팅하기
fig = plt.figure(figsize=(9, 6))
ax = fig.add_subplot(111, projection='3d')

# class target 정보 불러오기
tsne_df['target'] = y
```

```
# target별 분리하기
tsne_df_0 = tsne_df[tsne_df['target'] == 0]
tsne_df_1 = tsne_df[tsne_df['target'] == 1]
tsne_df_2 = tsne_df[tsne_df['target'] == 2]

# target별 시각화하기
ax.scatter(tsne_df_0['component 0'],
           tsne_df_0['component 1'],
           tsne_df_0['component 2'],
           color = 'pink', label = 'A')
ax.scatter(tsne_df_1['component 0'],
           tsne_df_1['component 1'],
           tsne_df_1['component 2'],
           color = 'purple', label = 'B')
ax.scatter(tsne_df_2['component 0'],
           tsne_df_2['component 1'],
           tsne_df_2['component 2'],
           color = 'yellow', label = 'C')

ax.set_xlabel('component 0')
ax.set_ylabel('component 1')
ax.set_zlabel('component 2')
ax.legend()
plt.show()
```

┌ 실행 결과

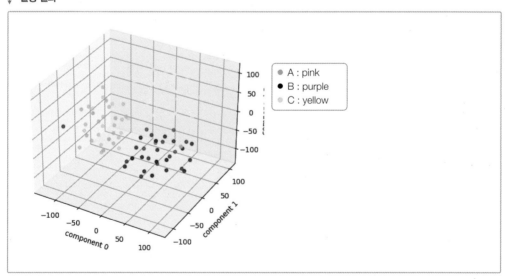

* 3차원 t-SNE 시각화의 결괏값은 Anaconda, Colab, AICE 홈페이지에서 제공하는 AIDU 등 실습 환경에 따라 차이가 있을 수 있습니다.

AI 직업 환경

데이터 획득

데이터 구조

기초 데이터

데이터 이해

데이터 전처리

AI 모델링 개념

지도학습

비지도학습

모델 성능 향상

AI 사례 실습

SECTION 02 군집화

1 K-평균 군집화

1) K-평균 군집화 이해하기

K-평균 군집화(K-Means Clustering)는 알고리즘 동작 원리가 단순하기 때문에 많이 사용하는 비지도학습 방법입니다. 알고리즘 동작 방식을 살펴보기 전에 군집화가 무엇인지 알아봅니다. 군집(Cluster)은 비슷한 요소들을 묶어놓은 단위체이며, 군집화(Clustering)는 비슷한 요소들을 묶는 것을 의미합니다. 군집화는 데이터 내 자연스러운 그룹을 자동으로 검색하는 작업을 포함합니다. 일반적으로 시각화 가능한 차원의 데이터(2차원 또는 3차원)가 제공되면, 사람의 눈은 매우 쉽게 별개의 군집을 구분할 수 있습니다. 다음과 같은 20개의 데이터 포인트가 있을 경우, 데이터가 3개의 범주에 속하는 것을 시각적으로 알 수 있습니다.

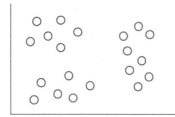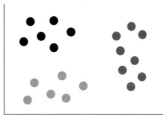

▲ 군집화

그러나 기계가 한 번에 군집을 구분하는 것은 쉽지 않기 때문에 군집화 알고리즘이 등장했습니다. 이때 군집화 알고리즘은 인간의 눈으로 볼 수 없는 고차원의 데이터도 군집화할 수 있습니다. 군집화 알고리즘 중 대표적인 것으로 K-평균 군집화가 있습니다.

K-평균 군집화 알고리즘은 K개의 군집을 나누기 위해 각 군집의 중심과 데이터 간의 평균 거리를 활용합니다. 따라서 군집 내 거리 계산의 기준이 될 점을 K개로 설정하고, 해당 점에서 다른 데이터 간의 거리를 계산합니다. 이때 최종 군집의 기준점은 보통 클러스터의 중심에 위치하기 때문에 센트로이드(Centroid, 클러스터 중심점)라고 부릅니다. K-평균 군집화는 데이터 간 거리가 가까운 데이터를 비슷한 특징을 가진 데이터로 간주하여 기준점과 다른 데이터 간의 거리가 최소화되는 점을 찾아나가면서 군집화합니다. 즉, 각 군집 내 분산을 최소화하는 것을 목적으로 군집화를 진행합니다.

2) K-평균 군집화 알고리즘 작동 방식 이해하기

K-평균 군집화 알고리즘의 작동 방식은 다음과 같습니다.

■ 1단계 : 군집화할 군집의 수 K를 선택합니다.

식별하려는 군집 수는 K-평균 군집화의 K입니다. 3개의 군집을 가정하고 K=3으로 합니다.

■ 2단계 : 임의로 K개의 기준점을 선택합니다.

임의로 3개의 기준점을 선택하여 군집을 찾는 프로세스를 시작합니다. 이 포인트들은 우리가 만들 군집의 중심(centroid) 역할을 합니다.

■ 3단계 : K개의 군집을 만듭니다.

군집을 만들기 위해 먼저 각 데이터 포인트에서 3개의 중심까지 거리를 측정하여 가장 가까운 군집에 포인트를 할당합니다. 아래 그림을 보면 선택한 샘플 데이터 포인트에서 파란색 중심까지 거리가 가장 짧은 것을 알 수 있으므로 샘플 데이터를 파란색 군집에 할당합니다. 2차원에서 두 점 사이의 거리를 구하는 공식은 다음과 같습니다.

$$d = \sqrt{(x_2 - x_1)^2 + (y_2 - y_1)^2}$$

거리를 구하는 공식을 사용하여 나머지 포인트에 대해 이 프로세스를 반복하면 군집이 다음과 같이 표시됩니다.

K포인트 선택

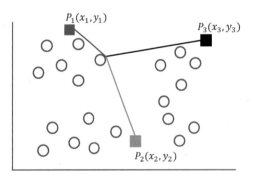

K개로 군집화

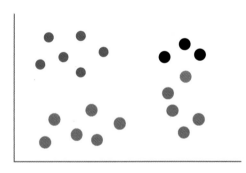

▲ 임의의 K포인트 선택

■ **4단계 : 각 군집의 새 중심을 계산합니다.**

3개의 군집이 있으므로 각각에 의해 형성된 새로운 중심을 찾습니다. 예를 들어 파란색 군집의 중심 좌표를 계산하는 방법은 다음과 같습니다.

$$(x', y') = (\frac{x_1 + x_2 + x_3 + x_4 + x_5 + x_6}{6}, \frac{y_1 + y_2 + y_3 + y_4 + y_5 + y_6}{6})$$

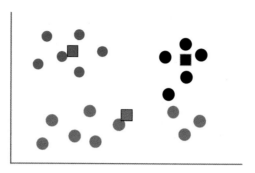

▲ 군집의 새 중심

■ **5단계 : 각 군집의 품질 평가를 합니다.**

모든 군집 내의 분산을 찾아 군집화의 품질을 측정합니다. K-평균 군집화의 기본 아이디어는 군집 내 분산이 최소화되도록 군집을 정의하는 것입니다. 이 분산을 정량화하기 위해 WCSS(Within-Cluster Sum of Squares)를 계산합니다.

$$\text{WCSS} = \sum_{c_k}^{c_n}(\sum_{d_i i_n c_i}^{d_m} \text{distance}(d_i, c_k)^2)$$

C : 군집 중심(centroids), d : 각 군집의 데이터 포인트

■ **6단계 : 위 3~5단계를 반복합니다.**

위 3~5단계를 중심이 변경되지 않을 때까지 계속 반복하여 K개로 분류된 그룹을 만듭니다. 이때 문제는 K를 몇 개로 지정해야 하는가입니다. 엘보우(Elbow) 방법으로 군집의 개수 K를 찾을 수 있습니다. 군집 중심과 군집에 속한 샘플 사이 거리의 제곱합을 이너셔(Inertia)라고 합니다. 이너셔는 군집에 속한 샘플이 얼마나 가깝게 모여 있는지를 나타내는 값입니다.

일반적으로 군집의 개수가 늘어나면 군집 각각의 크기는 줄어들기 때문에 이너셔도 함께 줄어듭니다. 엘보우 방법은 군집 개수를 늘려가면서 이너셔의 변화를 관찰하여 K를 찾는 것입니다. 군집 개수를 늘려서 이너셔를 그래프로 그리면 감소하는 속도가 꺾이는 지점이 있습니다. 그래프에서 화살표 지점이 바로 최적의 군집 개수입니다.

AI 작업환경

데이터 획득

데이터 구조

기초 데이터

데이터 이해

데이터 전처리

AI 모델링 개념

지도학습

비지도학습

모델 성능 향상

AI 사례 실습

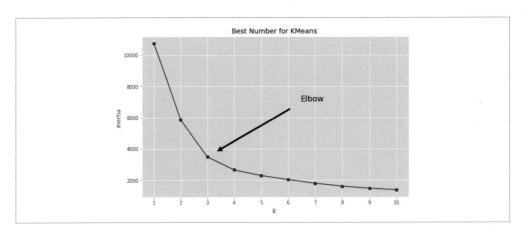

▲ 군집의 개수 K에 따른 이너셔 감소 그래프

3) K-평균 군집화 실습하기

K-평균 군집화 알고리즘은 사이킷런 라이브러리의 cluster 서브패키지에서 제공하는 KMeans 클래스를 활용할 수 있습니다. KMeans 클래스는 다음과 같은 파라미터를 입력받습니다.

┤ 하이퍼파라미터 ├

- n_clusters : 클러스터의 개수(기준점의 개수)
- max_iter : 단일 실행에 대한 K-평균 군집화 알고리즘의 최대 반복 횟수

군집화가 끝나면 객체는 다음 속성을 가집니다.

- labels_ : 군집 번호
- cluster_centers : 군집별 기준점의 좌표

K-평균 군집화 알고리즘의 간단한 코드는 다음과 같습니다. 실질적인 학습을 위해 본 장의 마지막에 'K-평균 군집화 알고리즘을 이용한 고객 세분화 실습'을 진행합니다.

┌ 실습 코드

```
# 라이브러리 불러오기
from sklearn.cluster import KMeans
import numpy as np

# 임의의 데이터 생성하기
X = np.array([[1, 2], [1, 4], [1, 0], [10, 2], [10, 4], [10, 0]])
```

```
# K-평균 군집화 알고리즘 모델 생성하기
kmeans = KMeans(n_clusters=2, random_state=0).fit(X)

# K-평균 군집화 알고리즘 결과 확인하기
print(kmeans.labels_)
print(kmeans.predict([[0, 0], [12, 3]]))
print(kmeans.cluster_centers_)
```

┌ **실행 결과**

```
[1 1 1 0 0 0]
[1 0]
[[10.  2.]
 [ 1.  2.]]
```

2 DBSCAN

1) DBSCAN 이해하기

DBSCAN(Density Based Spatial Clustering of Applications with Noise)은 '노이즈가 있는 애플리케이션의 밀도 기반 공간 군집화'로, 데이터가 밀집한 정도를 기반으로 군집화하는 알고리즘입니다. 어떤 점을 기준으로 반경 ε 내에 점이 n개 이상 있으면 하나의 군집으로 인식하는 방식으로, 점이 몰려 있어서 밀도가 높은 부분을 클러스터링하는 방식입니다.

DBSCAN은 단순히 가까운 거리의 데이터를 군집화하는 게 아니라, 밀도 높게 모여 있는 데이터들을 군집화할 때 유용합니다. 다음 그림의 점의 분포를 확인하면, 가까이 연결되어 밀도가 높은 데이터들을 같은 군집으로 분류했습니다.

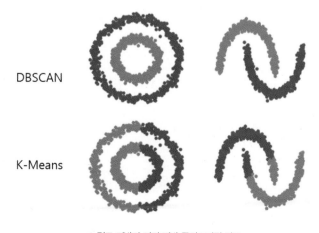

▲ 밀도 기반과 거리 기반 클러스터링 비교

DBSCAN 알고리즘의 장점은 K-Means와 같이 군집의 수를 정하지 않아도 되며, 군집의 밀도에 따라 서로 연결하기 때문에 기하학적인 모양을 갖는 군집도 잘 찾을 수 있고, 노이즈 포인트를 통해 이상치 검출이 가능하다는 것입니다.

■ DBSCAN 알고리즘 작동 원리

① 데이터 p가 존재할 때, ε(epsilon) 최소 거리를 기준으로 ε 반경 내에 몇 개의 데이터가 위치하는지를 셉니다. 이때 ε 반경 내에 위치한 데이터가 min_points의 개수를 넘는 경우 p의 이웃(neighborhood)이 되고 같은 군집으로 분류됩니다.

② 핵심 데이터(Core Point)는 군집 내의 밀집된 지역에 있는 것으로, 해당 점을 기준으로 ε 반경 내에 MinPts개 이상의 데이터가 있는 경우 핵심 데이터가 됩니다. 핵심 데이터의 ε 반경 내의 데이터는 모두 동일한 클러스터에 속합니다.

- ε(epsilon, 최소 거리) : 이웃(neighborhood)을 정의하기 위한 거리
- MinPts(minimum points, 최소점) : 밀집 지역(군집)을 정의하기 위해 필요한 이웃의 개수

③ 경계 데이터는 군집 내에 속하지만 해당 점을 기준으로 ε 반경 내에 MinPts개 미만의 데이터가 있는 것입니다.

④ 핵심 데이터 또는 경계 데이터도 아닌 데이터는 노이즈(Noise Point)로 판단합니다.

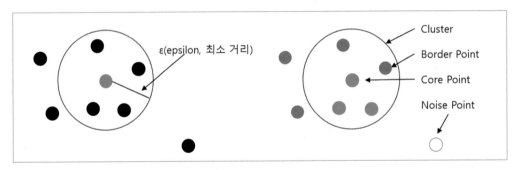

▲ DBSCAN 군집화

2) DBSCAN 실습하기

사이킷런 사이트에서 제공하는 데모를 통해 DBSCAN 군집화 알고리즘을 살펴봅니다.

```
소스 출처 : https://scikit-learn.org/stable/auto_examples/cluster/plot_dbscan.html#sphx-
glr-auto-examples-cluster-plot-dbscan-py
```

사이킷런 라이브러리 cluster 서브패키지는 군집화를 위한 DBSCAN 클래스를 제공하며, 다음의 파라미터를 입력받습니다.

AI 작업 환경

데이터 확득

데이터 구조

기초 데이터

데이터 이해

데이터 전처리

AI 모델링 개념

지도학습

비지도학습

모델 성능 향상

AI 사례 실습

---| 하이퍼파라미터 |---

- eps : 이웃을 정의하기 위한 거리(epsilon)
- min_samples : 군집을 정의하기 위한 eps 반경 내 최소 데이터의 개수

군집화가 끝나면 객체는 다음 속성을 가집니다.

- labels_ : 군집 번호(노이즈의 경우 −1).
- core_sample_indices_ : 핵심 데이터의 인덱스

실습을 위해 make_blobs 함수를 사용하여 3개의 합성 클러스터 데이터를 만들어 봅니다.

⌐ 실습 코드

```python
from sklearn.datasets import make_blobs
from sklearn.preprocessing import StandardScaler

# 실습용 데이터 생성하기
centers = [[1, 1], [-1, -1], [1, -1]]
X, labels_true = make_blobs(
    n_samples=750, centers=centers, cluster_std=0.4, random_state=0
)

# 데이터 표준화하기
# fit_transform()은 fit()과 transform()을 합한 메소드임
X = StandardScaler().fit_transform(X)

# 데이터 시각화하기
plt.scatter(X[:, 0], X[:, 1])
plt.show()
```

⌐ 실행 결과

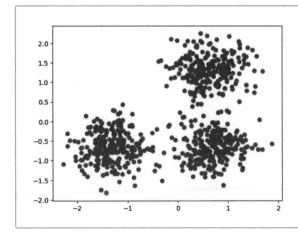

sklearn.cluster 패키지의 DBSCAN 객체를 사용하여 군집화를 해봅니다. 군집화 실행 후 객체의 labels_ 속성을 사용하여 각 데이터의 군집 레이블을 확인할 수 있습니다. 노이즈 데이터의 레이블은 -1로 지정됩니다.

┌ 실습 코드

```
import numpy as np
from sklearn.cluster import DBSCAN
from sklearn import metrics

# DBSCAN 모델 정의 및 학습하기
db = DBSCAN(eps=0.3, min_samples=10).fit(X)
labels = db.labels_

# Noisy samples를 제외한 클러스터 개수 확인하기
n_clusters_ = len(set(labels)) - (1 if -1 in labels else 0)

# Noisy samples 개수 확인하기
n_noise_ = list(labels).count(-1)

print("Estimated number of clusters: %d" % n_clusters_)
print("Estimated number of noise points: %d" % n_noise_)
```

┌ 실행 결과

```
Estimated number of clusters: 3
Estimated number of noise points: 18
```

클러스터링 알고리즘은 기본적으로 비지도학습 방법으로 데이터의 레이블을 알 수 없습니다. 그러나 sklearn.datasets.make_blobs 함수를 통해 데이터 생성 시 합성 클러스터의 레이블을 알 수 있습니다. 이 레이블 데이터를 군집화의 품질을 정량화하는 평가지표로 사용할 수 있습니다.

이러한 메트릭의 예로는 동질성(Homogeneity), 완전성(Completeness), V-measure, 랜드지수(Rand-Index), 조정된 랜드지수(Adjusted Rand-Index) 및 조정 상호정보량(AMI, Adjusted Mutual Information)이 있습니다. 실제 레이블을 알 수 없는 경우 모델 결과 자체를 사용해야만 평가를 수행할 수 있습니다. 이 경우 실루엣 계수(Silhouette Coefficient)가 유용합니다.

AI 작업 환경

데이터 획득

데이터 구조

기초 데이터

데이터 이해

데이터 전처리

AI 모델링 개념

지도학습

비지도학습

모델 성능 향상

AI 사례 실습

┌ 실습 코드

```python
# 평가지표 출력하기
print(f"Homogeneity: {metrics.homogeneity_score(labels_true, labels):.3f}")
print(f"Completeness: {metrics.completeness_score(labels_true, labels):.3f}")
print(f"V-measure: {metrics.v_measure_score(labels_true, labels):.3f}")
print(f"Rand Index: {metrics.adjusted_rand_score(labels_true, labels):.3f}")
print(f"AMI: {metrics.adjusted_mutual_info_score(labels_true, labels):.3f}")
print(f"Silhouette Coefficient: {metrics.silhouette_score(X, labels):.3f}")
```

┌ 실행 결과

```
Homogeneity: 0.953
Completeness: 0.883
V-measure: 0.917
Rand Index: 0.952
AMI: 0.916
Silhouette Coefficient: 0.626
```

(1) 시각화하기

핵심 데이터(core point) 및 경계 데이터(board point)는 각각 큰 점과 작은 점으로 시각화되며, 할당된 클러스터에 따라 색상으로 구분됩니다. noise point 태그가 지정된 샘플은 검은색으로 표시됩니다.

┌ 실습 코드

```python
# 레이블 유일값 설정하기
unique_labels = set(labels)

core_samples_mask = np.zeros_like(labels, dtype=bool)
core_samples_mask[db.core_sample_indices_] = True

# 클러스터 구분 색상 설정하기
colors = [plt.cm.Spectral(each) for each in np.linspace(0, 1, len(unique_labels))]

# 시각화하기
for k, col in zip(unique_labels, colors):
    if k == -1:

        # 레이블이 -1로 지정된 Noise Point는 검은색으로 지정하기
        col = [0, 0, 0, 1]
```

```
    class_member_mask = labels == k

    xy = X[class_member_mask & core_samples_mask]
    plt.plot(
        xy[:, 0],
        xy[:, 1],
        "o",
        markerfacecolor=tuple(col),
        markeredgecolor="k",
        markersize=14,
    )

    xy = X[class_member_mask & ~core_samples_mask]
    plt.plot(
        xy[:, 0],
        xy[:, 1],
        "o",
        markerfacecolor=tuple(col),
        markeredgecolor="k",
        markersize=6,
    )

plt.title(f"Estimated number of clusters: {n_clusters_}")
plt.show()
```

⌐ 실행 결과

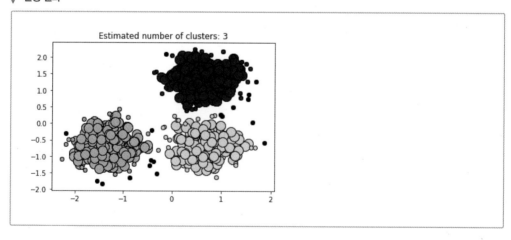

AI 작업 환경

데이터 획득

데이터 구조

기초 데이터

데이터 이해

데이터 전처리

AI 모델링 개념

지도학습

비지도학습

모델 성능 향상

AI 사례 실습

3 고객 세분화 모델 구현 실습하기

고객 관리(CRM, Customer Relationship Management)를 할 때 사용하는 기법 중에 RFM 분석이 있습니다. 다음 세 단어의 약자를 따서 RFM이라고 부릅니다.

- Recency(구매 최신성) : 얼마나 최근에 구매했는가?
- Frequency(구매 빈도) : 얼마나 자주 구매했는가?
- Monetary(구매 금액) : 얼마나 많은 금액을 지출했는가?

RFM 분석 기법을 이용하여 고객 세분화(Customer Segmentation)를 어떻게 하는지 살펴보고, K-평균 군집화 알고리즘으로 사용자 세부화 모델을 구현해 봅니다.

먼저 온라인 소매 데이터를 확인합니다.

> 데이터세트 출처 : https://archive.ics.uci.edu/ml/datasets/Online+Retail+II

Online Retail II 데이터세트에는 영국에 있는 한 온라인 소매점에서 발생한 모든 거래내역이 포함되어 있습니다.

속성명	설명	구분
InvoiceNo	송장번호	각 트랜잭션에 고유하게 할당된 6자리 정수 번호입니다. 이 코드가 문자 'c'로 시작하면 취소를 나타냅니다.
StockCode	제품 코드	각 개별 제품에 고유하게 할당된 5자리 정수 번호입니다.
Description	제품 이름	제품 이름입니다.
Quantity	제품 수량	거래당 각 제품(항목)의 수량입니다.
InvoiceDate	송장 날짜 및 시간	트랜잭션이 생성된 날짜와 시간입니다.
CustomerID	고객 번호	각 고객에게 고유하게 할당된 5자리 정수 번호입니다.
Country	국가 이름	고객이 거주하는 국가의 이름입니다.

1) 데이터 불러오기 및 전처리하기

엑셀 파일에서 데이터를 불러오기 위해 openpyxl 라이브러리를 설치합니다.

⌐ 실습 코드

```
# openpyxl 설치하기
!pip install openpyxl
```

```
Collecting openpyxl
  Downloading openpyxl-3.1.0-py2.py3-none-any.whl (250 kB)
Collecting et-xmlfile
  Downloading et_xmlfile-1.1.0-py3-none-any.whl (4.7 kB)
Installing collected packages: et-xmlfile, openpyxl
Successfully installed et-xmlfile-1.1.0 openpyxl-3.1.0
```

필요한 라이브러리를 불러옵니다.

실습 코드

```python
# 필요한 라이브러리 불러오기
import datetime
import numpy as np
import datetime as dt
import pandas as pd
import seaborn as sns
import matplotlib.pyplot as plt

from sklearn.cluster import KMeans
from sklearn.preprocessing import StandardScaler

# 경고 메시지를 무시하도록 설정하기
import warnings
warnings.filterwarnings("ignore")
```

Pandas 라이브러리의 read_excel() 메소드로 엑셀 파일에서 데이터를 로드해서 데이터프레임으로 저장합니다.

실습 코드

```python
# 엑셀 파일에서 데이터를 로드해서 데이터프레임으로 저장하기
df = pd.read_excel(
    'https://archive.ics.uci.edu/ml/machine-learning-databases/00502/online_retail_
    II.xlsx',
    engine="openpyxl")
```

DataFrame의 info 메소드로 데이터프레임의 정보를 확인합니다.

AI 작업 환경

데이터 획득

데이터 구조

기초 데이터

데이터 이해

데이터 전처리

AI 모델링 개념

지도학습

비지도학습

모델 성능 향상

AI 사례 실습

┌ **실습 코드**

```
# 데이터프레임의 처음 20개 행의 데이터 출력하기
df.head(20)
```

┌ **실행 결과**

	Invoice	StockCode	Description	Quantity	InvoiceDate	Price	Customer ID	Country	Amount
0	489434	85048	15CM CHRISTMAS GLASS BALL 20 LIGHTS	12	2009-12-01 07:45:00	6.95	13085.0	United Kingdom	83.40
1	489434	79323P	PINK CHERRY LIGHTS	12	2009-12-01 07:45:00	6.75	13085.0	United Kingdom	81.00
2	489434	79323W	WHITE CHERRY LIGHTS	12	2009-12-01 07:45:00	6.75	13085.0	United Kingdom	81.00
3	489434	22041	RECORD FRAME 7" SINGLE SIZE	48	2009-12-01 07:45:00	2.10	13085.0	United Kingdom	100.80
4	489434	21232	STRAWBERRY CERAMIC TRINKET BOX	24	2009-12-01 07:45:00	1.25	13085.0	United Kingdom	30.00
5	489434	22064	PINK DOUGHNUT TRINKET POT	24	2009-12-01 07:45:00	1.65	13085.0	United Kingdom	39.60
6	489434	21871	SAVE THE PLANET MUG	24	2009-12-01 07:45:00	1.25	13085.0	United Kingdom	30.00
7	489434	21523	FANCY FONT HOME SWEET HOME DOORMAT	10	2009-12-01 07:45:00	5.95	13085.0	United Kingdom	59.50
8	489435	22350	CAT BOWL	12	2009-12-01 07:46:00	2.55	13085.0	United Kingdom	30.60
9	489435	22349	DOG BOWL , CHASING BALL DESIGN	12	2009-12-01 07:46:00	3.75	13085.0	United Kingdom	45.00
10	489435	22195	HEART MEASURING SPOONS LARGE	24	2009-12-01 07:46:00	1.65	13085.0	United Kingdom	39.60
11	489435	22353	LUNCHBOX WITH CUTLERY FAIRY CAKES	12	2009-12-01 07:46:00	2.55	13085.0	United Kingdom	30.60
12	489436	48173C	DOOR MAT BLACK FLOCK	10	2009-12-01 09:06:00	5.95	13078.0	United Kingdom	59.50
13	489436	21755	LOVE BUILDING BLOCK WORD	18	2009-12-01 09:06:00	5.45	13078.0	United Kingdom	98.10
14	489436	21754	HOME BUILDING BLOCK WORD	3	2009-12-01 09:06:00	5.95	13078.0	United Kingdom	17.85
15	489436	84879	ASSORTED COLOUR BIRD ORNAMENT	16	2009-12-01 09:06:00	1.69	13078.0	United Kingdom	27.04
16	489436	22119	PEACE WOODEN BLOCK LETTERS	3	2009-12-01 09:06:00	6.95	13078.0	United Kingdom	20.85
17	489436	22142	CHRISTMAS CRAFT WHITE FAIRY	12	2009-12-01 09:06:00	1.45	13078.0	United Kingdom	17.40
18	489436	22296	HEART IVORY TRELLIS LARGE	12	2009-12-01 09:06:00	1.65	13078.0	United Kingdom	19.80
19	489436	22295	HEART FILIGREE DOVE LARGE	12	2009-12-01 09:06:00	1.65	13078.0	United Kingdom	19.80

데이터의 통계량을 확인합니다.

┌ **실습 코드**

```
# 데이터프레임의 요약 통계량 확인하기
df.describe()
```

┌ **실행 결과**

	Quantity	Price	Customer ID
count	525461.000000	525461.000000	417534.000000
mean	10.337667	4.688834	15360.645478
std	107.424110	146.126914	1680.811316
min	-9600.000000	-53594.360000	12346.000000
25%	1.000000	1.250000	13983.000000
50%	3.000000	2.100000	15311.000000
75%	10.000000	4.210000	16799.000000
max	19152.000000	25111.090000	18287.000000

데이터에 결측치가 있는지 확인합니다.

```
# 결측치의 합계를 구해서 내림차순으로 정렬하기
df.isnull().sum().sort_values(ascending=False)
```

```
Customer ID   107927
Description     2928
Invoice            0
StockCode          0
Quantity           0
InvoiceDate        0
Price              0
Country            0
dtype: int64
```

데이터세트에서 값이 이상한 데이터와 중복 데이터를 제거합니다.

```
# 제품 수량과 가격이 0 이하인 데이터를 제거하기
df = df[(df['Quantity']>0) & (df['Price']>0)]

# 중복 데이터를 제거하기
df = df.drop_duplicates()
```

2) RFM 분석 기법을 이용한 고객 분류하기

RFM 모델을 구축하는 첫 번째 단계는 각 고객에게 Recency(구매 최신성), Frequency(구매 빈도) 및 Monetary(구매 금액)을 할당하는 것입니다. 해당 데이터에서 RFM 지표가 의미하는 것은 다음과 같습니다.

(1) RFM 지표 계산하기

- Recency(구매 최신성) : 고객이 가장 최근에 트랜잭션을 수행한 이후 경과된 시간이며, 일 단위로 측정됩니다.
- Frequency(구매 빈도) : 고객이 수행한 총 트랜잭션 수입니다.
- Monetary(구매 금액) : 고객이 모든 거래에서 지출한 총금액입니다.

AI 직업환경

데이터 획득

데이터 구조

기초 데이터

데이터 이해

데이터 전처리

AI 모델링 개념

지도학습

비지도학습

모델 성능 향상

AI 사례 실습

┌ 실습 코드

```
# 최신성(Recency) 값을 계산하기 위해 마지막 날짜의 다음 날을 계산하기
last_date = df.InvoiceDate.max() + datetime.timedelta(days=1)

# 구매 수량과 제품 가격을 곱하여 구매 금액을 계산하기
df['Amount'] = df['Quantity'] * df['Price']

# groupby 함수로 고객별로 최근 구매 경과일, 구매 건수, 구매 금액 합계를 구하기
rfm = df.groupby('Customer ID').agg(
{'InvoiceDate': lambda InvoiceDate: (last_date - InvoiceDate.max()).days,
 'Invoice': lambda Invoice: Invoice.nunique(),
 'Amount': lambda Amount: Amount.sum()})


rfm.head()
```

┌ 실행 결과

Customer ID	InvoiceDate	Invoice	Amount
12346.0	165	11	372.86
12347.0	3	2	1323.32
12348.0	74	1	222.16
12349.0	43	3	2671.14
12351.0	11	1	300.93

데이터프레임의 칼럼 이름을 recency, frequency, monetary로 변경합니다.

┌ 실습 코드

```
# 데이터프레임의 칼럼명 변경하기
rfm.columns = ['recency', 'frequency', 'monetary']
rfm.head()
```

┌ 실행 결과

Customer ID	recency	frequency	monetary
12346.0	165	11	372.86
12347.0	3	2	1323.32
12348.0	74	1	222.16
12349.0	43	3	2671.14
12351.0	11	1	300.93

(2) 고객 점수 계산하기

각 고객에 대해 구매 최신성, 구매 빈도, 구매 금액을 1에서 5까지 점수로 환산하고, 이를 모두 합산하여 고객 점수(customer_score)를 계산합니다. 판다스의 qcut() 함수로 구매 최신성, 구매 빈도, 구매 금액을 5개 구간으로 나누고, 각 구간에 1에서 5까지 점수를 부여합니다.

- recency_score는 최신성(recency)이 적을수록 점수가 높습니다.
- frequency_score는 구매 빈도(frequency)가 높을수록 점수가 높습니다.
- monetary_score는 구매 금액(monetary)이 클수록 점수가 높습니다.

┌ 실습 코드

```
# 구매 최신성, 구매 빈도, 구매 금액을 1에서 5까지 점수로 환산하기
rfm['recency_score'] = pd.qcut(rfm['recency'], 5,
                        labels=[5, 4, 3, 2, 1]).astype(int)
rfm['frequency_score'] = pd.qcut(rfm['frequency'].rank(method="first"), 5,
                        labels=[1, 2, 3, 4, 5]).astype(int)
rfm['monetary_score'] = pd.qcut(rfm['monetary'], 5,
                        labels=[1, 2, 3, 4, 5]).astype(int)

# 구매 최신성, 구매 빈도, 구매 금액의 환산 점수 합계를 고객 점수(customer_score)로 저장하기
rfm['customer_score'] = rfm['recency_score'] + \
                        rfm['frequency_score'] + rfm['monetary_score']

# 데이터 확인하기
rfm.head(10)
```

┌ 실행 결과

Customer ID	recency	frequency	monetary	recency_score	frequency_score	monetary_score	customer_score
12346.0	165	11	372.86	2	5	2	9
12347.0	3	2	1323.32	5	2	4	11
12348.0	74	1	222.16	2	1	1	4
12349.0	43	3	2671.14	3	3	5	11
12351.0	11	1	300.93	5	1	2	8
12352.0	11	2	343.80	5	2	2	9
12353.0	44	1	317.76	3	1	2	6
12355.0	203	1	488.21	1	1	2	4
12356.0	16	3	3560.30	4	3	5	12
12357.0	24	2	12079.99	4	2	5	11

customer_score로 회사 매출에 큰 도움이 되는 고객을 식별할 수 있습니다.

┌ 실습 코드

```
# 고객 점수(customer_score)가 만점(15점)인 고객 ID 확인하기
rfm[rfm['customer_score']==15].sort_values(
    'monetary', ascending=False).head()
```

┌ 실행 결과

Customer ID	recency	frequency	monetary	recency_score	frequency_score	monetary_score	customer_score
18102.0	1	89	349164.35	5	5	5	15
14646.0	10	78	248396.50	5	5	5	15
14156.0	7	102	196549.74	5	5	5	15
14911.0	1	205	152121.22	5	5	5	15
13694.0	9	94	131443.19	5	5	5	15

customer_score에 따라 고객을 4단계(VIP, GOLD, SILVER, WHITE) 등급으로 분류합니다.

┌ 실습 코드

```
# 고객 등급 분류 함수 만들기
def level(score):
    if  score > 12 :
        return 'VIP'
    elif 9 < score <= 12:
        return 'GOLD'
    elif 5 < score <= 9 :
        return 'SILVER'
    else:
        return 'WHITE'

# 고객 등급 분류 함수를 적용하여 고객 등급(level) 데이터 생성하기
rfm['level'] = rfm['customer_score'].apply(
    lambda customer_score : level(customer_score))
rfm.head()
```

AI 작업 환경

데이터 획득

데이터 구조

기초 데이터

데이터 이해

데이터 전처리

AI 모델링 개념

지도학습

비지도학습

모델 성능 향상

AI 사례 실습

Customer ID	recency	frequency	monetary	recency_score	frequency_score	monetary_score	customer_score	level
12346.0	165	11	372.86	2	5	2	9	SILVER
12347.0	3	2	1323.32	5	2	4	11	GOLD
12348.0	74	1	222.16	2	1	1	4	WHITE
12349.0	43	3	2671.14	3	3	5	11	GOLD
12351.0	11	1	300.93	5	1	2	8	SILVER

고객 등급별 고객 수를 그래프로 출력합니다.

실습 코드

```
# 고객 등급별 고객 수 그래프 출력하기
sns.countplot(x=rfm['level'])
```

실행 결과

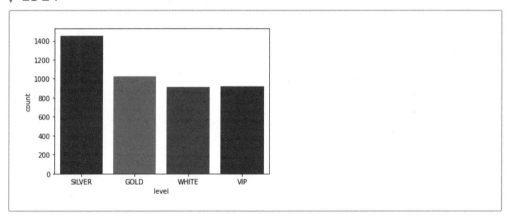

3) K-평균 군집화 알고리즘을 이용한 고객 분류하기

구매 행동에 따른 고객 세분화(Customer Segmentation)를 기반으로 다양한 그룹/클러스터를 식별하기 위해 비지도학습 방법을 적용해 봅니다. 전체 클러스터는 recency(구매 최신성), frequency(구매 빈도), monetary(구매 금액) 3가지 요소를 기반으로 합니다.

데이터의 통계치를 확인합니다.

실습 코드

```
# 데이터프레임의 요약 통계량 확인하기
rfm.describe()
```

	recency	frequency	monetary	recency_score	frequency_score	monetary_score	customer_score
count	4312.000000	4312.000000	4312.000000	4312.000000	4312.000000	4312.000000	4312.000000
mean	91.171846	4.455705	2040.406712	3.024814	3.000000	3.000000	9.024814
std	96.860633	8.170213	8911.755977	1.424049	1.414706	1.414706	3.584884
min	1.000000	1.000000	2.950000	1.000000	1.000000	1.000000	3.000000
25%	18.000000	1.000000	307.187500	2.000000	2.000000	2.000000	6.000000
50%	53.000000	2.000000	701.615000	3.000000	3.000000	3.000000	9.000000
75%	136.000000	5.000000	1714.932500	4.000000	4.000000	4.000000	12.000000
max	374.000000	205.000000	349164.350000	5.000000	5.000000	5.000000	15.000000

(1) 이상치 제거하기

이상치(outlier)를 구하기 위해서는 중간 50% 데이터가 분포하는 범위를 나타내는 사분위수 범위 (InterQuartile Range, IQR)를 먼저 계산합니다.

이상치는 Q1(=1분위수)$-1.5 \times$IQR보다 작거나, Q3(=3분위수)$+1.5 \times$IQR보다 큰 값들입니다. 먼저 여러 칼럼에 쉽게 적용할 수 있도록 이상치 제거 함수를 작성합니다. 데이터프레임과 칼럼명을 매개변수로 전달하고, 해당 칼럼의 이상치가 제거된 데이터프레임을 반환하는 함수입니다.

실습 코드

```
# 이상치 제거 함수 작성하기
def processing_outlier(df, col_nm):
    Q1 = df[col_nm].quantile(0.25)
    Q3 = df[col_nm].quantile(0.75)
    IQR = Q3 - Q1
    df = df[(df[col_nm] >= Q1 - 1.5*IQR) & (df[col_nm] <= Q3 + 1.5*IQR)]
    return df
```

이상치 제거 전후 차이를 비교하기 위해 이상치 제거 전 데이터를 임시로 저장합니다.

실습 코드

```
# 비교를 위해 이상치 제거 전 데이터 저장하기
rfm_tmp = rfm.copy()
```

recency 칼럼의 이상치를 제거하고 이상치 제거 전후의 recency 데이터의 분포를 시각화하여 비교해 봅니다. 좌측의 그래프가 이상치를 제거하기 전이며 우측의 그래프가 이상치를 제거한 후의 결과입니다.

```
# recency 이상치 제거하기
rfm = processing_outlier(rfm, 'recency')

# 이상치 제거 전후 비교하기
fig = plt.figure(figsize=(14, 5)) # 그림 사이즈 지정(가로 14인치, 세로 5인치)
ax1 = fig.add_subplot(1, 2, 1)
ax2 = fig.add_subplot(1, 2, 2)

# 이상치 제거 전 그래프 시각화
ax1.boxplot(rfm_tmp.recency)

# 이상치 제거 후 그래프 시각화
ax2.boxplot(rfm.recency)
```

실행 결과

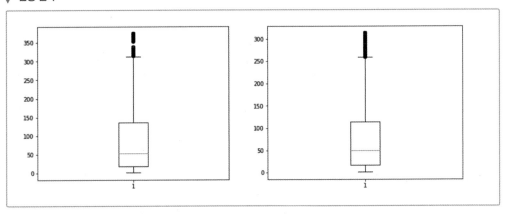

동일하게 frequency 칼럼의 이상치를 제거하고 이상치 제거 전후의 frequency 데이터의 분포를 시각화하여 비교합니다.

실습 코드

```
# frequency 이상치 제거하기
rfm = processing_outlier(rfm, 'frequency')

# 이상치 제거 전후 비교하기
fig = plt.figure(figsize=(14, 5)) # 그림 사이즈 지정 (가로 14인치, 세로 5인치)
ax1 = fig.add_subplot(1, 2, 1)
ax2 = fig.add_subplot(1, 2, 2)
```

```
# 이상치 제거 전 그래프 시각화
ax1.boxplot(rfm_tmp.frequency)

# 이상치 제거 후 그래프 시각화
ax2.boxplot(rfm.frequency)
```

┌ **실행 결과**

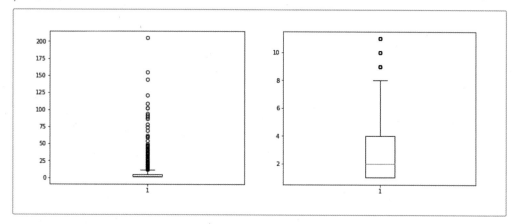

monetary 칼럼에서도 이상치를 제거합니다.

┌ **실습 코드**

```
# monetary 이상치 제거하기
rfm = processing_outlier(rfm, 'monetary')

# 이상치 제거 전후 비교하기
fig = plt.figure(figsize=(14, 5)) # 그림 사이즈 지정 (가로 14인치, 세로 5인치)
ax1 = fig.add_subplot(1, 2, 1)
ax2 = fig.add_subplot(1, 2, 2)

# 이상치 제거 전 그래프 시각화
ax1.boxplot(rfm_tmp.monetary)

# 이상치 제거 후 그래프 시각화
ax2.boxplot(rfm.monetary)
```

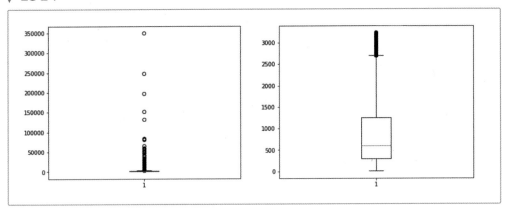

다음으로 사이킷런 StandardScaler 객체로 데이터에 표준화를 적용해 봅니다.

StandardScaler는 특성들의 평균을 0, 분산을 1로 스케일링하여 정규분포로 만듭니다.

실습 코드

```
rfm_k = rfm[['recency','frequency','monetary']]

# 데이터 표준화하기
scaler = StandardScaler()
rfm_scaled = scaler.fit_transform(rfm_k)

print(rfm_scaled)
```

실행 결과

```
[[ 0.9212283   3.66836645 -0.65156008]
 [-1.00622537 -0.39944379  0.61914885]
 [-0.16147716 -0.8514227  -0.85303709]
 ...
 [ 2.47984824 -0.8514227  -0.57917809]
 [ 0.2906416  -0.39944379  0.5831985 ]
 [-0.82775744  0.50451404  1.98602394]]
```

최적의 군집 수를 알기 위해 K를 1~10까지 증가시키면서 이너셔를 시각화합니다.

AI 직업 환경

데이터 획득

데이터 구조

기초 데이터

데이터 이해

데이터 전처리

AI 모델링 개념

지도학습

비지도학습

모델 성능 향상

AI 사례 실습

┌ 실습 코드

```python
ks = range(1,11)
inertias=[]
for k in ks :
    kc = KMeans(n_clusters=k,random_state=42)
    kc.fit(rfm_scaled)
    cluster = kc.fit_predict(rfm_scaled)
    inertias.append(kc.inertia_)

# k vs inertia 그래프 그리기
plt.subplots(figsize=(10, 6))
plt.plot(ks, inertias, "bo-")
plt.xlabel("$k$", fontsize=14)
plt.ylabel('Inertia')
plt.annotate('Elbow',
            xy=(3, inertias[2]),
            xytext=(0.55, 0.55),
            textcoords='figure fraction',
            fontsize=16,
            arrowprops=dict(facecolor='black', shrink=0.1)
            )
plt.xticks(ks)
plt.style.use('ggplot')
plt.title('Best Number for KMeans')
plt.show()
```

┌ 실행 결과

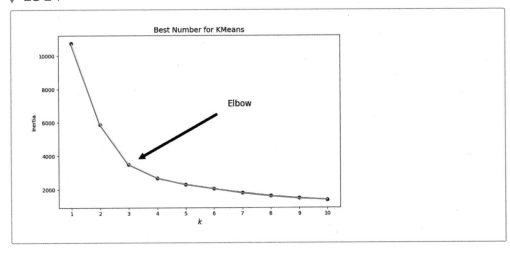

이너셔를 그린 그래프에서 감소하는 속도가 꺾이는 지점이 최적의 군집 개수입니다.

K=3으로 설정하고 군집의 중심을 구합니다.

실습 코드

```
# K를 3으로 설정하고 군집 중심 찾기
kc = KMeans(3, random_state=42)
kc.fit(rfm_scaled)
identified_clusters = kc.fit_predict(rfm_k)
clusters_scaled = rfm_k.copy()
clusters_scaled['cluster_pred'] = kc.fit_predict(rfm_scaled)

print(f'Identified Clusters : {identified_clusters}')
print(f'Cluster Centers :\n{kc.cluster_centers_}')
```

실행 결과

```
Identified Clusters : [0 1 0 ... 0 1 2]
Cluster Centers :
[[ 1.58132566 -0.60577028 -0.59397427]
 [-0.45502226 -0.35225396 -0.36989827]
 [-0.55091102  1.41443323  1.4428903 ]]
```

실습 코드

```
# cluster_pred 칼럼의 값별로 count하기
f, ax = plt.subplots(figsize=(25, 5))
ax = sns.countplot(x='cluster_pred', data=clusters_scaled)
```

실행 결과

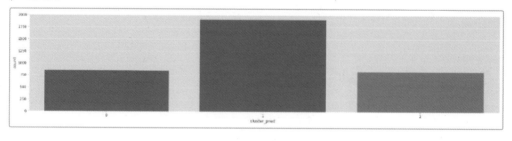

AI 작업 환경

데이터 획득

데이터 구조

기초 데이터

데이터 이해

데이터 전처리

AI 모델링 개념

지도학습

비지도학습

모델 성능 향상

AI 사례 실습

실습 코드

```
# Pandas groupby 함수로 cluster_pred별 개수 집계하기
print(clusters_scaled.groupby(['cluster_pred']).count())
```

실행 결과

```
             recency  frequency  monetary
cluster_pred
0                838        838       838
1               1906       1906      1906
2                835        835       835
```

구매 최신성(recency), 구매 빈도(frequency), 구매 금액(monetary)의 평균값, 최솟값, 최댓값을 구합니다.

실습 코드

```
rfm_k['cluster'] = clusters_scaled['cluster_pred']
rfm_k['level'] = rfm['level']

# recency, frequency, monetary의 평균값, 최솟값, 최댓값 구하기
rfm_k.groupby('cluster').agg({
    'recency' : ['mean','min','max'],
    'frequency' : ['mean','min','max'],
    'monetary' : ['mean','min','max','count']
})
```

실행 결과

	recency			frequency			monetary			
	mean	min	max	mean	min	max	mean	min	max	count
cluster										
0	220.590692	127	313	1.544153	1	8	416.114442	3.75	2622.481	838
1	49.385100	1	151	2.102308	1	7	583.181150	10.95	2253.220	1906
2	41.241916	1	270	6.011976	1	11	1938.262854	97.40	3230.450	835

위 데이터에서 구매 최신성(recency) min이 가장 낮고, 구매 빈도(frequency) mean이 가장 많고, 구매 금액(monetary) max가 가장 큰 cluster가 매출 기여도가 높은 고객군이라고 해석할 수 있습니다.

이러한 분석을 통해 어떤 고객군에게 특별 제안(special offer)이나 프로모션을 제공해야 하는지 알수 있습니다.

(2) 결론

RFM 분석 방법과 K-Means 클러스터링 2가지 방법을 결합하여 고객을 세분화해 보았습니다. 고객 세분화로 수익성이 높은 고객 그룹을 파악할 수 있으며, 이러한 AI 분석을 통해 어떤 고객 그룹에 특별 제안이나 프로모션을 제공해야 하는지 판단할 수 있습니다.

확인 문제

01 데이터세트 차원 축소에 대한 설명 중 맞는 내용을 2개 고르세요.

① 차원 축소는 머신러닝 파이프라인의 복잡도를 줄이는 장점이 있다.

② 고차원의 데이터를 저차원상에 시각화하여 중요한 특성에 대한 통찰을 할 수 있다.

③ 노이즈와 중복된 특성을 삭제하고, 알고리즘의 성능을 높일 수 있다.

④ 고차원 데이터를 저차원으로 축소하면, 변환된 데이터를 이해하기 쉬워진다.

02 다음 중 주성분 분석 알고리즘 PCA를 설명하는 내용을 선택하세요.

① 주성분 분석은 데이터의 분산을 최대한 유지하면서 특성이 많은 데이터세트의 차원을 줄이는 차원 축소 기법이다.

② PCA는 비선형적인 방법의 차원 축소 방법이다.

③ PCA는 모델의 정확도를 향상하기 위해 원본 데이터에서 가장 좋은 성능을 보여줄 수 있는 데이터의 부분집합(subset)을 찾아내는 방법이다.

④ PCA 알고리즘은 각 군집과의 거리를 최소화하여 데이터를 분류하는 데 목적이 있다.

> **정답 및 해설**
>
> **01 / ②, ③**
> 차원 축소를 통해 고차원의 데이터를 2~3차원으로 시각화할 경우, 중요한 특성에 대한 통찰을 할 수 있습니다. 또한 노이즈와 중복된 특성을 삭제하고 알고리즘의 성능을 높일 수 있습니다.
>
> **02 / ①**
> 주성분 분석은 데이터의 분산을 최대한 유지하면서 특성이 많은 데이터세트의 차원을 줄이는 차원 축소 기법입니다.

☑ 비지도학습은 입력 데이터에 대한 목표값 없이 데이터를 학습하는 머신러닝 기법으로, 비지도학습의 대표적인 유형에는 차원 축소와 군집화가 있습니다.

☑ 주성분 분석은 차원 축소 기법 중 하나로, 데이터의 분산을 최대한 유지하면서 특성이 많은 데이터 세트의 차원을 줄이는 기법입니다.

☑ t-SNE는 높은 차원의 복잡한 데이터를 2차원 또는 3차원의 낮은 차원으로 축소하는 기법입니다.

☑ K-평균 군집화는 거리가 가까운 데이터를 하나의 군집으로 분류하는 기법으로, 알고리즘이 단순하기 때문에 많이 사용하는 방법입니다.

☑ DBSCAN은 일정 공간에 밀집한 데이터를 하나의 군집으로 분류하는 기법입니다.

AI 작업 환경

데이터 획득

데이터 구조

기초 데이터

데이터 이해

데이터 전처리

AI 모델링 개념

지도학습

비지도학습

모델 성능 향상

AI 사례 실습

모델 성능 향상하기

머신러닝 모델의 성능을 개선하는 하이퍼파라미터 튜닝 기법을 알아봅니다. 사이킷런 라이브러리에서 제공하는 그리드 서치와 랜덤 서치 클래스를 사용하여 모델의 하이퍼파라미터를 튜닝하고 머신러닝 모델의 성능을 개선해 봅니다.

01 모델 하이퍼파라미터 튜닝 이해하기
02 머신러닝 모델링 및 하이퍼파라미터 튜닝 실습하기

- **실습 코드** : Chapter10_모델 성능 향상하기.ipynb
- **데이터** :
  1. **[회귀] 항공권 가격 예측 모델링하기** : Clean_Dataset. csv
  2. **[분류] 항공사 고객만족 여부 예측 모델링하기** : Invistico_Airline.csv

모델 하이퍼파라미터 튜닝 이해하기

지금까지 머신러닝 모델의 성능을 높이기 위해서 학습 데이터 전처리와 정제, 데이터의 특징 선택과 추출, 그리고 여러 가지 머신러닝 모델을 테스트해 보았습니다. 이번에는 세부 튜닝 방법으로 하이퍼파라미터 조정을 통해 모델의 성능을 개선해 봅니다.

하이퍼파라미터는 모델을 훈련시킬 때 사용자가 직접 설정하는 값입니다. 학습률(learning rate), 의사결정나무의 최대 깊이(max depth) 값 등 사용자가 직접 설정해야 하는 파라미터 값이 상당히 많습니다. 전통적으로 하이퍼파라미터 튜닝은 수동으로 수행되었습니다. 해당 하이퍼파라미터 사용 사례와 관련 도메인 경험이 있는 사람이 경험과 직관에 따라 하이퍼파라미터를 수동으로 설정해서 모델을 훈련하고 검증하여 좋은 성능이 나올 때까지 반복했습니다.

수동으로 하이퍼파라미터를 튜닝하는 것은 노동 집약적이고 효율적인 방법이 아닙니다. 현재 하이퍼파라미터를 자동으로 튜닝하는 대표적인 기법으로는 그리드 서치(Grid Search)와 랜덤 서치(Random Search)가 있습니다. 사이킷런 라이브러리의 model_selection 서브패키지에 GridSearchCV, RandomizedSearchCV 클래스가 포함되어 있습니다. 그리드 서치와 랜덤 서치의 기본적인 내용을 알아본 다음, GridSearchCV와 RandomizedSearchCV로 머신러닝 모델의 하이퍼파라미터를 튜닝하고 모델 성능을 개선해 봅니다.

1 그리드 서치

1) 그리드 서치 이해하기

그리드 서치(Grid Search)는 가능한 모든 하이퍼파라미터 값의 조합에 대해 모델 성능을 측정하고 비교하면서 최적의 하이퍼파라미터 값을 찾는 방식입니다. 모든 값을 탐색한다는 점에서 철저한 방식인 반면 시간이 많이 소요되는 비효율적인 방법일 수도 있습니다.

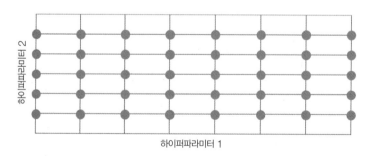

▲ 그리드 서치

2) 그리드 서치 실습하기

사이킷런 라이브러리에서 제공하는 GridSearchCV를 사용하는 방법은 간단합니다. 사용자가 모델의 하이퍼파라미터 값을 리스트로 GridSearchCV에 입력하면, 리스트에 있는 값들의 모든 조합에 대해 모델 성능을 평가하여 최적의 조합을 찾습니다. 먼저 튜닝하려는 하이퍼파라미터의 값을 리스트로 지정하고 딕셔너리로 자료형을 구성합니다. 그리고 sklearn.model_selection 모듈에 있는 GridSearchCV 클래스의 객체를 만들고, estimator 객체를 훈련하고 튜닝합니다.

예제 코드에서는 그리드 서치를 사용하여 랜덤 포레스트 분류기의 여러 파라미터를 튜닝합니다. 해당 코드를 통해 사용법을 참고로 확인한 후 실습해 봅니다.

랜덤 포레스트 분류기의 하이퍼파라미터는 아래와 같습니다.

---| 하이퍼파라미터 |---

- max_depth : 랜덤 포레스트 모델에서 각 의사결정나무의 최대 깊이
- max_features : 랜덤 포레스트 모델이 각 분할에서 시도할 수 있는 최대 특성 수
- n_estimators : 의사결정나무 수
- min_samples_leaf : 각 트리의 리프 노드에 있어야 하는 최소 샘플 수
- min_samples_split : 각 트리의 내부 노드를 분할하는 데 필요한 최소 샘플 수

GridSearchCV 클래스의 객체 생성 인자는 다음과 같습니다.

- estimator : estimator 객체
- param_grid : 튜닝하려는 하이퍼파라미터의 딕셔너리를 지정
- scoring : 모델의 성능을 평가하는 전략으로, 기본값은 'accuracy'
- n_jobs : 병렬로 실행할 작업 수이며, −1은 모든 프로세서를 사용한다는 의미이고, 기본값은 1
- refit : 가장 최적의 하이퍼파라미터를 찾은 후 입력된 estimator 객체를 해당 하이퍼파라미터로 재학습시키는 것으로, 기본값은 True
- cv : 교차 검증을 위한 fold 횟수

```
# 라이브러리 불러오기
from sklearn.ensemble import RandomForestClassifier
from sklearn.model_selection import GridSearchCV

# Random Forest 분류기 생성하기
estimator = RandomForestClassifier()

# GridSearchCV 파라미터 지정하기
param_grid = {'max_depth':[3, 5, 10, None],
```

AI 작업 환경
데이터 획득
데이터 구조
기초 데이터
데이터 이해
데이터 전처리
AI 모델링 개념
지도학습
비지도학습
모델 성능 향상
AI 사례 실습

```
                'n_estimators':[10, 100, 200],
                'max_features':[1, 3, 5, 7],
                'min_samples_leaf':[1, 2, 3],
                'min_samples_split':[1, 2, 3]}

# GridSearchCV 생성 및 수행하기
gs_cv = GridSearchCV(estimator=estimator,
                     param_grid=param_grid,
                     scoring='accuracy',
                     cv=3)
model = gs_cv.fit(X_train, y_train)
```

훈련 데이터세트를 사용하여 그리드 서치를 실행한 후, 모델의 가장 최적의 하이퍼파라미터 값은 best_params_ 속성에서, 모델의 최고 점수는 best_score_ 속성에서 확인할 수 있습니다.

```
# 최적의 파라미터 및 성능 확인하기
print(f'Best hyperparameters : {model.best_params_}')
print(f'Best score: {model.best_score_}')
```

┌ 실행 결과 예시

```
Best hyperparameters : {'max_depth': None, 'max_features': 7, 'min_samples_leaf': 1,
'min_samples_split': 2, 'n_estimators': 100}
Best score: 0.9579611991096306
```

시험 데이터세트로 모델 성능을 평가합니다.

```
# 모델 테스트 및 성능 확인하기
clf = model.best_estimator_
clf.fit(X_train, y_train)
print(f'테스트 정확도 : {clf.score(X_test, y_test)}')
```

┌ 실행 결과 예시

```
테스트 정확도 : 0.9604250076994149
```

2 랜덤 서치

1) 랜덤 서치 이해하기

랜덤 서치(Random Search)는 그리드 서치와 유사하지만 가능한 각 하이퍼파라미터 조합에 대해 훈련하고 점수를 매기는 대신 랜덤 조합이 선택됩니다. 시간 및 리소스 제약에 따라 검색 반복 횟수를 설정할 수 있으며, 파라미터 탐색 범위가 넓거나 연속적인 값을 탐색해야 하는 경우에 랜덤 서치가 효율적입니다.

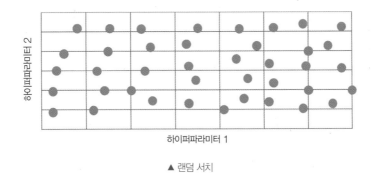

▲ 랜덤 서치

2) 랜덤 서치 실습하기

튜닝하려는 매개변수들의 값을 리스트로 지정하고 딕셔너리로 변수를 만든 다음, sklearn.model_selection 모듈에 있는 RandomizedSearchCV 클래스의 객체를 만들고, estimator 객체를 훈련하고 튜닝합니다. 예제 코드에서는 랜덤 서치를 사용하여 랜덤 포레스트 분류기의 여러 파라미터를 튜닝합니다. 해당 코드를 통해 사용법을 참고로 확인한 후 실습해 봅니다.

┌─┤ 하이퍼파라미터 ├───
│
│ • max_depth : 랜덤 포레스트 모델에서 각 의사결정나무의 최대 깊이
│
│ • n_estimators : 의사결정나무의 수
│
│ • criterion : 분할 품질을 측정하는 기능
│
│ • min_samples_leaf : 각 트리의 리프 노드에 있어야 하는 최소 샘플 수
│
│ • min_samples_split : 각 트리의 내부 노드를 분할하는 데 필요한 최소 샘플 수
│
└──

RandomizedSearchCV 클래스 객체 생성 인자는 다음과 같습니다.

- estimator : estimator 객체
- n_iter : 파라미터 검색 횟수, 지정한 횟수만큼만 조합을 반복하며 평가, 기본값은 10
- param_distributions : 튜닝하려는 하이퍼파라미터의 딕셔너리를 지정
- scoring : 모델의 성능을 평가하는 전략으로, 기본값은 'accuracy'

- n_jobs : 병렬로 실행할 작업 수이며, -1은 모든 프로세서를 사용한다는 의미이고, 기본값은 1
- refit : 가장 최적의 하이퍼파라미터를 찾은 후 입력된 estimator 객체를 해당 하이퍼파라미터로 재학습시키는 것으로, 기본값은 True
- cv : 교차 검증을 위한 fold 횟수

```python
# 라이브러리 불러오기
import numpy as np
from scipy.stats import randint
from sklearn.ensemble import RandomForestClassifier
from sklearn.model_selection import RandomizedSearchCV

# RandomForest 분류기 생성하기
estimator = RandomForestClassifier()

# RandomizedSearchCV 파라미터 범위 지정하기
param_distributions = {'max_depth':list(np.arange(3, 13, step=3)) + [None],
                       'n_estimators':np.arange(10, 320, step=100),
                       'max_features':randint(1,7),
                       'criterion':['gini','entropy'],
                       'min_samples_leaf':randint(1,4),
                       'min_samples_split':np.arange(2, 8, step=2)}

# RandomizedSearchCV 생성 및 수행하기
rs_cv = RandomizedSearchCV(estimator=estimator,
                           param_distributions=param_distributions,
                           n_iter=10,
                           scoring='accuracy',
                           n_jobs=-1,
                           refit=True,
                           cv=3)
model = rs_cv.fit(X_train, y_train)
```

훈련 데이터세트를 사용하여 랜덤 서치를 실행한 후, 모델의 최적의 하이퍼파라미터 값은 best_params_ 속성에서, 모델의 최고 점수는 best_score_ 속성에서 확인할 수 있습니다.

```python
# 최적의 파라미터 및 성능 확인하기
print(f'Best hyperparameters : {model.best_params_}')
print(f'Best score: {model.best_score_}')
```

```
Best hyperparameters : {'criterion': 'gini', 'max_depth': None, 'max_features': 6, 'min_
samples_leaf': 1, 'min_samples_split': 6, 'n_estimators': 110}
Best score: 0.9572874970686542)
```

테스트 데이터세트로 모델 성능을 평가합니다.

```python
# 모델 테스트 및 성능 확인하기
clf = model.best_estimator_
clf.fit(X_train, y_train)
print(f'테스트 정확도 : {clf.score(X_test, y_test)}')
```

실행 결과 예시

```
테스트 정확도 : 0.9598860486603018
```

SECTION 02

머신러닝 모델링 및
하이퍼파라미터 튜닝 실습하기

항공권 가격 예측 데이터세트와 항공사 고객 만족 여부 데이터세트를 가지고 머신러닝 모델을 학습한 다음, 하이퍼파라미터 튜닝 실습을 통해 성능을 개선해 봅니다.

데이터는 항공권 가격 예측 데이터(Flight Price Prediction)에 있는 'Clean_Dataset.csv'를 사용합니다.

데이터 출처 : https://www.kaggle.com/datasets/shubhambathwal/flight-price-prediction

1 [회귀] 항공권 가격 예측 모델링하기

금액을 예측하는 과제이므로 회귀 분석에 포함됩니다. 회귀 모델을 만들기 위해 데이터를 확인합니다.

칼럼명	설명	칼럼명	설명
Airline	항공사 이름	Destination City	도착 도시
Flight	항공편명	Class	좌석 등급
Source City	출발 도시	Duration	비행시간
Departure Time	출발 시간	Days Left	출발까지 남은 일자
Stops	환승장 수	Price	항공권 가격
Arrival Time	도착 시간		

▲ 항공권 가격 예측 데이터

1) 데이터 불러오기

┌ 실습 코드

```
# 판다스 라이브러리 불러오기
import pandas as pd
cdf = pd.read_csv("Clean_Dataset.csv")
```

```
# 학습 시간 단축을 위해 5,000건만 추출하기
cdf = cdf[:5000]

# 데이터 확인하기
cdf.head(1)
```

	Unnamed: 0	airline	flight	source_city	departure_time	stops	arrival_time	destination_city	class	duration	days_left	price
0	0	SpiceJet	SG-8709	Delhi	Evening	zero	Night	Mumbai	Economy	2.17	1	5953

데이터를 읽었을 때 Unnamed: 0이라는 칼럼 데이터를 볼 수 있습니다. 데이터세트를 처음 저장했을 때 index를 같이 저장하여 생긴 칼럼으로 모델 학습에 불필요하니 삭제합니다.

2) 데이터 전처리하기

(1) Unnamed 삭제 및 데이터 기초 통계 정보 확인하기

실습 코드

```
# Unnamed: 0 데이터 분포 확인하기
cdf["Unnamed: 0"].value_counts()

# Unnamed 칼럼 삭제하기
cdf.drop("Unnamed: 0", axis = 1, inplace =True)
```

실행 결과

```
0       1
3330    1
3337    1
3336    1
3335    1
       ..
1666    1
1665    1
1664    1
1663    1
4999    1
Name: Unnamed: 0, Length: 5000, dtype: int64
```

각 칼럼별 기초 통계 정보를 확인합니다.

```
# 기초 통계 정보 확인하기
cdf.describe(include='all')
```

┌ 실행 결과

	airline	flight	source_city	departure_time	stops	arrival_time	destination_city	class	duration	days_left	price
count	5000	5000	5000	5000	5000	5000	5000	5000	5000.000000	5000.000000	5000.000000
unique	6	222	1	6	3	6	1	1	NaN	NaN	NaN
top	Vistara	UK-819	Delhi	Evening	one	Night	Mumbai	Economy	NaN	NaN	NaN
freq	1496	90	5000	1391	3619	1702	5000	5000	NaN	NaN	NaN
mean	NaN	NaN	NaN	NaN	NaN	NaN	NaN	NaN	9.665682	14.216800	7589.786600
std	NaN	NaN	NaN	NaN	NaN	NaN	NaN	NaN	7.247512	7.109536	4476.362204
min	NaN	NaN	NaN	NaN	NaN	NaN	NaN	NaN	2.000000	1.000000	2409.000000
25%	NaN	NaN	NaN	NaN	NaN	NaN	NaN	NaN	2.330000	8.000000	4678.000000
50%	NaN	NaN	NaN	NaN	NaN	NaN	NaN	NaN	7.670000	14.000000	5955.000000
75%	NaN	NaN	NaN	NaN	NaN	NaN	NaN	NaN	14.080000	20.000000	10549.000000
max	NaN	NaN	NaN	NaN	NaN	NaN	NaN	NaN	30.080000	26.000000	31260.000000

8개의 문자형 칼럼에 대한 정보와 3개의 수치형 칼럼에 대한 정보를 확인할 수 있습니다.

🕒 Check Point

drop이란?

pandas.DataFrame.drop

DataFrame.drop(*labels=None, *, axis=0, index=None, columns=None, level=None, inplace=False, errors='raise'*)   [source]

Drop specified labels from rows or columns.

▲ 판다스 drop 메소드

drop 메소드는 데이터프레임 내의 행/열을 삭제하는 메소드입니다. axis=0일 때 행 단위로 삭제하고, axis=1일 때 열 단위로 삭제합니다. 기본적인 사용 방법은 drop 메소드의 인자(labels)에 행으로 삭제할 때는 인덱스명을, 열로 삭제할 때는 칼럼명을 리스트 형태로 입력하면 됩니다. 특히 axis나 inplace는 실수가 발생할 수 있으니 한 번 더 확인하는 것이 좋습니다.

[판다스 데이터프레임]

구분	나이	성별	학습 기간	타 자격증 수	신분	이전 응시 횟수	시험점수	합격 여부
A	22	여	6개월	0	대학생	0	58	불합격
B	35	남	1년6개월	2	직장인	1	85	합격
C	30	남	8개월	3	직장인	1	68	합격
D	25	여	10개월	1	대학생	1	59	불합격
E	27	여	3개월	0	취업준비생	0	74	합격
F	26	남	1년	0	대학생	2	71	합격
G	25	남	10개월	2	대학생	1	69	합격

Axis = 0 or
Default일 때   Axis = 1일 때

▲ Pandas drop Axis 삭제 예시

(2) Null 데이터 분석 및 처리하기

기본적인 정보는 확인했으니 Null 데이터가 없는지 확인합니다.

실습 코드

```
# info를 통해 Null 데이터 및 type 있는지 1차 확인하기(isna를 사용해도 됨)
print("Null 데이터 확인")
cdf.info()
```

실행 결과

```
Null 데이터 확인
<class 'pandas.core.frame.DataFrame'>
RangeIndex: 5000 entries, 0 to 4999
Data columns (total 11 columns):
 #   Column            Non-Null Count  Dtype
---  ------            --------------  -----
 0   airline           5000 non-null   object
 1   flight            5000 non-null   object
 2   source_city       5000 non-null   object
 3   departure_time    5000 non-null   object
 4   stops             5000 non-null   object
 5   arrival_time      5000 non-null   object
 6   destination_city  5000 non-null   object
 7   class             5000 non-null   object
 8   duration          5000 non-null   float64
 9   days_left         5000 non-null   int64
 10  price             5000 non-null   int64
dtypes: float64(1), int64(2), object(8)
memory usage: 429.8+ KB
```

info로 확인한 결과 모든 데이터의 non-null 개수가 동일한 것으로 보아 Null 데이터가 없는 것을 알 수 있습니다.

(3) airline 칼럼 분석 및 처리하기

이번 장에서는 하이퍼파라미터 튜닝을 위해 간단히 전처리만 할 예정이므로 airline과 flight 정보가 머신러닝 데이터로서 유의미한지 살펴봅니다.

우선 airline(항공사) 칼럼이 어떤 분포를 통해 구성되어 있는지 확인합니다.

```
# 첫 번째 칼럼이 의미 있는 칼럼인지 확인하기 위해 value_count로 분포 확인하기
cdf.airline.value_counts()
```

┌ 실행 결과

```
Vistara      1496
Air_India    1311
Indigo        813
GO_FIRST      801
SpiceJet      296
AirAsia       283
Name: airline, dtype: int64
```

value_counts 메소드를 통해 분포를 확인하면 총 6개 항공사가 보입니다. 항공사의 수가 몇 개 되지 않기에 가격과 연관성이 있는지 그래프를 통해 확인합니다.

┌ 실습 코드

```
# 그래프 라이브러리 불러오기(matplotlib, seaborn)
import matplotlib.pyplot as plt
import seaborn as sns

# seaborn으로 막대 그래프 그리기

# 배경 사이즈 설정하기
plt.figure(figsize=(5,5))

# 막대 그래프 그리기
ax = sns.barplot(x='airline', y='price', data=cdf)

# 상단 타이틀 지정하기
ax.set(title='airline & price')

# 그래프 출력하기
plt.show()
```

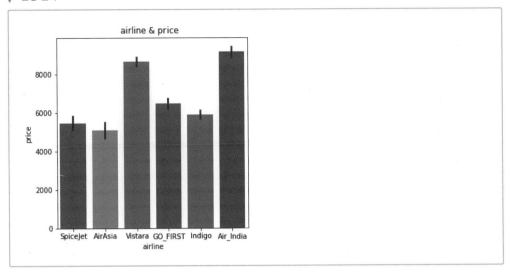

그래프를 보면 비스타라(Vistara) 항공사와 에어인디아(Air_India) 항공사의 가격이 높은 것을 확인할 수 있습니다. 항공사별로 가격에 영향을 주는 것처럼 보이니 일단 airline 칼럼은 유지합니다.

(4) flight 칼럼 분석 및 처리하기

flight 칼럼을 분석해 봅니다.

실습 코드

```
# 두 번째 flight 값 재확인하기
cdf.head(1)

# flight column 분포 확인하기
cdf.flight.value_counts()
```

실행 결과

	airline	flight	source_city	departure_time	stops	arrival_time	destination_city	class	duration	days_left	price
0	SpiceJet	SG-8709	Delhi	Evening	zero	Night	Mumbai	Economy	2.17	1	5953

UK-819	90
UK-879	62
UK-899	61
UK-705	61
UK-835	60

```
         ..
AI-9939    2
I5-881     2
I5-744     1
SG-9974    1
SG-8339    1
Name: flight, Length: 222, dtype: int64
```

데이터에서 보듯이 flight는 항공편명입니다. 항공편명은 222개의 유일값(unique) 데이터가 존재하고 데이터의 분포도 어느 정도 있어 보입니다.

이번에는 추가 분석보다 항공편명의 의미를 확인하고 전처리 및 삭제 진행 유무를 정해 봅니다. 국적 항공사에서 제공한 정보를 토대로 항공편명이 머신러닝 데이터로서 가치 있는지를 확인합니다.

1. 3자리 코드와 4자리 코드는 유의미한 데이터인가?

항공편명	의미
3자리 코드	국제선
4자리 코드	국내선

▲ 비행 코드의 의미

2. 코드의 패턴은 유의미한가?

사업/지역(대한항공 기준)	대한항공 코드	아시아나 코드
미주	001 ~ 099	200 ~ 299
대양주 및 괌	100 ~ 149	600 ~ 699
중국(몽골 포함)	150 ~ 199 800 ~ 899	300 ~ 399(중국만)
동남아, 홍콩, 대만	460 ~ 499 600 ~ 699	700 ~ 799
일본	700 ~ 799	001 ~ 099
유럽	900 ~ 999	500 ~ 599(몽골 포함)

▲ 항공편명 패턴

항공편명이 충분히 유의미한 것으로 보입니다. 다만 데이터 내에 '출발지, 도착지, 거리' 등이 있어 대체 가능한 것으로 보입니다. 따라서 flight 칼럼은 삭제하는 것으로 전처리합니다.

AI 작업 환경

데이터 확득

데이터 구조

기초 데이터

데이터 이해

데이터 전처리

AI 모델링 개념

지도학습

비지도학습

모델 성능 향상

AI 사례 실습

┌ 실습 코드

```
# flight 칼럼은 다른 칼럼과 의미가 중복되므로 삭제하기
cdf.drop('flight', axis=1, inplace=True)

# 잘 삭제되었는지 shape 확인하기
cdf.shape
```

┌ 실행 결과

```
(5000, 10)
```

2가지 데이터의 기본 분석만을 바탕으로 어떤 모델이 좋은 성능을 발휘하는지 데이터를 모델에 적용하여 확인합니다.

(5) 원핫 인코딩하기

먼저 모델 적용을 위한 필수 항목인 범주형 데이터의 수치화를 진행합니다. 데이터를 다시 확인해 보면 문자형(object) 변수 중에 실제로는 숫자로 된 수치값인데 문자형으로 지정되어 있거나, 수치형(float64, int64) 변수 중 실제로는 범주형이지만 수치형으로 지정되어 있는 것은 없습니다. info 정보에서 확인한 전체 문자형(object) 변수에 대해 원핫 인코딩을 적용합니다.

┌ 실습 코드

```
# 원핫 인코딩을 위해 get_dummies 처리하기
dummies_cdf = pd.get_dummies(cdf,
            columns=["airline", 'source_city','departure_time', 'stops','arrival_
            time', 'destination_city', 'class'],
            drop_first=True
            )

# 인코딩 확인하기
print(f'''원핫 인코딩 전 {cdf.shape}
원핫 인코딩 후 {dummies_cdf.shape}''')
```

┌ 실행 결과

```
원핫 인코딩 전 (5000, 10)
원핫 인코딩 후 (5000, 20)
```

(6) 학습 데이터 만들기

인코딩이 완료된 데이터를 x(입력 변수)와 y(타깃 변수) 데이터로 분리합니다.

▼ 실습 코드

```
# 데이터프레임에서 타깃 변수만 y로 추출하기
y = dummies_cdf.price

# y값의 형태 확인하기
y.head(5)
```

▼ 실행 결과

```
0    5953
1    5953
2    5956
3    5955
4    5955
Name: price, dtype: int64
```

실행 결과를 보면 우리가 활용해야 할 타깃 변수만을 정상적으로 분리한 것을 확인할 수 있습니다.
다음은 데이터프레임에서 타깃 변수를 제외한 입력 데이터세트를 만들어 봅니다.

▼ 실습 코드

```
# 데이터프레임에서 타깃 변수를 제외한 입력 데이터세트 생성하기
x = dummies_cdf.drop('price', axis=1)

x.head(5)

# shape 확인하기
x.shape, y.shape
```

▼ 실행 결과

	duration	days_left	airline_Air_India	airline_GO_FIRST	airline_Indigo	airline_SpiceJet	airline_Vistara	departure_time_Early_Morning
0	2.17	1	0	0	0	1	0	0
1	2.33	1	0	0	0	1	0	1
2	2.17	1	0	0	0	0	0	1
3	2.25	1	0	0	0	0	1	0
4	2.33	1	0	0	0	0	1	0

```
((5000, 19), (5000,))
```

실행 결과 타깃 변수인 price가 제거된 학습 데이터만 남아 있습니다.

3) 모델 학습하기

학습 데이터와 라벨 데이터가 갖춰졌으니 이제 머신러닝 모델 작업을 진행합니다. 사이킷런 기반의 모델들을 불러오고, 앙상블 계열 모델을 몇 개 더 추가하여 성능을 비교해 봅니다.

(1) 머신러닝 라이브러리 불러오기

⌐ 실습 코드

```
# xgboost, lightgbm 모델 설치하기
!pip install xgboost
!pip install lightgbm

# 사이킷런 기반 라이브러리 불러오기
from sklearn.linear_model import LinearRegression
from sklearn.tree import DecisionTreeRegressor
from sklearn.ensemble import RandomForestRegressor
from sklearn.ensemble import GradientBoostingRegressor
from sklearn.ensemble import ExtraTreesRegressor

# 사이킷런 외 라이브러리 불러오기
from xgboost import XGBRFRegressor
from lightgbm import LGBMRegressor

# 학습_검증 데이터 분리 라이브러리 불러오기
from sklearn.model_selection import train_test_split
```

사이킷런의 5개 모델(LinearRegression, DecisionTree, RandomForest, GradientBoosting, ExtraTrees)과 외부 모델 2가지(xgboost, lightgbm)를 더해 총 7가지 모델로 학습을 진행합니다.

(2) 머신러닝 모델 생성하기

⌐ 실습 코드

```
# 머신러닝 모델 생성하기
# 모델 생성 시 n_jobs 옵션이 있는 모델은 -1을 적용하여 동작시키는 것을 권유함
lr = LinearRegression( n_jobs=-1)
dtr = DecisionTreeRegressor( random_state=1)
rfr = RandomForestRegressor( random_state=1)
gbr = GradientBoostingRegressor( random_state=1)
xgbr = XGBRFRegressor(n_jobs=-1, random_state=1)
etr = ExtraTreesRegressor(n_jobs=-1, random_state=1)
lgbmr = LGBMRegressor(n_jobs=-1, random_state=1)
```

AI 작업 환경

데이터 획득

데이터 구조

기초 데이터

데이터 이해

데이터 전처리

AI 모델링 개념

지도학습

비지도학습

모델 성능 향상

AI 사례 실습

모델 생성까지 진행했으니 이제 학습을 해야 하는데 지금까지 한 작업을 고려했을 때 시험 데이터 세트가 없습니다. 따라서 훈련 데이터세트를 만들고 학습하는 과정까지 진행합니다.

실습 코드

```
# 훈련 데이터 분할하기
x_train, x_test, y_train ,y_test = train_test_split(x, y ,
                test_size=0.3,
                random_state=2023, # 서로 다른 결과를 나타내지 않기
            )

# shape 확인하기
x_train.shape, y_train.shape
x_test.shape, y_test.shape
```

실행 결과

```
((3500, 19), (3500,))
((1500, 19), (1500,))
```

(3) 머신러닝 모델 학습하기

실습 코드

```
%%time

# 머신러닝 모델 학습하기
lr.fit(x_train, y_train)
dtr.fit(x_train, y_train)
rfr.fit(x_train, y_train)
gbr.fit(x_train, y_train)
xgbr.fit(x_train, y_train)
etr.fit(x_train, y_train)
lgbmr.fit(x_train, y_train)
```

```
Wall time: 1.18 s
```

모델 학습이 완료되면 이제 각 모델별 성능 평가를 진행합니다. 이것은 회귀분석이므로 모델이 데이터에 얼마나 적합한지 확인할 수 있는 r2 score를 바탕으로 기본 검증을 진행합니다.

(4) 머신러닝 모델 성능 비교하기

┌ 실습 코드

```python
# 결과 검증용 라이브러리 불러오기
from sklearn.metrics import r2_score
from sklearn.metrics import mean_squared_error

# 리스트에 모델 입력하기
models = [lr, dtr, rfr, gbr, xgbr, etr, lgbmr]
r2_score_list = []
rmse_score_list = []

# 모델 결과 확인하기
for model in models:
    pred = model.predict(x_test)
    r2_score_list.append(
        round(r2_score(y_test, pred),5)
    )
    # squared를 False로 하면 RMSE가 됨
    rmse_score_list.append(
        round(mean_squared_error(
            y_test, pred, squared=False),5)
    )
r2_score_df = pd.DataFrame([r2_score_list, rmse_score_list],
                    columns=["lr", "dtr", "rfr", "gbr", "xgbr", "etr","lgbmr"],
                    index=["r2", "rmse"]
                    )


r2_score_df
```

	lr	dtr	rfr	gbr	xgbr	etr	lgbmr
r2	0.61523	0.70927	0.79828	0.76376	0.73031	0.74807	0.79957
rmse	2818.92861	2450.35112	2041.08811	2208.84675	2360.00532	2280.97506	2034.53417

실행 결과를 확인했을 때, r2 score가 79.9%로 boosting 기반의 LGBM이 가장 좋은 성능을 보여줍니다.

이 모델을 바탕으로 모델 개선을 진행합니다. 머신러닝 강의에서는 하이퍼파라미터에 대해 간단히 짚고 넘어갈 뿐 어떻게 적용하는지 설명하지 않았습니다. 하이퍼파라미터 튜닝은 일반적으로 통용되는 방법이 있지만 명확히 특정 값이 좋다는 것을 한 번에 알 수 있는 방법은 없습니다. 그러면 직관적으로 생각했을 때, 쉽게 시도해 볼 수 있는 방법은 다 입력해 봅니다. 이번에는 모든 후보 하이퍼파라미터를 대입해 보는 GridSearchCV를 통해 성능을 개선해 봅니다. 말 그대로 주어지는 경우의 수를 전부 대입하기 때문에 시간이 오래 걸립니다.

4) 최적의 하이퍼파라미터 찾기

실습 코드

```
# GridSearchCV 라이브러리 불러오기
from sklearn.model_selection import GridSearchCV

# 비교 하이퍼파라미터 선정하기
param_grid = {
    'learning_rate': [0.1 ,0.01, 0.003],
    'colsample_bytree': [0.5, 0.7],
    'max_depth' : [ 20,30,40],
}

# 최적 하이퍼파라미터 검색하기
cv_lgbmr = GridSearchCV(estimator=lgbmr,
                param_grid=param_grid,
                cv= 5,
                verbose=1)

cv_lgbmr.fit(x_train, y_train)

# 최적 하이퍼파라미터 조합 확인하기
cv_lgbmr.best_params_
```

```
# 최적 하이퍼파라미터 결과 확인하기
cv_lgbmr.best_score_ # 예측 정확도 확인하기
```

실행 결과

```
{'colsample_bytree': 0.7, 'learning_rate': 0.1, 'max_depth': 30}


0.803203388259023
```

좀 더 해 볼 여지는 있겠지만 찾은 파라미터를 바탕으로 LGBM에 적용하여 개선되었는지 확인합니다.

실습 코드

```
# 머신러닝 모델 검증하기
# 최적의 하이퍼파라미터로 재학습하기
best_lgbmr = LGBMRegressor(max_depth= 30,
                           colsample_bytree= 0.7,
                           learning_rate= 0.1,
                           n_jobs=-1,
                           random_state= 1
                           )
best_lgbmr.fit(x_train,y_train)

# 모델 성능 검증하기
b_pred=best_lgbmr.predict(x_test)
print('r2 : ', round(r2_score(y_test, b_pred),5))
print('rmse : ', round(mean_squared_error(y_test, b_pred, squared=False),5))
```

실행 결과

```
r2 :  0.80154
rmse :  2024.49371
```

그리드 서치를 통해 학습한 결과, 앞서 기본 파라미터로 학습한 LGBM의 r2 score 0.79957 대비 성능이 향상된 것을 확인할 수 있습니다.

다음은 앞서 이론에서 설명한 내용 중 GridSearchCV 외에 RandomizedSearchCV를 활용해 최적의 파라미터를 구하는 방법을 추가로 알아봅니다. GridSearch CV는 범위 내 값을 모두 검증하여 작동 시간이 오래 걸리지만 RandomizedSearch CV는 범위 내 값을 랜덤한 조합으로 Search를 진행하여 빠른 편입니다.

└ 실습 코드

```
# RandomizedSearchCV 라이브러리 호출하기
from sklearn.model_selection import RandomizedSearchCV

# 비교 파라미터 선정하기
param_dists = {'learning_rate': [0.1 ,0.01, 0.003],
    'colsample_bytree': [0.5, 0.7],
    'max_depth' : [ 20,30,40],}

%%time

# 최적의 파라미터 검색하기
cv_lgbmr = RandomizedSearchCV(estimator=lgbmr,
                param_distributions=param_dists,
                n_iter = 500,
                cv= 5,
                verbose=1)

cv_lgbmr.fit(x_train, y_train)

# 최적의 파라미터 조합 확인하기
cv_lgbmr.best_params_
```

└ 실행 결과

```
{'max_depth': 30, 'learning_rate': 0.1, 'colsample_bytree': 0.7}
```

2 [분류] 항공사 고객만족 여부 예측 모델링

앞에서 항공권 가격을 예측해 보았으니 비슷한 주제인 캐글 데이터 중 항공사 고객만족 여부 데이터세트를 활용해 봅니다. 항공사 고객만족도 데이터는 다음과 같습니다. 데이터는 항공사 고객만족 예측 데이터(Airline Customer Satisfaction)의 'Invistico_Airline.csv'를 사용합니다.

데이터 출처 : https://www.kaggle.com/datasets/sjleshrac/airlines-customer-satisfaction

칼럼명	설명	칼럼명	설명
Gender	성별	Customer Type	고객 유형
Age	나이	Type of Travel	여행 유형
Class	좌석 등급 (비즈니스, 이코노미, 기타)	Flight Distance	비행거리
Seat comfort	좌석의 편안함	Departure/Arrival time convenient	편리한 출발/도착 시간
Food and drink	음식과 음료	Gate location	게이트 위치
Inflight wifi service	기내 와이파이 서비스	Inflight entertainment	기내 엔터테인먼트
Ease of Online booking	온라인 예약의 용이성	Leg room service	레그룸 서비스
Baggage handling	수하물 처리	Checkin service	체크인 서비스
Cleanliness	청결	Departure Delay in Minutes	출발 지연 시간(분)
Arrival Delay in Minutes	도착 지연 시간(분)	satisfaction	고객 만족 여부

▲ 항공사 고객 만족 여부 데이터

1) 데이터 불러오기

┌ 실습 코드

```
# 판다스 라이브러리 불러오기
import pandas as pd

# 파일이 저장된 경로에서 데이터 로딩하기
cdf = pd.read_csv("Invistico_Airline.csv")

# 학습 시간 단축을 위해 5,000건만 추출하기
cdf = cdf[:5000]

# 중간에 Column이 '...'으로 표시되는 것 확인하기
cdf.head(1)
```

AI 작업 환경
데이터 획득
데이터 구조
기초 데이터
데이터 이해
데이터 전처리
AI 모델링 개념
지도학습
비지도학습
모델 성능 향상
AI 사례 실습

	satisfaction	Gender	Customer Type	Age	Type of Travel	Class	Flight Distance	Seat comfort	Departure/Arrival time convenient	Food and drink	...	Online support	Ease of Online booking	On-board service	Leg room service	Baggage handling	Checl servi
0	satisfied	Female	Loyal Customer	65	Personal Travel	Eco	265	0		0	0	...	2	3	3	0	3

1 rows × 23 columns

우선 첫 번째 칼럼에 예측해야 할 대상인 만족도(satisfaction)가 보입니다. 이후 데이터는 전부 train 활용 여부를 정해야 합니다. 그런데 데이터 칼럼 중 '…'으로 표시되면서 일부 데이터를 확인하지 못하는 현상이 생깁니다. 데이터 내 칼럼이 많지 않다면 모두 보일 수 있도록 변경하여 분석하는 것이 좋으므로 옵션을 하나 적용하고 진행합니다.

실습 코드

```
# 모든 칼럼을 표시하기
pd.set_option('display.max_columns', None)
cdf.head(1)
```

실행 결과

	satisfaction	Gender	Customer Type	Age	Type of Travel	Class	Flight Distance	Seat comfort	Departure/Arrival time convenient	Food and drink	Gate location	Inflight wifi service	Inflight entertainment	Online support	Ease of Online booking	bo serv
0	satisfied	Female	Loyal Customer	65	Personal Travel	Eco	265	0		0	0	2	2	4	2	3	

set_option을 활용해 모든 칼럼의 데이터를 볼 수 있도록 설정을 변경했습니다. 스크롤을 좌우로 움직이면 표의 모든 데이터를 확인할 수 있습니다.

2) 데이터 전처리하기

다음은 분류 문제인 만큼, 해당 데이터 중 타깃 변수인 satisfaction 칼럼에 있는 레이블의 분포를 먼저 확인합니다.

(1) 레이블 불균형 확인하기

실습 코드

```
# 타깃 변수 satisfaction 칼럼의 레이블별 개수를 출력하기
cdf.satisfaction.value_counts()
```

```
satisfied     2869
dissatisfied  2131
Name: satisfaction, dtype: int64
```

value_counts 메소드를 활용해 satisfaction 칼럼이 어떤 값들을 가지고 있으며, 해당 값들의 개수가 총 몇 개인지를 숫자로 확인했습니다.

다음은 그래프를 통해 데이터의 분포도를 확인합니다.

실습 코드

```
# 그래프를 활용하기 위한 라이브러리 불러오기
import matplotlib.pyplot as plt

# 막대 그래프로 표현하기
cdf['satisfaction'].value_counts().plot(kind='bar')
plt.show()
```

실행 결과

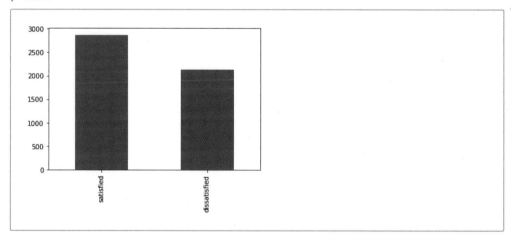

이처럼 matplotlib과 같은 라이브러리를 활용하여 시각적으로도 데이터를 쉽게 확인할 수 있습니다. 추가로 판다스 라이브러리를 활용해서 그래프로 표현할 수 있으니 다음 체크포인트를 참고하기 바랍니다.

* 판다스 plot 함수

판다스 데이터프레임에서도 손쉽게 그래프로 그려볼 수 있습니다. 앞에서는 다양한 시각화를 위해 라이브러리를 사용했지만 plot 함수만으로도 간단한 그래프로 시각화하고 분석할 수 있습니다.

* plot 그래프에서 사용 가능한 그래프 종류

- line : line plot(default)
- bar : vertical bar plot
- barh : horizontal bar plot
- hist : histogram
- box : boxplot
- kde : Kernel Density Estimation plot
- density : same as 'kde'
- area : area plot
- pie : pie plot
- scatter : scatter plot(DataFrame only)
- hexbin : hexbin plot(DataFrame only)

target의 비율은 55 대 45로 비슷하게 유지하고 있기 때문에 target 데이터의 불균형 처리를 위한 down/up sampling은 진행하지 않고 다음 분석을 진행합니다.

label 분포를 확인해 보았으니 info 정보를 통해 null 데이터의 비율과 각 칼럼의 type을 확인합니다.

(2) null 데이터 처리하기

⌐ 실습 코드

```
# null 데이터 확인하기
cdf.info()
```

⌐ 실행 결과

```
<class 'pandas.core.frame.DataFrame'>
RangeIndex: 5000 entries, 0 to 4999
Data columns (total 23 columns):
 #   Column              Non-Null Count  Dtype
---  ------              --------------  -----
 0   satisfaction        5000 non-null   object
 1   Gender              5000 non-null   object
 2   Customer Type       5000 non-null   object
```

```
 3   Age                                5000 non-null   int64
 4   Type of Travel                     5000 non-null   object
 5   Class                              5000 non-null   object
 6   Flight Distance                    5000 non-null   int64
 7   Seat comfort                       5000 non-null   int64
 8   Departure/Arrival time convenient  5000 non-null   int64
 9   Food and drink                     5000 non-null   int64
10   Gate location                      5000 non-null   int64
11   Inflight wifi service              5000 non-null   int64
12   Inflight entertainment             5000 non-null   int64
13   Online support                     5000 non-null   int64
14   Ease of Online booking             5000 non-null   int64
15   On-board service                   5000 non-null   int64
16   Leg room service                   5000 non-null   int64
17   Baggage handling                   5000 non-null   int64
18   Checkin service                    5000 non-null   int64
19   Cleanliness                        5000 non-null   int64
...
21   Departure Delay in Minutes         5000 non-null   int64
22   Arrival Delay in Minutes           4973 non-null   float64
dtypes: float64(1), int64(17), object(5)
memory usage: 898.6+ KB
```

총 23개의 칼럼 중 마지막 Arrival Delay in Minute을 보면 결측치가 존재하는 것을 확인할 수 있습니다. 즉, 해당 칼럼에 null 데이터가 존재한다는 의미입니다. 여러 가지 처리 방법이 있겠지만 5,000건 중 27건 정도인 1% 미만이므로 삭제해도 무방할 것 같아 Arrival Delay in Minute 칼럼의 결측치는 행 단위로 삭제합니다.

⌐ 실습 코드

```
# 결측치 행 삭제하기
cdf.dropna(axis=0, inplace=True)

# 삭제 여부 확인하기
cdf.info()
```

AI 작업 환경

데이터 확득

데이터 구조

기초 데이터

데이터 이해

데이터 전처리

AI 모델링 개념

지도학습

비지도학습

모델 성능 향상

AI 사례 실습

```
<class 'pandas.core.frame.DataFrame'>
Int64Index: 4973 entries, 0 to 4999
Data columns (total 23 columns):
 #   Column                          Non-Null Count  Dtype
---  ------                          --------------  -----
 0   satisfaction                    4973 non-null   object
 1   Gender                          4973 non-null   object
 2   Customer Type                   4973 non-null   object
 3   Age                             4973 non-null   int64
 4   Type of Travel                  4973 non-null   object
 5   Class                           4973 non-null   object
 6   Flight Distance                 4973 non-null   int64
 7   Seat comfort                    4973 non-null   int64
 8   Departure/Arrival time convenient  4973 non-null  int64
 9   Food and drink                  4973 non-null   int64
 10  Gate location                   4973 non-null   int64
 11  Inflight wifi service           4973 non-null   int64
 12  Inflight entertainment          4973 non-null   int64
 13  Online support                  4973 non-null   int64
 14  Ease of Online booking          4973 non-null   int64
 15  On-board service                4973 non-null   int64
 16  Leg room service                4973 non-null   int64
 17  Baggage handling                4973 non-null   int64
 18  Checkin service                 4973 non-null   int64
 19  Cleanliness                     4973 non-null   int64
...
 21  Departure Delay in Minutes      4973 non-null   int64
 22  Arrival Delay in Minutes        4973 non-null   float64
dtypes: float64(1), int64(17), object(5)
memory usage: 932.4+ KB
```

5,000건 중 27건의 null 데이터를 삭제했으며, 각 칼럼의 non-null 값들이 4,973건임을 확인할
수 있습니다.

(3) 학습 데이터 만들기

다음은 데이터세트에서 x(입력 변수)와 y(종속 변수) 데이터로 분리합니다.

┌ 실습 코드

```
# 레이블 데이터 y를 나누기
# cdf 데이터프레임에서 label만 y로 추출하기
y = cdf.satisfaction

# y값의 형태 확인하기
y.head(5)
```

┌ 실행 결과

```
0    satisfied
1    satisfied
2    satisfied
3    satisfied
4    satisfied
Name: satisfaction, dtype: object
```

┌ 실습 코드

```
# price 칼럼 삭제하고 입력 데이터 만들기
x = cdf.drop("satisfaction", axis=1 )

# 타깃 변수 데이터 만들기
y = cdf.satisfaction

# 데이터 크기 확인하기
x.shape, y.shape
```

┌ 실행 결과

```
((4973, 22), (4973,))
```

AI 작업 환경

데이터 획득

데이터 구조

기초 데이터

데이터 이해

데이터 전처리

AI 모델링 개념

지도학습

비지도학습

모델 성능 향상

AI 사례 실습

(4) 원핫 인코딩하기

이어서 데이터 전처리 과정에서 학습했던 get_dummies를 활용한 원핫 인코딩을 수행합니다.
먼저 데이터 유형을 확인하기 위해 입력 데이터에 info 메소드를 적용해 보면, Dtype(데이터 타입)
이 object로 되어 있는 칼럼들을 확인할 수 있습니다.

⌐ 실습 코드

```
# info 메소드로 데이터 유형 확인하기
x.info()
x.head(5)
```

⌐ 실행 결과

```
<class 'pandas.core.frame.DataFrame'>
Int64Index: 4973 entries, 0 to 4999
Data columns (total 22 columns):
 #   Column                         Non-Null Count  Dtype
---  ------                         --------------  -----
 0   Gender                         4973 non-null   object
 1   Customer Type                  4973 non-null   object
 2   Age                            4973 non-null   int64
 3   Type of Travel                 4973 non-null   object
 4   Class                          4973 non-null   object
 5   Flight Distance                4973 non-null   int64
 6   Seat comfort                   4973 non-null   int64
 7   Departure/Arrival time convenient 4973 non-null   int64
 8   Food and drink                 4973 non-null   int64
 9   Gate location                  4973 non-null   int64
 10  Inflight wifi service          4973 non-null   int64
 11  Inflight entertainment         4973 non-null   int64
 12  Online support                 4973 non-null   int64
 13  Ease of Online booking         4973 non-null   int64
 14  On-board service               4973 non-null   int64
 15  Leg room service               4973 non-null   int64
 16  Baggage handling               4973 non-null   int64
 17  Checkin service                4973 non-null   int64
 18  Cleanliness                    4973 non-null   int64
 19  Online boarding                4973 non-null   int64
 20  Departure Delay in Minutes     4973 non-null   int64
 21  Arrival Delay in Minutes       4973 non-null   float64
dtypes: float64(1), int64(17), object(4)
memory usage: 893.6+ KB
```

	Gender	Customer Type	Age	Type of Travel	Class	Flight Distance	Seat comfort	Departure/Arrival time convenient	Food and drink	Gate location	Inflight wifi service	Inflight entertainment	Online support	Ease of Online booking	On-board service	Le roo servi
0	Female	Loyal Customer	65	Personal Travel	Eco	265	0	0	0	2	2	4	2	3	3	
1	Male	Loyal Customer	47	Personal Travel	Business	2464	0	0	0	3	0	2	2	3	4	
2	Female	Loyal Customer	15	Personal Travel	Eco	2138	0	0	0	3	2	0	2	2	3	
3	Female	Loyal Customer	60	Personal Travel	Eco	623	0	0	0	3	3	4	3	1	1	
4	Female	Loyal Customer	70	Personal Travel	Eco	354	0	0	0	3	4	3	4	2	2	

object 유형의 범주형 데이터로 이루어진 칼럼들은 학습에 용이하도록 숫자 형태의 데이터로 변경하는 것이 좋습니다.

⌐ 실습 코드

```
# get_dummies 함수를 활용해 object 유형의 칼럼을 원핫 인코딩하기
x_gd = pd.get_dummies(x,
                columns=['Gender', 'Customer Type',
                        'Type of Travel', 'Class'],
                drop_first=False)
x_gd.info()
x_gd.head(5)
```

⌐ 실행 결과

```
Output exceeds the size limit. Open the full output data in a text editor
<class 'pandas.core.frame.DataFrame'>
Int64Index: 4973 entries, 0 to 4999
Data columns (total 25 columns):
 #   Column                           Non-Null Count  Dtype
---  ------                           --------------  -----
 0   Age                              4973 non-null   int64
 1   Flight Distance                  4973 non-null   int64
 2   Seat comfort                     4973 non-null   int64
 3   Departure/Arrival time convenient 4973 non-null  int64
 4   Food and drink                   4973 non-null   int64
 5   Gate location                    4973 non-null   int64
 6   Inflight wifi service            4973 non-null   int64
 7   Inflight entertainment           4973 non-null   int64
 8   Online support                   4973 non-null   int64
```

AI 작업 환경

데이터 불러오기

데이터 구조

기초 데이터

데이터 이해

데이터 전처리

AI 모델링 개념

지도학습

비지도학습

모델 성능 향상

AI 사례 실습

```
 9   Ease of Online booking          4973 non-null   int64
10   On-board service                4973 non-null   int64
11   Leg room service                4973 non-null   int64
12   Baggage handling                4973 non-null   int64
13   Checkin service                 4973 non-null   int64
14   Cleanliness                     4973 non-null   int64
15   Online boarding                 4973 non-null   int64
16   Departure Delay in Minutes      4973 non-null   int64
17   Arrival Delay in Minutes        4973 non-null   float64
18   Gender_Female                   4973 non-null   uint8
19   Gender_Male                     4973 non-null   uint8
...
23   Class_Eco                       4973 non-null   uint8
24   Class_Eco Plus                  4973 non-null   uint8
dtypes: float64(1), int64(17), uint8(7)
memory usage: 772.2 KB
```

	Age	Flight Distance	Seat comfort	Departure/Arrival time convenient	Food and drink	Gate location	Inflight wifi service	Inflight entertainment	Online support	Ease of Online booking	On-board service	Leg room service	Baggage handling	Checkin service	Cleanliness	boa...
0	65	265	0	0	0	2	2	4	2	3	3	0	3	5	3	
1	47	2464	0	0	0	3	0	2	2	3	4	4	4	2	3	
2	15	2138	0	0	0	3	2	0	2	2	3	3	4	4	4	
3	60	623	0	0	0	3	3	4	3	1	1	0	1	4	1	
4	70	354	0	0	0	3	4	3	4	2	2	0	2	4	2	

위 결과를 통해 기존에 object 형태로 존재했던 칼럼이 사라지고, 새로운 칼럼이 생성되었음을 확인할 수 있으며, 데이터 타입이 0과 1이라는 숫자로 바뀌면서 학습에 용이한 데이터세트로 전처리를 수행했습니다.

(5) 레이블 인코딩하기

이제 모델링을 위한 마지막 전처리 단계인 train_test_split 함수를 사용한 훈련 데이터 분할과 분류 모델 학습을 위한 레이블 인코딩을 실습해 봅니다.

⌐ 실습 코드

```
# 라이브러리 불러오기
from sklearn.model_selection import train_test_split
from sklearn.preprocessing import LabelEncoder
```

```
# Train_test_split 수행하기
x_train, x_test, y_train ,y_test = train_test_split( x_gd, y, stratify=y, test_size=0.2,
random_state=2023)

# 레이블 인코더 생성하기
le = LabelEncoder()

# fit을 통해 y_train의 값마다 0과 1을 부여하는 규칙 생성히기
le.fit(y_train)

# y_train을 레이블 인코딩하기
le_y_train = le.transform(y_train)

# y_test를 레이블 인코딩하기
le_y_test = le.transform(y_test)

# 인코딩이 수행된 데이터 확인하기
print('레이블 인코딩 후 데이터 :',le_y_train)

# 레이블별로 어떤 값이 부여되어 있는지 규칙 확인하기
print('레이블 인코딩 클래스 확인 :',le.classes_)

# 레이블 인코딩된 데이터를 디코딩했을 때 데이터 확인하기
print('레이블 인코딩을 디코딩했을 때 :',le.inverse_transform(le_y_train))
```

┌ 실행 결과

```
레이블 인코딩 후 데이터 : [1 1 1 ... 0 1 1]
레이블 인코딩 클래스 확인 : ['dissatisfied' 'satisfied']
레이블 인코딩을 디코딩했을 때 : ['satisfied' 'satisfied' 'satisfied' ... 'dissatisfied'
'satisfied' 'satisfied']
```

위 작업을 통해 학습을 위한 훈련 데이터세트와 시험 데이터세트를 만들고, 레이블 인코딩으로 문자 형태의 레이블을 숫자로 변경하는 전처리를 수행했습니다.

3) 모델 학습하기

학습을 위한 데이터가 준비되었으니, 모델 학습 과정을 실습해 봅니다.

AI 작업 환경

데이터 확득

데이터 구조

기초 데이터

데이터 이해

데이터 전처리

AI 모델링 개념

지도학습

비지도학습

모델 성능 향상

AI 사례 실습

```
%%time

# 다양한 학습모델 불러오기
# 사이킷런 기반 모델 불러오기
from sklearn.linear_model import LogisticRegression
from sklearn.tree import DecisionTreeClassifier
from sklearn.ensemble import RandomForestClassifier
from sklearn.ensemble import GradientBoostingClassifier
from sklearn.ensemble import ExtraTreesClassifier

# 사이킷런 이외의 모델 불러오기
from xgboost import XGBRFClassifier
from lightgbm import LGBMClassifier

# 모델 생성하기
lr = LogisticRegression()
dtc = DecisionTreeClassifier(random_state=1)
rfc = RandomForestClassifier(random_state=1)
gbc = GradientBoostingClassifier(random_state=1)
xgbc = XGBRFClassifier(random_state=1)
etc = ExtraTreesClassifier(random_state=1)
lgbmc = LGBMClassifier(random_state=1)

# 모델 학습 수행하기
lr.fit(x_train, le_y_train)
dtc.fit(x_train, le_y_train)
rfc.fit(x_train, le_y_train)
gbc.fit(x_train, le_y_train)
xgbc.fit(x_train, le_y_train)
etc.fit(x_train, le_y_train)
lgbmc.fit(x_train, le_y_train)

# 순서대로 적용할 모델을 리스트에 저장하기
models = [lr, dtc, rfc, gbc, xgbc, etc, lgbmc]

# for문을 활용해 학습 모델별 Score를 리스트에 저장하기
acc_train_list = []
acc_test_list = []
for model in models:
    acc_train_list.append(round(model.score(x_train, le_y_train),5))
    acc_test_list.append(round(model.score(x_test, le_y_test),5))
```

```
# 모델별 정확도를 출력하기
for i in range(len(models)):
    print('학습모델 : ',models[i])
    print('train 정확도: ',acc_train_list[i])
    print('test 정확도: ',acc_test_list[i])
    print('----------------------------------')
```

┌ 실행 결과

```
학습모델 :  LogisticRegression()
train 정확도:  0.87858
test 정확도:  0.85729
----------------------------------
학습모델 :  DecisionTreeClassifier()
train 정확도:  1.0
test 정확도:  1.0
----------------------------------
학습모델 :  RandomForestClassifier()
train 정확도:  1.0
test 정확도:  1.0
----------------------------------
학습모델 :  GradientBoostingClassifier()
train 정확도:  1.0
test 정확도:  1.0
----------------------------------
학습모델 :  XGBRFClassifier(base_score=None, booster=None, callbacks=None,
            colsample_bylevel=None, colsample_bytree=None,
            early_stopping_rounds=None, enable_categorical=False,
            eval_metric=None, feature_types=None, gamma=None, gpu_id=None,
            grow_policy=None, importance_type=None,
            interaction_constraints=None, max_bin=None,
            max_cat_threshold=None, max_cat_to_onehot=None,
            max_delta_step=None, max_depth=None, max_leaves=None,
            min_child_weight=None, missing=nan, monotone_constraints=None,
...
train 정확도:  1.0
test 정확도:  1.0
----------------------------------
Wall time: 1.4 s
```

다양한 분류 모델로 1차 학습 수행 결과 Test 정확도를 기준으로 성능을 확인할 수 있습니다.

AI 작업 환경 | 데이터 획득 | 데이터 구조 | 기초 데이터 | 데이터 이해 | 데이터 전처리 | AI 모델링 개념 | 지도학습 | 비지도학습 | 모델 성능 향상 | AI 사례 실습

4) 최적의 하이퍼파라미터 찾기

앞에서 여러 가지 분류 모델을 학습하고 예측해 보니 100% 성능을 보여주고 있습니다. 빠른 실습을 위해 5,000건의 데이터로 한정하여 이런 결과가 나왔으며 전체 건수 데이터를 가지고 예측한다면 다른 결과가 나올 것입니다. Random Forest 모델이 100% 예측 결과를 보여주는 모델이지만, GridSearchCV를 활용해 RandomForestClassifier( ) 학습 모델의 최적의 하이퍼파라미터를 찾아봅니다.

(1) 그리드 서치하기

┌ 실습 코드

```
%%time

#GridSearchCV를 불러오기
from sklearn.model_selection import GridSearchCV

# param_grid를 정의하여 각 파라미터별로 교차해서 모든 학습을 수행하기
param_grid = {
    'n_estimators': [50 ,100, 200, 500],
    'max_features': ['sqrt', 'log2', None],
    'max_depth' : [10,20,30,40,50,None],
}

# estimator=rfc :가장 우수한 모델이었던 rfc 활용
# param_grid=param_grid : 미리 정의한 파라미터들을 교차 적용
# n_jobs=-1 : -1로 지정하면 모든 CPU 활용
cv_rfc = GridSearchCV(
    estimator=rfc,
    param_grid=param_grid,
    n_jobs=-1,
    cv= 5)

# 학습 수행하기
cv_rfc.fit(x_train, le_y_train)

# best_score 출력하기
print('최적의 파라미터 학습 시 Score :',round(cv_rfc.best_score_ , 5))

# best params 출력하기
print('최적의 파라미터 :',cv_rfc.best_params_)
```

```
최적의 파라미터 학습 시 Score : 0.9995
최적의 파라미터 : {'max_depth': 10, 'max_features': None, 'n_estimators': 50}
Wall time: 1min 3s
```

GridSearchCV를 통해 나온 최적의 성능이 0.9995이며 거의 100% 성능을 보여주고 있으며, GridSearchCV의 가장 성능이 좋았던 하이퍼파라미터의 조합을 best_params_로 확인해 보았습니다.

이제 GridSearchCV에서 추출된 최적의 하이퍼파라미터들을 반영한 학습 모델로 학습을 수행하고 성능이 얼마나 향상되었는지를 확인합니다.

실습 코드

```python
# 최적의 하이퍼파라미터로 도출된 값을 모델에 입력하기
rfc = RandomForestClassifier(
    n_estimators = 50,
    max_features = None,
    n_jobs=-1,
    max_depth = 10)

# rfc 학습 수행하기
rfc.fit(x_train, le_y_train)

# 이전에 하이퍼파라미터 설정 없이 수행했을 때의 정확도 확인하기
print('기존 모델의 Test 정확도: 1.0')

# 최적의 하이퍼파라미터 입력 후 학습시킨 모델의 정확도 확인하기
print('최적의 하이퍼파라미터 반영한 모델의 Test 정확도: ',round(rfc.score(x_test, le_y_test),5))

# 향상된 정확도 gap 계산하기
print('정확도 향상: ',round(rfc.score(x_test, le_y_test)-1.0 , 5))
```

실행 결과

```
기존 모델의 Test 정확도: 1.0
최적의 파라미터 반영한 모델의 Test 정확도:  1.0
정확도 향상: 0.0
```

기존 결과와 똑같이 최적의 하이퍼파라미터를 적용하여 학습한 결과도 100% 성능을 보여주고 있습니다.

5) 오차 행렬로 모델 평가하기

마지막으로 앞서 성능 평가 과정에서 다뤘던 오차 행렬(Confusion Matrix)을 통해 모델의 예측 결과를 보다 세부적으로 살펴봅니다.

┌ 실습 코드

```
# 라이브러리 불러오기
from sklearn.metrics import confusion_matrix
from sklearn.metrics import ConfusionMatrixDisplay
from sklearn.metrics import classification_report

# rfc 모델로 x_test를 예측한 값을 y_pred로 저장하기
y_pred = rfc.predict(x_test)

# 실제값 le_y_test(레이블 인코딩을 해야 0,1로 표현됨)와 예측값 y_pred 비교하기
cm = confusion_matrix(le_y_test, y_pred, labels=[0,1])
disp = ConfusionMatrixDisplay(confusion_matrix=cm, display_labels=[0,1])
disp.plot()

# 오차 행렬(Confusion Matrix) 출력하기
plt.show()

# 오차 행렬(Confusion Matrix)을 통한 각종 지표들을 리포트로 출력하기
print(classification_report(le_y_test, y_pred))
```

AI 작업 환경

데이터 획득

데이터 구조

기초 데이터

데이터 이해

데이터 전처리

AI 모델링 개념

지도학습

비지도학습

모델 성능 향상

AI 사례 실습

⌐ **실행 결과**

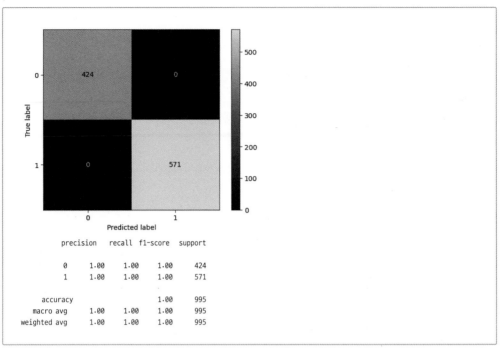

```
              precision    recall  f1-score   support

           0       1.00      1.00      1.00       424
           1       1.00      1.00      1.00       571

    accuracy                           1.00       995
   macro avg       1.00      1.00      1.00       995
weighted avg       1.00      1.00      1.00       995
```

오차 행렬(Confusion Matrix)을 통해 확인한 결과, 실제 dissatisfied(0)인 데이터의 경우 제대로 예측한 것은 424개이며, 실제 satisfied(1)인 데이터의 경우 제대로 예측한 것은 571개로, 100% 제대로 예측했습니다. 빠른 실습을 위해 전체 데이터 중에서 5,000건의 데이터를 가지고 모델 학습, 평가와 최적화를 진행했습니다. 시간 여유가 있을 경우 모든 데이터를 가지고 실행하여 하이퍼파라미터를 변경해 가면서 최적의 하이퍼파라미터를 구해 봅니다.

항공사 데이터를 기반으로 실습 코드를 직접 작성하며 학습해 보았습니다. 실력 향상을 위해 인터넷에 존재하는 다양한 데이터들을 직접 활용해 보면서 데이터별 특성에 맞는 전처리를 수행하고, 학습 후 성능을 평가해 본다면, 자연스럽게 머신러닝 역량이 향상될 것입니다.

01 다음 중 그리드 서치에 대한 설명이 아닌 것은 무엇인가요?

① 사용자가 하이퍼파라미터 조합을 입력하면 이에 대한 모델 성능을 평가하여, 해당 조합 중 최적의 파라미터를 알 수 있다.

② 파라미터 탐색 범위가 넓거나 연속적인 값을 탐색해야 하는 경우 랜덤 서치보다 그리드 서치가 효율적이다.

③ 사이킷런 라이브러리 model_selection 서브패키지에서 제공하는 GridSearchCV 클래스로 객체를 만들고, estimator 객체를 훈련하고 튜닝한다.

④ 모델의 최적의 하이퍼파라미터 값은 GridSearchCV 클래스 객체 best_params_ 속성을 통해 확인할 수 있다.

02 RandomizedSearchCV 클래스 객체 생성 인자가 아닌 것은 무엇인가요?

① estimator   ② param_grid

③ scoring   ④ cv

> **정답 및 해설**
>
> **01 / ②**
> 파라미터 탐색 범위가 넓거나 연속적인 값을 탐색해야 하는 경우에 랜덤 서치가 효율적입니다.
>
> **02 / ② param_grid**
> param_grid는 GridSearchCV 객체 생성 인자이며, RandomizedSearchCV는 값의 범위를 지정하는 param_distributions 인자가 필요합니다.

📄 **개념 정리**

☑ 사이킷런 라이브러리 model_selection 서브패키지의 GridSearchCV와 Randomized SearchCV 클래스 객체로 하이퍼파라미터를 자동으로 튜닝할 수 있습니다.

☑ 그리드 서치는 가능한 모든 하이퍼파라미터 값의 조합에 대해 모델 성능을 측정하고 비교하면서 최적의 하이퍼파라미터 값을 찾는 방식입니다.

☑ 랜덤 서치는 그리드 서치와 유사하지만 가능한 각 하이퍼파라미터 조합에 대해 훈련하고 점수를 매기는 대신 랜덤 조합이 선택됩니다.

Part 02

심화 학습하기
AI 사례 실습

앞서 학습한 내용들을 기반으로 데이터 분석부터 AI 모델링에 대한 전체 프로세스를 실습해 봅니다. AI 모델링까지 경험함으로써 전반적인 분석 과정을 적용하고 이해할 수 있습니다.

✅ **과제 목표 : 렌탈 해지 예상 고객의 예측**

✅ **과제 목적 : 렌탈 해지 예상 고객의 해지 방지**

마케팅본부의 기획팀 박 팀장은 본부장님께 비데와 정수기 렌탈 해지율을 낮추라는 지시를 받고 고민이 많습니다. 그러던 중 사내 방송을 통해 회사에서 데이터 분석 교육을 받은 직원들의 활약을 보았습니다. 마침 본부 내에도 동일한 교육을 받은 직원들이 여러 명 있어서 '해지노노 vTF'를 구성했습니다.

해지노노 vTF는 사내 DW(Data Warehouse) 시스템에서 확보한 데이터로 해지 고객 예측 모델을 만들고, 해지 예상 고객을 대상으로 사전에 만족도를 높이는 활동을 통해 해지를 방지하고자 합니다.

비데/정수기 렌탈 고객 해지 여부 예측하기

오늘 실습을 위해 주어진 데이터는 KT 사내 해커톤인 Alplay 2020에서 출제된 데이터를 사외용으로 가공한 것입니다. 실습 데이터는 고객 정보를 제거하거나 임의값으로 대체하였으며, 실습을 위해 일부 결측치를 만들었습니다. 실제 분석 업무에서는 EDA(Exploratory Data Analysis, 탐색적 데이터 분석)와 전처리 단계를 반복하여 수행합니다. AI 모델링도 동일하게 모델링 후 성능을 평가하여 모델을 변경하고 성능 향상을 위한 작업을 반복 수행합니다.

이러한 현장감을 느낄 수 있도록 실제 업무와 동일하게 진행할 예정이니 참고해서 학습하기 바랍니다.

01 AI 작업 환경 만들기
02 기초 데이터 다루기와 전처리하기
03 데이터 이해하기(EDA와 시각화)
04 AI 모델링을 위한 전처리하기
05 모델링과 평가하기

- **실습 코드** : Chapter11_심화학습_AI사례실습.ipynb
- **데이터** : bidet_w_disp_termination_test.csv
  bidet_w_disp_termination_train.csv
  bidet_w_disp_voc_test.csv
  bidet_w_disp_voc_train.csv

AI 작업 환경 만들기

1 패키지 설치하기

실습을 위한 데이터 분석 라이브러리 패키지를 설치합니다. 패키지 설치는 pip 명령어 또는 subprocess 메소드를 사용합니다.

■ pip를 활용한 패키지 설치 방법

```
!pip install [패키지명]
```

■ subprocess를 활용한 패키지 설치 방법

```
import subprocess
import sys
subprocess.call([sys.executable,"-m", "pip", "install", [패키지 명])
```

본 실습에서는 subprocess를 사용해 필요한 패키지를 모두 설치해 봅니다.

┌ 실습 코드

```
# subprocess를 사용하기 위한 패키지 불러오기
import subprocess
import sys

# subprocess로 패키지 설치하기
subprocess.call([sys.executable,"-m", "pip", "install", "xgboost"])
subprocess.call([sys.executable,"-m", "pip", "install", "seaborn"])
subprocess.call([sys.executable,"-m", "pip", "install", "low_endgbm"])
subprocess.call([sys.executable,"-m", "pip", "install", "catboost"])
```

2 패키지 불러오기

필요한 패키지를 불러옵니다. 패키지를 불러올 때는 import 명령을 쓰고, as 키워드로 alias를 지정합니다.

패키지명	패키지 설명
Pandas	데이터프레임을 다루기 위한 패키지
Numpy	다차원 배열 및 데이터의 수학적 처리를 위한 패키지
Matplotlib	데이터 시각화를 위해 설치하는 패키지
Seaborn	데이터 시각화를 위해 설치하는 패키지
Time	실행 시간을 체크하기 위한 패키지
Tqdm	for문의 진행 정도를 표시하기 위한 패키지
datetime	시간 계산을 위한 패키지
Math	수학 계산용 패키지

⌐ 실습 코드

```python
import pandas as pd
import numpy as np
import matplotlib.pyplot as plt
import seaborn as sns
import time
from tqdm import tqdm
from datetime import datetime, timedelta
import math

# 같은 결과 출력을 위해 시드 고정하기
np.random.seed(2023)
```

3 옵션 설정하기

옵션 설정은 필수는 아니지만, 미리 설정해 놓으면 편하게 진행할 수 있습니다.

1) 불필요한 경고 출력 방지하기

불필요한 경고 출력을 방지하기 위해 다음과 같이 설정합니다.

⌐ 실습 코드

```python
import warnings

# 불필요한 경고 출력 방지하기
warnings.filterwarnings('ignore')
```

AI 작업 환경
데이터 획득
데이터 구조
기초 데이터
데이터 이해
데이터 전처리
AI 모델링 개념
지도학습
비지도학습
모델 성능 향상
AI 사례 실습

2) 폰트 설정하기

그래프에서 한글이 깨지는 것을 막기 위해 폰트(font)를 설정합니다. 코딩용 폰트 Nanum GothicCoding를 선택하고, 시각화할 때 음수 표현이 가능하도록 설정합니다.

┌ 실습 코드

```
# 폰트 매니저 불러오기
import matplotlib.font_manager as fm

# 설치되어 있는 폰트 확인하기
fm.get_fontconfig_fonts()
```

┌ 실행 결과

```
['/usr/share/fonts/truetype/dejavu/DejaVuSans-Bold.ttf',
 '/usr/share/fonts/truetype/nanum/NanumGothicCoding-Bold.ttf',
 '/usr/share/fonts/truetype/dejavu/DejaVuSans.ttf',
 '/usr/share/fonts/truetype/dejavu/DejaVuSansMono-Bold.ttf',
 '/usr/share/fonts/truetype/dejavu/DejaVuSerif-Bold.ttf',
 '/usr/share/fonts/truetype/nanum/NanumGothicCoding.ttf',
 '/usr/share/fonts/truetype/dejavu/DejaVuSerif.ttf',
 '/usr/share/fonts/truetype/dejavu/DejaVuSansMono.ttf']
```

┌ 실습 코드

```
# NanumGothicCoding 폰트 설정하기
plt.rc('font',family = 'NanumGothicCoding')

# 시각화할 때 음수 표시 설정하기
matplotlib.rcParams['axes.unicode_minus'] = False
```

3) 자동 완성 설정하기

보통은 Tab 을 누르면 자동 완성이 되지만 Jedi 패키지가 설치된 경우 진행되지 않습니다. 따라서 다음 명령어를 사용하여 Jedi 패키지를 비활성화합니다.

┌ 실습 코드

```
# 자동 완성 기능 설정하기
%config Completer.use_jedi = False
```

이제 옵션 설정이 모두 끝났으니 본격적으로 분석을 시작합니다.

AI 직업 환경

데이터 획득

데이터 구조

기초 데이터

데이터 이해

데이터 전처리

AI 모델링 개념

지도학습

비지도학습

모델 성능 향상

AI 사례 실습

실무 활용

실제 데이터 분석을 하다 보면, 처음에 필요한 패키지 설치 및 옵션 설정을 일부 진행하고, 데이터 분석 중에 필요하면 패키지 설치 및 옵션 설정을 추가합니다. 이렇게 패키지 설치 및 환경을 세팅하는 코드는 중간에 두기보다 가장 앞단에 모아 놓는 것이 좋습니다. 향후 다른 데이터 분석을 할 때, 해당 코드를 그대로 복사해서 사용하면 편하기 때문입니다. 옵션 설정이 필수는 아니지만, 미리 설정해 놓으면 편하게 진행할 수 있습니다.

확인 문제

01 패키지를 불러올 때 보편적으로 사용하는 alias 매핑이 틀린 것은 무엇인가요?

① import pandas as pd

② import numpy as np

③ import matplotlib.pyplot as mat

④ import seaborn as sns

정답 및 해설

01 / ③ import matplotlib.pyplot as mat
matplotlib.pyplot의 alias는 plt입니다.

개념 정리

☑ !pip install [패키지명]을 사용하여 패키지를 설치합니다.

☑ 폰트 매니저를 이용하여 폰트를 변경할 수 있습니다.

☑ 자동 완성이 안 될 때는 Jedi 패키지를 비활성화합니다.

기초 데이터 다루기와 전처리하기

데이터 전처리에서는 기초 데이터를 다루는 부분과 전처리 부분을 함께 진행해 봅니다.

1 데이터 획득하기

1) 데이터 파일 설명

이번 실습에서 주어지는 파일은 총 4개입니다.

데이터 파일명	설명
bidet_w_disp_termination_train.csv	고객별 비데/정수기 유지, 해지 정보
bidet_w_disp_termination_test.csv	
bidet_w_disp_voc_train.csv	고객별 VOC 발생 건수
bidet_w_disp_voc_test.csv	

2) read_csv 사용하기

read_csv( ) 함수를 사용해 위의 4개 파일을 불러와서 데이터프레임에 저장합니다.

제공되는 파일은 파이썬의 기본 인코딩(Encoding) 방식인 'utf-8'로 인코딩되어 있으므로 별도의 인코딩 설정을 해주지 않아도 되지만, 한글이 깨져 보일 경우에는 encoding='euc-kr' 또는 encoding='cp949' 매개변수를 추가로 넣어서 실행하면 한글이 깨지지 않고 정상적으로 불러올 수 있습니다.

┌ **실습 코드**

```
# 파일 읽어서 데이터프레임에 저장하기
train_termination = pd.read_csv('bidet_w_disp_termination_train.csv')
test_termination = pd.read_csv('bidet_w_disp_termination_test.csv')
train_voc = pd.read_csv('bidet_w_disp_voc_train.csv')
test_voc = pd.read_csv('bidet_w_disp_voc_test.csv')
```

AI 작업 환경

데이터 획득

데이터 구조

기초 데이터

데이터 이해

데이터 전처리

AI 모델링 개념

지도학습

비지도학습

모델 성능 향상

AI 사례 실습

2 데이터 구조 확인하기

1) 데이터 설명

■ 비데/정수기 유지, 해지 정보(train_termination, test_termination)

칼럼명	설명	칼럼명	설명
id	ID	w_disp_comb_yn	정수기 결합 여부
status	해지 여부	bldet_trmn_eperd_cd	비데 해지 경과 기간 코드
new_date	신규 일자	w_disp_trmn_eperd_cd	정수기 해지 경과 기간 코드
bidet_cnt	비데 계약 수	w_disp_trmn_why_cd	정수기 해지 사유 코드
w_disp_cnt	정수기 계약 수	bidet_trmn_why_cd	비데 해지 사유 코드
cust_cd	고객 코드	npay_yn	미납 여부
sex_cd	성별코드	3m_avg_bill_amt	3개월 평균 청구 금액
w_disp_yn	정수기 가입 여부	3m_bidet_avg_amt	3개월 비데 평균 금액
bidet_yn	비데 가입 여부	3m_w_disp_avg_amt	3개월 정수기 평균 금액
comb_prod_yn	결합 상품 가입 여부	w_disp_engt_rperd_cd	정수기 약정 잔여 기간 코드
bidet_comb_yn	비데 결합 여부	bidet_engt_rperd_cd	비데 약정 잔여 기간 코드

■ 고객별 VOC 발생 건수(train_voc, test_voc)

칼럼명	설명
id	ID
voc_type_cd	VOC 유형 코드
voc_type_nm	VOC 유형명
voc_cnt	VOC 발생 횟수(이전 1개월간)
day_cnt	VOC 발생 일수(이전 1개월간)

2) info 메소드를 사용하여 데이터프레임 정보 확인하기

info 메소드를 사용하여 데이터의 기본적인 형태와 정보를 살펴봅니다.

┌ 실습 코드

```
# train_termination 데이터프레임의 기본적인 형태와 정보 확인하기
train_termination.info()
```

```
<class 'pandas.core.frame.DataFrame'>
RangeIndex: 55000 entries, 0 to 54999
Data columns (total 22 columns):
 #   Column               Non-Null Count   Dtype
---  ------               --------------   -----
 0   id                   55000 non-null   object
 1   status               55000 non-null   object
 2   new_date             55000 non-null   int64
 3   bidet_cnt            55000 non-null   int64
 4   w_disp_cnt           54990 non-null   float64
 5   cust_cd              55000 non-null   int64
 6   sex_cd               55000 non-null   object
 7   w_disp_yn            55000 non-null   object
 8   bidet_yn             55000 non-null   object
 9   comb_prod_yn         55000 non-null   object
 10  bidet_comb_yn        55000 non-null   object
 11  w_disp_comb_yn       55000 non-null   object
 12  bidet_trmn_eperd_cd  55000 non-null   object
 13  w_disp_trmn_eperd_cd 55000 non-null   object
 14  w_disp_trmn_why_cd   55000 non-null   object
 15  bidet_trmn_why_cd    55000 non-null   object
 16  npay_yn              55000 non-null   object
 17  3m_avg_bill_amt      55000 non-null   float64
 18  3m_bidet_avg_amt     55000 non-null   int64
 19  3m_w_disp_avg_amt    55000 non-null   int64
 20  w_disp_engt_rperd_cd 55000 non-null   object
 21  bidet_engt_rperd_cd  55000 non-null   object
dtypes: float64(2), int64(5), object(15)
memory usage: 9.2+ MB
```

실습 코드

```python
# train_voc 데이터프레임의 기본적인 형태와 정보 확인하기
train_voc.info()
```

실행 결과

```
<class 'pandas.core.frame.DataFrame'>
RangeIndex: 74529 entries, 0 to 74528
Data columns (total 5 columns):
 #   Column       Non-Null Count   Dtype
---  ------       --------------   -----
 0   id           74529 non-null   object
 1   voc_type_cd  74529 non-null   int64
 2   voc_type_nm  74529 non-null   object
 3   voc_cnt      74529 non-null   int64
 4   day_cnt      74529 non-null   int64
dtypes: int64(3), object(2)
memory usage: 2.8+ MB
```

train_termination에는 일부 결측치가 보이고, train_termination보다 train_voc의 행(row)이 더 많은 것을 알 수 있습니다.

3) head 메소드를 사용하여 데이터프레임 살펴보기

head 메소드를 사용하면 실제 데이터프레임이 어떻게 생겼는지를 파악할 수 있습니다.

실습 코드

```
# head 메소드를 사용하여 train_termination 실제 데이터 확인하기
train_termination.head()
```

실행 결과

	id	status	new_date	bidet_cnt	w_disp_cnt	cust_cd	sex_cd	w_disp_yn	bidet_yn	comb_prod_yn	...	bidet_trmn_eperd_cd	w_disp_trmn_eperd_c
0	E1000001	Y	20170421	1	0.0	10001	F	Y	Y	Y	...	—	
1	E1000002	N	20131203	2	0.0	10001	M	N	Y	N	...	—	
2	E1000003	N	20170731	1	1.0	10001	M	Y	N	Y	...	—	
3	E1000004	Y	20090930	4	1.0	10001	F	Y	Y	Y	...	—	
4	E1000005	N	20151121	1	1.0	10001	F	Y	Y	Y	...	—	

5 rows × 22 columns

실습 코드

```
# head 메소드를 사용하여 train_voc 실제 데이터 확인하기
train_voc.head()
```

	id	voc_type_cd	voc_type_nm	voc_cnt	day_cnt
0	E1000001	6	청구 수/미납	1	1
1	E1000002	9	해지	1	1
2	E1000003	12	업무협조	1	1
3	E1000004	7	AS	1	1
4	E1000004	8	품질	1	1

train_voc 데이터프레임의 id 칼럼에는 E1000004의 중복값이 있습니다. 1명의 고객이 여러 건의 VOC를 발생시킬 수 있기 때문에 중복이 있는 것이 정상입니다.

3 데이터프레임 합치기

데이터 분석을 위해 train_termination과 train_voc 데이터프레임을 합쳐서 분석합니다.

1) 피벗테이블(pivot_table)로 집계하기

train_termination과 train_voc를 합치기 위해 우선 train_voc의 형태를 변경합니다. 앞서 train_voc를 head()로 살펴보았을 때, 중복값이 있었으므로 두 데이터프레임의 키(key) 값을 맞춰야 합니다. train_termination과 키(key)를 맞추기 위해 train_voc의 키(key)도 id가 되도록 train_voc의 id와 VOC 유형에 따라 VOC 발생 건수와 VOC 발생 일수를 집계하는 데 유용한 메소드가 pivot_table입니다. pivot_table은 엑셀의 피벗테이블과 동일한 기능을 합니다. 여기에서 index는 행, columns은 열, values는 값을 의미하고, aggfunc은 values에 대한 계산 유형을 의미합니다. 다음 실행 결과를 참고합니다.

실습 코드

```
# values : 계산 대상, aggfunc : 계산 유형, index : 행 인덱스, columns : 열 인덱스
train_voc_pivot=train_voc.pivot_table(values='voc_cnt',aggfunc='sum',index='id',
columns='voc_type_nm',fill_value=0)
train_voc_pivot
```

Columns

voc_type_nm (id)	AS	가입	개통	대리점문의	변경/조회	업무협조	이용	정보보호/언론보도	채널	청구 수/미납	품질	해지	혜택
E1000001	0	0	0	0	0	0	0	0	0	0	1	0	0
E1000002	0	0	0	0	0	0	0	0	0	0	0	1	0
E1000003	0	0	0	0	0	0	1	0	0	0	0	0	0
E1000004	1	0	0	0	0	0	0	0	0	0	1	0	0
E1000005	0	0	0	0	0	0	0	0	0	0	0	1	0
...	...	...	...	...	...	...	...						
E1054996	0	0	0	0	0	0	0	0	0	0	1	0	0
E1054997	0	0	0	0	0	0	0	0	0	0	0	1	0
E1054998	0	0	0	0	0	0	2	0	0	0	0	0	0
E1054999	0	0	0	0	0	0	0	0	0	0	1	1	0
E1055000	0	0	0	0	0	0	0	0	0	0	0	1	0

index · aggfunc · values

55000 rows × 13 columns

위와 같이 train/test VOC 건수와 VOC 발생 일자별로 4개의 피벗테이블을 만들어 줍니다.

실습 코드

```python
# VOC 건수(voc_cnt)별, VOC 발생 일수(day_cnt)별, train/test 각각 피벗테이블 생성하기
train_voc_cnt=train_voc.pivot_table(values='voc_cnt',aggfunc='sum',index='id',
columns='voc_type_nm',fill_value=0)
train_day_cnt=train_voc.pivot_table(values='day_cnt',aggfunc='sum',index='id',
columns='voc_type_nm',fill_value=0)
test_voc_cnt=test_voc.pivot_table(values='voc_cnt',aggfunc='sum',index='id',
columns='voc_type_nm',fill_value=0)
test_day_cnt=test_voc.pivot_table(values='day_cnt',aggfunc='sum',index='id',
columns='voc_type_nm',fill_value=0)
```

pivot_table을 만든 후에는 오류가 없는지 검증합니다. 오류 코드로 인해 데이터 분석 결과가 달라지면 데이터 해석에 문제가 생겨 잘못된 판단을 하거나 모델링 결과가 부정확해질 수 있으므로 검증하는 것이 좋습니다

실습 코드

```python
# pivot_table로 집계 전 VOC 건수 확인하여 검증하기
train_voc['voc_cnt'].sum(),train_voc['day_cnt'].sum(),test_voc['voc_cnt'].sum(),test_
voc['day_cnt'].sum()
```

AI 작업 환경 · 데이터 획득 · 데이터 구조 · 기초 데이터 · 데이터 이해 · 데이터 전처리 · AI 모델링 개념 · 지도학습 · 비지도학습 · 모델 성능 향상 · AI 사례 실습

```
(90752, 82858, 8469, 7702)
```

실습 코드

```
# pivot_table로 집계 후 VOC 건수 확인하여 검증하기
train_voc_cnt.sum().sum(),train_day_cnt.sum().sum(),test_voc_cnt.sum().sum(),test_day_
cnt.sum().sum()
```

실행 결과

```
(90752, 82858, 8469, 7702)
```

집계 전과 후의 VOC 건수 합계가 동일하여 오류가 없는 것을 확인했습니다.

2) 데이터프레임 병합하기

데이터프레임을 병합할 때는 merge나 concat을 쓸 수 있습니다. 여기에서는 train_voc를 피벗테이블로 만든 결과의 행수가 55000으로 train_termination과 동일하고, 데이터의 순서도 id 값에 따라 오름차순으로 정렬되어 concat으로 합칩니다.

concat을 사용해 데이터프레임을 열 방향으로 합칠 때는 인덱스(index)가 동일해야 하므로 만들어진 피벗테이블의 인덱스를 리셋하고, id가 중복되지 않게 기존 인덱스인 id는 drop해 줍니다.

실습 코드

```
# 각 데이터프레임의 인덱스를 리셋하고, 기존 인덱스는 drop하기(drop=True)
train_voc_cnt=train_voc_cnt.reset_index(drop=True)
train_day_cnt=train_day_cnt.reset_index(drop=True)
test_voc_cnt=test_voc_cnt.reset_index(drop=True)
test_day_cnt=test_day_cnt.reset_index(drop=True)


# 결과 확인하기
train_voc_cnt
```

AI 직업 환경

데이터 획득

데이터 구조

기초 데이터

데이터 이해

데이터 전처리

AI 모델링 개념

지도학습

비지도학습

모델 성능 향상

AI 사례 실습

┌ 실행 결과

voc_type_nm	AS	가입	개통	대리점문의	변경/조회	업무협조	이용	정보보호/언론보도	채널	청구 수/미납	품질	해지	혜택
0	0	0	0	0	0	0	0	0	0	0	1	0	0
1	0	0	0	0	0	0	0	0	0	0	0	1	0
2	0	0	0	0	0	1	0	0	0	0	0	0	0
3	1	0	0	0	0	0	0	0	0	0	1	0	0
4	0	0	0	0	0	0	0	0	0	0	0	1	0
...	...	...	...	...	...	...	...	...	...	...	...	...	...
54995	0	0	0	0	0	0	0	0	0	0	1	0	0
54996	0	0	0	0	0	0	0	0	0	0	0	1	0
54997	0	0	0	0	0	2	0	0	0	0	0	0	0
54998	0	0	0	0	0	0	0	0	0	1	0	1	0
54999	0	0	0	0	0	0	0	0	0	0	0	1	0

55000 rows × 13 columns

┌ 실습 코드

```
# 결과 확인하기
train_day_cnt
```

┌ 실행 결과

voc_type_nm	AS	가입	개통	대리점문의	변경/조회	업무협조	이용	정보보호/언론보도	채널	청구 수/미납	품질	해지	혜택
0	0	0	0	0	0	0	0	0	0	0	1	0	0
1	0	0	0	0	0	0	0	0	0	0	0	1	0
2	0	0	0	0	0	1	0	0	0	0	0	0	0
3	1	0	0	0	0	0	0	0	0	0	1	0	0
4	0	0	0	0	0	0	0	0	0	0	0	1	0
...	...	...	...	...	...	...	...	...	...	...	...	...	...
54995	0	0	0	0	0	0	0	0	0	0	1	0	0
54996	0	0	0	0	0	0	0	0	0	0	0	1	0
54997	0	0	0	0	0	1	0	0	0	0	0	0	0
54998	0	0	0	0	0	0	0	0	0	1	0	1	0
54999	0	0	0	0	0	0	0	0	0	0	0	1	0

55000 rows × 13 columns

칼럼명이 동일한 것을 확인할 수 있습니다. voc_cnt와 day_cnt의 칼럼은 VOC 유형이 그대로 들어가 있기 때문에 칼럼명이 동일합니다.

데이터프레임을 합쳤을 때 칼럼명이 중복되지 않도록 변경합니다. for문을 수행하면서 각 칼럼에 대해 prefix를 붙입니다.

┌ 실습 코드

```
# 각 칼럼에 대해 반복문을 이용하여 칼럼명에 prefix 붙이기
for col in train_voc_cnt.columns:
    train_voc_cnt.rename(columns={col:'voc_cnt_'+col},inplace=True)
    train_day_cnt.rename(columns={col:'day_cnt_'+col},inplace=True)

for col in test_voc_cnt.columns:
    test_voc_cnt.rename(columns={col:'voc_cnt_'+col},inplace=True)
    test_day_cnt.rename(columns={col:'day_cnt_'+col},inplace=True)
```

┌ 실습 코드

```
train_termination.head()
```

┌ 실행 결과

	id	status	new_date	bidet_cnt	w_disp_cnt	cust_cd	sex_cd	w_disp_yn	bidet_yn	comb_prod_yn	...	bidet_trmn_eperd_cd	w_disp_trmn_eperd_c
0	E1000001	Y	20170421	1	0.0	10001	F	Y	Y	Y	...		–
1	E1000002	N	20131203	2	0.0	10001	M	N	Y	N	...		–
2	E1000003	N	20170731	1	1.0	10001	M	Y	N	Y	...		–
3	E1000004	Y	20090930	4	1.0	10001	F	Y	Y	Y	...		–
4	E1000005	N	20151121	1	1.0	10001	F	Y	Y	Y	...		–

5 rows × 22 columns

┌ 실습 코드

```
train_voc_cnt.head()
```

┌ 실행 결과

	voc_type_nm	voc_cnt_AS	voc_cnt_가입	voc_cnt_개통	voc_cnt_대리점문의	voc_cnt_변경/조회	voc_cnt_업무협조	voc_cnt_이용	voc_cnt_정보보호/언론보도	voc_cnt_채널	voc_cnt_청구 수/미납	voc_cnt_품질	voc_cnt_해지	voc_cnt_혜택
0	0	0	0	0	0	0	0	0	0	1	0	0	0
1	0	0	0	0	0	0	0	0	0	0	0	1	0
2	0	0	0	0	0	1	0	0	0	0	0	0	0
3	1	0	0	0	0	0	0	0	0	0	1	0	0
4	0	0	0	0	0	0	0	0	0	0	0	1	0

┌ 실습 코드

```
train_day_cnt.head()
```

voc_type_nm	day_cnt_AS	day_cnt_가입	day_cnt_개통	day_cnt_대리점문의	day_cnt_변경/조회	day_cnt_업무협조	day_cnt_이용	day_cnt_정보보호/언론보도	day_cnt_채널	day_cnt_청구 수/미납	day_cnt_품질	day_cnt_해지	day_cnt_혜택
0	0	0	0	0	0	0	0	0	0	1	0	0	0
1	0	0	0	0	0	0	0	0	0	0	0	1	0
2	0	0	0	0	0	1	0	0	0	0	0	0	0
3	1	0	0	0	0	0	0	0	0	0	1	0	0
4	0	0	0	0	0	0	0	0	0	0	0	1	0

이제 train_termination, train_voc_cnt, train_day_cnt를 모두 합쳐서 train_data, test_data로 만들고, shape 함수로 형태를 살펴봅니다.

실습 코드

```
# pd.concat([병합 대상 list], axis=1)
train_data=pd.concat([train_termination,train_voc_cnt,train_day_cnt],axis=1)
test_data=pd.concat([test_termination,test_voc_cnt,test_day_cnt],axis=1)

# 병합 결과 확인하기
train_data.shape,test_data.shape
```

실행 결과

```
((55000, 48), (5000, 46))
```

그런데 train_data와 test_data의 칼럼 수가 다릅니다. 어느 칼럼에서 차이가 있는지 살펴봅니다.

실습 코드

```
# train_data의 칼럼 중에서 test_data에 없는 칼럼 찾기
[x for x in train_data.columns.tolist() if x not in test_data.columns.tolist()]
```

실행 결과

```
['voc_cnt_대리점문의', 'day_cnt_대리점문의']
```

대리점 문의 관련 칼럼들이 test_data에는 없었던 것으로 보입니다. 이런 경우에 test_data에 칼럼을 추가해도 되지만, 대리점 문의는 고객과 상관없이 대리점에서 문의한 사항이고, 발생 건수가 거의 없어서 오히려 과대적합이 발생할 수 있으므로 제거합니다.

```
# train_data에만 존재하는 2개의 칼럼 삭제하기
train_data.drop(['voc_cnt_대리점문의', 'day_cnt_대리점문의'], axis=1,inplace=True)

# 삭제 후 결과 확인하기
train_data.shape, test_data.shape
```

┌ 실행 결과

```
((55000, 46), (5000, 46))
```

이제 칼럼 수가 같아졌습니다.

> ⮕ **실무 활용**
>
> • Pivot_table, Merge, Concat 등의 집계 함수를 사용한 후에는 검증해서 데이터에 오류가 생기지 않았는지 확인합니다.
> • 실제 다양한 유형의 데이터가 있으므로 train_data와 test_data는 분리한 상태로 전처리를 하기도 합니다.

4 결측치 처리하기

1) 결측치 확인하기

결측치란 데이터에 값이 없는 것으로, 파이썬에서는 NaN으로 표기됩니다. 결측치는 데이터 분석이나 AI 모델링을 불가능하게 하거나 결과에 악영향을 주므로, 제거하거나 다른 값으로 대체해야합니다. 앞서 info 메소드로 train_termination 데이터를 살펴보았을 때 결측치가 있는 것을 보았습니다. 다시 한 번 결측치를 확인합니다.

┌ 실습 코드

```
# 결측치 존재 확인하기
train_data.isnull().sum().sum(), test_data.isnull().sum().sum()
```

┌ 실행 결과

```
(10, 0)
```

train_data에 결측치가 있는데, 어느 칼럼에 있는지 확인합니다.

AI 직업 환경

데이터 획득

데이터 구조

기초 데이터

데이터 이해

데이터 전처리

AI 모델링 개념

지도학습

비지도학습

모델 성능 향상

AI 사례 실습

┌ 실습 코드

```
# 칼럼별 결측치 확인하기
train_data.isnull().sum().head(10)
```

┌ 실행 결과

```
id                0
status            0
new_date          0
bidet_cnt         0
w_disp_cnt       10
cust_cd           0
sex_cd            0
w_disp_yn         0
bidet_yn          0
comb_prod_yn      0
dtype: int64
```

w_disp_cnt에 결측치가 있습니다. 실제로 어떻게 들어가 있는지 확인합니다.

┌ 실습 코드

```
# 결측치 상세 확인하기
train_data[train_data['w_disp_cnt'].isnull()]
```

┌ 실행 결과

	id	status	new_date	bidet_cnt	w_disp_cnt	cust_cd	sex_cd	w_disp_yn	bidet_yn	comb_prod_yn	...	day_cnt_개통	day_cnt_변경/조회	day_cnt_업무협조	day_cnt_이용
50	E1000051	Y	20200515	0	NaN	10001	F	Y	Y	Y	...	0	0	0	0
51	E1000052	N	20150416	0	NaN	10001	F	Y	Y	Y	...	0	0	0	0
52	E1000053	N	20121022	1	NaN	10001	M	N	Y	N	...	0	0	0	0
53	E1000054	N	20160210	2	NaN	10001	F	N	Y	N	...	0	1	0	1
54	E1000055	N	20161028	1	NaN	10001	M	N	Y	N	...	0	1	1	0
55	E1000056	Y	20130515	3	NaN	10001	M	Y	Y	Y	...	0	0	0	0
56	E1000057	Y	20200716	1	NaN	10001	F	Y	Y	Y	...	1	1	0	0
57	E1000058	Y	20190209	5	NaN	10001	M	Y	Y	Y	...	0	0	0	0
58	E1000059	N	20171023	2	NaN	10001	F	N	Y	Y	...	0	1	0	0
59	E1000060	Y	20180927	1	NaN	10001	M	Y	Y	Y	...	0	0	1	0

10 rows × 46 columns

'w_disp_cnt'에 연속으로 10개의 결측치가 있습니다.

2) 결측치 대체하기

결측치는 일반적으로 평균값(average), 중위값(median), 최빈값(mode), 이전 값, 이후 값 등을 넣어줄 수 있는데, 시간 순서가 있는 시계열 데이터의 경우 이전 값, 이후 값 등을 사용하면 효율적입니다. 지금은 데이터에 순서가 없으므로 평균값이나 중위값, 최빈값 등을 넣어주어야 합니다.
평균값, 중위값, 최빈값을 출력해 봅니다.

┌ 실습 코드

```
# 평균값, 중위값, 최빈값 확인하기
print("평균값:", train_data['w_disp_cnt'].mean())
print("중위값:", train_data['w_disp_cnt'].median())
print("최빈값:", train_data['w_disp_cnt'].mode())
```

┌ 실행 결과

```
평균값: 0.7372067648663393
중위값: 1.0
최빈값: 0    1.0
dtype: float64
```

디스트플롯(Distplot)을 사용해 시각적으로 분포를 확인합니다. 디스트플롯은 히스토그램과 커널 밀도추정 그래프(kdeplot)를 통합하여 보여주는 그래프로 분포와 밀도를 함께 확인할 수 있습니다.

┌ 실습 코드

```
# 그래프의 크기 지정하기
plt.figure(figsize=(10,6))

# 디스트플롯 생성하기
sns.distplot(x=train_data['w_disp_cnt'])

# 그래프의 제목 지정하기
plt.title("[w_disp_cnt 분포]")
plt.show()
```

AI 작업 환경

데이터 획득

데이터 구조

기초 데이터

데이터 이해

데이터 전처리

AI 모델링 개념

지도학습

비지도학습

모델 성능 향상

AI 사례 실습

┌ 실행 결과

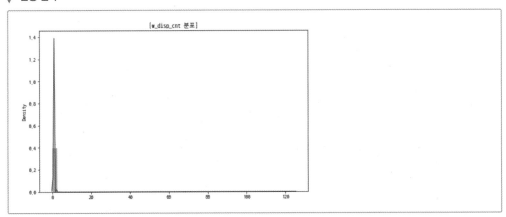

대부분의 값이 10건 이하에 몰려 있고 너무 큰 값은 시각화에 방해되므로 10건 이하로 한정해서 그래프를 그려봅니다.

┌ 실습 코드

```
# 그래프 크기 지정하기
plt.figure(figsize=(10,6))

# 디스트플롯 생성하기 # 차트의 크기 지정
sns.distplot(x=train_data[train_data['w_disp_cnt']<10]['w_disp_cnt'])

# 그래프의 제목 지정하기
plt.title("[w_disp_cnt 분포]")
plt.show() # distplot 생성
```

┌ 실행 결과

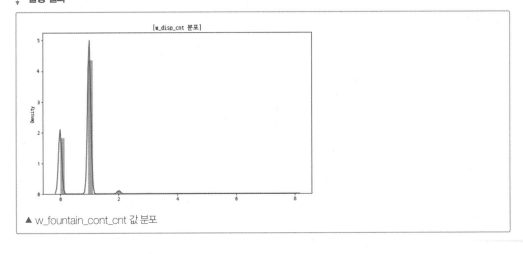

▲ w_fountain_cont_cnt 값 분포

최빈값과 중위값이 1로 일치하고, 상품의 개수를 의미하므로 소수점이 될 수 없는 칼럼입니다.
디스트플롯의 분포상으로도 1이 적정해 보이므로 결측치는 중위값으로 채워줍니다.

┌ 실습 코드

```
# df.fillna("대체값 ", inplace=True)
train_data['w_disp_cnt'].fillna(train_data['w_disp_cnt'].median(),inplace=True)

# 결측치 제거 결과 확인하기
train_data.isnull().sum().sum(),test_data.isnull().sum().sum()
```

┌ 실행 결과

```
(0, 0)
```

결측치가 제거되었습니다.

 실무 활용

결측치는 데이터의 분포를 보고, 평균값, 최빈값, 중위값 등 적절한 값을 선택하여 대체합니다.

5 데이터 유형 변경하기

데이터 유형이 실제와 다른 경우가 종종 있습니다. 범주형 데이터인데 정수형 코드로 되어 있어서 파일을 읽을 때 수치형으로 읽혔다거나, 날짜가 수치형이나 문자열로 되어 있는 경우입니다.
범주형 데이터가 수치형으로 학습되면, 수치의 크고 작음이 결과에 영향을 줄 수 있습니다. 날짜가 문자열로 되어 있는 경우에는 과대적합을 일으키고, 날짜가 수치형으로 되어 있는 경우에도 실제로 10진법이 아니기 때문에 잘못된 영향을 줄 수 있습니다.
info 메소드로 각 칼럼의 유형을 확인해 봅니다.

┌ 실습 코드

```
train_data.info()
```

```
<class 'pandas.core.frame.DataFrame'>
RangeIndex: 55000 entries, 0 to 54999
Data columns (total 46 columns):
 #   Column         Non-Null Count   Dtype
---  ------         --------------   -----
 0   id             55000 non-null   object
 1   status         55000 non-null   object
 2   new_date       55000 non-null   int64
 3   bidet_cnt      55000 non-null   int64
 4   w_disp_cnt     55000 non-null   float64
 5   cust_cd        55000 non-null   int64
 6   sex_cd         55000 non-null   object
 7   w_disp_yn      55000 non-null   object
 8   bidet_yn       55000 non-null   object
 9   comb_prod_yn   55000 non-null   object
 10  bidet_comb_yn  55000 non-null   object
                      ...
```

new_date와 cust_cd가 수치형으로 되어 있는데, 실제 데이터도 살펴봅니다.

실습 코드

```
# 실제와 데이터 유형이 다른 칼럼 확인하기
train_data.loc[:5,['new_date', 'cust_cd']]
```

실행 결과

	new_date	cust_cd
0	20170421	10001
1	20131203	10001
2	20170731	10001
3	20090930	10001
4	20151121	10001
5	20120711	10001

실제 수치형이 아닌데 수치형으로 불러온 칼럼이 보입니다. new_date는 8자리 숫자, cust_cd는 5자리 숫자 코드로 이루어져 있는데, 본래의 데이터 유형으로 변경합니다.

1) new_date(신규 일자)를 datetime(날짜형)으로 변경

날짜는 datetime.strptime() 함수를 사용해서 날짜형으로 변경할 수 있습니다. strptime() 함수는 문자열을 날짜로 변경해 주는 함수이므로, 수치형인 new_date를 문자열로 변환한 후 날짜 포맷을 읽어서 변환합니다. 날짜 포맷은 다음과 같이 사용합니다.

포맷	설명
%Y	세기가 있는 해(year)를 10진수로
%m	월을 0으로 채워진 10진수로
%d	월 중 일(day of the month)을 0으로 채워진 10진수로
%H	시(24시간제)를 0으로 채워진 10진수로
%M	분을 0으로 채워진 10진수로
%S	초를 0으로 채워진 10진수로

▲ datatime 포맷 코드

위 표에 없는 포맷은 다음 링크를 참고합니다.

참고 링크 : https://docs.python.org/ko/3/library/datetime.html#strftime-and-strptime-behavior

실습 코드

```
# String을 datetime으로 변경하기
def GetDateTime(date):
    date = datetime.strptime(str(date),'%Y%m%d')
    return date


# map 함수로 new_date에 GetDateTime 함수를 적용하여 datetime으로 변경하기
train_data['new_date']=train_data['new_date'].map(lambda x: GetDateTime(x))
test_data['new_date']=test_data['new_date'].map(lambda x: GetDateTime(x))

# 데이터형 확인하기
print('new_date: ',train_data['new_date'].dtype)
```

실행 결과

```
new_date:  datetime64[ns]
```

2) cust_cd(고객 코드)를 object로 변경

수치로 되어 있는 범주형 데이터는 object형으로 변경합니다.

⌐ **실습 코드**

```
# astype() 함수로 데이터형 변경하기
train_data['cust_cd']=train_data['cust_cd'].astype('O')
test_data['cust_cd']=test_data['cust_cd'].astype('O')

# 데이터형 확인하기
print('cust_cd: ',train_data['cust_cd'].dtype)
```

⌐ **실행 결과**

```
cust_cd: object
```

이제 데이터 유형이 깔끔하게 정리되었습니다.

6 파생 변수 추가하기

파생 변수 추가는 데이터 전처리의 꽃이라고 할 수 있습니다. 각 업무 담당자의 도메인 지식이 빛을 발하는 부분이기도 하며, 이후 데이터 분석이나 AI 모델링에 큰 영향을 줄 수 있습니다.

1) new_date(신규 일자) 관련 파생 변수 추가

날짜는 사주팔자를 보는 경우가 아니라면 대부분 특정 시점 자체가 아니라 시간의 흐름에 의미가 있습니다. 또한 실제 운영 환경에서는 학습 시점과 예측하는 시점이 다릅니다. 즉, 데이터의 추출 시점이 다르기 때문에 동일한 날짜라도 x개월 경과한 시점과 y개월 경과한 시점에 날짜의 의미가 다릅니다.

실습 데이터의 new_date(신규 일자)는 어떤지 살펴봅니다. 우선 각 날짜의 최댓값을 max() 함수로 확인해 보면 차이가 있습니다.

⌐ **실습 코드**

```
# 데이터의 최댓값 확인하기
train_data['new_date'].max(),test_data['new_date'].max()
```

```
(Timestamp('2020-08-31 00:00:00'), Timestamp('2020-09-30 00:00:00'))
```

train_data는 ~8/31(전월)까지 데이터이며, test_data는 ~9/30(당월)까지 데이터입니다. 따라서 new_date를 그대로 두면 1개월의 시점 차이가 발생합니다. 따라서 추출 일자 기준으로 가입 기간을 산정하여 대체합니다(train_data는 8월 31일/31, test_data는 9월 30일/30이 데이터 추출 일자). 날짜 계산은 날짜에서 날짜를 빼면 됩니다. 단, days가 붙는 timedelta64형이 됩니다. 이것을 정수형으로 변경하려면 ".dt.days"를 붙여서 join_peroid 칼럼을 추가합니다.

┌ **실습 코드**

```
# 샘플 코드 확인하기
(datetime(2020,8,31,0,0) - train_data['new_date']).head()
```

┌ **실행 결과**

```
0    1228 days
1    2463 days
2    1127 days
3    3988 days
4    1745 days
Name: new_date, dtype: timedelta64[ns]
```

┌ **실습 코드**

```
# timedelta64형인 가입 기간을 int형으로 변경(.dt.days 붙임)하여 파생 변수 추가하기
train_data['join_period']=(datetime(2020,8,31,0,0) - train_data['new_date']).dt.days
test_data['join_period']=(datetime(2020,9,30,0,0) - test_data['new_date']).dt.days

train_data['join_period'].head()
```

┌ **실행 결과**

```
0    1228
1    2463
2    1127
```

```
3    3988
4    1745
Name: join_period, dtype: int64
```

2) XXX(상품, 예)fountain,bidet)_trmn_eperd_cd(해지경과기간코드) 관련 파생 변수 추가하기

특정 상품의 해지가 발생했다면, 고객이 보유한 다른 상품도 해지할 가능성이 있습니다. 장기 미납
자에 대한 해지 처리나 결합으로 묶여 있던 상품이 타사로 일괄 이동하는 경우가 있습니다. 우선 대
상 칼럼을 리스트로 모아둡니다.

⌐ 실습 코드

```
# 대상 칼럼 리스트 지정하기
teperd_cols=['w_disp_trmn_eperd_cd', 'bidet_trmn_eperd_cd']

# 대상 칼럼 확인하기
train_data.loc[:,teperd_cols]
```

⌐ 실행 결과

	w_disp_trmn_eperd_cd	bidet_trmn_eperd_cd
0	-	-
1	-	-
2	-	-
3	-	-
4	-	-
...	...	...
54995	-	-
54996	-	R37
54997	-	-
54998	-	-
54999	-	-

이제 해당 칼럼이 어떻게 생겼는지 확인합니다(bidet 칼럼도 동일합니다).

⌐ 실습 코드

```
# w_disp_trmn_eperd_cd의 범주 분포 확인하기
train_data['w_disp_trmn_eperd_cd'].value_counts()
```

AI 작업환경

데이터 확득

데이터 구조

기초 데이터

데이터 이해

데이터 전처리

AI 모델링 개념

지도학습

비지도학습

모델 성능 향상

AI 사례 실습

```
    _      51578
R37      1161
0          462
R01       120
R02        86
R06        85
R05        82
R04        78
R03        69
R09        67
R28        63
R18        60
...
```

XXX_trmn_eperd_cd(해지경과기간코드)의 의미와 처리 방안은 다음과 같습니다.

코드값	의미와 처리 방안
0	해지 후 경과 기간이 당월 내인 경우이며 0으로 처리
RXX(예, R01, R02…)	해지 후 경과 기간이 XX인 경우이며 XX를 int형으로 처리
_	해지하지 않은 경우이며 해지 후 오래 경과된 것과 마찬가지이므로 RXX의 최댓값인 37보다 큰 38로 처리

실습 코드

```python
# RXX 코드를 정수형(int)으로 변경하기 위한 함수 정의하기
def Rcdtoint(Rcd):
    if Rcd=='_':  # 해지하지 않음
        return 38
    elif Rcd=='0': # 해지 당월
        return 0
    else:
        return int(Rcd[1:3]) # 해지 후 경과 기간 숫자 부분만 남기기


# 반복문 수행하면서 teperd_cols에 Rcdtoint() 함수 적용하기
for column in teperd_cols:
    new_column=column.replace('_trmn_eperd_cd', '_teperd')
    train_data[new_column]=train_data[column].apply(lambda x:Rcdtoint(x))
    test_data[new_column]=test_data[column].apply(lambda x:Rcdtoint(x))


train_data.iloc[:,-2:]
```

AI 작업 환경

데이터 획득

데이터 구조

기초 데이터

데이터 이해

데이터 전처리

AI 모델링 개념

지도학습

비지도학습

모델 성능 향상

AI 사례 실습

┌ 실행 결과

	w_disp_teperd	bidet_teperd
0	38	38
1	38	38
2	38	38
3	38	38
4	38	38
...	...	...
54995	38	38
54996	38	37
54997	38	38
54998	38	38
54999	38	38

55000 rows × 2 columns

위와 같이 코드를 처리한 결과 앞쪽(385쪽)의 결괏값이 위의 결괏값으로 변경되었습니다.

3) XXX(상품, 예)fountain,bidet)_engt_rperd_cd(약정잔여기간코드) 관련 파생 변수 추가하기

약정잔여기간코드는 약정이 만료되기 전/후 기간을 나타내는 칼럼입니다. 코드가 조금 복잡한데,
대상 칼럼을 일단 리스트에 담습니다.

┌ 실습 코드

```
# 대상 칼럼 리스트 지정하기
erperd_cols=['w_disp_engt_rperd_cd', 'bidet_engt_rperd_cd']

# 대상 칼럼 리스트 확인하기
train_data.loc[:,erperd_cols].head()
```

┌ 실행 결과

	w_disp_engt_rperd_cd	bidet_engt_rperd_cd
0	R09	R12
1	–	R06
2	0	–
3	P36	R11
4	R27	R22

해당 칼럼이 어떤 값으로 이루어졌는지 살펴봅니다.

```
# bidet_engt_rperd_cd의 범주 분포 확인하기
train_data[bidet_engt_rperd_cd'].value_counts()
```

```
_      10996
R12     3864
R07     2108
R06     1940
R11     1888
        ...
P33       29
P35       20
P36       20
P34       19
R34        1
Name: bidet_engt_rperd_cd, Length: 71, dtype: int64
```

전체 범주가 표시되지 않아서 값의 개수 없이 범주만 확인합니다.

```
# bidet_engt_rperd_cd의 범주값 확인하기
train_data['bidet _engt_rperd_cd'].value_counts().index
```

```
Index(['_', 'R12', 'R07', 'R06', 'R11', 'R10', 'R09', 'R13', 'R24', 'R08',
       'R23', 'R14', 'R22', 'R05', 'R15', 'R04', 'R21', 'R02', 'R01', 'R30',
       'R20', 'R18', 'R16', 'R03', 'R19', 'R29', 'R17', '0', 'R28', 'R25',
       'R37', 'R26', 'R27', 'P01', '¦', 'P02', 'P04', 'P06', 'P03', 'P07',
       'P05', 'P08', 'P09', 'P11', 'P12', 'P10', 'P15', 'P14', 'P13', 'P16',
       'P18', 'P19', 'P22', 'P20', 'P21', 'P24', 'P17', 'P23', 'P26', 'P25',
       'P28', 'P31', 'P32', 'P27', 'P30', 'P29', 'P33', 'P35', 'P36', 'P34',
       'R34'],
      dtype='object')
```

각 코드 값의 의미와 이에 따른 처리 방안은 다음과 같습니다.

코드	의미와 처리 방안
0	약정 만료 당월이므로 0으로 처리
PXX(P01,P02..)	약정 만료 후 경과 기간이 XX인 경우로 XX를 양수로 처리
RXX(R01,R02)	잔여 약정 기간이므로 XX를 음수로 처리
|	이미 해지한 건으로 무약정과 마찬가지이므로 38로 처리
_	무약정이므로 약정 만료와 유사하여 38로 처리

▲ 비데 약정잔여기간코드별 처리 방안

위 기준으로 코드 값을 정수형으로 변경하여 파생 변수를 추가합니다.

┌ 실습 코드

```
# RXX, PXX 코드를 정수형(int)으로 변경하기 위한 함수 정의하기
def RPcdtoint(RPcd):
    if RPcd=='_': # 무약정
        return int(38)
    elif RPcd=='0': # 약정 만료월
        return int(0)
    elif RPcd[0]=='P': # 약정 만료 후 경과 기간이나 마찬가지
        return int(RPcd[1:3])
    elif RPcd=='¦': # 이미 해지하여 무약정
        return int(0)
    else: #R이면
        return -int(RPcd[1:3]) # 잔여 약정 기간 음수 처리


# 반복문을 수행하면서 erperd_cols에 RPcdtoint() 함수 적용하기
for column in erperd_cols:
    new_column=column.replace('_engt_rperd_cd', '_erperd')
    train_data[new_column]='' # 새로운 칼럼 추가하기
    test_data[new_column]='' # 새로운 칼럼 추가하기
    train_data[new_column]=train_data[column].map(lambda x:RPcdtoint(x))
    test_data[new_column]=test_data[column].map(lambda x:RPcdtoint(x))


# 대상 칼럼 확인하기
train_data.iloc[:,-2:].head()
```

	w_disp_erperd	bidet_erperd
0	-9	-12
1	38	-6
2	0	38
3	36	-11
4	-27	-22

코드를 처리한 결과 387쪽의 결괏값이 위의 결괏값으로 변경되었습니다.

7 불필요한 칼럼 삭제하기

파생 변수를 추가하면서 불필요하게 된 칼럼, 단일값이거나 지나치게 데이터가 불균형한 칼럼은 AI 모델링 시 과대적합이 발생하여 성능이 떨어질 수 있으므로 삭제합니다. 빈 리스트를 하나 만들고 삭제 대상 칼럼을 넣은 후 일괄 삭제합니다.

실습 코드

```
# 빈 리스트 생성하기
del_cols=[]
```

1) id 칼럼 처리하기

id와 같은 유일값(unique)은 과대적합을 일으키는 대표적인 칼럼입니다. 가장 먼저 삭제 대상에 넣어줍니다. 리스트에 값을 추가할 때는 append 함수를 사용합니다.

실습 코드

```
# del_cols에 id 추가하기
del_cols.append('id')
```

2) 단일값이거나 데이터 불균형이 심한 칼럼 처리하기

이번에는 단일값이거나 데이터 불균형이 심한 칼럼을 삭제합니다. 수치형과 범주형의 처리 방법에 약간 차이가 있으므로 각각의 칼럼을 구분해서 리스트로 만듭니다. select_dtypes() 함수를 사용하면 원하는 데이터 유형을 선택할 수 있습니다.

우선 수치형 칼럼을 찾아서 num_cols에 담습니다.

실습 코드

```python
# 수치형 칼럼을 리스트에 담기
numbers=['int64', 'float64']

# 수치형 타입 리스트
num_ cols = train_data.select_dtypes(numbers).columns

# 수치형 칼럼을 리스트 생성하기
num_cols
```

실행 결과

```
Index(['bidet_cnt', 'w_disp_cnt', '3m_avg_bill_amt', '3m_bidet_avg_amt',
       '3m_w_disp_avg_amt', 'voc_cnt_AS', 'voc_cnt_가입', 'voc_cnt_개통',
       'voc_cnt_변경/조회', 'voc_cnt_업무협조', 'voc_cnt_이용', 'voc_cnt_정보보호/언론보도',
       'voc_cnt_채널', 'voc_cnt_청구 수/미납', 'voc_cnt_품질', 'voc_cnt_해지',
       'voc_cnt_혜택', 'day_cnt_AS', 'day_cnt_가입', 'day_cnt_개통', 'day_cnt_변경/조회',
       'day_cnt_업무협조', 'day_cnt_이용', 'day_cnt_정보보호/언론보도', 'day_cnt_채널',
       'day_cnt_청구 수/미납', 'day_cnt_품질', 'day_cnt_해지', 'day_cnt_혜택',
       'join_period', 'w_disp_teperd', 'bidet_teperd', 'w_disp_erperd',
       'bidet_erperd'],
      dtype='object')
```

다음은 범주형 칼럼을 찾아서 obj_cols에 담습니다.

실습 코드

```python
# 범주형 칼럼을 찾아서 리스트에 담기
obj_cols = train_data.select_dtypes('O').columns
obj_cols
```

실행 결과

```
Index(['id', 'status', 'cust_cd', 'sex_cd', 'w_disp_yn', 'bidet_yn',
       'comb_prod_yn', 'bidet_comb_yn', 'w_disp_comb_yn',
       'bidet_trmn_eperd_cd', 'w_disp_trmn_eperd_cd', 'w_disp_trmn_why_cd',
       'bidet_trmn_why_cd', 'npay_yn', 'w_disp_engt_rperd_cd',
       'bidet_engt_rperd_cd'],
      dtype='object')
```

AI 작업 환경

데이터 획득

데이터 구조

기초 데이터

데이터 이해

데이터 전처리

AI 모델링 개념

지도학습

비지도학습

모델 성능 향상

AI 사례 실습

데이터의 기술 통계를 보았을 때, 0의 비중이 매우 큽니다.

```
# 수치형 칼럼에 대한 기술 통계 확인하기
train_data.loc[:,num_cols].describe()
```

	bidet_cnt	w_disp_cnt	3m_avg_bill_amt	3m_bidet_avg_amt	3m_w_disp_avg_amt	voc_cnt_AS	voc_cnt_가입	voc_cnt_개통	voc_cnt_변경/조회
count	55000.000000	55000.000000	5.500000e+04	5.500000e+04	5.500000e+04	55000.000000	55000.000000	55000.000000	55000.000000
mean	2.596782	0.737255	2.915999e+05	3.441105e+04	4.162946e+04	0.043600	0.129927	0.019491	0.214673
std	66.479010	1.137088	8.496803e+05	3.833091e+04	3.965128e+05	0.256391	0.366102	0.166522	0.552657
min	0.000000	0.000000	-1.136300e+04	0.000000e+00	0.000000e+00	0.000000	0.000000	0.000000	0.000000
25%	1.000000	0.000000	1.102485e+05	1.131050e+04	0.000000e+00	0.000000	0.000000	0.000000	0.000000
50%	1.000000	1.000000	1.994620e+05	3.107550e+04	3.266000e+04	0.000000	0.000000	0.000000	0.000000
75%	2.000000	1.000000	3.363403e+05	4.804125e+04	4.791800e+04	0.000000	0.000000	0.000000	0.000000
max	5077.000000	125.000000	1.806220e+08	3.092769e+06	6.078027e+07	7.000000	6.000000	5.000000	59.000000

8 rows × 34 columns

수치형 칼럼에서 0의 비중이 전체 행(rows)의 90%를 넘는 칼럼을 찾아서 삭제 대상에 넣습니다.

```
# 수치형 칼럼(num_cols)에서 0의 비중이 90%를 넘는 칼럼 찾기
for column in num_cols:
    if((((train_data[column]==0).sum()/55000) >0.9):
        print(column+':'+(str)((train_data[column]==0).sum()/55000))
        del_cols.append(column)

# del_cols에 해당 칼럼 추가하기
```

```
voc_cnt_AS:0.9651272727272727
voc_cnt_개통:0.9838181818181818
voc_cnt_정보보호/언론보도:0.9937090909090909
voc_cnt_채널:0.9343090909090909
voc_cnt_품질:0.9000363636363636
voc_cnt_혜택:0.9671818181818181
day_cnt_AS:0.9651272727272727
day_cnt_개통:0.9838181818181818
day_cnt_정보보호/언론보도:0.9937090909090909
day_cnt_채널:0.9343090909090909
day_cnt_품질:0.9000363636363636
day_cnt_혜택:0.9671818181818181
```

범주형 칼럼에서도 마찬가지로 1개 범주가 90%가 넘는 칼럼을 찾습니다. value_counts 메소드를 사용하면 가장 많은 범주부터 내림차순으로 정렬하여 count한 결과를 반환합니다. 따라서 value_counts 메소드의 반환값 중 가장 먼저 나오는 값이 전체의 90% 이상 차지하는 칼럼을 찾습니다.

┌─ 실습 코드

```
# 범주형 칼럼(obj_cols)에서 가장 많은 범주의 비중이 90%를 넘는 칼럼 찾기
for column in obj_cols:
    if((train_data[column].value_counts().iloc[0]/55000) >0.9):
        print(column+':'+(str)(train_data[column].value_counts().iloc[0]/55000))
        del_cols.append(column)  # del_cols에 해당 칼럼 추가하기
```

┌─ 실행 결과

```
cust_cd:0.9760181818181818
bidet_trmn_eperd_cd:0.9267454545454545
w_disp_trmn_eperd_cd:0.9377818181818182
w_disp_trmn_why_cd:0.9420363636363637
bidet_trmn_why_cd:0.9294363636363636
```

3) 파생 변수를 만들어 대체한 칼럼 처리하기

다음으로 수치형 변수를 만들어 대체했던 칼럼들을 del_cols에 추가합니다.

┌─ 실습 코드

```
# del_cols에 삭제 대상 추가하기
del_cols=del_cols+['new_date', 'w_disp_engt_rperd_cd', 'bidet_engt_rperd_cd']

print(del_cols)
```

┌─ 실행 결과

```
['id', 'voc_cnt_AS', 'voc_cnt_개통', 'voc_cnt_정보보호/언론보도', 'voc_cnt_채널', 'voc_cnt_
품질', 'voc_cnt_혜택', 'day_cnt_AS', 'day_cnt_개통', 'day_cnt_정보보호/언론보도', 'day_cnt_
채널', 'day_cnt_품질', 'day_cnt_혜택', 'cust_cd', 'bidet_trmn_eperd_cd', 'w_disp_trmn_
eperd_cd', 'w_disp_trmn_why_cd', 'bidet_trmn_why_cd', 'new_date', 'w_disp_engt_rperd_
cd', 'bidet_engt_rperd_cd']
```

AI 직업 환경

데이터 획득

데이터 구조

기초 데이터

데이터 이해

데이터 전처리

AI 모델링 개념

지도학습

비지도학습

모델 성능 향상

AI 사례 실습

4) 리스트에 저장한 삭제 대상 칼럼을 일괄 삭제하기

삭제 대상 칼럼을 모은 후 train_data와 test_data에서 삭제합니다.

실습 코드

```
# 삭제 대상 칼럼을 train_data와 test_data에서 삭제하기
train_data.drop(del_cols,axis=1,inplace=True)
test_data.drop(del_cols,axis=1,inplace=True)
train_data.info()  # 결과 확인하기
```

실행 결과

```
<class 'pandas.core.frame.DataFrame'>
RangeIndex: 55000 entries, 0 to 54999
Data columns (total 30 columns):
 #   Column            Non-Null Count  Dtype
---  ------            --------------  -----
 0   status            55000 non-null  object
 1   bidet_cnt         55000 non-null  int64
 2   w_disp_cnt        55000 non-null  float64
 3   sex_cd            55000 non-null  object
 4   w_disp_yn         55000 non-null  object
 5   bidet_yn          55000 non-null  object
 6   comb_prod_yn      55000 non-null  object
 7   bidet_comb_yn     55000 non-null  object
 8   w_disp_comb_yn    55000 non-null  object
 9   npay_yn           55000 non-null  object
 10  3m_avg_bill_amt   55000 non-null  float64
 11  3m_bidet_avg_amt  55000 non-null  int64
 12  3m_w_disp_avg_amt 55000 non-null  int64
 13  voc_cnt_가입        55000 non-null  int64
 14  voc_cnt_변경/조회     55000 non-null  int64
 15  voc_cnt_업무협조      55000 non-null  int64
 16  voc_cnt_이용        55000 non-null  int64
 17  voc_cnt_청구 수/미납   55000 non-null  int64
 18  voc_cnt_해지        55000 non-null  int64
 19  day_cnt_가입        55000 non-null  int64
 20  day_cnt_변경/조회     55000 non-null  int64
 21  day_cnt_업무협조      55000 non-null  int64
 22  day_cnt_이용        55000 non-null  int64
 23  day_cnt_청구 수/미납   55000 non-null  int64
```

```
 24  day_cnt_해지              55000 non-null  int64
 25  join_period         55000 non-null  int64
 26  w_disp_teperd       55000 non-null  int64
 27  bidet_teperd        55000 non-null  int64
 28  w_disp_erperd       55000 non-null  int64
 29  bidet_erperd        55000 non-null  int64
dtypes: float64(2), int64(20), object(8)
memory usage: 12.6+ MB
```

46개 칼럼이 30개 칼럼으로 줄어들었습니다.

> **실무 활용**
>
> 파생 변수를 추가하거나 불필요한 칼럼을 삭제하는 것은 EDA를 거치면서 하는 것이 일반적이지만, 학습을 위해 전처리에
> 모아서 했습니다. 실무에서는 EDA를 하다가 파생 변수를 추가하고 다시 EDA를 하는 것을 반복하는 방식으로 전처리를
> 수행합니다.

AI 작업 환경

데이터 획득

데이터 구조

기초 데이터

데이터 이해

데이터 전처리

AI 모델링 개념

지도학습

비지도학습

모델 성능 향상

AI 사례 실습

01 pivot_table( )에서 index는 행, columns는 열, values는 값을 의미하고, (   )은 values에 대한 계산 유형을 의미합니다. 괄호 안에 들어갈 말은 무엇인가요?

① aggfunc   ② funcagg

③ funtion   ④ calcfunc

02 df의 결측치를 모두 0으로 대체하는 다음 코드를 완성하세요.

```
df = df._____(0)
```

> **정답 및 해설**
>
> **01 / ① aggfunc**
> aggfunc은 values에 대한 계산 유형을 의미합니다.
>
> **02 / fillna**
> fillna( ) 함수를 이용하여 결측치를 채울 수 있습니다.

📑 **개념 정리**

☑ 파일을 읽을 때는 read_csv 메소드를 사용합니다.

☑ 형태가 다른 데이터프레임을 합칠 때는 pivot_table로 형태를 맞출 수 있습니다.

☑ 데이터프레임을 합칠 때는 concat, merge 함수를 사용할 수 있습니다.

☑ 결측치는 일반적으로 평균값, 중위값, 최빈값, 이전 값, 이후 값 등을 넣어줄 수 있습니다.

☑ 날짜나 숫자 코드로 이루어진 범주형 데이터는 실제 데이터에 맞게 유형을 변경해야 합니다.

☑ 도메인 지식을 활용한 파생 변수 추가로 모델의 성능을 개선할 수 있습니다.

☑ 불필요한 칼럼은 삭제합니다.

AI 작업 환경

데이터 획득

데이터 구조

기초 데이터

데이터 이해

데이터 전처리

AI 모델링 개념

지도학습

비지도학습

모델 성능 향상

AI 사례 실습

SECTION
03

데이터 이해하기 (EDA와 시각화)

데이터 분석과 AI 모델링은 궁극적으로 데이터를 이용한 의사결정이라는 목표를 갖고 있습니다. 데이터를 면밀히 살펴보고 시각화를 통해 직관적으로 데이터를 이해하는 데 EDA(Exploratory Data Analysis, 탐색적 데이터 분석)와 데이터 시각화(Data Visualization)가 중요합니다. 또한 입력 데이터에 한계가 있다는 것을 고려하면, AI 모델링의 성능을 올리기 위해 사전에 데이터를 면밀히 분석하고 각 변수(Feature)를 전처리할 필요가 있습니다. 앞서 실습한 기초 데이터 다루기와 전처리에서는 EDA 과정을 먼저 거쳐서 판단하고 전처리 방법을 결정했습니다. 이번에는 EDA와 시각화를 통해 먼저 데이터를 살펴보고 추가로 전처리를 진행해 봅니다.

1 출력값 분석하기

출력값(Label)인 'status'의 데이터를 확인합니다.

┌ 실습 코드

```
# status값 분포 확인하기
train_data['status'].value_counts()
```

┌ 실행 결과

```
Y    31806
N    23194
Name: status, dtype: int64
```

숫자로 보니 대략 3 : 2 정도 됩니다. 출력값의 분포를 막대 그래프로 확인합니다.

┌ 실습 코드

```
# status 칼럼을 막대 그래프로 그리기
train_data['status'].value_counts().plot(kind='bar')
```

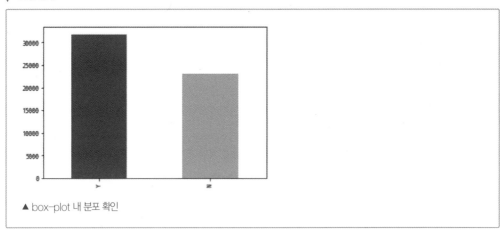

▲ box-plot 내 분포 확인

그려놓고 보니 조금 아쉽습니다. 이 경우에는 막대 그래프가 아니라 전체에서 부분이 차지하는 비율을 나타내는 파이 그래프(pie plot)를 그려봅니다. 매개변수를 지정하여 그림자(shadow), 떨어짐(explode), 각도 조절(startangle)까지 예쁘게 만들어 봅니다.

실습 코드

```
# status 칼럼을 파이 그래프로 그리기
data = train_data['status'].value_counts()  # chart를 그릴 데이터 생성하기
labels = ['유지','해지']  # chart에 들어갈 label 명칭 지정 안 하면 'Y','N'이 됨


plt.pie(data, labels = labels, autopct='%.0f%%',shadow=True,explode=(0,0.1),startang
le=90,)
plt.title("[유지 vs 해지]")
plt.show()
```

실행 결과

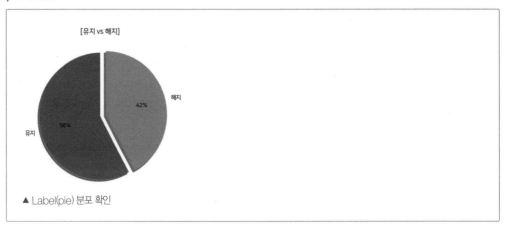

▲ Label(pie) 분포 확인

유지와 해지가 각각 전체의 58%와 42%를 차지하고 있으며, 이 정도면 비교적 균형이 맞다고 볼 수 있습니다.

> **(↔) 실무 활용**
>
> 실제 데이터는 해지 비율이 유지에 비해 극히 적은 불균형 데이터입니다. 데이터 불균형이 심하면 추가 데이터 확보, 오버샘플링(OverSampling), 언더샘플링(UnderSampling), 출력값(Label)의 가중치 조정을 통해 불균형을 극복할 수 있습니다.

2 수치형 데이터 분석하기

수치형 칼럼에 대해서는 히스토그램(histogram)을 그려서 분포를 확인합니다. 전체 칼럼에 대해 일괄적으로 확인하기 위해 subplots을 이용하여 함수를 만들었습니다.

┌ **실습 코드**

```python
# 전처리 후에 변경이 있으므로 수치형 칼럼을 모은 num_cols 리스트를 다시 생성하기
numbers=['int64', 'float64']
num_cols = train_data.select_dtypes(numbers).columns

# 모든 수치형 칼럼에 대해 히스토그램을 그리는 함수
def make_histplot(df,num_cols,label):
    col_cnt=4
    graph_size=5
    num=len(num_cols)
    print("대상 칼럼 수:", num)

    # 그려야 할 전체 그래프 크기 정하기
    plt.rcParams['figure.figsize']=(col_cnt* graph_size,math.ceil(num/col_cnt)* graph_size)

    # 그려야 할 각각의 그래프 위치 정하기
    fig, ax = plt.subplots(ncols=col_cnt,nrows=math.ceil(num/col_cnt))
    i=0
    for column in tqdm(num_cols):
        df[column].hist(ax=ax[int(i/col_cnt)][i%col_cnt]) # 히스토그램(histogram) 그리기
        ax[int(i/col_cnt)][i%col_cnt].set_title('['+column+']') # 칼럼명을 제목으로 붙이기
        i=i+1
    plt.show()
    plt.rcParams['figure.figsize']=(7,7)  # figsize를 원복

# 함수 실행하기
make_histplot(train_data,num_cols,'status')
```

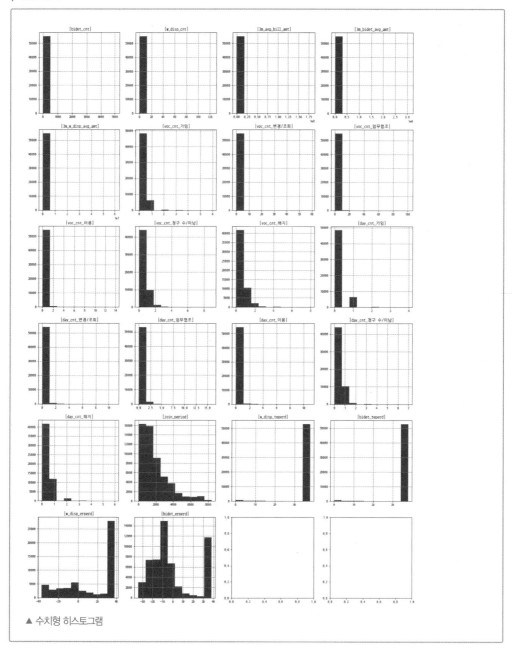

▲ 수치형 히스토그램

0이 90% 이상을 차지하는 칼럼을 제거했음에도 여전히 0의 비중이 높은 칼럼이 많습니다. 또한 일부 수치형 칼럼의 편차가 매우 큽니다. 이 상태로는 그래프를 그려도 제대로 보기 어려우니 이상치를 제거하고 다시 분석합니다.

AI 작업 환경

데이터 획득

데이터 구조

기초 데이터

데이터 이해

데이터 전처리

AI 모델링 개념

지도학습

비지도학습

모델 성능 향상

AI 사례 실습

③ 수치형 데이터의 이상치 제거하기

1) 이상치 확인하기

이상치(Outlier)는 일반적인 데이터 관측 범위를 벗어난 아주 크거나 작은 값을 의미합니다. 하지만 단순히 크거나 작다고 해서 이상치라고 단정 지을 수 없습니다.

┌ 실습 코드

```
# 기술 통계 확인하기
train.data.describe()
```

┌ 실행 결과

	bidet_cnt	w_disp_cnt	3m_avg_bill_amt	3m_bidet_avg_amt	3m_w_disp_avg_amt	voc_cnt_가입	voc_cnt_변경/조회	voc_cnt_업무협조	voc_cnt_이용	voc_
count	55000.000000	55000.000000	5.500000e+04	5.500000e+04	5.500000e+04	55000.000000	55000.000000	55000.000000	55000.000000	5500
mean	2.596782	0.737255	2.915999e+05	3.441105e+04	4.162946e+04	0.129927	0.214673	0.332455	0.124055	
std	66.479010	1.137088	8.496803e+05	3.833091e+04	3.965128e+05	0.366102	0.552657	0.885980	0.398879	
min	0.000000	0.000000	-1.136300e+04	0.000000e+00	0.000000e+00	0.000000	0.000000	0.000000	0.000000	
25%	1.000000	0.000000	1.102485e+05	1.131050e+04	0.000000e+00	0.000000	0.000000	0.000000	0.000000	
50%	1.000000	1.000000	1.994620e+05	3.107550e+04	3.266000e+04	0.000000	0.000000	0.000000	0.000000	
75%	2.000000	1.000000	3.363403e+05	4.804125e+04	4.791800e+04	0.000000	0.000000	0.000000	0.000000	
max	5077.000000	125.000000	1.806220e+08	3.092769e+06	6.078027e+07	6.000000	59.000000	102.000000	14.000000	

8 rows × 22 columns

위의 데이터에서 train_data의 bidet_cnt(비데 계약 건수)는 최댓값이 5,077입니다. 3사분위수가 겨우 2인 것을 고려하면 이런 데이터는 이상치처럼 보입니다. 하지만 실제로 이 데이터는 정상입니다.

또한 train_data는 비데/정수기 회선 전체를 담고 있어서 상당수 데이터가 0으로 처리되고 있습니다. 단지 수치의 크고 작음을 기준으로 이상치를 제거하면 상당한 정보의 유실이 생길 수 있습니다. 그런데도 몇 건 안 되는 큰 값들로 인해 데이터 시각화에 방해되므로 이상치를 대체 처리하여 시각화하고 EDA를 진행합니다.

2) 이상치 제거 - Tukey Fences 방법 이해하기

Tukey Fences는 3사분위수와 1사분위수의 차이인 IQR을 이용하는 방법입니다.

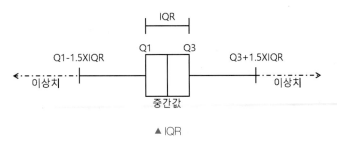

▲ IQR

이때 IQR에 곱하는 1.5는 데이터에 따라 더 큰 수를 사용하기도 합니다.

3) 이상치 제거 대상 선별하기

최댓값을 기준으로 이상치 제거 대상 칼럼을 선별합니다. 모든 칼럼에 대해 이상치를 제거할 수 있지만, 데이터의 편향 때문에 이상치를 제거하면 모든 수치형 칼럼에 0과 1밖에 남지 않게 됩니다. 따라서 각 칼럼의 최댓값이 20보다 큰 칼럼을 이상치 제거 칼럼으로 선정했습니다. 20이라는 숫자는 업무 담당자로서 경험이 반영된 것이며, 정보 유실을 최소화하는 값으로 판단했습니다.

▗ 실습 코드

```
# 각 칼럼별 max값 확인하기
train_data.describe().loc['max']
```

▗ 실행 결과

```
bidet_cnt            5.077000e+03
w_disp_cnt           1.250000e+02
3m_avg_bill_amt      1.806220e+08
3m_bidet_avg_amt     3.092769e+06
3m_w_disp_avg_amt    6.078027e+07
voc_cnt_가입          6.000000e+00
voc_cnt_변경/조회       5.900000e+01
voc_cnt_업무협조        1.020000e+02
voc_cnt_이용          1.400000e+01
voc_cnt_청구 수/미납     9.000000e+00
voc_cnt_해지          8.000000e+00
day_cnt_가입          4.000000e+00
day_cnt_변경/조회       1.100000e+01
day_cnt_업무협조        1.600000e+01
day_cnt_이용          1.100000e+01
day_cnt_청구 수/미납     7.000000e+00
day_cnt_해지          6.000000e+00
join_period          8.396000e+03
w_disp_teperd        3.800000e+01
bidet_teperd         3.800000e+01
w_disp_erperd        3.800000e+01
bidet_erperd         3.800000e+01
Name: max, dtype: float64
```

AI 작업 환경

데이터 획득

데이터 구조

기초 데이터

데이터 이해

데이터 전처리

AI 모델링 개념

지도학습

비지도학습

모델 성능 향상

AI 사례 실습

┌ **실습 코드**

```
# max값이 20 초과인 칼럼을 리스트로 만들기
outlier_cols=train_data.describe().loc['max'][train_data.describe().loc['max']>20].
index.tolist()
outlier_cols
```

┌ **실행 결과**

```
['bidet_cnt',
 'w_disp_cnt',
 '3m_avg_bill_amt',
 '3m_bidet_avg_amt',
 '3m_w_disp_avg_amt',
 'voc_cnt_변경/조회',
 'voc_cnt_업무협조',
 'join_period',
 'w_disp_teperd',
 'bidet_teperd',
 'w_disp_erperd',
 'bidet_erperd']
```

4) 이상치 제거하기

이상치 제거를 위한 함수를 정의합니다.

┌ **실습 코드**

```
# 이상치 기준이 되는 upperfence와 lowerfence 지점의 위치 값을 계산하고 반환하기
def outliers_iqr(df,column,uorl,upper=75,lower=25,factor=1.5):
    q1, q3 = np.percentile(df[column], [lower, upper]) # 1분위수, 3분위수 구하기
    iqr=q3-q1
    if uorl=='l': # l이면 하한, u이면 상한
        return (q1-(iqr*factor))
    elif uorl=='u':
        return (q3+(iqr*factor))

# 이상치(upperfence 초과)를 upperfence로 대체하는 함수, lower는 고려하지 않음
def replace_outlier(df,cols,upper=75,lower=25,factor=1.5):
    for column in cols:
        upperfence=outliers_iqr(df,column,'u',upper,lower,factor)
        df[column]=df[column].apply(lambda x: x if x <=upperfence else upperfence)
```

```
# 시각화를 위한 데이터는 따로 복제하여 이상치를 제거하여 사용하기
train_data_del_outlier=train_data.copy()

replace_outlier(train_data_del_outlier,outlier_cols,factor=1.5)
```

(↱) 실무 활용

이상치를 제거하는 경우에는 어떤 기준으로 이상치를 제거했는지 결과를 함께 확인하면 좋습니다. 다만 실습 편의를 위해 이 과정을 생략했습니다.

4 이상치 제거 후 수치형 데이터 분석하기

1) 히스토그램(histogram)

이상치를 제거한 후에 다시 히스토그램을 그려봅니다.

┌ 실습 코드

```
# 앞서 만든 함수로 수치형 칼럼에 대해 히스토그램 그리기
make_histplot(train_data_del_outlier, num_cols,'status')
```

┌ 실행 결과

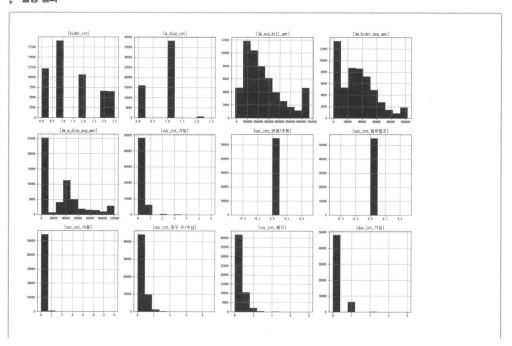

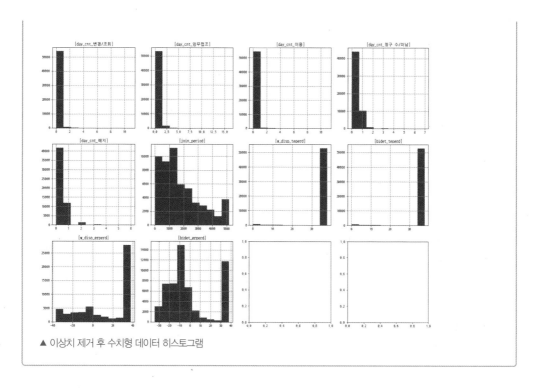

▲ 이상치 제거 후 수치형 데이터 히스토그램

히스토그램을 통해서는 해당 칼럼의 값이 어떻게 분포하는지 계급 구간별 건수를 알 수 있습니다. 히스토그램의 X축은 값을 구간별로 나눈 것이고(칼럼명이 '_amt'는 금액(원), '_cnt'는 건수, '_period'는 기간, 'perd'는 개월 수), Y축은 해당 구간의 분포한 값을 의미합니다. 특히 고객의 3개월 평균 청구금액(3m_avg_bill_amt)이나 3개월 평균 금액(3m_XXX_avg_amt)이 어디에 많이 분포하고 있는지 보입니다. 고객의 3개월 평균 청구금액을 올리려면, 고객이 가장 많이 분포하고 있는 요금 '20만 원 이하' 고객의 특성을 분석해서 요금제 상향을 유도하는 것이 효율적입니다. 비데나 정수기의 평균 금액을 개별적으로 올리고 싶을 때도 상품별로 평균 금액이 높은 구간을 타깃팅하는 것이 좋습니다.

2) 커널밀도추정 그래프(kde plot)

커널밀도추정 그래프는 히스토그램의 단점을 보완한 그래프입니다. 히스토그램은 구간을 나누고 각 구간의 데이터 수를 막대 그래프로 표시하는 방식으로 구간을 나누는 기준에 따라 영향을 많이 받고, 같은 구간의 값이 하나로 표현되는 것이 단점입니다. 하지만 커널밀도추정 그래프는 데이터의 밀도 분포를 추정하여 곡선으로 보여줍니다. 히스토그램에 비해 더 부드럽게 그려지고, 그래프를 겹쳐 그릴 수 있기 때문에 항목 간 비교하기에 적당합니다. 단, 추정한 데이터를 기반으로 그래프를 그리기 때문에 실제로 존재하지 않는 데이터를 그린다는 것이 단점입니다.

┌ 실습 코드

```
# 수치형 칼럼에 대해서 커널밀도추정 그래프(kdeplot)를 그리는 함수
def make_kdeplot(df,num_cols,label):
    num=len(num_cols)
    col_cnt=4
    graph_size=5
    print("대상 칼럼수:", num)

    # 그려야 할 전체 그래프의 크기를 정하기
    plt.rcParams['figure.figsize']=(col_cnt*graph_size,math.ceil(num/col_cnt)*graph_
    size)

    # 그려야 할 각각의 그래프의 위치 정하기
    fig, ax = plt.subplots(ncols=col_cnt,nrows=math.ceil(num/col_cnt))
    i=0
    for column in tqdm(num_cols):
        sns.kdeplot(data=df,x=column,hue=label,ax=ax[int(i/col_cnt)][i%col_cnt])
        ax[int(i/col_cnt)][i%col_cnt].set_title('['+column+']') # 칼럼명을 제목으로 붙이기
        ax[int(i/col_cnt)][i%col_cnt].set_xlabel('') # x축의 이름을 공란으로 표기하기
        i=i+1

    plt.show()
    plt.rcParams['figure.figsize']=(7,7)

# 앞서 만든 함수로 수치형 칼럼에 대해 커널밀도추정 그래프(kdeplot) 그리기
make_kdeplot(train_data_del_outlier,num_cols,'status')
```

┌ 실행 결과

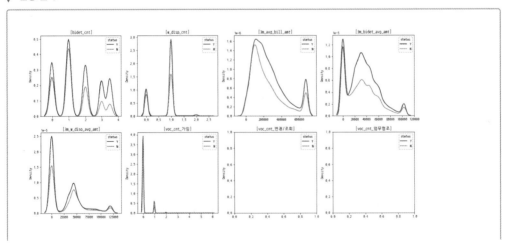

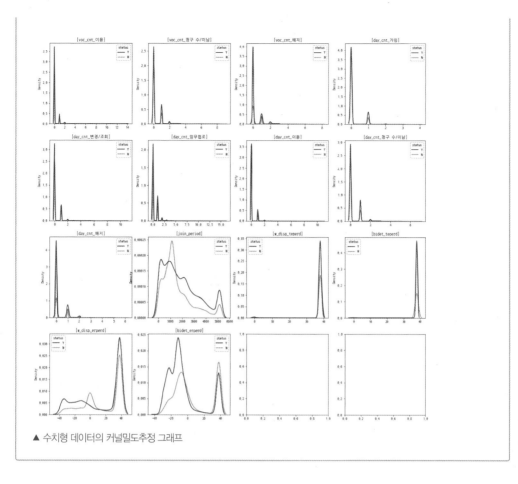

▲ 수치형 데이터의 커널밀도추정 그래프

각 그래프 범례의 Status 'Y=유지', 'N=해지'에 따라 구분하여 그래프를 그렸습니다. 커널밀도추정 그래프에서 X축은 히스토그램과 동일하게 값의 분포를 의미합니다. Y축은 히스토그램과 달리 density(확률밀도)로 표시됩니다. 히스토그램이 절대적인 건수를 표시하는 것이라면, 커널밀도추정 그래프는 상대적인 비율을 표시합니다. 유지 가입자가 해지 가입자보다 많으므로 대부분의 칼럼과 구간에서 유지 가입자를 나타내는 그래프가 해지 가입자를 나타내는 그래프의 위에 위치합니다. 주의 깊게 보아야 하는 부분은 해지 가입자가 유지 가입자보다 높은 밀도로 나타나는 부분입니다. 이 그래프에서 눈에 띄는 부분은 다음과 같습니다.

· **[join_period]** : 해지는 가입 기간이 1100일 정도일 때 급격히 증가하는 모습을 보입니다. 대부분의 상품이 3년 약정이므로(365×3=1095) 약정이 끝나면서 해지하는 것으로 볼 수 있습니다. 따라서 약정 만료가 가까워오는 고객을 대상으로 재약정을 유도하는 것이 해지 방어에 효과적입니다.

· **[voc_cnt_해지], [day_cnt_해지]** : 해지 관련 VOC가 1 이상일 때 유지 건수보다 해지 건수가 더 많습니다. 따라서 해지 관련 VOC가 증가하면 해지가 늘어난다고 볼 수 있습니다.

AI 작업 환경

데이터 획득

데이터 구조

기초 데이터

데이터 이해

데이터 전처리

AI 모델링 개념

지도학습

비지도학습

모델 성능 향상

AI 사례 실습

- **[w_disp_erperd]** : 정수기 약정 잔여기간을 보면, 정수기는 약정이 만료되는 시점에 해지가 많이 발생합니다. 약정 만료 후 기간이 경과할수록 점점 영향도가 사라지는 것으로 보입니다. 반면 비데는 약정 시작 직후에 해지 건수가 많습니다. 비데의 초기 만족도에 문제가 있는 것으로 보이므로 고객 설문 등을 통해 해지 사유를 추가로 확인할 필요가 있습니다.

3) 포인트 그래프(point plot)

포인트 그래프는 Y축에 주어진 값의 평균값을 표시합니다. 값의 분포에 따라 왜곡이 있을 수 있지만, 서로 다른 범주의 데이터를 비교하기에 좋습니다. 역시 한눈에 보기 위해 따로 함수를 생성하여 그래프를 그려봅니다.

⌐ 실습 코드

```
# 수치형 칼럼에 대해 포인트 그래프를 그리는 함수 생성하기
def make_pointplot(df,num_cols,label):
    num=len(num_cols)
    col_cnt=4
    graph_size=5
    print("대상 칼럼 수:", num)

    # 그려야 할 전체 그래프의 크기 정하기
    plt.rcParams['figure.figsize']=(col_cnt* graph_size,math.ceil(num/col_cnt)* graph_
    size)

    # 그려야 할 각각의 그래프의 위치 정하기
    fig, ax = plt.subplots(ncols=col_cnt,nrows=math.ceil(num/col_cnt))
    i=0
    for column in tqdm(num_cols):
        sns.pointplot(data=df,y=column,x=label,ax=ax[int(i/col_cnt)][i%col_cnt])

        ax[int(i/col_cnt)][i%col_cnt].set_title('['+column+']') # 칼럼명을 제목으로 붙이기
        ax[int(i/col_cnt)][i%col_cnt].set_ylabel('') # y축의 이름을 공란으로 하기
        i=i+1

    plt.show()
    plt.rcParams['figure.figsize']=(7,7)

# 앞서 만든 함수로 수치형 칼럼에 대해 포인트 그래프 그리기
make_pointplot(train_data_del_outlier,num_cols,'status')
```

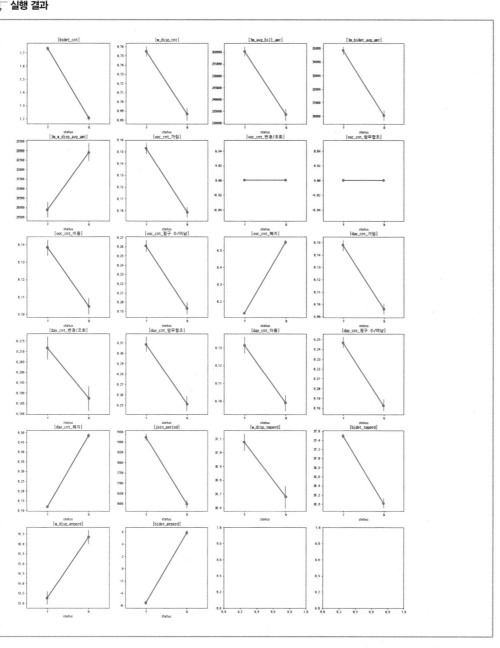

포인트 그래프에서 X축은 선택한 칼럼의 값을, Y축은 선택한 칼럼의 평균값을 나타냅니다.

대체로 유지(Y) 가입자가 해지(N) 가입자에 비해 회선 수나 청구 요금이 더 많이 나오고, 일부는 해지 가입자의 평균이 더 크게 나오고 있습니다. efct_w_fountain_sbsc_cascnt, r3m_w_fountain_avg_arpu_amt, r6m_w_fountain_avg_arpu_amt, voc_cnt_해지, day_cnt_해지, w_fountain_erperd, bidet_erperd, mssg_chair_erperd에서는 해지 가입자의 평균이 더 큰 것으로 나옵니다.

포인트 그래프만으로 이런 칼럼들이 다른 칼럼과 차이가 있는 이유를 설명하기 힘들지만, 무작정 모든 데이터를 분석하는 것보다 분석이 필요한 지점을 찾을 수 있다는 점에서 의미가 있습니다.

5 범주형 데이터 분석하기

1) 빈도 그래프(count plot)

범주형 칼럼에 대해 빈도 그래프를 그려봅니다. 빈도 그래프는 seaborn의 가장 강력한 기능 중 하나입니다. 그래프를 그리기 위해 따로 집계해야 하는 matplotlib과 달리 seaborn은 데이터프레임 자체를 입력해서 그래프를 그립니다.

└ 실습 코드

```
# 범주형 칼럼 리스트 생성하기
obj_cols = train_data.select_dtypes('O').columns
obj_cols
```

└ 실행 결과

```
Index(['status', 'sex_cd', 'w_disp_yn', 'bidet_yn', 'comb_prod_yn',
       'bidet_comb_yn', 'w_disp_comb_yn', 'npay_yn'],
     dtype='object')
```

└ 실습 코드

```
# 범주형 칼럼에 대해 빈도그래프를 그리는 함수 생성하기
def make_countplot(df,obj_cols,label):
    num=len(obj_cols)
    col_cnt=4
    graph_size=5
    print("대상 칼럼수:", num)

    # 그려야 할 전체 그래프의 크기 정하기
    plt.rcParams['figure.figsize']=(col_cnt*graph_size,math.ceil(num/col_cnt)* graph_
    size)

    # 그려야 할 각각의 그래프의 위치 정하기
    fig, ax = plt.subplots(ncols=col_cnt, nrows=math.ceil(num/col_cnt))
    i=0
    for column in obj_cols:
```

AI 작업 환경

데이터 획득

데이터 구조

기초 데이터

데이터 이해

데이터 전처리

AI 모델링 개념

지도학습

비지도학습

모델 성능 향상

AI 사례 실습

```
        sns.countplot(data=df,x=column,hue=label,ax=ax[int(i/col_cnt)][i%col_cnt])
        ax[int(i/col_cnt)][i%col_cnt].set_title('['+column+']') # 칼럼명을 제목으로 붙이기
        ax[int(i/col_cnt)][i%col_cnt].set_xlabel('')  # x축의 이름을 공란으로 처리하기
        i=i+1
    plt.show()
    plt.rcParams['figure.figsize']=(7,7)

make_countplot(train_data,obj_cols,'status')
```

┌ **실행 결과**

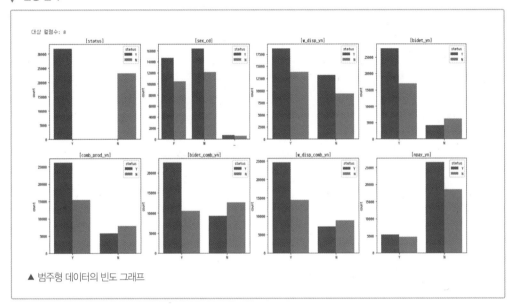

▲ 범주형 데이터의 빈도 그래프

빈도 그래프에서 X축은 선택된 칼럼의 값을 의미하고, Y축은 그 값의 건수를 의미합니다. 그래프를 보면, 대체로 해지와 유지 비율은 label인 status와 비슷합니다. 이 비율에서 벗어나는 경우가 조금 의미가 있습니다. 범주형 칼럼에 대해서는 다음의 항목을 알아야 합니다.

- bidet_yn : 비데를 가입하지 않은 고객이 해지 비율이 높음
- comb_prod_yn : 결합 상품에 가입하지 않은 고객이 해지 비율이 높음
- bidet_comb_yn : 비데를 결합하지 않은 고객이 해지 비율이 높음
- w_disp_comb_yn : 정수기를 결합하지 않은 고객이 해지 비율이 높음

해지에 영향을 주는 일반적인 요소가 그대로 반영되어 있습니다.

01 다음 설명 중 틀린 것은 무엇인가요?

① 히스토그램(histogram)는 데이터의 분포를 보기 위한 그래프이다.

② 커널밀도추정 그래프(kde plot)의 단점을 보완한 것이 히스토그램이다.

③ 포인트 그래프(point plot)를 이용하면 y축에 값의 평균을 보여준다.

④ 상자 그래프(box plot)를 이용하여 데이터의 분포를 확인할 수 있다.

⑤ 빈도 그래프(count plot)는 seaborn의 가장 강력한 기능 중의 하나로 데이터프레임 자체를
입력받아 집계한다.

정답 및 해설

01 / ②
히스토그램의 단점을 개선한 것이 커널밀도추정 그래프입니다. 히스토그램은 구간을 나누고 각 구간의 데이
터 수를 막대 그래프로 표시하는 방식으로 구간을 나누는 기준에 따라 영향을 많이 받고, 같은 구간의 값이
하나로 표현되는 것이 단점인데, 커널밀도추정 그래프는 데이터의 밀도 분포를 추정하여 곡선으로 보여
줍니다.

개념 정리

☑ 데이터 유형에 따라 다양한 방법으로 시각화하여 데이터를 분석할 수 있습니다.

☑ 시각화를 통해 데이터의 의미를 파악하고 유의미한 데이터의 가공, AI 모델링에 활용할 수 있습
니다.

☑ 이상치는 값이 크거나 작다는 이유로 무조건 제거하기보다 이상치의 의미를 먼저 파악해야 합니다.

AI 작업 환경

데이터 획득

데이터 구조

기초 데이터

데이터 이해

데이터 전처리

AI 모델링 개념

지도학습

비지도학습

모델 성능 향상

AI 사례 실습

AI 모델링을 위한 전처리하기

AI 모델링을 하기 위해서는 머신러닝, 딥러닝 알고리즘이 학습할 수 있도록 알고리즘에 맞게 추가적인 전처리 과정이 필요합니다.

1 표준화와 정규화하기

주어진 학습 데이터는 보유한 상품의 개수를 나타내는 칼럼들(_cnt)과 요금을 나타내는 칼럼들(_amt)의 스케일(scale) 차이가 큽니다. 이렇게 스케일 차이가 크면, 머신러닝 알고리즘은 스케일이 큰 요금 관련 칼럼에 맞춰 가중치를 최적화할 것입니다. 따라서 스케일 조정을 통해 각 칼럼의 스케일이 미치는 영향을 없앱니다.

스케일링 방법에는 표준화와 정규화가 있습니다. 일반적으로 전처리는 '표준화 〉 이상치 제거 〉 정규화' 순서로 진행하지만, 상황에 따라 순서가 바뀌거나 일부만 적용할 수 있습니다. 앞서 EDA나 시각화는 이상치가 있으면 분석이 힘들어서 별도 데이터프레임으로 복사하여 이상치를 제거한 후 사용했습니다. 하지만 이상치로 제거한 값들이 실제로 오류값이 아니므로 모델링 단계에서는 이상치 제거 없이 진행합니다. 표준화와 정규화는 수치형 칼럼에 대해서만 진행하므로 num_cols를 다시 한 번 만들고 표준화와 정규화를 진행합니다.

실습 코드

```
# 수치형 칼럼 리스트 만들기
numbers=['int64', 'float64']
num_cols = train_data.select_dtypes(numbers).columns
num_cols
```

실행 결과

```
Index(['bidet_cnt', 'w_disp_cnt', '3m_avg_bill_amt', '3m_bidet_avg_amt',
    '3m_w_disp_avg_amt', 'voc_cnt_가입', 'voc_cnt_변경/조회', 'voc_cnt_업무협조',
    'voc_cnt_이용', 'voc_cnt_청구 수/미납', 'voc_cnt_해지', 'day_cnt_가입',
    'day_cnt_변경/조회', 'day_cnt_업무협조', 'day_cnt_이용', 'day_cnt_청구 수/미납',
    'day_cnt_해지', 'join_period', 'w_disp_teperd', 'bidet_teperd',
    'w_disp_erperd', 'bidet_erperd'],
    dtype='object')
```

1) 표준화하기

표준화(Standardization)는 데이터를 평균이 0이고 분산이 1인 표준 정규분포로 변환합니다. 표준화는 많은 머신러닝 알고리즘, 특히 경사하강법과 같은 최적화 알고리즘에서 널리 사용되므로 표준화를 통해 정규성을 가지면 가중치를 쉽게 학습할 수 있습니다. 표준화를 할 때는 상·하한의 한계가 없어 이상치가 유지되므로 필요한 경우 별도로 이상치를 제거해야 합니다. 혹은 이상치의 영향을 줄이는 RobustScaler를 사용하기도 합니다. RobustSclaer는 사이킷런 문서를 참고하세요.

참고 링크 : https://scikit-learn.org/stable/modules/generated/sklearn.preprocessing.RobustScaler.html

⌐ 실습 코드

```
# 필요한 패키지 불러오기
from sklearn.preprocessing import StandardScaler

# 표준화를 적용하기 위해 standardScaler 생성하기
standardScaler = StandardScaler()

# 수치형 칼럼에 표준화 적용하기
train_data[num_cols] = standardScaler.fit_transform(train_data[num_cols])

# 수치형 칼럼에 표준화 적용하기 - train_data와 동일하게 적용하기 위해 fit 없이 transform만 적용
test_data[num_cols]=standardScaler.transform(test_data[num_cols])

# 표준화 결과 확인하기
train_data[num_cols].describe()
```

⌐ 실행 결과

	bidet_cnt	w_disp_cnt	3m_avg_bill_amt	3m_bidet_avg_amt	3m_w_disp_avg_amt	voc_cnt_가입	voc_cnt_변경/조회	voc_cnt_업무협조	voc_cnt_이용
count	5.500000e+04	5.500000e+04	5.500000e+04	5.500000e+04	5.500000e+04	5.500000e+04	5.500000e+04	5.500000e+04	5.500000e+04
mean	-2.712981e-18	-5.083610e-17	2.234980e-17	-2.842171e-18	-4.844610e-18	-1.446923e-17	7.893484e-17	3.035955e-18	3.501038e-17
std	1.000009e+00	1.000009e+00	1.000009e+00	1.000009e+00	1.000009e+00	1.000009e+00	1.000009e+00	1.000009e+00	1.000009e+00
min	-3.906204e-02	-6.483763e-01	-3.565643e-01	-8.977446e-01	-1.049899e+00	-3.548972e-01	-3.884408e-01	-3.752426e-01	-3.110110e-01
25%	-2.401956e-02	-6.483763e-01	-2.134368e-01	-6.026667e-01	-1.049899e+00	-3.548972e-01	-3.884408e-01	-3.752426e-01	-3.110110e-01
50%	-2.401956e-02	2.310707e-01	-1.084393e-01	-8.702069e-02	-2.262107e-02	-3.548972e-01	-3.884408e-01	-3.752426e-01	-3.110110e-01
75%	-8.977078e-03	2.310707e-01	5.265599e-02	3.555961e-01	1.585976e-02	-3.548972e-01	-3.884408e-01	-3.752426e-01	-3.110110e-01
max	7.633160e+01	1.092825e+02	2.122352e+02	7.978902e+01	1.531834e+02	1.603414e+01	1.063694e+02	1.147525e+02	3.478769e+01

8 rows × 22 columns

표준편차가 1이고 평균은 0에 수렴하는 값으로 변경되었습니다(딱 0이 되지는 않습니다).

2) 정규화하기

보통 정규화(Normalization)라고 하면 Min-Max 정규화 방법을 의미합니다. Min-Max 정규화는 최댓값/최솟값을 제한하고자 할 때 사용하며 최솟값을 0, 최댓값을 1에 맞추고 나머지 값은 0~1 사이에 분포하게 만듭니다.

⌐ **실습 코드**

```python
# 필요한 패키지 불러오기
from sklearn.preprocessing import MinMaxScaler

# 표준화를 적용하기 위해 minMaxScaler 생성하기
minMaxScaler = MinMaxScaler()

# 수치형 칼럼에 정규화 적용하기
train_data[num_cols] = minMaxScaler.fit_transform(train_data[num_cols])

# 수치형 칼럼에 정규화 적용하기 - train_data와 동일하게 적용하기 위해 fit 없이 transform만 적용
test_data[num_cols]=minMaxScaler.transform(test_data[num_cols])

# 정규화 결과 확인하기
train_data[num_cols].describe()
```

⌐ **실행 결과**

	bidet_cnt	w_disp_cnt	3m_avg_bill_amt	3m_bidet_avg_amt	3m_w_disp_avg_amt	voc_cnt_가입	voc_cnt_변경/조회	voc_cnt_업무 협조	voc_cnt_이용	voc_
count	55000.000000	55000.000000	55000.000000	55000.000000	55000.000000	55000.000000	55000.000000	55000.000000	55000.000000	5500
mean	0.000511	0.005898	0.001677	0.011126	0.000685	0.021655	0.003639	0.003259	0.008861	
std	0.013094	0.009097	0.004704	0.012394	0.006524	0.061017	0.009367	0.008686	0.028491	
min	0.000000	0.000000	0.000000	0.000000	0.000000	0.000000	0.000000	0.000000	0.000000	
25%	0.000197	0.000000	0.000673	0.003657	0.000000	0.000000	0.000000	0.000000	0.000000	
50%	0.000197	0.008000	0.001167	0.010048	0.000537	0.000000	0.000000	0.000000	0.000000	
75%	0.000394	0.008000	0.001925	0.015533	0.000788	0.000000	0.000000	0.000000	0.000000	
max	1.000000	1.000000	1.000000	1.000000	1.000000	1.000000	1.000000	1.000000	1.000000	

8 rows × 22 columns

> (→) **실무 활용**
>
> - 표준화와 정규화라는 용어는 분야마다 조금씩 다르게 사용되어 모호성이 있습니다.
> - 표준화도 정규화의 방법이며, Z-score Normalization이라고도 합니다.
> - Min-Max Normalization도 정규화의 방법 중 하나이지만, 보통 정규화라고 하면 Min-Max Normalization을 의미합니다.
> - 정규화와 표준화 중 어떤 것을 선택할지는 데이터의 특성에 따라 다릅니다. 정규화는 데이터의 범위를 제한해야 하는 경우에 주로 사용하고, 표준화는 데이터가 정규분포를 따를 때 사용하면 좋습니다.

2 레이블 인코딩하기

레이블 인코딩(Label Encoding)은 범주형 데이터를 컴퓨터가 이해할 수 있도록 정수로 변경해 주는 작업입니다. 사이킷런의 LabelEncoder 객체를 사용하면 간단하게 변경할 수 있습니다.

레이블 인코딩을 할 때 주의할 점은 훈련 데이터세트와 시험 데이터세트의 범주에 차이가 있다는 것입니다. 따라서 훈련 데이터세트에 적합(fit)하고 시험 데이터세트를 변환할 때 훈련 데이터세트에 없는 범주가 시험 데이터세트에 들어오면 오류가 발생하지 않도록 예외 처리가 필요합니다.

└ 실습 코드

```
# 레이블 인코딩 대상 칼럼 찾기
le_columns= train_data.select_dtypes('O').columns
le_columns
```

└ 실행 결과

```
Index(['status', 'sex_cd', 'w_disp_yn', 'bidet_yn', 'comb_prod_yn',
       'bidet_comb_yn', 'w_disp_comb_yn', 'npay_yn'],
      dtype='object')
```

└ 실습 코드

```
from sklearn.preprocessing import LabelEncoder

# LabelEncoder를 객체로 생성한 후, fit( )과 transform( )으로 레이블 인코딩 수행하기
le = LabelEncoder()

for column in le_columns:
    le.fit(train_data[column])
    train_data[column]=le.transform(train_data[column])

    # train_data에 없는 label이 test_data에 있을 수 있으므로 아래 코드가 필요하며, test_data는
      fit 없이 transform만 해야 함
    for label in np.unique(test_data[column]):
        if label not in le.classes_: # unseen label 데이터인 경우( )
            le.classes_ = np.append(le.classes_, label) # 미처리 시 ValueError 발생
    test_data[column]=le.transform(test_data[column])

# 변환값 확인하기 : N이 0, Y가 1로 변경됨
le.classes_
```

AI 작업 환경

데이터 획득

데이터 구조

기초 데이터

데이터 이해

데이터 전처리

AI 모델링 개념

지도학습

비지도학습

모델 성능 향상

AI 사례 실습

⌐ 실행 결과

```
array(['N', 'Y'], dtype=object)
```

⌐ 실습 코드

```
train_data.head()
```

⌐ 실행 결과

	status	bidet_cnt	w_disp_cnt	sex_cd	w_disp_yn	bidet_yn	comb_prod_yn	bidet_comb_yn	w_disp_comb_yn	npay_yn	...	day_cnt_변경/조회	day_cnt_업무협조	day_cnt_이용
0	1	0.000197	0.000	0	1	1	1	1	1	1	...	0.0	0.0000	0.0
1	0	0.000394	0.000	1	0	1	0	0	0	0	...	0.0	0.0000	0.0
2	0	0.000197	0.008	1	1	0	1	1	1	0	...	0.0	0.0625	0.0
3	1	0.000788	0.008	0	1	1	1	1	1	1	...	0.0	0.0000	0.0
4	0	0.000197	0.008	0	1	1	1	1	1	0	...	0.0	0.0000	0.0

5 rows × 30 columns

status Y가 1로, N이 0으로 인코딩되었습니다.

그런데 우리가 찾고자 하는 것은 렌탈 서비스 유지 가입자가 아니라 해지할 가입자입니다. 따라서 status 1과 0을 반전시킵니다.

⌐ 실습 코드

```
# 유지를 예측하는 것이 아니라 해지를 예측해야 하므로 값을 반전시키기(0 > 1 , 1 > 0)
train_data['status']=train_data['status'].apply(lambda x:1 if x==0 else 0)
test_data['status']=test_data['status'].apply(lambda x:1 if x==0 else 0)
```

⌐ 실습 코드

```
train_data.head()
```

⌐ 실행 결과

	status	bidet_cnt	w_disp_cnt	sex_cd	w_disp_yn	bidet_yn	comb_prod_yn	bidet_comb_yn	w_disp_comb_yn	npay_yn	...	day_cnt_변경/조회	day_cnt_업무협조	day
0	0	0.000197	0.000	0	1	1	1	1	1	1	...	0.0	0.0000	
1	1	0.000394	0.000	1	0	1	0	0	0	0	...	0.0	0.0000	
2	1	0.000197	0.008	1	1	0	1	1	1	0	...	0.0	0.0625	
3	0	0.000788	0.008	0	1	1	1	1	1	1	...	0.0	0.0000	
4	1	0.000197	0.008	0	1	1	1	1	1	0	...	0.0	0.0000	

5 rows × 30 columns

3 원핫 인코딩하기

레이블 인코딩을 통해 범주를 정수형 데이터로 변경했지만, 사실상 범주형 데이터이므로 정수 그 자체가 아니라 분류가 중요합니다. 그런데 이 칼럼이 숫자로 들어가면 머신러닝에서 숫자의 크고 작음에 대한 특성이 작용하여 예측 성능이 떨어질 수 있습니다. 숫자 자체의 영향을 받지 않도록 0, 1로 이루어진 희소 벡터로 변경하는 것이 원핫 인코딩(OneHot Encoding)입니다. 단, 일부 머신러닝 알고리즘에서는 원핫 인코딩을 알고리즘 내에서 처리하는 경우도 있고, 트리 계열 모델은 숫자 값 자체가 알고리즘에 영향을 주지 않으므로 레이블 인코딩만 해도 무방합니다.

원핫 인코딩의 대상은 레이블 인코딩의 대상에서 찾습니다.

┌ 실습 코드

```
# 레이블 인코딩한 칼럼에 대해 범주를 확인하기
for column in le_columns:
    print(train_data[column].value_counts())
```

┌ 실행 결과

```
0    31806
1    23194
Name: status, dtype: int64
1    28486
0    25178
2     1336
Name: sex_cd, dtype: int64
1    32474
0    22526
Name: w_disp_yn, dtype: int64
1    44657
0    10343
Name: bidet_yn, dtype: int64
1    41462
0    13538
Name: comb_prod_yn, dtype: int64
1    33075
0    21925
Name: bidet_comb_yn, dtype: int64
1    38924
0    16076
```

AI 작업 환경

데이터 획득

데이터 구조

기초 데이터

데이터 이해

데이터 전처리

AI 모델링 개념

지도학습

비지도학습

모델 성능 향상

AI 사례 실습

```
Name: w_disp_comb_yn, dtype: int64
0    44920
1    10080
Name: npay_yn, dtype: int64
```

실행 결과를 보면, sex_cd 외에는 모두 0, 1인 이진(binary) 값이므로 원핫 인코딩이 불필요합니다. 이진 값에 원핫 인코딩을 하면 데이터의 차원만 늘리는 결과가 됩니다. 따라서 1개 변수만 원핫 인코딩을 해줍니다. 사이킷런의 OneHotEncoder 객체를 이용합니다. 판다스의 pd.get_dummies()를 사용할 수도 있는데, 사이킷런 패키지를 사용할 때와 달리 레이블 인코딩 없이 바로 원핫 인코딩을 할 수 있습니다.

┌ **실습 코드**

```
# 원핫 인코딩 대상 칼럼 지정하기
oh_columns=['sex_cd']

# 원핫 인코딩을 위한 패키지 불러오기
from sklearn.preprocessing import OneHotEncoder

# OneHotEncoder를 객체로 생성한 후, fit( )과 transform( )으로 원핫 인코딩 수행하기
enc = OneHotEncoder(sparse=False,drop='if_binary')
train_onehot=enc.fit_transform(train_data[oh_columns])
test_onehot=enc.transform(test_data[oh_columns])

train_onehot
```

┌ **실행 결과**

```
array([[1., 0., 0.],
       [0., 1., 0.],
       [0., 1., 0.],
       ...,
       [1., 0., 0.],
       [0., 1., 0.],
       [0., 1., 0.]])
```

만들어진 희소 벡터는 원래의 데이터에 붙이고 기존 칼럼은 삭제합니다.

```
# pd.concat 함수를 이용하여 train_data에 원핫 인코딩한 데이터를 붙여주고, 기존 칼럼은 삭제하기
train_data_OH=pd.concat([train_data,pd.DataFrame(train_onehot,columns=enc.get_feature_
names(oh_columns))],axis=1)
test_data_OH=pd.concat([test_data,pd.DataFrame(test_onehot,columns=enc.get_feature_
names(oh_columns))],axis=1)

# 만약, sklearn 버전의 차이로 get_feature_names 에러 발생 시 : 위의 코드는 주석 처리하고 아래 2
  줄 주석 해제하고 수행
# train_data_OH=pd.concat([train_data,pd.DataFrame(train_onehot,columns=enc.get_
  feature_names_out(oh_columns))],axis=1)
# test_data_OH=pd.concat([test_data,pd.DataFrame(test_onehot,columns=enc.get_feature_
  names_out(oh_columns))],axis=1)

train_data_OH.drop(oh_columns,axis=1,inplace=True)
test_data_OH.drop(oh_columns,axis=1,inplace=True)

train_data=train_data_OH
test_data=test_data_OH

train_data
```

┌ 실행 결과

bidet_cnt	w_disp_cnt	w_disp_yn	bidet_yn	comb_prod_yn	bidet_comb_yn	w_disp_comb_yn	npay_yn	3m_avg_bill_amt	...	day_cnt_청구 수기 미납	day_cnt_해지	join_period	w_disp_teperd	bidet_teperd	w_disp_erperd	bidet_erperd	sex_cd_0	sex_cd_1	sex_cd_2
0.000197	0.000	1	1	1	1	1	1	0.002176	...	0.142857	0.000000	0.146260	1.0	1.000000	0.373333	0.305556	1.0	0.0	0.0
0.000394	0.000	0	1	0	0	0	0	0.000672	...	0.000000	0.166667	0.293354	1.0	1.000000	1.000000	0.388889	0.0	1.0	0.0
0.000197	0.008	1	0	1	1	1	0	0.000561	...	0.000000	0.000000	0.134231	1.0	1.000000	0.493333	1.000000	1.0	0.0	0.0
0.000788	0.008	1	1	1	1	1	1	0.001271	...	0.000000	0.000000	0.474988	1.0	1.000000	0.973333	0.319444	1.0	0.0	0.0
0.000197	0.008	1	1	1	1	1	0	0.001780	...	0.000000	0.166667	0.207837	1.0	1.000000	0.133333	0.166667	1.0	0.0	0.0
...	...	...	...	...	...	...	...	...	...	...	...	...	...	...	...	...	...	...	...
0.000000	0.008	1	0	1	0	1	1	0.000771	...	0.000000	0.000000	0.650667	1.0	1.000000	0.920000	1.000000	0.0	1.0	0.0
0.000000	0.008	1	0	1	0	1	0	0.000611	...	0.000000	0.166667	0.331467	1.0	0.973684	0.506667	1.000000	1.0	0.0	0.0
0.000788	0.008	0	1	0	0	0	0	0.000494	...	0.000000	0.000000	0.049905	1.0	1.000000	1.000000	0.222222	1.0	0.0	0.0
0.000591	0.008	0	1	0	0	0	0	0.000695	...	0.142857	0.166667	0.045855	1.0	1.000000	1.000000	0.208333	0.0	1.0	0.0
0.000394	0.008	1	1	1	1	1	0	0.002525	...	0.000000	0.166667	0.149476	1.0	1.000000	0.213333	0.388889	0.0	1.0	0.0

2 columns

(→) 실무 활용

- 원핫 인코딩은 범주형 데이터의 범주의 개수만큼 칼럼의 수가 늘어납니다. 따라서 0으로 표현되는 칼럼의 수가 증가하여 데이터가 희소(Sparse)해지는 경향이 있습니다. 이에 따라 학습 데이터에 비해 차원이 커져서 처리 속도 및 성능이 떨어지는 차원의 저주(The curse of dimensionality) 문제가 생길 수 있습니다.
- 원핫 인코딩을 하면, 다중공선성 문제가 발생할 수 있습니다(예를 들어 Y, N 2개 범주인 칼럼에 원핫 인코딩을 적용하여 2개 칼럼으로 나뉘면, 2개 칼럼이 강한 음의 상관관계를 가지게 되어 변수 간에 독립성이 위배됩니다).

4 다중공선성 제거하기

다중공선성은 회귀 분석에서 독립 변수들 간에 강한 상관관계가 나타나는 것을 의미합니다. 이는 회귀 분석의 전제인 변수 간의 독립성을 위배하는 것이므로 해결해야 하는 문제입니다. 독립 변수들 간에 상관관계가 높으면, 각 변수의 설명력이 떨어지는 결과가 나옵니다. 다중공선성은 독립 변수들의 관계에서 나오는 것이므로 종속 변수를 제외하고 계산해야 합니다.

다중공선성을 확인하는 방법은 상관계수가 0.9 이상, z-score가 3.29 이상, VIF 계수 10 이상인 것을 찾는 등 여러 방법이 있습니다. 여기서는 상관계수 0.9 이상이면서 VIF 10 이상인 칼럼 중에 선택하여 삭제합니다.

> **(➔) 실무 활용**
>
> 상관계수를 이용해 다중공선성을 찾는 것은 한계가 있습니다. 3개 이상의 변수들 간에 선형 종속관계가 존재하는 경우에는 상관계수가 높게 나오지 않을 수도 있습니다. 이런 경우에 상관계수는 참조 값으로 사용하고, VIF 계수를 이용하는 것이 좋습니다.

1) 변수 간 상관관계 시각화와 상관계수 0.9 이상 변수 확인하기

상관계수는 seaborn 라이브러리의 heatmap 함수로 시각화할 수 있습니다. 또한 판다스 데이터프레임의 corr 메소드를 사용하면 변수별 상관계수를 확인할 수 있습니다. 먼저 시각화를 진행합니다.

┌ **실습 코드**

```
# 그래프 크게 설정하기
plt.rcParams["figure.figsize"]=(20,20)

# train_data의 상관관계를 히트맵으로 그리기
sns.heatmap(train_data.corr(),annot=True,cmap='RdYlBu_r',vmin=-1, vmax=1)

# 그래프 크기 원래대로 바꾸기
plt.rcParams["figure.figsize"]=(5,5)
```

AI 작업 환경

데이터 획득

데이터 구조

기초 데이터

데이터 이해

데이터 전처리

AI 모델링 개념

지도학습

비지도학습

모델 성능 향상

AI 사례 실습

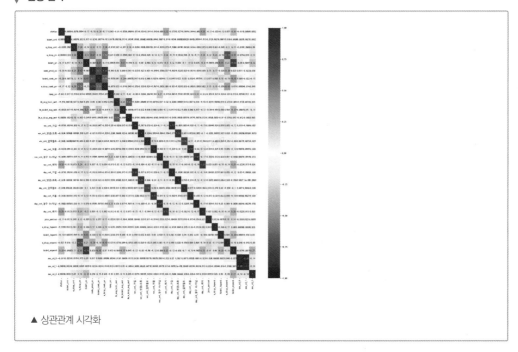

▲ 상관관계 시각화

상관계수가 높은 칼럼이 진한 색상으로 표기된 것이 눈에 띕니다. 상관계수가 0.9 이상인 칼럼을 찾아봅니다.

실습 코드

```
check=[]
mcol_linearity=[]

train_corr=train_data.corr() # 모든 변수의 상관관계 계산하기

# 행, 열 간의 상관관계를 계산하므로 for문 두 번 중첩해서 돌리기
for idx in train_corr.index:

    # 중복 계산에서 제외하기 위해 반복문을 수행할 때 체크리스트에 넣기
    check.append(idx)
    for column in train_corr.columns:

        # train_corr가 대각선 방향으로 대칭이므로 두 번 계산 피하기
        if column not in check:
            if(train_corr.loc[idx,column]>=0.9 and
```

AI 작업 환경

데이터 획득

데이터 구조

기초 데이터

데이터 이해

데이터 전처리

AI 모델링 개념

지도학습

비지도학습

모델 성능 향상

AI 사례 실습

```
train_corr.loc[idx,column]<1) or (train_corr.loc[idx,column]<=-0.9 and
train_corr.loc[idx,column]>-1):
                mcol_linearity.append([idx,column])

mcol_linearity
```

실행 결과

```
[['voc_cnt_가입', 'day_cnt_가입'],
 ['voc_cnt_변경/조회', 'day_cnt_변경/조회'],
 ['voc_cnt_이용', 'day_cnt_이용'],
 ['voc_cnt_청구 수/미납', 'day_cnt_청구 수/미납'],
 ['voc_cnt_해지', 'day_cnt_해지'],
 ['sex_cd_0', 'sex_cd_1']]
```

VOC 발생 건수(voc_cnt_XXX)와 VOC 발생 일자(day_cnt_XXX)가 다중공선성이 높게 나타나는 이유는 대부분의 VOC는 1일 1회로 마무리되기 때문입니다. 또한 'sex_cd_0', 'sex_cd_1'는 원래는 범주형 데이터인데, 원핫 인코딩을 하면서 2개의 변수로 분리되면서 강한 음의 상관관계를 가지므로 다중공선성이 발생합니다. 따라서 원핫 인코딩 후에는 하나의 변수를 drop해 주는 것이 좋습니다.

2) VIF 확인하기

VIF(Variance Inflation Factor, 분산팽창계수)는 각 변수가 이상적인 회귀계수 대비 얼마나 팽창하는지(분산이 큰지) 나타내는 값입니다. 각 독립 변수를 종속 변수, 나머지 독립 변수를 독립 변수로 설정하고 회귀 분석을 수행하여 산출된 결정계수를 기반으로 변수 간의 관계를 측정합니다.

실습 코드

```
# VIF를 확인하기 위한 패키지 불러오기
import statsmodels.api as sm
from statsmodels.stats.outliers_influence import variance_inflation_factor

# VIF 계산 결과를 데이터프레임에 담기
vif = pd.DataFrame()
vif['VIF_Factor'] = [variance_inflation_factor(train_data.values, i) for i in
tqdm(range(train_data.shape[1]))]
vif['Feature'] = train_data.columns
```

```
# VIF 값 순서대로 내림차순 정렬하기
vif = vif.sort_values(by="VIF_Factor", ascending=False).reset_index().
drop(columns='index')
vif
```

실행 결과

	VIF_Factor	Feature
0	80.575735	sex_cd_1
1	71.338545	sex_cd_0
2	30.152586	day_cnt_가입
3	29.990095	voc_cnt_가입
4	19.843187	voc_cnt_이용
5	19.705031	day_cnt_이용
6	17.886209	day_cnt_청구 수/미납
7	17.683989	voc_cnt_청구 수/미납
8	10.156465	day_cnt_해지
9	9.917503	voc_cnt_해지
10	7.493158	comb_prod_yn
11	5.730602	day_cnt_변경/조회
12	5.638164	voc_cnt_변경/조회
13	5.581075	w_disp_comb_yn
14	5.109035	bidet_yn
15	5.015620	sex_cd_2
16	4.311327	bidet_comb_yn
17	4.012812	voc_cnt_업무협조
18	3.932044	day_cnt_업무협조
19	3.769712	bidet_erperd
20	3.445865	w_disp_yn
21	2.618633	w_disp_erperd
22	1.892800	3m_avg_bill_amt
23	1.827251	3m_w_disp_avg_amt
24	1.330660	3m_bidet_avg_amt
25	1.299781	status

26	1.271982	bidet_teperd
27	1.256034	join_period
28	1.152000	w_disp_cnt
29	1.083700	npay_yn
30	1.079720	w_disp_teperd
31	1.001664	bidet_cnt

3) 다중공선성이 발생하는 변수 선택 및 삭제하기

다중공선성이 발생하는 것으로 보이는 변수 중 일부를 제거합니다. 다만, 다중공선성이 발생한다고 해도 변수 하나를 무조건 버려야 하는 것은 아닙니다. 두 변수가 서로 관련 있으나 개별적으로 종속 변수에 영향을 미치는 경우도 있습니다. 또 일괄적으로 삭제하면 데이터의 유실이 커지므로 조심스럽게 접근할 필요가 있습니다.

VIF가 7 이상인 건들 중에서 5개 변수를 삭제하려고 합니다. 보통은 VIF가 10 이상이면 다중공선성이 발생한다고 봅니다. 7이라는 기준에 대해서는 아래에 설명하겠습니다.

우선 상관관계를 표시한 히트맵에서 확인한 대로 원핫 인코딩을 하면서 생성된 가변수 중 하나인 'sex_cd_1'를 삭제 대상으로 선택했습니다. 다음으로 'voc_cnt_가입', 'voc_cnt_이용', 'voc_cnt_청구 수/미납', 'voc_cnt_해지'를 삭제 대상으로 선택했습니다. VOC 발생 일자(day_cnt_XXX)가 아닌 VOC 발생 건수(voc_cnt_XXX)를 삭제 대상으로 선택한 이유는 VOC 발생 건수를 남길 경우 1개의 VOC가 한 번에 해결되지 않고 여러 번 통화로 이어지는 경우가 있어서 결과가 왜곡될 수 있다고 보았기 때문입니다.

VIF가 10 이상인 변수들 다음으로 VIF가 높은 변수는 comb_prod_yn입니다. comb_prod_yn 변수의 다중공선성이 발생하는 이유는 결합 상품 해지 시 상품들이 일괄 해지되는 특성 때문인 것으로 생각됩니다. 하지만 결합하지 않고 단독으로 사용하는 고객도 있으므로 삭제 시 데이터 유실이 클 것으로 보여 제거하지 않았습니다. comb_prod_yn을 제거하지 않았으므로 VIF가 comb_prod_yn보다 작은 변수들은 삭제하지 않기로 결정했습니다.

AI 작업 환경

데이터 확득

데이터 구조

기초 데이터

데이터 이해

데이터 전처리

AI 모델링 개념

지도학습

비지도학습

모델 성능 향상

AI 사례 실습

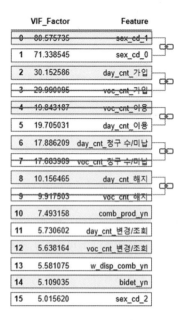

	VIF_Factor	Feature
0	80.575735	sex_cd_1
1	71.338545	sex_cd_0
2	30.152586	day_cnt_가입
3	29.990095	voc_cnt_가입
4	19.843187	voc_cnt_이용
5	19.705031	day_cnt_이용
6	17.886209	day_cnt_청구 수/미납
7	17.683989	voc_cnt_청구 수/미납
8	10.156465	day_cnt_해지
9	9.917503	voc_cnt_해지
10	7.493158	comb_prod_yn
11	5.730602	day_cnt_변경/조회
12	5.638164	voc_cnt_변경/조회
13	5.581075	w_disp_comb_yn
14	5.109035	bidet_yn
15	5.015620	sex_cd_2

삭제할 변수는 del_cols에 넣어서 일괄 삭제합니다.

┌ 실습 코드

```
del_cols=['sex_cd_1','voc_cnt_가입','voc_cnt_이용','voc_cnt_청구 수/미납','voc_cnt_해지']

train_data=train_data.drop(del_cols,axis=1)
test_data=test_data.drop(del_cols,axis=1)

train_data.columns
```

┌ 실행 결과

```
Index(['status',  'bidet_cnt', 'w_disp_cnt', 'w_disp_yn', 'bidet_yn',
      'comb_prod_yn', 'bidet_comb_yn',  'w_disp_comb_yn', 'npay_yn',
      '3m_avg_bill_amt', '3m_bidet_avg_amt',  '3m_w_disp_avg_amt',
      'voc_cnt_변경/조회', 'voc_cnt_업무협조', 'day_cnt_가입', 'day_cnt_변경/조회',
      'day_cnt_업무협조',  'day_cnt_이용', 'day_cnt_청구 수/미납', 'day_cnt_해지',
      'join_period', 'w_disp_teperd',  'bidet_teperd', 'w_disp_erperd',
      'bidet_erperd', 'sex_cd_0',  'sex_cd_2'],
    dtype='object')
```

AI 직업 환경

데이터 획득

데이터 구조

기초 데이터

데이터 이해

데이터 전처리

AI 모델링 개념

지도학습

비지도학습

모델 성능 향상

AI 사례 실습

확인 문제

01 다음 설명 중 틀린 것은 무엇인가요?

① 다중공선성은 회귀 분석에서 독립 변수들 간에 강한 상관관계가 나타나는 것을 의미한다.

② 다중공선성은 회귀 분석의 전제인 변수 간의 독립성을 위배하는 것이다.

③ 3개 이상의 변수들 간에 선형 종속관계가 존재하는 경우에는 상관계수를 보고 다중공선성을 판단하는 것이 좋다.

④ 다중공선성을 확인하는 방법에는 상관계수가 0.9 이상, z-score가 3.29 이상, VIF 계수 10 이상인 것을 찾는 등의 방법이 있다.

> **정답 및 해설**
>
> **01 / ③**
> 3개 이상의 변수들 간에 선형 종속관계가 존재하는 경우에는 상관계수가 높지 않게 나올 수 있으므로 상관계수는 참조 값으로 사용하는 것이 좋습니다.

개념 정리

☑ 데이터 유형에 따라 적절한 방법으로 시각화하여 데이터를 분석할 수 있습니다.

☑ 이상치는 값이 크거나 작다는 이유로 무조건 제거하기보다 이상치의 의미를 먼저 파악해야 합니다.

☑ 표준화와 정규화를 통해 변수를 스케일링해 주어야 스케일 차이로 인한 성능 저하를 막을 수 있습니다.

☑ 레이블 인코딩은 범주형 변수를 컴퓨터가 이해할 수 있는 숫자 형태로 변경하는 것입니다.

☑ 원핫 인코딩을 통해 범주형 변수의 레이블이 숫자 형태인 경우 수치의 크기가 주는 영향도를 제거할 수 있습니다.

☑ 많은 머신러닝 알고리즘이 변수의 독립성을 전제하고 있으므로 다중공선성이 발생하는지 확인하고 제거를 고려해야 합니다.

모델링과 평가하기

전처리가 완료된 데이터로 머신러닝, 딥러닝 기법을 이용해 해지 예상 고객을 예측해 봅니다.

1 데이터 분할하기

머신러닝 학습 과정 중 훈련이 잘되고 있는지를 평가하기 위해 검증용 데이터가 필요한 경우가 있습니다. 검증을 위한 데이터는 학습 데이터의 일부를 분리하기 위해 사이킷런의 train_test_split 함수를 사용합니다.

┌ **실습 코드**

```
# train_test_split 불러오기
from sklearn.model_selection import train_test_split

x_train, x_val, y_train, y_val = train_test_split(train_data.drop('status',1), train_data['status'], random_state=10, stratify=train_data['status'])

x_train.shape, x_val.shape, y_train.shape, y_val.shape
```

┌ **실행 결과**

```
((41250, 26), (13750, 26), (41250,), (13750,))
```

예측 대상으로 주어진 test_data도 label과 feature를 분리합니다.

┌ **실습 코드**

```
# test_data에서 status만 지우면 feature 영역, status는 label 영역이 됨
X_test = test_data.drop('status',axis=1)

Y_test = test_data['status']

X_test.shape, Y_test.shape
```

```
((5000, 26), (5000,))
```

2 모델별 성능 그래프 그리기

여러 개의 모델을 만들어서 비교하기 위해 모델링 결과를 저장하고, 시각화하는 함수를 하나 만들 었습니다. 모델의 성능 지표를 데이터프레임에 담고 선 그래프를 그려주는 함수입니다.

실습 코드

```python
# 성능 지표 계산을 위한 패키지 불러오기
from sklearn.metrics import confusion_matrix, accuracy_score, precision_score, recall_
score, f1_score

result=pd.DataFrame([],columns=['acc', 'recall', 'precision', 'F1-score'])

# 파라미터
# model_name : 모델 이름(str)
# pred : 예측 결과

# actual : 실제값(Y_test)
def result_view(model_name, pred, actual):

    # 정확도
    acc = round(accuracy_score(actual, pred),3)

    # 정밀도
    precision = round(precision_score(actual, pred),3)

    # 재현율
    recall = round(recall_score(actual, pred),3)

    # F1 Score
    F1 = round(f1_score(actual, pred),3)

    result.loc[model_name]=(acc,recall,precision,F1)
```

```
    result.sort_values(by='acc',inplace=True,ascending=False)

    print(result)
    plt.figure(figsize=(8, 5))
    for idx in result.index:
        x_values = result.columns  # x축 지점의 값들
        y_values = result.loc[idx]  # y축 지점의 값들
        plt.plot(x_values, y_values)  # 선 그래프를 그리기
        plt.annotate(text=round(result.loc[idx,'acc'],3), xy=(0,result.loc[idx,'
        acc']),xytext=(0,result.loc[idx,'acc']),ha='center',fontsize=14)
        plt.annotate(text=round(result.loc[idx,'recall'],3), xy=(1,result.loc[idx,
        'recall']),xytext=(1,result.loc[idx,'recall']),ha='center',fontsize=14)
        plt.annotate(text=round(result.loc[idx,'precision'],3), xy=(2,result.loc[idx,
        'precision']),xytext=(2,result.loc[idx,'precision']),ha='center',fontsize=14,)
        plt.annotate(text=round(result.loc[idx,'F1-score'],3), xy=(3,result.loc[idx,
        'F1-score']),xytext=(3,result.loc[idx,'F1-score']),ha='center',fontsize=14)

    plt.legend(result.index, loc=4)  # 범례의 위치

    plt.show()
```

3 모델 생성하기

머신러닝이든 딥러닝이든 기본적으로 다음의 순서로 모델링을 수행합니다.

> **Step 1.** 라이브러리 불러오기
> **Step 2.** 모델 생성
> **Step 3.** 모델 학습
> **Step 4.** 결과 검증

이 순서에 따라 여러 가지 알고리즘의 모델링을 진행합니다.

1) 로지스틱 회귀

로지스틱 회귀(Logistic Regression)는 로지스틱(시그모이드) 함수를 회귀식으로 사용하기 때문에 로지스틱 회귀라고 불립니다. 이름에 회귀가 들어가기는 하지만 회귀보다는 분류 모델에 사용합니다. 다음은 선형 회귀와 로지스틱 회귀의 차이를 보여줍니다.

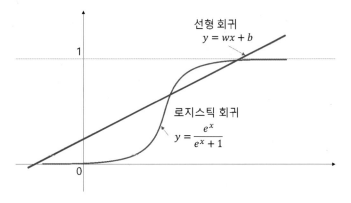

선형 회귀
$y = wx + b$

1

로지스틱 회귀
$y = \dfrac{e^x}{e^x + 1}$

0

▲ 선형 회귀와 로지스틱 회귀의 차이

모델 생성 시 사용하는 주요 파라미터는 다음과 같습니다.

┤ 하이퍼파라미터 ├

- penalty : 규제의 종류 {'l1', 'l2', 'elasticnet', 'none'}, default='l2'
- max_iter : 최대 반복 횟수
- l1_ratio: penalty를 elasticnet을 선택했을 때, l1 규제의 강도
- C : 규제의 강도(값이 작을수록 강한 규제)

참고 링크 : https://scikit-learn.org/stable/modules/generated/sklearn.linear_model.LogisticRegression.html

⌐ 실습 코드

[Step 1. 라이브러리 불러오기]

```
# 사이킷런의 LogisticRegression 불러오기
from sklearn.linear_model import LogisticRegression
```

[Step 2. 모델 생성하기]

```
# 모델을 생성하고, 파라미터를 설정하기
model_lr = LogisticRegression(random_state=21)
```

AI 작업 환경
데이터 획득
데이터 구조
기초 데이터
데이터 이해
데이터 전처리
AI 모델링 개념
지도학습
비지도학습
모델 성능 향상
AI 사례 실습

[Step 3. 모델 학습하기]

```
# 모델 학습하기
model_lr.fit(x_train,y_train)
```

[Step 4. 결과 검증하기]

```
# 결과 예측하기
pred_lr=model_lr.predict(X_test)
result_view('Logistic Regression',pred_lr,Y_test)
```

⌐ **실행 결과**

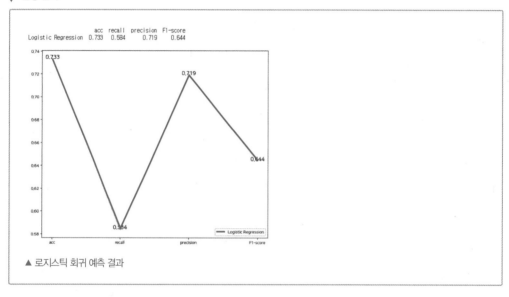

▲ 로지스틱 회귀 예측 결과

정확도와 정밀도가 나쁘지 않지만 재현율이 낮게 나왔습니다.

2) KNN

KNN(K-Nearest Neighbors)은 학습 데이터를 좌표 평면에 표현한 후 분류하고자 하는 데이터의 주변으로 가상의 원을 확장해 나가다 발견되는 첫 번째 데이터의 그룹으로 분류하는 방법입니다. K의 의미는 가상의 원에 들어가는 K개의 데이터를 찾고, 그중에 가장 많은 데이터가 속한 그룹으로 분류한다는 뜻입니다. 다음 그림에서 K=3일 때 별은 빨간 네모 그룹이 되고, K=7일 때 파란 동그라미 그룹이 됩니다.

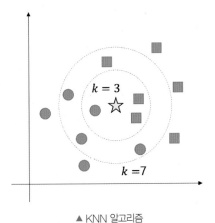

▲ KNN 알고리즘

┤ 하이퍼파라미터 ├

- n_neighbors : k값에 해당
- metric : 거리 측정 방식이며, 기본적으로 minkowski이고, 'euclidan', 'manhattan' 등의 방법을 사용

참고 링크 : https://scikit-learn.org/stable/modules/generated/sklearn.neighbors.KNeighbors Classifier.html

┌ 실습 코드

[Step 1. 라이브러리 불러오기]

```
# 사이킷런에서 KNeighborsClassifier 불러오기
from sklearn.neighbors import KNeighborsClassifier
```

[Step 2. 모델 생성하기]

```
# 모델을 생성하고, 파라미터를 설정하기
model_knn= KNeighborsClassifier()
```

[Step 3. 모델 학습하기]

```
# 모델 학습하기
model_knn.fit(x_train,y_train)
```

AI 작업 환경

데이터 획득

데이터 구조

기초 데이터

데이터 이해

데이터 전처리

AI 모델링 개념

지도학습

비지도학습

모델 성능 향상

AI 사례 실습

[Step 4. 결과 검증하기]

```
# 결과 예측하기
pred_knn=model_knn.predict(X_test)
result_view('KNN',pred_knn,Y_test)
```

⌐ **실행 결과**

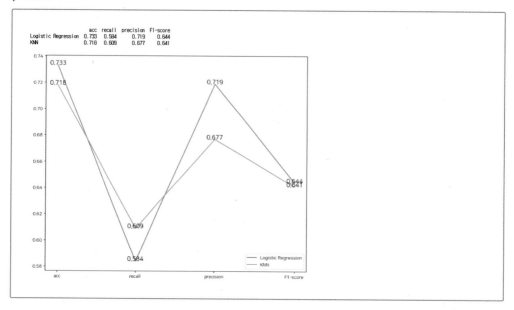

KNN은 Logistic Regression과 비교해서 전반적으로 낮은 성능이 나왔습니다. KNN은 적절한 K 값과 거리 측정 지표를 선택해야 합니다. KNN은 고차원 데이터에서 과대적합되기 쉽다는 단점이 있습니다. KNN의 과대적합을 피하기 위해 변수를 제한하여 선택하고, 차원 축소를 이용하는 것이 좋습니다.

3) SVM

SVM(Support Vector Machine)은 2000년대 초반까지 머신러닝 분야의 핵심 알고리즘이었는데, 좋은 성능의 알고리즘이 많이 등장하면서 인기가 시들해졌습니다. SVM은 분류 모델에서 클래스를 구분하는 결정 경계와 이 평면에서 가장 가까운 훈련 샘플 사이의 거리(마진)를 크게 하는 직선을 찾는 것이 원리입니다. 마진이 커야 새로운 샘플이 들어왔을 때 기존에 그어진 결정 경계 안에 들어갈 가능성이 높습니다.

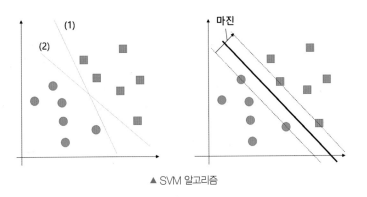

▲ SVM 알고리즘

┤ 하이퍼파라미터 ├

• C : 규제의 강도(값이 작을수록 강한 규제)

• Kernel : SVM으로 비선형 문제를 풀기 위해서는 고차원 벡터로 변경해야 하는데, 이때 수학적 기법을 통해 좀 더 쉽게 고차원 모델을 만들 수 있습니다. 이 수학적 기법을 커널이라고 합니다. 'linear', 'poly', 'rbf', 'sigmoid', 'precomputed' 등의 방법을 사용할 수 있습니다.

• Gamma : 커널을 튜닝하는 값

⌐ 실습 코드

[Step 1. 라이브러리 불러오기]

```
# sklearn에서 SVC 불러오기
from sklearn.svm import SVC
```

[Step 2. 모델 생성하기]

```
# 모델을 생성하고, 파라미터 설정하기
model_svm= SVC(random_state=21)
```

[Step 3. 모델 학습하기]

```
# 모델 학습하기
model_svm.fit(x_train,y_train)
```

[Step 4. 결과 검증하기]

```
# 결과 예측하기
pred_svm=model_svm.predict(X_test)
result_view('Support Vector Machine',pred_svm,Y_test)
```

AI 작업 환경

데이터 획득

데이터 구조

기초 데이터

데이터 이해

데이터 전처리

AI 모델링 개념

지도학습

비지도학습

모델 성능 향상

AI 사례 실습

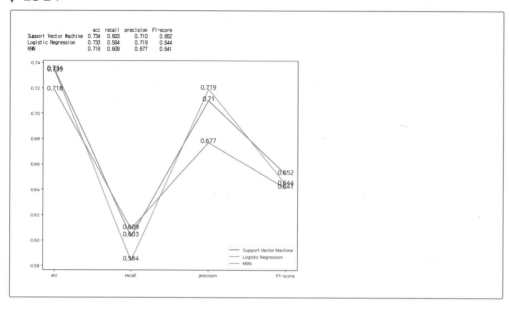

```
                    acc   recall  precision  F1-score
Support Vector Machine  0.734  0.603  0.710      0.652
Logistic Regression     0.733  0.584  0.719      0.544
KNN                     0.718  0.609  0.677      0.641
```

SUM의 성능은 로지스틱 회귀 모델의 성능과 비슷한 수준으로, 대량의 데이터에서는 느리고 성능이 좋지 않은 경향이 있습니다. 전처리와 매개변수의 영향을 많이 받는다는 점을 고려하여 설정해야 합니다.

4) 의사결정나무

의사결정나무(Decision Tree)는 의사결정 규칙과 그 결과들을 트리 구조로 도식화한 예측 모델입니다. 마치 스무고개처럼 입력값에 따라 트리 형태로 분류해 갑니다.

┤ 하이퍼파라미터 ├

- min_samples_split : 내부 노드를 분할하는 데 필요한 최소 샘플 수(작을수록 과대적합 가능성이 큼)
- min_samples_leaf : 리프 노드의 최소 샘플 수(작을수록 과대적합 가능성이 큼)
- max_features : 최상의 분할을 찾을 때 고려할 기능의 수
- max_depth : 트리의 최대 깊이
- max_leaf_nodes : 리프 노드의 개수

▼ 실습 코드

[Step 1. 라이브러리 불러오기]

```
# 사이킷런의 DecisionTreeClassifier 불러오기
from sklearn.tree import DecisionTreeClassifier
```

AI 작업 환경

데이터 획득

데이터 구조

기초 데이터

데이터 이해

데이터 전처리

AI 모델링 개념

지도학습

비지도학습

모델 성능 향상

AI 사례 실습

[Step 2. 모델 생성하기]

```
# 모델 생성하고, 파라미터 설정하기
model_dt = DecisionTreeClassifier(min_samples_split=2,
                                  min_samples_leaf=1,
                                  max_features=None,
                                  max_depth=5,
                                  max_leaf_nodes=None,
                                  random_state=21
                                  )
```

[Step 3. 모델 학습하기]

```
# 모델 학습하기
model_dt.fit(x_train,y_train)
```

[Step 4. 결과 검증하기]

```
# 결과 예측하기
pred_dt=model_dt.predict(X_test)
result_view('Decision Tree',pred_dt,Y_test)
```

⌐ 실행 결과

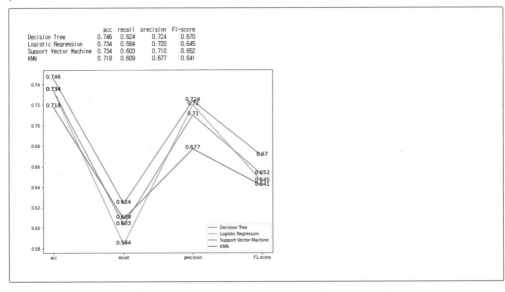

앞서 훈련한 모든 모델과 비교해 봤을 때 성능 지표가 가장 높은 모델이 나왔습니다. 의사결정나무
는 과대적합이 쉽게 발생하는 대신 직관적인 모델로 설명력이 높은 장점이 있습니다.

5) 랜덤 포레스트

랜덤 포레스트(Random Forest)는 의사결정나무 기반의 앙상블 알고리즘입니다. 데이터의 일부를 복원 추출하여 여러 개의 의사결정나무들을 학습하고, 해당 모델들의 결과를 집계하여 결과를 도출합니다. 빠른 속도와 준수한 성능으로 사랑받는 알고리즘입니다.

---| 하이퍼파라미터 |---

- n_estimators : 의사결정나무의 수(배깅에 들어가는 트리의 수)
- min_samples_split : 내부 노드를 분할하는 데 필요한 최소 샘플 수(작을수록 과대적합 가능성이 큼)
- min_samples_leaf : 리프 노드의 최소 샘플 수(작을수록 과대적합 가능성이 큼)
- max_features : 최상의 분할을 찾을 때 고려할 기능의 수
- max_depth : 트리의 최대 깊이
- max_leaf_nodes : 리프 노드의 개수

┌ 실습 코드

[Step 1. 라이브러리 불러오기]

```
# 사이킷런에서 RandomForestClassifier 불러오기
from sklearn.ensemble import RandomForestClassifier
```

[Step 2. 모델 생성하기]

```
# 모델 생성하고 파라미터 설정하기

model_rf= RandomForestClassifier(n_jobs=-1,n_estimators=100,
                                 min_samples_split=2,
                                 min_samples_leaf=1,
                                 max_features='auto',
                                 max_depth=None,
                                 max_leaf_nodes=None,
                                 random_state=21)
```

[Step 3. 모델 학습하기]

```
# 모델 학습하기
model_rf.fit(x_train,y_train)
```

AI 작업 환경

데이터 획득

데이터 구조

기초 데이터

데이터 이해

데이터 전처리

AI 모델링 개념

지도학습

비지도학습

모델 성능 향상

AI 사례 실습

[Step 4. 결과 검증하기]

```
# 결과 예측하기
pred_rf=model_rf.predict(X_test)
result_view('Random Forest',pred_rf,Y_test)
```

┌ 실행 결과

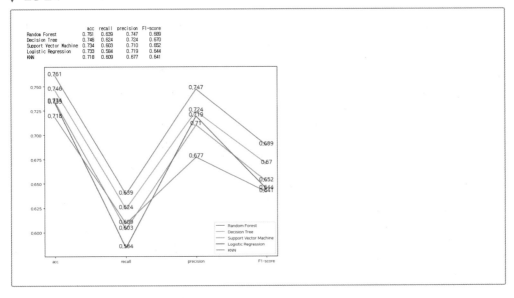

모든 성능 지표에서 단일 알고리즘을 사용하는 모델에 비해 상당히 향상된 결과를 보여줍니다. 앙상블이 성능에 큰 영향을 미치는 것을 알 수 있습니다.

6) XGBoost

XGBoost은 여러 가지 앙상블 기법 중 부스팅을 사용하는 방법입니다. 랜덤 포레스트처럼 약한 학습기(Decision Tree)를 여러 개 사용하는 것은 비슷하지만, 여러 번 학습이 될 때 잘못 예측된 데이터에 가중치를 부여하여 학습시키는 방식입니다.

XGBoost도 사이킷런에서 제공되는 다른 모델처럼 동일하게 학습 가능합니다. 단, XGBoost은 사이킷런 래퍼(Wrapper)와 파이썬 래퍼 사용법이 다르고, 하이퍼파라미터도 차이가 있으니 주의가 필요합니다. 여기서는 사이킷런 래퍼 기준으로 실습을 진행합니다.

┤ Booster hyperparameter – 모델 생성 시 입력하는 하이퍼파라미터 ├

- learing_rate : 학습률이라고 하며, 숫자가 클수록 과대적합될 가능성이 높은 대신 커지면 모델의 크기가 작고 학습이 빨라짐

- n_estimators : 학습에 사용되는 트리(weak learner)의 개수로, 많을수록 성능이 좋아지지만 수행 시간이 오래 걸림

- gamma : 트리에서 분할할 때 손실되는 정도이며, 값이 크면 과대적합이 줄어듦

- max_depth : 트리의 최대 깊이로, 값이 작으면 과적합이 줄어듦

- subsample : 각 학습마다 사용되는 데이터 샘플 비율이며, 과대적합 방지용

- min_child_weight : 내부 노드를 분할하는 데 필요한 최소 샘플 수(작을수록 과대적합 가능성이 큼)

- scale_pos_weight : 데이터에 불균형이 있을 때 가중치를 조정하는 파라미터

┤ Learning task hyperparameter – 학습 시 사용되는 하이퍼파라미터 ├

- eval_metric : 검증에 사용하는 평가지표로, rmse, mase, error, merror, logloss, auc 등이 있음

- early_stopping_rounds : 평가지표가 개선되지 않으면 종료하는 조건

XGBoost는 검증 데이터를 이용해서 조기 종료가 가능합니다.

⌐ 실습 코드

[Step 1. 라이브러리 불러오기]

```
# xgboost 불러오기
import xgboost as xgb
```

[Step 2. 모델 생성하기]

```
# 모델 생성하고, 파라미터(*학습 파라미터는 별도 설정) 설정하기
model_xgb = xgb.XGBClassifier(learning_rate=0.1, n_jobs=-1, n_estimators=500, random_
state=21)
```

[Step 3. 모델 학습하기]

```
# 모델 학습하기
Start=time.time
eval_set = [(x_val, y_val)]
```

```
# loglos가 10회 개선되지 않으면 중단하도록 early stopping 설정하기
model_xgb.fit(x_train, y_train, early_stopping_rounds=10, eval_metric="logloss", eval_
set=eval_set, verbose=True)


(time.time()-start)/60
```

⌐ 실행 결과

```
[0]  validation_0-logloss:0.668986
Will train until validation_0-logloss hasn't improved in 10 rounds.
[0]  validation_0-logloss:0.668986
Will train until validation_0-logloss hasn't improved in 10 rounds.
[1]  validation_0-logloss:0.649292
[2]  validation_0-logloss:0.632677
…
[150]    validation_0-logloss:0.48389
[151]    validation_0-logloss:0.48391
[152]    validation_0-logloss:0.48394
[153]    validation_0-logloss:0.48387




0.06639292240142822
```

153회 만에 학습이 조기 종료되었습니다.

⌐ 실습 코드

[Step 4. 결과 검증하기]

```
# 결과 예측하기
pred_xgb=model_xgb.predict(X_test)
result_view('XGBoost',pred_xgb,Y_test)
```

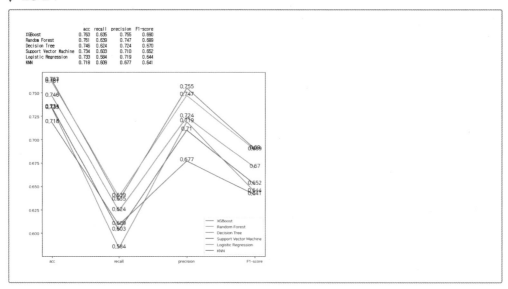

	acc	recall	precision	F1-score
XGBoost	0.763	0.635	0.755	0.690
Random Forest	0.761	0.639	0.747	0.669
Decision Tree	0.746	0.624	0.724	0.670
Support Vector Machine	0.734	0.503	0.710	0.652
Logistic Regression	0.733	0.584	0.719	0.644
KNN	0.718	0.609	0.677	0.641

XGBoost는 랜덤 포레스트와 비슷한 수준입니다.

7) CatBoost

CatBoost는 XGBoost와 마찬가지로 부스팅 알고리즘을 사용합니다. CatBoost는 트리를 대칭적으로 구성하여 빠른 속도를 내는 것이 다른 부스팅 알고리즘과 차이점입니다. 또한 내부 알고리즘에서 과대적합을 줄이도록 보완하고 있어서 하이퍼파라미터 튜닝에 민감하지 않습니다. 범주형 변수가 많은 분류 문제에서 좋은 성능을 보여주고, 수치형 변수가 많으면 성능이 낮아지는 것으로 알려져 있습니다. CatBoost도 Pool 함수로 데이터세트를 따로 지정해 주어야 합니다.

┌ 실습 코드

[Step 1. 라이브러리 불러오기]

```
# CatBoost 불러오기
import time
start=time.time()

from catboost import CatBoostClassifier, Pool
```

[Step 2. 모델 생성하기]

```
# 모델 생성하고 파라미터 설정하기
cat = CatBoostClassifier(learning_rate=0.03, iterations=2000,random_state=21)
```

[Step 3. 모델 학습하기]

```
start = time.time()

# 모델 학습하기
# Pool 함수로 데이터세트를 지정하기. 반드시 label을 지정해 주어야 함
train_dataset = Pool(data=x_train, label=y_train) # feature와 label 지정하기
eval_dataset = Pool(data=x_val, label=y_val) # feature와 label 지정하기

cat.fit(train_dataset, eval_set=eval_dataset,early_stopping_rounds=30)
(time.time()-start)/60
```

실행 결과

```
0:  learn: 0.6825266  test: 0.6824197  best: 0.6824197 (0)  total: 10.7ms remaining: 21.4s
1:  learn: 0.6730971  test: 0.6728398  best: 0.6728398 (1)  total: 20ms    remaining: 19.9s
2:  learn: 0.6649256  test: 0.6645339  best: 0.6645339 (2)  total: 29.3ms remaining: 19.5s



…
…
951:              learn: 0.4540333test: 0.4838990      best: 0.4838424 (923)  total:
8.61s             remaining: 9.47s
952:              learn: 0.4539819test: 0.4838786      best: 0.4838424 (923)  total:
8.61s             remaining: 9.46s
953:              learn: 0.4539283test: 0.4838869      best: 0.4838424 (923)  total:
8.62s             remaining: 9.46s
Stopped by overfitting detector  (30 iterations wait)
bestTest = 0.4838424084
bestIteration = 923

Shrink model to first 924 iterations.
0.1478753924369812
```

조기 종료로 923차에 중단되었습니다.

실습 코드

[Step 4. 결과 검증하기]

```
# 결과 예측하기
pred_cat = cat.predict(X_test)
result_view('Cat Boost',pred_cat,Y_test)
```

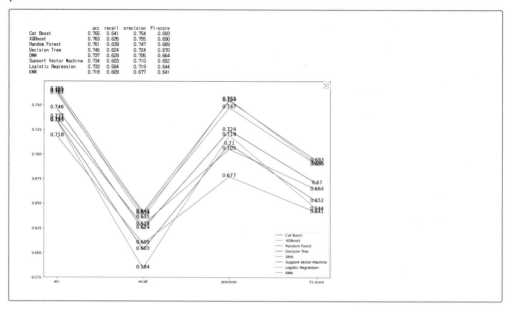

	acc	recall	precision	F1-score
Cat Boost	0.765	0.641	0.754	0.693
XGBoost	0.763	0.635	0.755	0.690
Random Forest	0.761	0.639	0.747	0.689
Decision Tree	0.746	0.624	0.724	0.670
DNN	0.737	0.628	0.705	0.664
Support Vector Machine	0.734	0.603	0.710	0.652
Logistic Regression	0.733	0.584	0.719	0.644
KNN	0.718	0.609	0.677	0.641

큰 차이는 없지만 별다른 튜닝 없이도 가장 좋은 성능을 보여주고 있습니다. 빠른 속도와 괜찮은 성능 때문에 기본적인 모델로 CatBoost를 주로 사용하고 있습니다.

8) DNN(Deep Neural Network)

마지막으로 기본적인 딥러닝 모델을 만들어 봅니다. Dropout을 주어서 과대적합을 피하도록 설정합니다.

실습 코드

[Step 1. 라이브러리 불러오기]

```
# DNN 라이브러리 불러오기
import tensorflow as tf
from tensorflow.keras.models import Sequential
from tensorflow.keras.layers import Dense, Dropout
import random

# 모델 시드 고정하기
random.seed(10)
np.random.seed(10)
tf.random.set_seed(10)
```

[Step 2. 모델 생성하기]

```
x_train.shape, y_train.shape  # features 개수 확인하기
```

실행 결과

```
((41250, 26) , (41250,))
```

실습 코드

```
# 모델 구성하기
initializer = tf.keras.initializers.GlorotUniform(seed=42) # 모델 시드 고정하기
dnn = Sequential()
dnn.add(Dense(8, activation='relu', input_shape=(10,) ,kernel_initializer=initializer))
dnn.add(Dropout(0.2))
dnn.add(Dense(2, activation='relu'))
dnn.add(Dropout(0.2))
dnn.add(Dense(1, activation='sigmoid'))

# 모델 확인하기
dnn.summary()
```

실행 결과

```
Model: "sequential"
_____
Layer (type)                 Output Shape              Param #
=================================================================
dense_25 (Dense)             (None, 8)                 216
_____
dropout_18 (Dropout)         (None, 8)                 0
_____
dense_26 (Dense)             (None, 2)                 18
_____
dropout_19 (Dropout)         (None, 2)                 0
_____
dense_27 (Dense)             (None, 1)                 3
=================================================================
Total params: 237
Trainable params: 237
Non-trainable params: 0
_____
```

⌐ 실습 코드

```
# 모델 컴파일 – 이진 분류모델
dnn.compile(optimizer='adam',
            loss='binary_crossentropy',
            metrics=['accuracy'])
```

[Step 3. 모델 학습하기]

```
# Callback : 조기 종료, 모델 저장하기
from tensorflow.keras.callbacks import EarlyStopping, ModelCheckpoint

# val_loss 모니터링해서 성능이 5번 지나도록 좋아지지 않으면 조기 종료하기
early_stop = EarlyStopping(monitor='val_loss', mode='min',
                           verbose=1, patience=5)

# val_loss 가장 낮은 값을 가질 때마다 모델 저장하기
check_point = ModelCheckpoint('best_model.h5', verbose=1,
                              monitor='val_loss', mode='min', save_best_only=True)

# 모델 학습하기
history = dnn.fit(x=x_train, y=y_train,
          epochs=50 , batch_size=20,
          validation_data=(x_val, y_val), verbose=1,
          callbacks=[early_stop, check_point])
```

⌐ 실행 결과

```
Epoch 1/50
2038/2063 [===========================>.] - ETA: 0s - loss: 0.6531 - accuracy: 0.6349
Epoch 1: val_loss improved from inf to 0.60126, saving model to best_model.h5
2063/2063 [============================] - 4s 2ms/step - loss: 0.6528 - accuracy: 0.6353 -
val_loss: 0.6013 - val_accuracy: 0.7125
Epoch 2/50
2026/2063 [===========================>.] - ETA: 0s - loss: 0.6040 - accuracy: 0.6866
Epoch 2: val_loss improved from 0.60126 to 0.56892, saving model to best_model.h5
...
Epoch 21/50
2052/2063 [===========================>.] - ETA: 0s - loss: 0.5881 - accuracy: 0.6986
Epoch 21: val_loss did not improve from 0.55217
2063/2063 [============================] - 3s 2ms/step - loss: 0.5881 - accuracy: 0.6987 -
```

AI 작업 환경

데이터 획득

데이터 구조

기초 데이터

데이터 이해

데이터 전처리

AI 모델링 개념

지도학습

비지도학습

모델 성능 향상

AI 사례 실습

```
val_loss: 0.5596 - val_accuracy: 0.7227
Epoch 22/50
2033/2063 [===========================>.] - ETA: 0s - loss: 0.5884 - accuracy: 0.6976
Epoch 22: val_loss did not improve from 0.55217
2063/2063 [============================] - 3s 2ms/step - loss: 0.5886 - accuracy: 0.6976 -
val_loss: 0.5547 - val_accuracy: 0.7350
Epoch 22: early stopping
```

┌ 실습 코드

[Step 4. 결과 검증하기]

```
# 결과 예측하기
pred_dnn=(dnn.predict(X_test) > 0.5).astype("int32")
pred_dnn=pred_dnn.reshape(1,-1)[0]
result_view('DNN',pred_dnn,Y_test)
```

┌ 실행 결과

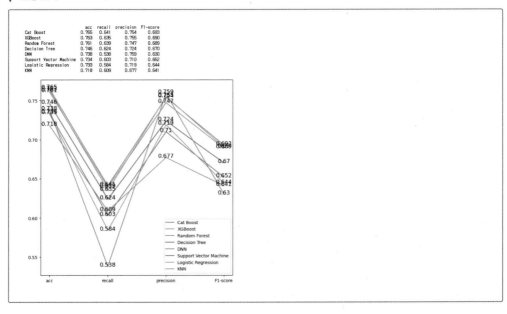

DNN 모델은 다른 모델에 비해 정밀도가 매우 높게 나왔습니다. DNN 모델은 히든레이어를 어떻게 구성하느냐에 따라 성능 차이가 큽니다(DNN 모델의 성능은 이후 모델 평가 시 재현율과 정밀도의 활용 방법에 대해 설명하기 위해 의도적으로 정밀도가 높은 모델을 선택한 것이니, 참고하여 보기 바랍니다). 또한 작업 환경의 차이로 인해 책의 모델 결과와 개개인의 결과가 미세하게 차이 날 수도 있습니다.

4 AI 모델 평가하기

여러 가지 모델을 만들어 보았는데, 어떤 모델이 가장 좋을까요? 정확도로 모델을 평가하면 되지만, 자칫 정확도의 함정에 빠질 수 있습니다. 정확도는 높지만 실제로 분류나 예측에 사용할 수 없는 경우를 의미합니다. 주로 레이블 간 불균형한 데이터세트를 사용할 때 발생합니다. 그래서 정확도 외에 정밀도, 재현율, F1-score, AUC, ROC 등 다양한 지표를 사용하여 모델의 성능을 측정합니다.

1) 혼동 행렬

모델을 생성하고 검증하면서 정확도, 재현율, 정밀도, F1-score를 확인했습니다. 이 4가지 지표는 오차 행렬(Confusion Matrix)에서 파생된 것입니다. 7장에서 재현율과 정밀도는 트레이드오프(trade-off) 관계에 있다고 배웠습니다.

파라미터를 어떻게 튜닝하느냐에 따라 많이 달라지겠지만, 현재 모델을 기준으로 실습 데이터를 활용하려고 하면, 정확도와 재현율이 높은 CatBoost를 사용하는 것이 좋을까요, 아니면 정밀도가 높은 DNN 모델을 사용하는 것이 좋을까요? 2개의 모델에 대해 Confusion Matrix를 그려서 이해해 봅니다.

⌐ 실습 코드

```
# confusion matrix를 그리기 위한 함수 정의하기
def show_confusion_matrix(labels,y_true,y_pred,title):
    sns.heatmap(confusion_matrix(y_true,y_pred),annot=True,fmt='d',xticklabels=labels,yt
    icklabels=labels,cmap=plt.cm.Blues,linecolor='black')
    plt.text(1,2.3,'Predicted',size=15,ha='center')
    plt.text(-0.3,1,'True',rotation=90,size=15,ha='center')
    plt.title(title)
    plt.show()

labels=['해지', '유지']

# 정의된 함수를 활용하여 CatBoost와 DNN 모델의 confusion matrix 그리기
show_confusion_matrix(labels,Y_test,pred_cat,'[CatBoost]'), show_confusion_matrix
(labels,Y_test,pred_dnn,'[DNN]')
```

AI 작업 환경

데이터 획득

데이터 구조

기초 데이터

데이터 이해

데이터 전처리

AI 모델링 개념

지도학습

비지도학습

모델 성능 향상

AI 사례 실습

실행 결과

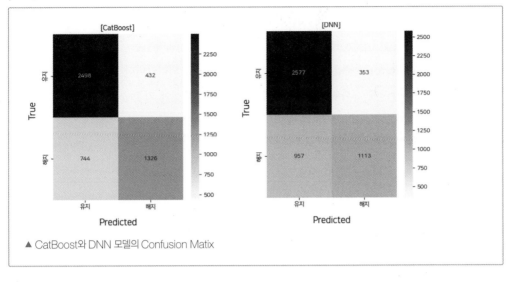

▲ CatBoost와 DNN 모델의 Confusion Matix

해지 방어를 한다고 하면, 해지할 것으로 예측된 대상에게 전화해서 해지 방어 활동을 하게 됩니다. 예를 들어 무약정 고객에게 혜택을 제공하고 약정을 맺도록 유도한다거나, 약정 만료가 가까운 고객에게 감사 인사 등으로 호감을 유도하는 해피콜을 하는 것입니다.

우리에게 20명의 상담사가 있고, 각자 100명의 고객을 대상으로 해지 방어 활동을 할 수 있다고 합시다(총 2,000건 해지 방어 가능). 그리고 해지하기로 마음먹은 고객이 상담사의 해피콜을 받으면 해지 의사를 취소한다고 가정합니다.

CatBoost 모델의 경우 해지를 예측한 1,758명(1,326+432) 모두에게 해지 방어 활동을 하여 실제 해지할 고객 1,326명에게 해지 방어를 할 수 있습니다. 반면 DNN 모델은 해지를 예측한 1,466명(1,113+353)에게 해지 방어 활동을 하여 해지할 고객 1,113명에게 해지 방어를 할 수 있습니다. 이렇게 비즈니스 리소스가 충분하다면 재현율을 높여서 해지 고객을 최대한 찾아내는 것이 유리합니다.

상담사가 20명이 아니라 10명이라면 어떻게 될까요? CatBoost 모델이 1,758명을 해지로 예측하더라도 실제로 해피콜은 1,000명만 가능합니다. 그러면 정밀도가 0.754이므로 754명에 대해 실제 해지 방어가 가능합니다.

DNN 모델은 정밀도가 0.759이므로 1,000명 중 759명에 대해 해지 방어가 가능하므로 이 경우에는 DNN 모델을 선택하는 것이 유리합니다.

해피콜을 받았을 때 해지 의사를 철회한다고 가정했지만, 실제로 고객은 해지할 마음이 없다가 해피콜을 받으면 해지할 마음이 생기는 경우도 있습니다. 이런 경우에는 정밀도가 높은 모델을 택해야 해지할 마음이 없는 고객이 오히려 해지하게 만드는 경우를 피할 수 있습니다.

이렇게 상황을 고려하여 적절한 평가지표를 이용해서 모델을 선택해야 합니다.

2) ROC와 AUC

이번에는 ROC(Receiver Operation Curve)와 AUC(Area Under the Cruve)를 확인해 봅니다. ROC는 모든 임계값(threshold)에서 분류 모델의 성능을 보여주는 그래프입니다. X축은 FPR(False Positive Rate), Y축은 TPR(True Positive Rate)를 의미합니다. ROC 곡선은 모델의 성능이 높을수록 좌상단에 가까워지며, 성능이 낮을수록 대각선에 가깝습니다.

AUC는 ROC 곡선 아래의 면적으로 분류 모델의 성능을 수치적으로 평가하는 지표입니다. 0에서 1 사이의 값을 가지며, 이진 분류 모델은 0.5보다 작다면 모델의 성능이 무작위 분류보다 나쁘다는 것을 의미하고, 0.5보다 크다면 무작위 분류보다 낫다는 것을 의미합니다.

 잠깐만요!

임계값은 분류 모델이 참과 거짓을 구분하는 기준값(보통 0.5)을 의미합니다.

⌐ **실습 코드**

```python
# 패키지 불러오기
from sklearn.metrics import roc_curve, auc

# Parameter
# y_pred : 원핫 인코딩된 2차원 이상(class 수에 따라)의 numpy.array
# y_true : 실제값
# y_label : label값(list)

# ROC를 그려주는 함수
def plot_multiclass_roc(y_pred, y_true, y_label):

    # 빈 ditionary 생성하기
    fpr = dict()
    tpr = dict()
    roc_auc = dict()

    # roc_curve()의 입력값으로 y_true의 가변수 생성하기
    y_test_dummies = pd.get_dummies(y_true, drop_first=False).values
    for i in range(len(y_label)):
        fpr[i], tpr[i], _ = roc_curve(y_test_dummies[:, i], y_pred[:, i])
        roc_auc[i] = auc(fpr[i], tpr[i])
```

```
# 각 클래스에 대한 ROC 계산하기
fig, ax = plt.subplots(figsize=(17,10))
ax.plot([0, 1], [0, 1], 'k--')
ax.set_xlim([0.0, 1.0])
ax.set_ylim([0.0, 1.05])
ax.set_xlabel('False Positive Rate')
ax.set_ylabel('True Positive Rate')
ax.set_title('Receiver operating characteristic example')
for i in range(len(y_label)):
    ax.plot(fpr[i], tpr[i], label='ROC curve (area = %0.2f) for label %s' % (roc_auc[i],
    y_label[i]))
ax.legend(loc="best")
ax.grid(alpha=.4)
sns.despine()
plt.show()

# labels값은 Confusion Matrix에서 정한 값을 사용하기
plot_multiclass_roc(pd.get_dummies(pred_cat).to_numpy(), Y_test, labels)
```

┌ **실행 결과**

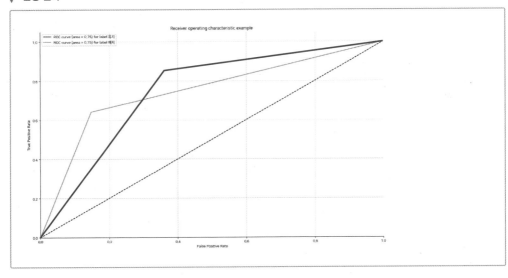

곡선이 아니라 직선으로 나오는 것이 좀 이상해 보입니다. ROC 그래프는 분류 모델의 확률 임계값
(threshold) 변화에 따른 그래프인데, 예측 결과인 pred_cat이 0, 1로 이루어진 정수 형태여서 생
긴 문제입니다. 이럴 때는 확률값을 그대로 입력값으로 사용하면 됩니다.

```
pred_cat_proba=cat.predict_proba(X_test)
plot_multiclass_roc(pred_cat_proba, Y_test, labels)
```

┌ 실행 결과

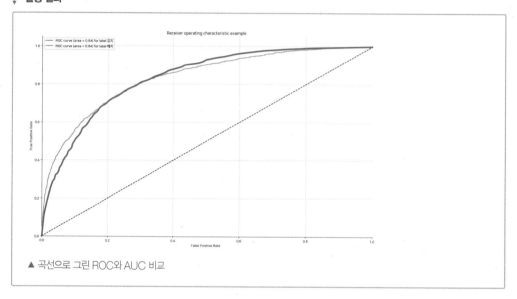

▲ 곡선으로 그린 ROC와 AUC 비교

유지와 해지 모두 AUC가 0.84로 괜찮은 모델로 보입니다. AUC에 대한 평가 기준은 다음과 같습니다.

AUC	해석
0.9~1.0	훌륭한 분류 모델
0.8~0.9	우수한 분류 모델
0.7~0.8	사용 가능한 분류 모델
0.5~0.7	좋지 않은 분류 모델
0.5	무의미한 분류 모델

▲ AUC 평가 기준

일반적으로 이와 같은 기준을 말하지만, 모든 모델과 데이터에 적합한 절대적 평가 기준으로 볼 수는 없습니다. 예를 들어 의학 분야라면 0.95 이상의 높은 AUC가 필요할 것이고, 마케팅 분야에서는 0.6 정도의 AUC를 보이는 모델도 의미가 있습니다.

AI 작업 환경

데이터 획득

데이터 구조

기초 데이터

데이터 이해

데이터 전처리

AI 모델링 개념

지도학습

비지도학습

모델 성능 향상

AI 사례 실습

확인 문제

01 머신러닝 알고리즘에 대한 설명으로 틀린 것은 무엇인가요?

① 로지스틱 회귀는 회귀식을 사용하므로 회귀 예측 모델에 사용한다.

② SVM(Support Vector Machine)은 대량 데이터에서는 느려지고 성능이 좋지 않다.

③ 랜덤 포레스트는 여러 개의 의사결정나무를 이용하는 앙상블 알고리즘이다.

④ CatBoost는 파라미터에 민감하지 않고 최적화가 잘되어 있다.

02 다음은 머신러닝 학습을 위해 데이터를 분할하는 코드입니다. 빈칸에 알맞은 함수를 넣으세요 (주관식).

```
x_train, x_val, y_train, y_val
= _____(train_data.drop('status',1),train_data['status'],random_
state=21)
```

03 모델의 평가지표에 대한 설명 중 틀린 것은 무엇인가요?

① Confusion Matrix에서 정확도, 정밀도, 재현율, F1-score가 파생된다.

② 정밀도와 재현율은 정비례 관계에 있다.

③ ROC는 분류 모델의 임계값(Threshold)에 따른 변화를 그린 그래프이다.

④ 모델의 평가지표는 데이터의 특성에 따라 적합한 지표를 선택해야 한다.

정답 및 해설

01 / ①
로지스틱 회귀는 로지스틱(시그모이드) 함수를 회귀식으로 이용하지만, 회귀 예측보다는 분류 모델에 사용합니다.

02 / train_test_split
사이킷런에서 제공하는 train_test_split 함수를 이용하여 간편하게 데이터 분할이 가능합니다.

03 / ②
정밀도와 재현율은 트레이드오프 관계에 있습니다.

모델별 특성을 정리하면 다음과 같습니다.

알고리즘	장점	단점
로지스틱 회귀(Logistic Regression)	설명력이 높은 모델	비선형/다중분류 성능이 좋지 않음
KNN(K-Nearest Neighbors)	단순하여 구현하기 쉽고 학습이 빠름	적절한 k 선택이 필요하며, 고차원 데이터에서 느려짐
SVM(Support Vector Machine)	비교적 높은 정확도를 가지고 있음	데이터가 크면 학습 속도가 느려짐
의사결정나무(Decision Tree)	설명력이 높은 모델	과대적합의 우려가 있음
랜덤 포레스트(Random Forest)	설명력이 높은 모델	트리의 분석이 어렵고 데이터가 희소하면 성능이 낮음
XGBoost	성능이 우수하고 속도가 빠름	파라미터가 너무 많음
CatBoost	성능이 우수하고 속도가 빠르며 파라미터 튜닝에 민감하지 않음	수치형 변수가 많을 경우 학습 속도가 느려짐
DNN(Deep Neural Network)	데이터 양이 많을수록 성능이 좋음	데이터가 적으면 충분한 성능 확보가 어려움

마무리

박 팀장이 구성한 해지노노 vTF는 AUC='0.84' 모델을 만들었습니다. 그리고 해지 방어에 활용할 수 있는 가용 인력을 고려하여 적정한 정밀도와 재현율을 가진 모델을 선정하여 해지 방어 대상을 추출하고, 해지 방어 활동을 전개했습니다. 직원의 경험에만 의존하여 해지 방어 활동을 할 때와 달리, AI 모델을 활용하자 경험이 부족한 직원도 경험이 많은 직원 못지않은 실적을 낼 수 있었습니다. 결과적으로 비데와 정수기 렌탈 해지율이 각각 10% 감소하여 회사에 기여할 수 있었습니다. 본부장님이 크게 칭찬하신 건 말할 것도 없지요.

AI 분야는 최근 몇 년간 급격하게 발전하면서 응용 분야도 매우 다양하게 확장되고 있습니다. 독자들이 AI 분야의 학습을 시작할 때 좀 더 현장감 있게 할 수 있도록 과제를 통해 AI 모델 개발의 전반적인 과정을 실습해 보았습니다. 실습의 각 단계를 살펴보면 다음과 같습니다.

Section01에서는 작업 환경을 설정했습니다. 작업의 효율을 위해 미리 정리하는 것이 좋습니다.

Section02에서는 데이터를 읽어서 데이터프레임에 저장하고, 분석을 위해 데이터프레임을 가공하는 기본적인 과정을 공부했습니다. 그리고 도메인 지식을 활용하여 전처리를 진행했습니다.

Section03에서는 데이터를 시각화하여 데이터에 대한 이해를 높이는 과정을 진행했습니다. 데이터 시각화를 통해 테이블 형식의 데이터프레임에서는 보이지 않았던 인사이트를 발굴할 수 있습니다.

Section04에서는 모델링을 위해 추가적인 전처리를 진행했습니다. 표준화, 정규화, 레이블 인코딩, 원핫 인코딩, 다중공선성은 일괄적으로 전처리를 하기보다 데이터와 사용하려는 알고리즘에 따라 적절하게 진행할 필요가 있습니다.

Section05에서는 전처리가 완료된 데이터를 활용하여 다양한 머신러닝/딥러닝 알고리즘으로 AI 모델을 만들어보았습니다. 이렇게 만들어진 모델을 평가하기 위해 Confusion Matrix와 ROC/AUC를 활용했습니다.

AI 분야는 계속해서 발전하고 있으며, 새로운 기술과 알고리즘이 지속적으로 등장하고 있습니다. 이 책에서 배운 내용을 기반으로 지속적으로 학습하고 발전시켜 나가는 것이 중요합니다. 앞으로 AI 분야에서 좋은 성과를 이루시길 바랍니다.

AI 작업 환경

데이터 획득

데이터 구조

기초 데이터

데이터 이해

데이터 전처리

AI 모델링 개념

지도학습

비지도학습

모델 성능 향상

AI 사례 실습

부록

AICE Associate 연습 문제

AICE 홈페이지(https://aice.study)에서는 실제 AICE 시험을 보는 것과 동일한 환경에서 미리 시험을 경험해 볼 수 있도록 '샘플 문항' 서비스를 제공합니다. AICE 샘플 문항은 시험 유형을 파악하기 위해 별도 구성한 것으로 실제 시험 문제와 동일하지는 않습니다.

또한, 샘플 문항 풀이와 별도의 정답 채점 기능은 제공하고 있지 않습니다.